Also sprach Zarathustra

Friedrich Wilhelm
Nietzsche

尼　采——著　錢春綺——譯

查拉圖斯特拉

如是說

「詳注本」

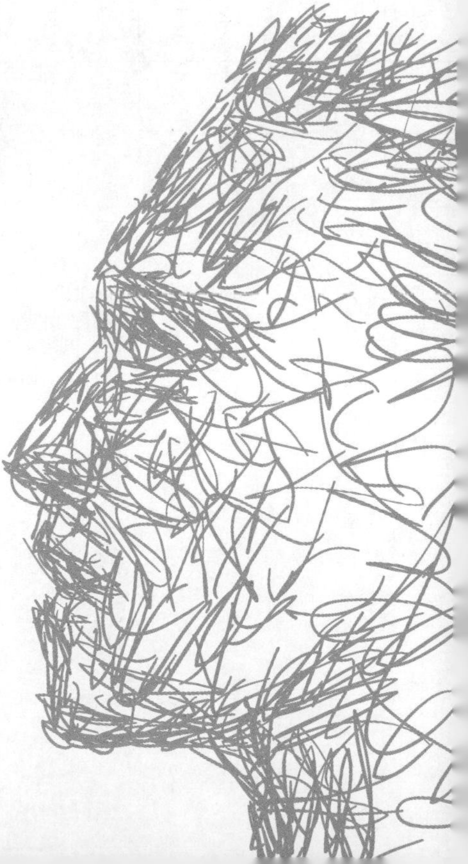

查拉圖斯特拉如是說

Also sprach Zarathustra

作者：尼采（Friedrich Wilhelm Nietzsche）
譯者：錢春綺
責任編輯：宋宜真
校對：魏秋綢、陳佩伶
行銷企畫：陳詩韻
內頁排版：菩薩蠻數位文化有限公司
總編輯：賴淑玲
出版：大家出版／遠足文化事業股份有限公司
發行：遠足文化事業股份有限公司（讀書共和國出版集團）
231 新北市新店區民權路108-2號9樓
電話 (02)2218-1417　傳真 (02)8667-1851
劃撥帳號 19504465　戶名：遠足文化事業有限公司
法律顧問：華洋法律事務所　蘇文生律師
定價：五百元
初版一刷　二〇一四年九月
初版三十五刷　二〇二四年五月

國家圖書館出版品預行編目(CIP)資料
查拉圖斯特拉如是說（詳注精裝本）／費德利希・威廉・尼采（Friedrich Wilhelm Nietzsche）著；錢春綺譯—初版—新北市：大家：遠足文化發行，2014.09　面；公分
譯自：Also sprach Zarathustra
ISBN 978-986-6179-80-8（精裝）
1.尼采（Nietzsche, Friedrich Wilhelm, 1844－1900）
2.學術思想　3.哲學
447.66　103015276

本書根據
Friedrich Nietzsche
Also sprach Zarathustra
Goldmann Klassiker, 1984年
譯出

第二部

第三部

第四部 331

為所有人又不為任何人所作的書

1883—1885

譯者前言

以宣講「上帝死掉了」、「對一切價值重新評估」、「超人」、「永遠回歸」給世界思想界投下幾枚原子彈、帶來巨大衝擊的德國怪傑費德利希．威廉．尼采（1844~1900），是偉大的思想家（哲學家）和詩人。這裡譯出的《查拉圖斯特拉如是說》，是他若干著作中最為人廣泛愛讀的一部跟歌德的《浮士德》並稱的世界文學巨著，一部富於哲理的思想詩，或者說，是用箴言體寫成的智慧書。說到智慧書（Liber Sapientiae），就不由得令人想到《舊約聖經》（包括次經部分）中以稱頌並傳揚智慧為主題的經書，如〈箴言〉、〈傳道書〉、〈雅歌〉、〈所羅門智訓〉（亦稱〈智慧篇〉）、〈便西拉智訓〉（亦稱〈德訓篇〉）等等。西語中的 philosophia（哲學、哲理），源於希臘語，本來就是「愛智慧」（φιλος 愛，σοός 智慧）的意思。說到《舊約》，又不得不提到《新約》，《新約》開頭四卷的〈馬太福音〉、〈馬可福音〉、〈路加福音〉、〈約翰福音〉，一般稱為「四福音書」或「四部福音」，而尼采則把他的《查拉圖斯特拉如是說》稱為「第五部福音」。

尼采的論著不僅對若干哲學家（特別是存在主義哲學家如雅斯培、海德格、沙特等）產生重大影響，而且對德國以及世界各國的文學大師也引起強烈共鳴。格奧爾格[1]在他的詩集《第七圈》[2]中寫過《尼采》頌歌。赫塞把尼采著作列為他的愛讀之書，並且寫過一本《查拉圖斯特拉的復返》[3]。湯瑪斯．曼說他的《浮士德博士》[4]中的主人公萊

＊此文注釋皆為台灣版編注。文中若干名詞，台灣版從權改為台灣慣用譯法，如薩特改為沙特。

1 Stefan George（1868~1933），德國象徵主義詩人。

2 *Der siebente Ring*（*The Seventh Ring*），又譯《第七枚戒指》。

3 *Zarathustras Wiederkehr*，又譯《查拉圖斯特拉的復歸》。

4 *Doktor Faustus*（*Doctor Faustus*）

弗金的思想、氣質、經歷和變成痴呆等的細節，是取材於尼采的實事，他還寫過一篇〈根據我們的經驗看尼采哲學〉[5]的評論。里爾克[6]的《杜伊諾哀歌》[7]，據海德格和瓜爾迪尼[8]研究，指出應從尼采哲學中尋求它的思想基礎。紀德特別推崇尼采熱烈嚮往人生的學說，他的《人間食糧》從尼采著作中吸取了靈感。此外，蕭伯納、葉慈、斯特林堡[9]，都曾受過尼采的影響。歐尼爾[10]把《查拉圖斯特拉如是說》當作《聖經》一樣背誦。

然而，不幸的是：尼采的學說往往受到誤解和歪曲。德國哲學史家阿爾弗雷德·包姆勒[11]等人竟把尼采學說曲解為法西斯理論的支柱。德國納粹分子更厚顏無恥地把尼采的思想奉為圭臬。希特勒曾去威瑪參觀尼采故居，跟尼采塑像合影留念，又去拜謁尼采之墓，並在墨索里尼生日時把尼采全集送去作為壽禮。在此之前，義大利作家鄧南遮[12]接受尼采的哲學思想，在作品中描寫肩負「偉大使命」的超人，鼓吹民族沙文主義和擴張主義。這些都產生了很多極壞的負面影響。

在我國，早在一九〇二年，梁啟超就在《新民叢報》上提到尼至埃（即尼采）的名字：「尼至埃謂今日社會之弊在少數之優者為多數之劣者所牽制。」其後，一九〇四年，王國維發表《叔本華與尼采》，推崇他「以強烈之意見而輔以極偉大之智力，其高瞻遠矚於精神界。」一九〇七年，魯迅在《文化偏至論》文中讚揚尼采「向舊有之文明而加之掊擊掃蕩焉」。一九一五年，陳獨秀在《新青年》創刊號發表〈敬告青年〉一文，介紹尼采創立的關於主人道德和奴隸道德的論說。隨著一九一九年五四運動的爆發，由於尼

5 *Nietzsche in the Light of Modern Experience*

6 Rainer Maria Rilke（1875-1926），德語詩人、小說家。

7 *Duineser Elegien*

8 Romano Guardinis（1885-1968），二十世紀重要的天主教思想家。

9 August Strindberg（1849-1912），瑞典作家、劇作家。

10 Eugene O'Neill（1888-1953），美國劇作家。

11 Alfred Baeumler（1887-1968）

12 Gabriele d'Annunzio（1863-1938）

采徹底否定一切舊傳統、舊道德、重新估定一切價值的思想跟我國反帝反封建的歷史要求相吻合，所以，尼采也曾起過積極的影響。在鼓吹者之中，可以舉出一大串的名字，如徐志摩、方東美、李石岑、蔡元培、傅斯年、田漢、高長虹、向培良、茅盾、郭沫若、郁達夫、朱光潛等等。然而，儘管有這許多受感染者，尼采著作的中譯本卻遲遲未能跟上。最初出現的翻譯不過是些零星的片段摘譯，例如魯迅最早翻譯的《察羅堵斯德羅緒言》，僅譯了《查拉圖斯特拉如是說》中第一部〈前言〉的三段，而且是用古奧的文言譯的，後來用白話再譯的《察拉斯忒拉的序言》，也不過只譯了〈前言〉的前九段。該譯文刊於一九二〇年六月《新潮》雜誌第二卷第五期，這也許是尼采著作最早的中譯了。其後郭沫若譯的《察拉圖斯屈拉如是說》以及茅盾的譯文，都是短短的節譯。要等到一九三六年（民國二十五年）才由商務出版了該書的全譯本，即徐梵澄翻譯的《蘇魯支語錄》，並由鄭振鐸作序。到一九四〇年（民國二十九年五月）又由中華書局出版了雷白韋的全譯本《查拉杜斯屈拉如是說》。到一九四七年，更由文通書局出版了高寒（即楚圖南）根據英譯本翻譯的《查拉斯圖拉如是說》（民國三十六年七月上海第一版）。可惜，到了五〇年代以後，由於「一邊倒」，一切都唯老大哥的「馬」首是瞻，尼采也變成像〈啟示錄〉中的古蛇那樣，「被扔在無底坑裡，關起來，用印封上，免得他再迷惑萬民。」因為，他已被定為反動哲學家，誰也不敢去碰他，尼采的介紹和研究成了禁區。那時，我們能看到的，也許只有勃倫蒂涅爾的《尼采哲學與法西斯主義》和奧杜也夫的《尼采學說的反動本質》兩本譯著了。幸而八〇年代以後，改革開放的春風像破冰船一樣駛來，尼采也從冰封中被釋放出來，出版界又掀起了一陣陣的尼采熱，尼采作品的新譯和研究尼采的書一本本地相繼問世。就拿《查拉圖斯特拉如是說》來說，除了重印兩種舊譯，也出版了黃明嘉教授的新譯本，由灕江出版社於二〇〇〇年一月推出。

現在，回到我的這個譯本上面，作一些扼要的說明：

本書是尼采假借查拉圖斯特拉之名說出他自己的哲學思想，也可以說是一本查拉圖斯特拉的說教集或者說是查拉圖斯特拉的行藏錄，又有點像聖者傳一類的書。但這位聖者並不是宗教的聖者，而且本書並不像一般宗教書那樣枯燥乏味，卻是具有極高文學價值的散文詩。

本書的主人公查拉圖斯特拉（約前七至前六世紀）為波斯瑣羅亞斯德教的創建人。在希臘語中稱 Zoroaster，在《贈得亞吠陀》（《阿維斯陀注釋》）中稱 Zarathustra，意為「像老駱駝那樣的男子」或「駱駝的駕馭者」。我國宋姚寬《西溪叢語》卷上和宋僧志磐《佛祖統記》中譯作蘇魯支。他創立的教派主張善惡二元論，認為宇宙間有善與惡、光明與黑暗兩種力量在鬥爭，即善神阿胡拉·瑪茲達（Ahura Mazda，希臘語作奧爾穆茲德 Ormuzd）和惡神安格拉·曼紐（Angra Mainyu，希臘語作阿利曼 Ahriman）。而火是善和光明的代表，故以禮拜「聖火」為主要儀式。西元前六世紀末大流士一世統治期間，該教被定為波斯帝國國教。七世紀阿拉伯人征服波斯後，隨著伊斯蘭教的傳播，該教在波斯本土始逐漸衰落。六世紀南北朝時，該教傳入我國，北魏、北齊、北周的皇帝都曾帶頭奉祀。隋唐時東西兩京都建立祆祠。北宋末南宋初在汴梁、鎮江、揚州等地還有祆祠。宋以後，我國史籍不再提及。該教在我國稱為祆教、火祆教、火教、拜火教或波斯教，其宗教經典為《亞吠陀》（*Avesta*，阿維斯陀）。

尼采偽託查拉圖斯特拉的大名寫成本書，未免有侵犯他人姓名權之嫌，其實本書應稱《尼采如是說》，因為他在本書中所說的大道理，跟查氏毫不搭界，乃是尼采一家之言。他在《看，這個人！》中寫道：《查拉圖斯特拉如是說》「這部作品的基本構想是永遠回歸思想……是一八八一年八月誕生的……那一天我在希爾瓦普拉納湖畔的森林中散步：在距離蘇萊村不遠的一座像金字塔般聳立的巨大岩石旁邊，我停了下來，那時我萌起這個思想。……如果我從那一天往下推算，算到……突然進入分娩期的一八八三年二月……那麼，《查拉圖斯特拉如是說》的妊娠期算出是十八個月。」

本書的第一部是在一八八三年二月三日至十三日在義大利熱那亞附近的拉帕洛一氣呵成的，只花了十天時間。這第一部完成之日，正逢華格納逝世於威尼斯之時。尼采接到噩耗，認為命運把「神聖的時刻」巧合在一起。在這個時刻，過去的老師死了，而尼采的「超人」誕生了。尼采晚年最具創造性的時刻就這樣開始了，這是接在天才崇拜的時代和否認的時代之後，尼采的第三個時代，創造的時代。

第二部於一八八三年六月底至七月初完成於瑞士的希爾斯·馬利亞，花了兩星期工夫。第三部於一八八四年一月至二月完成於法國尼斯，也花了十天時間。第四部於一八八四年秋至一八八五年二月斷斷續續在蘇黎世、門通和尼斯完成。前三部分別於一八八三、一八八四年由克姆尼茨的施邁茨納出版社出版。第四部沒有出版社接受，只得自費交萊比錫曼出版社於一八八五年出版，只印了四十冊，送給七個知友。一八八七年，前三部由萊比錫弗里茨出版社合併出版。直到一八九一年才出了包括四部的完全版。

全書的內容，大致如下：

第一部：分為〈查拉圖斯特拉的前言〉和〈查拉圖斯特拉的説教〉兩部分：查拉圖斯特拉在山上過了十年孤獨的隱居生活，至四十歲時，自覺很充實，於是作為施予者下山，要走向群眾中去。先在森林中遇到一位年老的聖者，這位聖者勸他不要去愛世人，留在森林裡讚美上帝，因為他不知道上帝已經死掉了。隨後他來到森林外邊的市鎮，要向群眾講述超人，可是群眾不理解他的話。這時，他看到一個走鋼索者，受到一個丑角的脅迫，摔下來死掉了。他把死屍帶走，埋葬到一棵空心樹裡。在第一部的後半部，敍述查拉圖斯特拉在花斑母牛鎮對他的弟子們作的種種説教。最後，他要求他們各自去尋求自己而跟他們分手。

第二部：重新回到山上孤獨中的查拉圖斯特拉夢見他的説教在山下人世間被人歪曲（〈拿著鏡子的小孩〉），於是又下山去，要救救他的弟子們。他前往幸福島（令人想到那不勒斯灣的伊斯基亞島）上說教。對「同情者」、「教士們」、「有道德的人」、「學者」、「詩人」、「預言者」各種各樣類型的現代人進行批判。他心中有一種漸趨成熟的思想（即永遠回歸的思想）。有無聲的聲音叫他說出來，但是他不願意，他感到力有未逮。最後，無聲的聲音只好失望地對他說：「哦，查拉圖斯特拉，你的果實成熟了，但你自己還沒有成熟得去摘果子！因此你必須再回到你的孤獨中去，因為你應當成熟得更豐美一些。」於是他就忍痛離開他的朋友們，揮淚而去。

第三部：查拉圖斯特拉離開幸福島，登船走向歸程。在船上他對眾人講述他對永遠回歸的預感（〈幻影和謎〉）；他讚美日出前的清空之美（〈日出之前〉）；登上陸地之後，他痛斥現代世人的矮小化（〈變小的道德〉）；又借一個痴子之口攻擊現代大城市文化（〈走開〉）；走到花斑母牛鎮他又對那些重新恢復基督教信仰者進行痛烈的諷刺（〈背教者〉）。隨後，他回到山上，他在山洞裡讚美孤獨，痛罵山下的人類社會；在〈三件惡行〉中對世人所謂的惡行作重新估價；在〈古老的法版和新的法版〉中批判舊道德、提示新道德……最後，永遠回歸的思想逐漸成熟，夜半鐘聲敲響十二次，唱出對生命的絕對肯定，也就是永遠回歸之歌，這也是第三部的主導旋律。事實上，本書寫到此處，已經完成了，尼采本也有這個想法。但是，他還是寫了第四部續篇。

第四部：尼采把此部稱為「最終部」，又稱為「查拉圖斯特拉的誘惑——中間劇」，因為他本想加以改寫，或另作第五、第六部，但由於後來發狂而未實現，因此第四部成為一部「插話」。這一部跟前三部不同，其中有許多人物登場，具有戲劇的情節，而貫穿第四部全體的主題，乃是本部開頭的引子中所說的「同情」。

某日，查拉圖斯特拉坐在山洞前的石頭上，來了一位預言者，他是個厭世主義者（影射叔本華），要來誘惑他走上最後的罪惡——同情。這時遠遠地傳來求救的叫聲，也就是陷於絕望的高人想來引起查拉圖斯特拉的同情。他於是走出去尋找，先後遇到兩位君王、研究螞蟥的有良心的學究（指一般科學研究者，也可能暗指達爾文）、魔術師（暗指瓦格納）、老教皇、極醜的人（無神論者）、自願的乞丐（暗指捨棄王族生活出家修道的佛陀，和不願過貴族生活而離家出走的托爾斯泰），還有最後一個自稱為是他的影子的他的追隨者，他們在上帝死後的這個憂鬱的近代，不知道如何生活下去，面臨危機，陷於絕望，所以發出求救的叫聲。他們比那些貪圖安逸的民眾要高出一等，故稱為高人（原文 der höhere Mensch：較高的人，高一等的人）。查拉圖斯特拉跟他們分別交談以後，都把他們請到他的山洞裡去，舉行晚餐。在〈驢子節〉一章中，他看到這八位高人對驢子祈禱、崇拜，感到惱火，也覺得高興，因為他們玩這齣鬧劇，擺脫了憂鬱和絕望，又獲得歡快和康復。但他們畢竟不是他所等待的同道。最後他等待的預兆出現了，大群的鴿子和一頭歡笑的獅子來到他的面前，他歡呼道：「查拉圖斯特拉變得成熟了，我的時辰到了！」高人們的誘惑過去了，他已克服他的同情，於是離開他的山洞，準備下山，迎接「偉大的正午」。他追求的不是幸福，而是他的事業！全書就到此結束。

尼采這部巨著不僅閃耀著他智慧的光芒，而且顯示出抒情詩人的藝術魅力。他曾說：「海涅和我絕對是第一流的掌握德語的藝術家。」他又說：「我想像，以這部《查拉圖斯特拉如是說》使德語達到完善的地步。」例如第二部的〈夜歌〉，具有無與倫比的語言之美，在用德語寫的作品中被譽為最高之作，他也自稱本歌為「曠古的最孤獨之歌」。

尼采出生於虔誠的基督教家庭，自幼熟讀路德翻譯的德語《聖經》，這部《查拉圖斯特拉如是說》也就處處顯示出對《聖經》的模仿。《聖經》中的常用語，也頻頻出現在本書中，如「正如經書上記載」、「有耳可聽的，就應當聽」等等。《聖經》中常用的一些表現手法如比喻、象徵、寓言等，也是本書中常用的，例如他把那些吹捧演員和偉大人物的愚民比喻為市場上的有毒的蒼蠅，把那些冒牌社會主義者比喻為塔蘭圖拉毒蛛；他的寵物鷹象徵高傲和獨立自主、蛇象徵智慧；在敍述他的教義被人歪曲時，就創造一個拿著鏡子的小孩，讓他看到他在鏡子裡的形象竟變成一個魔鬼。由於尼采是反對基督教者，為了批判，他在引用《聖經》語句時，常用「戲擬」（Parodie）和「反諷」（Ironie）手法，也就是反其意而用之：例如《聖經》上說：「因為一切事，在天主，沒有做不到的。」尼采卻說：「因為一切事，在女人，沒有做不到的。」《聖經》上說：「施比受更為有福。」尼采卻說：「盜竊一定比受取還要幸福。」

最使翻譯者感到傷腦筋的是，尼采最愛用同音異義詞進行文字遊戲（Wortspiel）。例如〈有道德的人〉篇中有這樣的幾句：「當他們說，我主持正義（Ich bin gerecht，我是正義的），聽起來像在說，我出了口氣（ich bin gerächt，我報了仇）。」英譯者也無從命筆，只好譯成 I am just 和 I am revenged。這樣，原文中文字遊戲的妙趣就喪失了。

還有另一種作文字遊戲的方式。在〈查拉圖斯特拉的前言〉第九段有一句：「我要向單獨隱修者和雙雙隱修者唱我的歌。」德文中 Einsiedler，意為隱修士，此字的字頭 Ein 拆開來意為「一」，即單獨一人，是希臘語 μοναχός（單獨、修士、隱修士）的德譯，而 siedel 則來自古高地德語 sedal（坐位，住處）。尼采由此造出一個新詞 Zweisiedler（字頭 Zwei 意為「二」）。英語中無相應的字，只好譯成 the lone hermit 和 the hermits in pairs。

尼采的這部著作，初看上去，似乎寫得很簡明，沒有複雜的長句，但其中卻有很多晦澀難解之處，不容易猜透其深層的內涵。他在《看，這個人！》中曾敍述：「有一次，亨利希·封·施泰因博士老實地對我訴說：他對我的《查拉圖斯特拉》一句也不懂。」施泰因博士是德國的哲學家，出版過很多著作，尼采看中的繼承者，尚且有這種感覺，何況我輩中國讀者。因此，我在譯完本書後，盡量妄加些譯注或抄譯若干前輩研究家的詮釋，以供參考。但魯魚亥豕之誤，定當難免，尚希海內外研究尼采的專家學者指正。

錢春綺，二〇〇三年五月底識於上海北郊

閱讀尼采的理由——成為你自己

我們閱讀尼采，不是為了追隨他，而是要追隨自己。

尼采之所以如此與眾不同，不是天賦異稟，也不是刻意追求特立獨行，而是忠於自我。

其實，每個人生來都是與眾不同的，但是我們卻因為害怕孤獨、害怕失去他人肯定，最終失去了自我。一個人不能肯定自我，不論獲致多大的成功，最後都只是虛浮的空中樓閣。

我們為什麼無法自我肯定？何以無法建立自己的價值尺度並依此決定自己的生活方式？尼采給我們的示範是，唯有忠於自己的自由精神，才能自主、坦蕩、無畏地聽從內在的聲音，建立堅實的信念，進而打造自己、超越自己、創造價值。唯有看重自己的人，才能受人尊重，才能明白人的尊嚴與價值完全掌握在自己的手中。

我們閱讀尼采的理由，或許就如尼采自己所說，不是為了追隨他，而是要追隨自己。作為自由獨立的精神典範，尼采的思想可說是當代的精神標記。歐洲自啟蒙運動以來所追求的獨立自主、自由精神，在尼采身上達到巔峰，而且啟發了二十世紀各種前衛思潮，至今動力未減。

上帝已死，人類該走向何方？

尼采身後已一百多年，他的自由思想是否仍有尚未深掘的礦藏值得繼續開採？《查拉圖斯特拉如是說》（*Also Sprach Zarathustra*）這部著作有何獨特性？提出了什麼思想？對於現實生活有何具體啟發？

尼采的書寫與生活，以獨特的方式重新定義了哲學，他翻轉了歐洲的精神與價值傳統，而且甚至要「重估一切價值」。歐洲傳統出了什麼問題？為什麼要翻轉？要往什麼方向翻轉乃至重新確立價值標準？

尼采所提出的巨大問題與回應方案，翻攪了西方思想世界，甚至對歐洲二十世紀上半葉的歷史產生巨大影響。他認為，人類文明登上繁華的頂巔，卻又隨時準備墜入深淵。這個世界已經走到虛無主義的盡頭，正等待一次絕地反轉，而他的思想就是引信，為的就是啟動此一爆炸性翻轉。

查拉圖斯特拉說：「上帝已死。」（Gott ist tot.）失去地平線的人類，在無重力的空茫中會墮落何處？上帝之死，宣告的是人類應該揚棄絕對真理的束縛，不再做道德的奴隸，而是成為道德的主人。在這沒有聖哲神佛的時代，命運由人類自己掌握，不再盲目追隨。然而，在沒有聖哲神佛的時代，孤立險峰的當代人真的足以承擔自身的命運？我們又可知該往何方啟程？尼采要我們跟隨自己、超越自己，但是成為能自我超越的「超人」（Übermensch），是否為生命不能承受之重？

尼采最著名的宣言「上帝已死」，首先是在更早之前的著作《快樂的科學》（*Die Fröhliche Wissenschaft*）藉瘋子之口說出的。瘋子誕妄不經的說詞充滿豐富的寓意，也是理解「上帝已死」的重要背景。以下引錄最關鍵的段落：

> 瘋子呼叫著：「上帝去哪兒了？讓我來告訴你們，我們把他殺了——你們和我！我們所有的人都是他的兇手！但我們是怎麼辦到的呢？我們怎能把海水喝光？誰給了我們海綿讓我們擦去了地平線？當我們把地球從太陽的鎖鏈中解開，我們要怎麼辦？現在地球要去哪兒？我們要去哪兒？離開所有的太陽嗎？我們會一直下墜嗎？向後方、向旁邊、向前方、向所有的方向墜落？還有所謂的上下之分嗎？我們不就像穿越無盡的虛無般惶惑嗎？虛空不對著我們呼氣嗎？不是更冷了嗎？隨之而來的將是無盡的黑夜？大白天不是得把燈籠點著嗎？我們還沒聽到那些埋葬上帝的掘墓人的吵鬧聲嗎？我們還沒聞到神聖的腐臭嗎？——連上帝也會腐臭。上帝死了！上帝永遠死了！而且是我們把他殺死了！我們這些兇手中的兇手要怎麼撫慰自己呢？那最神聖、最強大、迄今一直統治世界的，竟血濺我們的刀下——誰可以拭去我們身上的血跡？用什麼樣的水才能將我們洗淨？我們必須發明怎樣的贖罪慶典和神聖戲劇？這個偉業對我們而言豈非過於偉大？難道不是必須我們自己成為上帝

才足以與之匹配？從來就未有比這個更偉大的行動了——而我們的後代也因為這個偉大的行動之故，將生活在比迄今所有歷史更高的歷史階段。」

瘋子這時停止說話，再看著他的聽眾，他們也沉默而詫異地看著他。最後，他把燈籠摔在地上，燈碎火熄。然後他說：「我來得太早，來得還不是時候。這個非凡的大事還在過來的路上——人們還聞所未聞。閃電和雷鳴需要時間，星光需要時間，行動需要時間，行動完成後被聽到、被看到也需要時間。這個行動對他們而言太過遙遠，比最遠的星球還遠——然而他們卻完成了此事。」

一個具有超前意義的行動很容易遭到誤解，因為世人仍然以舊的理解框架來看待一個前所未有的創舉。「上帝已死」似乎是個陡然現身的大事件，卻早已潛伏在歷史深流之中，只是人們一直未曾察覺。即便上帝之死這個事實浮出表面，且幾乎已是昭然若揭，世人仍舊渾然未覺。因此，當有人指出國王沒穿衣服的事實，便被視為瘋子。而尼采，就是那太早出世、預先瞥見歷史真相的瘋子。

「上帝已死」的斷言，表徵人類認識能力已然進展到關鍵的一步，也就是發現宗教與形上學對世界所作的說明，都不具絕對的有效性。對世界的所有闡釋，都脫離不了人的眼光、人的生存需求以及人的限制。尼采引用路德的話來表達自己的思想：「倘若沒有明智的人，上帝無法自存。」同時又加碼表示：「倘若沒有無知的人，上帝更難存在。」如果，人類真是為了尋找自身存在的依據而造了上帝，那麼，人類一旦發現自身的存在並不具必然性，上帝的存在也將失去必然性。傳統宗教與形上學預設為無條件存在的上帝，在瘋子尼采的眼中成了有條件者，而上帝存在的條件竟然是人類生存的需求！

尼采不只懷疑上帝的存在，他甚至懷疑絕對真理的存在。什麼是真理？尼采說：「對人類而言，無法駁倒的謬誤就是真理。」倘若這個世界並沒有上帝或某個絕對真理在操縱，那麼尼采如何描述我們所存活的世界？

永恆回歸，流變的生命狀態

我們活著，沒有超越者預先指定的目的，而是在沒有預設意義的狀態下，赤裸裸地經歷各種生滅變化。這變化不斷迎面而來，且一刻不止，只是我們平常視而不見，或忘記一切都在變。尼采提出「權力意志」（Wille zur Macht）之說，一方面要說明這個世界所處的流變狀態，另一方面則試圖立足於人的生存立場來回答：如何在自然流變的生命當中獲得生命的自主權力？

這需要生命的自我觀照與轉化。「生命」就是有機體活動變化的歷程，因此也隨時面臨生命的自然來去。我們身邊重要的人乃至自己終將離開人世，這是必然之事，但不必為此終日懸念而自苦，而是要練習迎向這些必然發生的事，然後向有智慧的人學習生命完成之道。

《查拉圖斯特拉如是說》就是這樣一部智慧之書，而且是一再映照著《聖經》福音書的智慧之書。這個智慧並不仰賴先知的神啟，也不寄望終極的救贖，而是像書中的主角查拉圖斯特拉一樣，在追尋生命的孤獨歷程中，幾經掙扎而獲致自我超越與自我肯定。或許到了最後，死亡也是一件受到祝福之事。還好我們會老、會死，否則不懂珍惜生命；因為知道身邊的人有朝一日會與我們永別，所以會珍惜看重。這都是死亡與分離教給我們的智慧，所以要感謝死亡，讓我們明白分離所帶來的痛苦和意義。倘若我們對分離無感，對生命消亡無所謂，那樣的生命才可怕。

如此看來，擔憂死亡帶來的痛苦是件好事，但不要過度沉迷於痛苦，而要學習抽身出來，看看我們還有的一切，並對此感激祝福。生死不是界限，生的每一刻都包含了死的可能性；死也不可怕，因為死和生有個微妙的連繫需要我們去參透。有智慧的人就能參透這點，所以能對生命有情而不沾滯，讓該來的來，該走的走。

從流變的觀點來看生命，那麼生命便是在生和死、上升和下降、起點和終點之間流動循環的過程，生無可樂、死無可悲，流變不已的自然世界也無善惡可言。尼采以「永恆回歸」（ewige Wiederkehr）的意象式概念表達出流動的世界和生命的循環之道。如果我們把線性展開的時間理解為從起點邁向終點的歷程，那麼「永恆回歸」則表示，生命之流的終站便是回到起點。如此看來，自我完成之道便是成為自己的過程，走向死亡不是到達終點，而是邁向重生的起點。我們可以悲觀地說，生命的流變使得一切都是徒勞的；然而我們也可以從肯定的態度來看，即使最後一無所獲，仍要莊嚴地奮鬥，這才是對生命價值的最高肯定與無限禮讚。尼采既能體認虛無主義悲觀的一面，又像悲劇英雄一樣熱烈地肯定生命的自我完成之道，也因此超越了虛無主義。

本書譯者錢春綺先生（1921~2010）是著名的譯家，畢生以譯事為職志，對德語文學的翻譯貢獻卓著，素為譯界推崇。錢先生翻譯時根據的德文版本是 Goldmann 出版社一九八四年的版本，在譯後記中他表示還參考了 R. J. Hollingdale 的英譯，並提及 Hollingdale 這位著名譯家對於翻譯《查拉圖斯特拉如是說》也感到困難重重。尼采的語言與思想都顯現了強烈的藝術特性，喜用隱喻、寓言、戲仿、反諷的方式表達另類的思考，這本詩化的哲學著作尤其如此。因此即使是翻譯成與德語同一語系的英語，都讓譯家力有未逮，更何況是翻譯成非拼音系統的中文了。多虧錢春綺先生已有翻譯歌德等德語文學家著作的豐富經驗，豐厚的語文素養與嚴謹精確的譯筆，已不僅足以因應一般讀者之需，就尼采研究在學術引用來說也有參考價值，可說是中文世界愛好尼采思想讀者的「福音」。

劉滄龍　台灣師範大學國文系副教授

二〇一四年五月二十日　於德國法蘭克福

第一部

人是聯結在動物與超人之間的一根繩索——懸在深淵上的繩索。

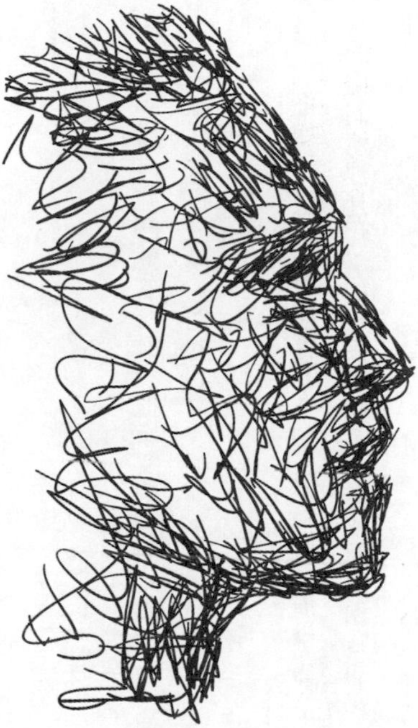

查拉圖斯特拉的前言

1[1]

查拉圖斯特拉三十歲[2]時，離開他的家鄉和他家鄉的湖，到山裡去。他在那裡安享他的智慧和孤獨，十年不倦。可是最後，他的心情變了，——某日清晨，他跟曙光一同起身，走到太陽面前，對它如是說道：

「你偉大的天體啊！你如果沒有你所照耀的人們，你有何幸福可言哩！

十年來，你向我的山洞這裡升起：如果沒有我，沒有我的鷹和我的蛇[3]，你會對你的光和行程感到厭倦吧。

可是，我們每天早晨恭候你，接受你的充沛的光，並為此向你感恩。

瞧！我對我的智慧感到厭膩，就像蜜蜂採集了過多的蜜，我需要有人伸手來接取智慧。

我願意贈送和分發，直到世人中的智者再度樂其愚，貧者再度樂其富[4]。

因此我必須下山，深入人世：如同你每晚所行的，走下到海的那邊，還把你的光帶往那下面的世界，你這極度豐饒的天體啊！

我必須，像你一樣，下降[5]，正如我要下去見他們的那些世人所稱為的沒落[6]。

就請祝福我吧，你這寧靜的眼睛[7]。即使看到最大的幸福，你也不會嫉妒。

1　查拉圖斯特拉在長期孤獨之後，精神充沛，想下山前往人世間，做個像太陽一樣的施予者。

2　〈路加福音〉3，23：「耶穌開頭傳道，年紀約有三十歲。」

3　鷹象徵高傲，蛇象徵智慧。

4　智者拋棄他的智者意識，自覺自己的無知，而成為受教者，故能樂其愚。貧者的心感到有受教的必要而豁然開朗，這就是他的富有。換言之，即智者和貧者都樂於接受查拉圖斯特拉的教言。

5　「下降」原文 unter-gehen（名詞形：Unter-

祝福這個快要漫出來的杯子吧，讓杯裡的水變得金光燦爛地流出，把反映你的喜悅的光送往各處！

瞧！這個杯子想要再成為空杯，查拉圖斯特拉想要再成為凡人。」

——於是查拉圖斯特拉開始下降。

2

查拉圖斯特拉獨自下山，沒有碰到任何人。可是，當他走進森林時，突然有一位白髮老者出現在他的面前，那位老者是為了到林中尋覓草根而離開自己的聖庵的。老者對查拉圖斯特拉如是說道：

「這位行人很面熟：好多年前，他經過此處。他叫查拉圖斯特拉；可是他變了樣子了。那時你把你的死灰[8]帶進山裡：今天你要把你的火[9]帶往山谷中去嗎？你不怕放火者受到的懲罰嗎？

是的，我認得查拉圖斯特拉。他的眼睛是純潔的，他的口角上不藏有一點厭惡。他不是像個舞蹈者一樣走過來嗎？

查拉圖斯特拉變了，查拉圖斯特拉變成了孩子，查拉圖斯特拉是個覺醒者[10]。現在你要到沉睡者那裡去幹什麼呢？

像在海中一樣，你曾生活在孤獨之中，海水負載過你。哎呀，你要上岸？哎呀，你

---

gang），此處指下山，但此字有多義，又指太陽的下落、下沉，暗指查拉圖斯特拉迄今的生活告一結束而轉變，超越他的故我，故亦含有超越過去之意。此外，這個字在德語中還有沒落、毀滅之意。

6 從高處往低處下去，通常對此字認為含有貶義。世人把 untergehen 當作「沒落」，而查拉圖斯特拉則否，他認為「下降」到人世間，是奉獻自我，不考慮自我。

7 指太陽。

8 對過去的生活感到失望而把它火葬後留下的死灰。

9 指新燃的烈火的理想。把這種火帶給世人，往往被視為危險人物而受懲罰。

10 像佛陀一樣。

又要拖曳你的身體行走嗎？」

查拉圖斯特拉回道：「我愛世人。」

「可是，」那位聖人說道，「我為什麼走進這片森林的偏僻地方？不是由於我愛世人愛得太過頭了嗎？

現在我愛上帝：我不愛世人。我覺得世人是太不完美的東西。對世人的愛，會把我毀掉[11]。」

查拉圖斯特拉回道：「我怎麼說起愛來！我是去給世人贈送禮物的！」

「什麼也不要給他們，」聖人說道，「倒不如替他們拿掉些什麼，幫他們背著[12]——這將是你對他們做的極大的好事：只要你樂意！

如果你要給予他們，那就不要超過一種施捨，並且還要讓他們先向你乞求！」

「不，」查拉圖斯特拉回道，「我不給什麼施捨。我還沒有貧到如此程度。」[13]

那位聖人聽到查拉圖斯特拉的說話，大笑一聲，如是說道：「那就看他們來接受你的寶物吧！他們不信任隱修者，不相信我們是去送寶的。

我們走過街道上的腳步聲，他們聽起來，覺得太孤寂了。就像他們在夜間躺在床上，聽到有人行走，那時離日出還有很長時間，他們一定會問：這小偷要往哪裡去？

不要到世人那裡去，留在森林裡！倒不如走到動物那裡去！你為什麼不願學我的樣子——做熊群中的一隻熊，鳥群中的一隻鳥[14]？」

---

11 有被釘上十字架的危險（耶穌愛世人，反被釘上十字架）。

12 分擔世人的痛苦。

13 如果我貧窮，那麼給世人贈予的，只要達到一點「施捨」的程度，就可滿足。但我要給世人更多的贈予。（馬太福音5，3：「精神貧窮的人是有福的，因為天國是他們的。」此處化用《聖經》語句。

14 自然中的自由人。

「聖人在森林中幹什麼呢？」查拉圖斯特拉問道。

聖人回道：「我作歌，並且唱它，我作歌時，又笑又哭，嘰哩咕嚕：我就這樣讚美上帝。[15]

我以歌唱、哭笑、嘰哩咕嚕讚美上帝，他是我的上帝。可是你給我們送什麼禮物呢？」

查拉圖斯特拉聽罷此言，對聖人施了一禮，說道：「但願我有什麼送給你們就好了！可是讓我快點走開，免得拿走你們的什麼[16]！」——於是那位老者和那位壯男，他們笑著分手了，他們笑起來就像兩個孩童。

可是當查拉圖斯特拉獨自一人時，他對他的心如是說道：「難道有這種可能！這位老聖人在森林中竟毫無所聞，不知道**上帝死掉了**[17]！」——

3

當查拉圖斯特拉走到森林外邊最先到達的市鎮時，看到許多人聚集在廣場上：因為曾有預告，叫大家來看一個走鋼索者表演。查拉圖斯特拉對群眾如是說道：

我教你們何謂超人[18]：人是應被超越的某種東西。你們為了超越自己，幹過什麼呢？

直到現在，一切生物都創造過超越自身的某種東西：難道你們要做大潮的退潮，情願倒退為動物而不願超越人的本身嗎？

猿猴在人的眼中是什麼呢？乃是讓我們感到好笑或是感到痛苦的恥辱的對象。在超

---

15 遁世者隨心所欲的孤獨生活。具有詩人的要素。但他是個人主義者，在這裡跟查拉圖斯特拉形成對照。他讚美的上帝，並非習俗的上帝。

16 與前文聖者所說「替他們拿掉些什麼」相呼應。

17 不僅是基督教的上帝、耶穌已經死掉，而且一切價值和真理的形而上學也完全不起作用。迄今起支配作用的超越的理念失去引導世人的能力。

18 本書中最初提起超人。

人眼中，人也應當是這樣：一種好笑的東西或者是痛苦的恥辱。

你們走過了從蟲到人的道路，你們內心中有許多還是蟲[19]。從前你們是猿猴，就是現在，你們比任何猿猴還更加是猿猴。

你們當中的最聰明者，也不過是植物和鬼怪的分裂體和雜種。可是難道是我叫你們變成鬼怪或是植物的嗎？

瞧，我是教你們做超人。

超人就是大地的意思。你們的意志要這樣說：讓超人**就是**大地的意思吧！

我懇求你們，我的弟兄們，**忠於大地**吧[20]。不要相信那些跟你們侈談超脫塵世的希望的人！他們是調製毒藥者[21]，不管他們有意或無意。

他們是蔑視生命者，行將死滅者，毒害自己者，大地對他們感到厭煩：那就讓他們離開人世吧！

從前褻瀆上帝乃是最大的褻瀆，可是上帝死掉了，因而這些褻瀆上帝者也死掉了。現在最可怕者乃是褻瀆大地，而且把不可探究者的臟腑[22]看得比大地的意義還高。

從前靈魂對肉體投以輕蔑的眼光：這種輕蔑在當時是最崇高的思想——靈魂要肉體消瘦、醜陋、餓死。這樣靈魂就以為可以擺脱肉體和大地。

哦，這種靈魂本身卻是更加消瘦、醜陋而且餓得要死：作殘酷行為乃是這種靈魂的快樂[23]。

19 一般人認為尼采的思想跟進化論有類緣關係，即在此句。但尼采的思想中心乃是向超人的目標不斷向上奮進的意志，並非適者生存。

20 大地與天上相對應，忠於大地，即拒絕天上。

21 指宗教家的説教，他們麻醉人民，削弱人們求生的意志。

22 被稱為上帝（神）的絕對者的內面，此處為蔑稱。

23 像過修道者的生活一樣殘酷地虐待肉體。要肉體消瘦，被看成是靈魂的報復心理。

可是，我的弟兄們，請你們也對我談談：你們的肉體在講到你們的靈魂時說些什麼呢？你們的靈魂不就是貧乏、不潔和可憐的安逸[24]嗎？

確實，人是一條不潔的河。要能容納不潔的河流而不致汙濁，人必須是大海。注意，我教你們做超人：他就是大海，你們的極大的輕蔑會沉沒在這種大海裡。

你們能體驗到的最大的事物是什麼呢？那就是極大輕蔑的時刻，在這個時刻，連你們的幸福也使你們感到噁心，你們的理智和道德也是如此。

在這個時刻，你們說：「我們的幸福有什麼重要呢！它是貧乏、不潔和可憐的安逸。可是，我的幸福應當是肯定生存本身！」

在這個時刻，你們說：「我的理性有什麼重要呢！它追求知識如同獅子追求食物嗎？它是貧乏、不潔和可憐的安逸！」

在這個時刻，你們說：「我的道德有什麼重要呢！它還沒有使我熱狂過。我對我的善和我的惡是怎樣感到厭煩啊！這一切都是貧乏、不潔和可憐的安逸！」

在這個時刻，你們說：「我的正義有什麼重要呢！我看不出我是火和煤。可是正義的人卻是火和煤！」

在這個時刻，你們說：「我的同情有什麼重要呢！同情不就是那位愛世人者被釘上去的十字架[25]嗎？可是我的同情並不是什麼釘上十字架的死刑。」

你們已經這樣說過嗎？你們已經這樣叫過嗎？啊，但願我曾聽到你們這樣叫過！

—24 指自我滿足。

—25 指耶穌。

向上天呼叫的，不是你們的罪，而是你們的自我滿足，是你們罪惡中的貪心向上天呼叫！

可是，用火舌舐你們的閃電在哪裡！你們必須讓它灌輸的瘋狂在哪裡？

注意，我教你們做超人：他就是這種閃電，他就是這種瘋狂！——

查拉圖斯特拉說完這些話，群眾中有一人叫道：「關於走鋼索者的事，我們已經聽夠了，現在讓我們瞧瞧他的真本領吧！」所有的群眾都嘲笑查拉圖斯特拉。而那個走鋼索者，他以為此話是指他而言，就開始表演起來。

4

查拉圖斯特拉卻望望那些群眾而感到驚異[26]。隨後，他如是說道：

人是聯結在動物與超人之間的一根繩索——懸在深淵上的繩索。

走過去是危險的，在半當中是危險的，回頭看是危險的，戰慄而停步是危險的。

人之所以偉大，乃在於他是橋梁而不是目的：人之所以可愛，乃在於他是**過渡**和**沒落**。

我愛那些不知道怎樣生活的人，他們只知道做個沒落的人，因為他們是向彼處過渡者[27]。

我愛那些大大的蔑視者，因為他們是大大的尊敬者[28]，是嚮往彼岸的憧憬之箭。

---

26 群眾不理解他的真意。

27 不把自己當作目的，認為自己是在走向未來的更高的人類的階段上。

28 因為尊敬偉大，故蔑視渺小。

我愛那樣一種人，他們不向星空的那邊尋求沒落和犧牲的理由[29]，他們只向大地獻身，讓大地將來屬於超人。

我愛那樣一種人，他為了求認識而生活，他想認識有一天超人會出現[30]。因此他情願自己沒落。

我愛那樣一種人，他幹活、動腦筋，是為了給超人建住房，為了給超人準備大地、動物和植物：因此他情願自己沒落。

我愛那樣一種人，他愛自己的道德[31]：因為道德就是甘於沒落的意志，一支憧憬之箭。

我愛那樣一種人，他不為自己保留一滴精神，而想要完全成為自己的道德之精神[32]：因此他作為精神之靈走過橋去。

我愛那樣一種人，他把自己的道德變為自己的偏愛和自己的宿命：因此他甘願為自己的道德生存或死滅。

我愛那樣一種人，他不願具有太多的道德。一個道德勝於兩個道德，因為一個道德是扣住命運的更牢固的結。

我愛那樣一種人，他的靈魂很慷慨大方，他不要人感謝，也不給人報答：因為他總是贈予而不想為自己保留。

我愛那樣一種人，他為擲骰子賭贏而感到羞愧[33]，並且自問是不是作弊的賭徒？

---

29 不迷信宗教，向天界尋求依靠。

30 認識大地和超人的意義以及超人的生成過程。

31 從查拉圖斯特拉的立場說，道德就是為將要來臨的超人而沒落的意志。

32 不加保留，即全部奉獻，亦即完全沒落的意志。

——因為他自甘滅亡。

我愛那樣一種人，他在行動之前先拋出金言，他所履行的，總超過他所許諾的：因為他自願沒落。

我愛那樣一種人，他肯定未來的人們，拯救過去的人們：因為他甘願因現在的人們而滅亡[34]。

我愛那樣一種人，他因為愛他的神而懲罰他的神[35]：因為他必須干神怒而滅亡。

我愛那樣一種人，他的靈魂雖受傷而不失其深，他能因小小的體驗而死滅[36]：因此他就樂願過橋。

我愛那樣一種人，他的靈魂過於充實，因此忘卻自己，而且萬物都備於他一身：因此一切事物都成為他的沒落的機緣。

我愛那樣一種人，他有自由的精神和自由的心情：因此他的頭腦就不過是他的心情的臟腑[37]，而他的心情卻驅使他沒落。

我愛那樣一種人，他們全像沉重的雨點，從高懸在世人上空的烏雲裡一滴一滴落下來：他們宣告閃電的到來，而作為宣告者滅亡。

瞧啊，我是閃電的宣告者，從雲中落下的一滴沉重的雨點：而這個閃電就叫做超人。

---

33 羞於僥倖的成功。

34 把歷史看作超人的生成過程，由這個觀點來認識未來和過去的人的意義。他本人則不惜滅亡而跟現代戰鬥。

35 以愈加嚴格的態度鍛鍊自己信奉的理想，使它逐漸提高。而他自己則因理想的重壓而滅亡。此處反用〈希伯來書〉12，6：「因為上主懲罰他所愛的。」

36 雖失敗而不失靈魂的深度。對小小的體驗也認真牢牢把握，以自覺自己的不成熟。

37 心情（意志與感情）乃是中樞，而頭腦（知性）乃其末梢器官。

5

查拉圖斯特拉說完這些話，他又望望群眾而默然不語。「他們站在那裡，」他對自己的心說道，「他們在笑；他們不理解我的話，我這張嘴跟他們的耳朵是對不上的[38]。

難道先要扯碎他們的耳朵，使他們學會用眼睛來聽嗎？難道必須像敲銅鼓和勸人懺悔的佈道者那樣大聲喧嚷嗎？還是他們只相信口吃者說的話？

他們有某種可以自豪的東西。那種使他們自豪的，他們把它叫做什麼？他們稱之為教養，這使他們顯得比牧羊者優越。

因此他們不愛聽對他們『輕蔑』的話。因而我要就他們的自豪來談談。

我要對他們講述最該輕蔑的人：這就是末等人[39]。」

於是查拉圖斯特拉對群眾如是說道：

現在，世人給自己定下目標的時候到了。世人培植他們的最高希望之幼芽的時候到了。

他們的土壤，用以培植幼芽，還是夠肥沃的。可是，這片土壤，有一天會變得貧瘠無力，再也長不出高樹。

唉！這樣的時辰到了，世人不再把他的憧憬之箭越過世人射出去，他的弓弦也忘記怎樣發出響聲。

我告訴你們：世人必須在自身中留有混沌，以便能生出舞蹈的星。我告訴你們：你們

38 〈馬太福音〉13，13：「所以我用比喻對他們講，是因為他們看也看不見，聽也聽不見，也不明白。」

39 與超人相對立者，如我國的「小人」之類。

自身中還留有混沌。

唉！這樣的時辰到了，世人再不會生出任何星。唉！這樣的時辰到了，最該輕蔑的人不能再輕蔑自己。

瞧！我指給你們看末等人。

「愛是什麼？創造是什麼？渴望是什麼？星是什麼？」——末等人這樣問著，眨眨眼睛。

這時，大地變小了，使一切變小的末等人在大地上跳著。他的種族像跳蚤一樣消滅不了；末等人壽命最長。

「我們已發現幸福。」——那些末等人説著，眨眨眼睛。

他們離開了難以生存的地方；因為人需要溫暖。人們還喜愛鄰人，靠在鄰人身上擦自己的身體；因為人需要溫暖。

生病和不信任，在他們看來，乃是罪過：他們小心翼翼地走路。還要被石頭和人絆倒，那就是笨貨！

偶爾吸一點點毒[40]：可使人做舒服的夢。最後，吸大量的毒，可導致舒服的死亡。

他們還幹活，因為幹活就是消遣。可是他們很當心，不讓消遣傷身體。

他們不再貧窮，也不再富有：貧和富都不好受。誰還想統治別人？誰還想服從他人？兩者都不好受。

---

40 尼古丁或其他。末等人是快樂主義者。

沒有牧人的一群羊[41]！人人都想要平等，人人都平等：沒有同感的人，自動進瘋人院。

「從前全世界都瘋狂。」——最精明的人說著，眨眨眼睛。

他們很聰明，所有發生過的事，他們都知道：所以他們嘲笑的對象沒完沒了。他們還互相爭吵，但很快又和好——否則會影響他們的消化。

他們白天有白天的小樂味，夜晚有夜晚的小樂味：可是他們注重健康。

「我們已發現幸福。」——那些末等人說著，眨眨眼睛。——

這裡結束查拉圖斯特拉的開頭的發言，也叫「前言[42]」：因為說到此處時，群眾的叫喊和歡樂把他的話打斷了。

「給我們這種末等人，哦，查拉圖斯特拉，」——他們叫道——「使我們成為末等人！我們就把超人送給你！」群眾全都發出歡呼和咂嘴的聲響。可是查拉圖斯特拉卻感到悲傷，他對自己的心說道：

「他們不理解我的話，我這張嘴跟他們的耳朵是對不上的。

也許我在山上住得太久，溪流聲和樹聲聽得太多了：現在我對他們說話，就像對牧羊人說話一樣了。

我的靈魂寧靜而清明，就像上午的群山。可是他們以為我冷酷，是個開可怕的玩笑的冷嘲者。

41 〈約翰福音〉10，16：「我另外有羊，不是這圈裡的。我必須領他們來。他們也要聽我的聲音，並且要合成一群，歸一個牧人了。」

42 文字遊戲：發言原文為Rede，前言原文為Vorrede。

現在他們望著我發笑：他們一面笑，一面還恨我。他們笑裡藏冰。」

6

可是，使大家瞠目結舌的事情發生了。就在此時，走鋼索者開始他的表演：他從一扇小門裡出來，在鋼索上走著，這根鋼索張在兩塔之間，也就是懸在廣場和群眾的上空。當他走到半當中時，小門又打開了，一個像丑角似的穿彩衣的人跳了出來，快步跟上第一個表演者。「前進啊，跛子，」他發出可怕的叫聲，「前進啊，懶蟲，躡手躡腳的傢伙，蒼白的面孔！別讓我用腳跟搔你！你在這兩塔之間幹什麼？你真應該到塔裡去，應當把你關進去[43]，一個比你強的人，你在擋他的路！」——他每說一句，就越來越跟第一個靠近：在他跟前者只差一步時，使大家瞠目結舌的可怕的事發生了——他像魔鬼一樣大叫一聲，跳到擋路者的前頭。第一個表演者看到自己的競爭者獲勝，不由得失去清醒的頭腦，一腳踏了空；他丟掉撐杆，跌得比撐杆還快，手腳像一陣旋風似地團團轉，筆直地跌落到地上。廣場和群眾，就像有狂風吹過來的大海：大家爭先恐後、互相踐踏著奔逃，特別是在走鋼索者的身體要墜落下來的地方，擁擠得尤為厲害。

可是查拉圖斯特拉仍站著不動，走鋼索者的身體正好墜落在他的旁邊，跌得皮開肉綻，可是還沒死去。過了一會，那個跌傷者醒了過來，他看到查拉圖斯特拉跪在他旁邊。「你在這裡幹什麼？」他終於開口說道，「我早已知道，魔鬼會伸腿把我絆倒。現

43 牢獄之塔。

在他把我拖往地獄：你想阻攔他？」

「憑我的名譽起誓，朋友，」查拉圖斯特拉回答道，「你所說的一切都不存在：既沒有什麼魔鬼，也沒有什麼地獄。你的靈魂將比你的肉體死得更快：現在什麼也別怕！」

那個男子不大相信地仰望著他。「如果你說的是真話，」他隨即說道，「那麼，我即使失去生命，也毫無損失。我跟一匹野獸相差無幾，我也不過是讓人用鞭子和少量食物教牠跳舞的動物。」

「並非如此，」查拉圖斯特拉說道，「你把冒險當作你的職業，這一點無可輕視。現在你由於你的職業而毀滅：因此我要親手埋葬你。」

當查拉圖斯特拉說完這番話時，那個垂死的人不再作答；可是他動動手，好像想要去握握查拉圖斯特拉的手以表示謝意。——

7

這時，夜晚來到了，廣場籠罩在暮色裡；群眾散去了，因為，就是好奇心和驚恐也變得疲倦了。可是查拉圖斯特拉卻靠著死者坐在地上，陷於沉思之中：他就這樣忘掉時間。最後，黑夜降臨，一陣寒風吹過這位孤獨的人。查拉圖斯特拉於是站起來，對他的心說道：

「確實，查拉圖斯特拉今天做了一次出色的捕魚工作！他捉到的不是一個人，而是一具屍體。

人的生存是陰森可怕的，而且總是毫無意義：一個丑角也可以成為人的不幸的命運。[44]

我想給世人教以生存的意義：這就是超人，從人的烏雲中發出的閃電。

可是我跟他們還有很遠的距離，我的心不能跟他們的心相通。對於世人，我仍是處於小丑和死屍的中間。

夜色黑暗，查拉圖斯特拉的道路也是黑暗的。來，冰冷而僵硬的旅伴！我要把你帶往我親手埋葬你的地方。」

8

當查拉圖斯特拉對他的心說完這番話以後，他把死屍背在背上而上路了。他還沒有走了百步，就有一個男子悄悄地向他走來，對他耳語——瞧！這個跟他說話的人，就是那個塔裡的丑角。「離開這個市鎮吧，哦，查拉圖斯特拉，」他說道，「這裡有太多的人恨你。善人和義人們恨你，他們把你稱為他們的敵人和蔑視者；正統信仰的信徒們恨你，他們把你稱為群眾的危險人物。他們笑你，那算是你的運氣：確實，你說話就像小丑一樣。你跟那死狗打交道，那是你的運氣；你這樣低三下四，今天你算是救了你自己了。可是，快離開這個市鎮——否則，到明天，我將從你身上跳過去，一個活人從死人

44 人生不可測，令人害怕。出一個小丑，就可以使世界歷史改變，而使無數人為不幸哭泣。

身上跳過去。」這人說完這番話，就不見了；而查拉圖斯特拉卻依舊在黑暗的街路上繼續走去。

走到市門口，他遇到一些掘墓人：他們用火把照他的臉，認出是查拉圖斯特拉，就對他大肆嘲笑。「查拉圖斯特拉帶走這條死狗：好極了，查拉圖斯特拉變成掘墓人了！因為我們的手太乾淨了，誰高興碰這塊狗肉。查拉圖斯特拉想要偷走魔鬼的食物嗎？好吧！祝你飽餐一頓！但願魔鬼不是比查拉圖斯特拉更高明的竊賊！——他會把他們兩個都偷走，他會把他們兩個都吃掉！」他們互相大笑著把頭靠在一起。

查拉圖斯特拉一句話也不回答，繼續走路。他走了兩個小時，走過森林和沼澤，時時聽到餓狼的嗥叫，他自己也覺得餓了，他就在一間孤獨的屋子旁邊停下，屋裡點著一盞燈。

「飢餓襲擊我，」查拉圖斯特拉說道，「像一個強盜。在森林裡和沼澤中，我的飢餓襲擊我，而且在深夜裡。

我的飢餓有著奇怪的脾氣。常常在飯後時間才來[45]，今天一整天都沒來：它到哪裡去了？」

於是查拉圖斯特拉去敲那家的門。一個老者走出來；他手拿著燈問道：「是誰來找我，我正睡不好，還來打擾我？」

「一個活人和一個死人，」查拉圖斯特拉說，「請給我一些吃的和喝的東西，我在白

---

45 越吃越餓常見於精神要求的場合。此處暗示查拉圖斯特拉的飢餓並非通常生理的飢餓。

天忘記飲食了。給飢餓者進食的人[46]，會使他自己的靈魂舒暢：先賢曾這樣說過。」

老人走開了，隨即轉身回來，給查拉圖斯特拉遞上麵包和葡萄酒。「對於飢餓者，這裡是個壞地方，」他說道，「因此我住在這裡。獸和人都來找我這個隱修者。叫你的旅伴也來吃點喝點吧，他比你更疲倦了。」查拉圖斯特拉回道：「我的旅伴已經死了，我難以勸他進食。」「這不關我的事，」老者不高興地說，「來叩我的門的人，都必須吃我所提供的東西。吃了好好走吧！」——

隨後，查拉圖斯特拉又繼續走了兩個小時，順著道路，沐著星光：因為他習慣夜行，而且喜愛正眼觀看沉睡的萬物[47]。可是：到天色發亮時，查拉圖斯特拉發現他自己走到了森林深處，再也無路可走了。於是他把死人放進他頭頂上的一棵空心樹裡——因為他要守住他，免得被狼拖去——他自己就在長滿青苔的地面上躺下。他立即進入睡鄉，身子很倦，可是靈魂很安寧。

9

查拉圖斯特拉睡了很長時間，不僅是曙光拂過他的臉，而且上午也過去了。最後，他張開眼睛：查拉圖斯特拉向寂靜的林中驚奇地望望，又驚奇地靜觀自己的內心。然後，他急忙站起身來，好像一個突然看到陸地影子的水手，不由得歡呼起來：因為他看到一個新的真理。於是他對他自己的心如是說道：

46 〈詩篇〉146，6～7：「耶和華……賜食物予飢餓的。」

47 在沉睡時，萬物顯露出沒有偽飾的真相。

「我恍然大悟了：我需要夥伴，而且是活的——不是我隨心所欲帶往我要去的地方的死的夥伴和屍體。

我需要的乃是活的夥伴，他們服從我，因為他們要服從他們自己——而且願去我要去的地方。

我恍然大悟了：查拉圖斯特拉不再對群眾說話，而只對夥伴說話！查拉圖斯特拉不要再做羊群的牧人和牧犬！

從羊群中騙走許多羊[48]——我就是為此而來。群眾和羊群將會對我惱火：查拉圖斯特拉將會被牧人們叫做強盜。

我叫他們牧人，而他們卻自稱為善人和義人。我叫他們牧人，他們卻自稱為正統信仰的信徒。

瞧這些善人和義人！他們最恨什麼人？是把他們的價值之石版[49]打碎的人，那個破壞者，那個犯罪者——不過，他卻是創造者。

瞧這些一切信仰的信徒！他們最恨什麼人？是把他們的價值之石版打碎的人，那個破壞者，那個犯罪者——不過，他卻是創造者。

創造者尋求的是夥伴，不是死屍——也不是羊群和信徒。創造者尋求的是把新的價值寫在新的石版上的共同創造者。

創造者尋求夥伴和共同收割者：因為在他的眼前，一切都已成熟，等待收割。可是他

---

48 面對理想而背叛畜群者。

49 〈出埃及記〉24，12：「耶和華對摩西說，你上山到我這裡來住在這裡，我要將石版、並我所寫的律法和誡命賜給你，使你可以教訓百姓。」此處聯想到刻十誡的石版，實指各個社會的固定的價值意識以及其體系。石版亦譯法版。參看第三部〈古老的法版和新的法版〉。

沒有一百把鐮刀[50]：因此他扯下麥穗，大為惱火。

創造者尋求夥伴以及會磨他們自己的鐮刀的那種人。他們會被人叫做善與惡的否定者和蔑視者：可是他們乃是收割者和慶豐收者。

查拉圖斯特拉尋求共同創造者，查拉圖斯特拉尋求共同收割者和共同慶豐收者：他跟羊群、牧人和死屍有什麼瓜葛呢！

而你，我的第一個夥伴，再見了！我已將你好好地埋葬在你的空心樹裡，我已把你藏好，不會被狼拖去。

可是，我要離開你了，時間到了。在曙光與曙光之間，一個新的真理來到我面前了。

我不要做牧人，不要做掘墓者。我不想再跟群眾談話；我跟死人說過最後一次話。

我要跟創造者、收割者、慶豐收者交往：我要指給他們看彩虹和超人的一切階梯。

我要向單獨隱修者和雙雙隱修者[51]唱我的歌；對於從未聽說過的事[52]還有耳朵傾聽的人，我要用我的幸福使他的心感到沉重。

我要朝著我的目標，我要走我的路；我要超越過那些遲疑者和拖拖拉拉的人。因此讓我的行進成為他們的沒落！」

10

查拉圖斯特拉對他的心說完這番話，太陽已升到中午的天空：這時他仰望天上，若有

---

50 〈馬太福音〉9，37：「要收的莊稼多，作工的人少。」

51 文字遊戲：德文中隱修者為Einsiedler，其中的Ein意為一個，即單獨之意。尼采由此字造出新字Zweisiedler，其中的Zwei意為兩個。

52 查拉圖斯特拉創造的新的說教。

所尋問——因為他聽到頭頂上傳來一隻鳥兒的尖叫聲。瞧！一頭大鷹在空中兜著大圈子盤旋，牠身上吊著一條蛇，不像是獵獲品，卻像是一個女友[53]：因為她盤繞住大鷹的頸部。

「牠們是我的寵物[54]！」查拉圖斯特拉說著，感到由衷的高興。

「太陽之下最高傲的動物和太陽之下最聰明的動物[55]——牠們是出來打聽消息。

牠們要探聽，查拉圖斯特拉是否還活著。真的，我還活著嗎？

我發現，在世人當中比在動物當中更危險，查拉圖斯特拉走的是危險的道路。但願我的寵物給我領路！」

查拉圖斯特拉說完這番話，他想起林中聖人的話，長嘆一聲，對他的心如是說道：

「但願我變得聰明些！但願我像我的蛇一樣徹底聰明！

可是我要求的乃是不可能之事：因此我要求我的高傲永遠跟我的聰明一起同行！

如果有一天我的聰明離開我——唉，它真愛飛去！——那麼，但願我的高傲也跟我的愚蠢一起飛翔吧！」——

——於是查拉圖斯特拉開始下降。

---

53 德文中蛇為陰性名詞，故稱女友。

54 查拉圖斯特拉住在山裡時，鷹和蛇是他的夥伴。

55 鷹象徵高傲，蛇象徵聰明。

三段變化

我要向你們列舉精神的三段變化：精神怎樣變為駱駝，駱駝怎樣變為獅子，最後獅子怎樣變成孩子。

對於懷著畏敬之念的精神，強力的、負重的精神，有許多重負：精神的強力渴望重的、最重的負擔。

什麼是重負？負重的精神這樣發問，於是它像駱駝一樣跪下來，甘願被裝上很多的重負。

英雄們，什麼是最重的負擔？負重的精神這樣發問，我會把它背在身上而為我的強力感到高興。

最重的重負不就是：為了使自己的驕傲心感到痛苦[1]而自卑？為了嘲笑自己的智慧而顯示自己的愚蠢？

或者是：當我們的事業獲得成就而慶祝其勝利時，就離開它[2]？為了試探試探者[3]而登上高山？

或者是：吃認識之草和橡子維生，為了真理而忍受靈魂的飢餓？

或者是：自己生病，卻把來探望你的人打發回家，跟永遠聽不見你的要求的聾子做朋

---

1 對自己的驕傲進行反省而打破之。德語 schwer 意為重，又意為困難。

2 不以成功自滿，還要面向新的困難，繼續奮鬥。

3 〈馬太福音〉4，1：「耶穌被聖靈引到曠野，

友？

或者是：只要是真實之水，哪怕是汙水，也跳進去，不管是冷的青蛙和熱的蛤蟆，一概來者不拒[4]。

或者是：愛那些蔑視我們的人，跟想要嚇唬我們的鬼怪握手？

這一切最重的重負，負重的精神都把它們背在自己的身上，就像背著重負趨向沙漠的駱駝，精神也如此急忙走進它的沙漠。

但在最荒涼的沙漠之中，發生了第二段變化：精神在這裡變成獅子，它要攫取自由，在它自己的沙漠裡稱王。

它在這裡尋找它的最後一個統治者：它要跟最後一個統治者、它的最後的神為敵，它要跟巨龍搏鬥以求勝利。

精神不想再稱它為統治者和神的這條巨龍是什麼呢？這條巨龍的名字叫做「你應當[5]」。可是獅子的精神卻說「我要」。

「你應當」擋在精神的去路上，金光閃閃，是有鱗動物，每一片鱗甲上都閃著金光燦爛的「你應當」。

綿延千年的各種價值閃耀在這些鱗片上，一切龍中最強大的龍如是說：「事物的一切價值——閃耀在我的身上。」

「一切價值已被創造出，被創造出的一切價值——就是我。確實，不應再有什麼『我

受魔鬼的試探。」此處意為：不等魔鬼來找他，卻去找魔鬼，擊退誘惑。

4 追求真，不顧汙濁和醜惡。

5 應當怎樣做，這是精神原來信奉的教條，亦即道德的命令。由此更進而成為義務。次之為習俗的種種價值體系。

要』！」這條龍如是說。

我的弟兄們，在精神之中為什麼需要獅子？有了放棄欲念、懷著畏敬之心的負重動物，為什麼還不夠呢？

創造新的價值——就是獅子也還不能勝任：可是為自己創造自由以便從事新的創造——這是獅子的大力能夠做到的。

給自己創造自由，甚至對應當去做的義務說出神聖的否字，我的弟兄們，在這方面就需要獅子。

要獲得建立新價值的權利——對於負重而懷有敬畏心的精神，乃是最可怕的行動。確實，對於精神來說，這無異於劫掠，這乃是進行劫掠的猛獸的行徑。

精神也曾把「你應當」當作最神聖的事物去愛它：現在精神也不得不在這最神聖者裡面看出妄想和專橫，精神要從它所愛者手裡劫掠自由：為了這種劫掠，所以需要獅子。

可是，我的弟兄們，請回答：連獅子都無能為力的，孩子又怎能辦到呢？進行劫掠的獅子，為什麼必須變為孩子呢？

孩子是純潔，是遺忘，是一個新的開始，一個遊戲，一個自轉的車輪[6]，一個肇始的運動，一個神聖的肯定[7]。

是的，為了稱作創造的這種遊戲，我的弟兄們，需要一個神聖的肯定：這時，精神想要有它自己的意志，喪失世界者會獲得它自己的世界[8]。

---

6 德國詩人安格盧斯·西里西烏斯（1624-1677）警句詩：「你自己就是輪子，自動地轉動，沒有休息。」

7 對孩子來說，沒有善惡正邪之區別，世界和生活中的一切，都照樣加以肯定。此為自由創造的第一步。

8 離開習俗的世界而面向自己固有的世界。

我給你們列舉了精神的三段變化：精神怎樣變成駱駝，駱駝怎樣變成獅子，最後獅子怎樣變成孩子。——

查拉圖斯特拉如是說，當時他停留在一個市鎮上，那個市鎮的名字叫做：花斑母牛。

道德的講座

有人對查拉圖斯特拉誇讚一位智者，這位智者能就睡眠[9]和道德作一番精彩的說教：他為此受到極大的尊敬和感謝，所有的年輕人都坐在他的講座之前。查拉圖斯特拉走到他那裡，跟所有的年輕人一起坐到他的講座面前。這位智者如是說：

「對睡眠要懷有敬意和羞恥心！這是頭一件要事！對一切不能安眠、在夜間醒著的人，要避開他們！

就是小偷也羞於驚醒入睡者：他在夜間也總是躡手躡腳悄悄走路。可是，更夫沒有羞恥心，他不知羞恥地攜帶著號角。

睡眠絕不是容易的事：要睡好，需要你整天睜著眼睛。

每天，你必須克制自己十次：這會給你帶來充分的疲勞，這是靈魂的鴉片。

你必須再跟你自己和解十次；因為克制是苦事，不和解的人睡不好。

每天你必須找到十條真理；否則你在夜間還要尋找真理，你的靈魂就會餓得慌。

在白天你必須笑上十次，保持快活；否則你的胃將在夜間干擾你，胃是憂愁之父。

9 〈詩篇〉4，8：「我必安然躺下睡覺，因為獨有你耶和華使我安然居住。」〈箴言〉3，24：「你躺臥，睡得香甜。」〈傳道書〉5，12：「勞碌的人睡得香甜，富足人卻不容他睡覺。」

此事知之者甚少：可是要睡得好，必須具備一切道德。我會作偽證嗎？我會去通姦嗎？

我會對鄰家的婢女起淫心嗎[10]？這一切都跟良好的睡眠水火不相容。

此外，即使具備一切道德，還必須懂得一件事：甚至是這些道德，也要在恰當的時候送它們入睡[11]。

這些美德小女子[12]，別讓她們互相爭吵！別讓她們為你爭吵，否則，你就倒楣了！

跟上帝和鄰人保持和睦：良好的睡眠要求你這樣做。跟躲在鄰人間的魔鬼也要相安無事[13]！否則，他會在夜間到你身邊來作祟。

對官府要尊敬，要服從，即使對於不正當的官府也要如此！良好的睡眠要求你這樣做。當權者不願走正路，我能有什麼辦法呢？

把自己的羊群帶往肥沃的草原上去的，我總要稱他是最好的牧人[14]：他這樣做，是符合良好睡眠的要求的。

我不要很多榮譽，也不要大量財寶：這些會使脾臟發炎。可是沒有一個好名聲和一筆小小的財富，也睡不好。

我情願跟小範圍的人們交往，不願跟壞朋友打交道：不過，朋友交往，也要在恰當的時候。這樣才符合良好睡眠的要求。

精神貧窮的人也使我很喜歡；他們促進睡眠。他們是幸福的[15]，特別是對他們的言行

---

10 〈出埃及記〉20，16～17：「不可作假見證陷害人……也不可貪戀人的妻子、僕婢……」

11 例如獨立心和順從這兩種品德是水火不相容的，因此，要看情況而使其中之一的品德睡去。

12 德語「道德」die Tugend是陰性名詞，故稱之為女子。

13 跟潛伏在鄰人內心裡的惡以妥協為妙，以免招惹麻煩。

14 讓人民過好日子的政府。〈詩篇〉23，1～2：「耶和華是我的牧者，我必不至缺乏。他使我躺臥在青草地上，領我在可安歇的水邊。」〈約翰福音〉10，11：「我是好牧人，好牧人為羊捨命。若是雇

總是給予肯定的時候。

對於有德之人，白天就這樣過去。當夜晚降臨，我就很小心、不召喚睡眠！它也不願受召，睡眠乃是各種道德之主。

我不召喚睡眠，卻對我在白天所行的和所想的進行反思。我像母牛反芻一樣頗有耐心地反思自問：你的十條克制是些什麼呢？

還有，十次和解、十條真理以及使我心平氣和的十次大笑，又是些什麼呢？

經過如此思考，讓四十種反思搖我入睡，不召而至的睡眠，這位各種道德之主，就突然光臨了。

睡眠拍拍我的眼皮：眼皮就變得沉重了。睡眠碰碰我的嘴：嘴就老張開了。

確實，它是躡手躡腳地走過來的，這個小偷中最可愛的小偷，它偷走我的思想：我像那個講座一樣呆頭呆腦地站在那裡。

但我沒站立很久：我已經躺下了。」——

查拉圖斯特拉聽了智者如是說，他心裡發笑：因為他恍然大悟。他對他的心如是說：

這位有四十種反思的智者，我看他像是個呆子：可是我相信，他很懂得睡眠之道。

誰要是住在這位智者的附近，他就幸福了！這種睡眠是有傳染性的，哪怕隔一道厚牆，也會傳染給你。

甚至在他的講座上也藏有魔力。青年們坐在這位道德的說教者面前，不是白坐的。

工……他並不顧念羊。」

15〈馬太福音〉5，3：「精神貧窮的人是有福的。」精神貧窮的人亦譯「神貧的人」、「虛心的人」、「謙虛的人」。

他的智慧就是：保持醒覺，是為了睡得好。確實，如果生存並無意義而我又必須選擇無意義，那麼，對我來說，這也是最值得選擇的無意義[16]了。

現在我明白，從前當人們尋找道德老師時，他們首先要找的是什麼。他們尋找良好的睡眠，由此尋找罌粟花[17]似的道德！

對於這些講座的該讚美的一切智者，智慧就是不做夢的睡眠：他們不知道人生還有什麼更大的意義。

就是在今天，還有些人，像這種道德的說教者，但並不總是像他們這樣正直：不過他們的時代過去了。他們不會再站得長久了：因為他們已經躺下了。

這些嗜睡者是幸福的：因為他們會很快打瞌睡。——

查拉圖斯特拉如是說[18]。

背後世界論者[19]

從前查拉圖斯特拉也曾像一切背後世界論者那樣馳騁幻想於世人的彼岸。那時，我覺得世界是一個受盡痛苦和折磨的神的製作品[20]。

那時，我覺得世界是一位神的夢和詩；是在一位不滿之神的眼前飄蕩的彩色的煙。

善與惡，樂與悲，我與你[21]——我覺得這些都是在創造主眼前飄蕩的彩色的煙。創造主想把視線從他自己身上移開——於是他創造了世界[22]。

16　對智慧的辛辣的諷刺。

17　罌粟花外觀很美，但有催眠的麻醉作用。

18　每章結尾的這句慣用語乃是模仿梵文經書中的用語：Iti vutta kam，意為「聖者如是說」。

19　假定世界的背後有神和原理而逃避現實者，如宗教家和形而上學者。原文為Hinterweltler，這是尼采的新造詞，仿造德文中的另一個字Hinterwäldler（林區那邊的人，未開化的居民、鄉巴佬）。

對於受苦者，把目光離開自己的苦惱，忘卻自我，這是像陶醉一樣的快樂。我從前曾認為：世界就是像陶醉一樣的快樂和忘我。

這個世界，這個永遠不完美的世界，一個永遠矛盾的映象和不完美的映象——對於它的不完美的創造者，乃是一種陶醉似的快樂[23]——從前我對世界的看法就是這樣。

從前我就是這樣像一切背後世界論者，馳騁幻想於世人的彼岸。這就是世人的彼岸的真相嗎？

啊，我的弟兄們，我以前創造的這個神，乃是人的製造物，人的幻想，像所有的神祇一樣。

這個神是人，只不過是人和我的可憐的一段：這個幽靈，是從我的灰和烈火中出來的，確實如此！他不是從彼岸來的。

後來怎樣，我的弟兄們？我，這個受苦者，克制了自己，我把我自己的灰帶到山上[24]，我給自己燒起更亮的火。瞧！這個幽靈從我面前消失了。

現在要我這個康復者相信這種幽靈，那真會是煩惱和痛苦了：現在對於我，真會是煩惱和屈辱了。我要對一切背後世界論者如是說。

是煩惱和無能——創造了一切背後世界；只有極煩惱者經歷到的那種短暫的幸福之幻想[25]才能創造背後世界。

想以一跳、決死的一跳[26]達到終極的疲勞感，絕不再想存有什麼願望的一種可憐的、

20 現實世界是不完美的，因此認為創造這個世界的神是受苦的、不滿的。把這一個神解釋為形而上學的意志，乃是叔本華哲學的立場。尼采也曾同意這種觀點。

21 充滿矛盾的世界的形象。我與你指主觀與客觀的對立。

22 煩惱的人為了轉移自己的煩惱，在自身之外創造表象之物。在藝術創作的動機方面，這種情況甚多。

23 從藝術品創作的場合類推，很容易明白。

24 對受苦的自己進行自我克制，走強有力的創造的願望之道路。

25 例如宗教的陶醉。

無知的疲勞感：正是這種疲勞感創造了一切神和背後的世界。

相信我的話，我的弟兄們！對現世的我們的肉體感到絕望的是現世的我們的肉體——這個肉體用錯亂的精神的手指摸索最後的牆[27]。

相信我的話，我的弟兄們！對大地感到絕望的也是現世的我們的肉體——它傾聽存在的肚子[28]對它說話。

於是它想用頭穿過最後的牆[29]而且不僅用頭到達「彼世」。

可是「彼世」是人所看不見的隱蔽的世界，那個離開人的、非人間的世界，乃是天國的虛無；存在的肚子，除非以人的身分出現[30]，絕不對人說話。

確實，一切存在，是難以證明的，難以使它說話的。告訴我，弟兄們，一切事物中最奇妙的，不是最易證明其存在的嗎？

是的，這個自我，這個顯得矛盾和混亂的自我，最坦率地談說它自己的存在，這個創造的、願望的、評價的自我，它是事物的標準和價值。

這個最率直的存在，這個自我——它談說肉體，它還是要它的肉體，哪怕它在作詩、夢想、鼓著折斷的翅膀飛行[31]。

這個自我，越來越誠實地學習說話：它越是學習，越會讚美、尊敬肉體和大地。

我的自我，教給我一種新的自豪，我把它教給世人：別再把頭插進天國事物的沙裡[32]，而要自由地抬起頭，這大地之頭，給大地賦予意義的頭！

---

26 丹麥哲學家齊克果主張用跳的方式皈依基督教，即從不信跳到信仰。本章有些地方可能是對齊克果的駁斥。

27 對現世的自己的肉體感到絕望的是肉體本身，並非是靈魂和精神的問題，但解決絕望仍只靠精神。

28 存在的根本或本質。

29 德文成語「想用頭穿過牆」，意為蠻幹，試圖幹不可能的事。此處的頭指精神。穿過最後的牆，即進入宗教的世界之意。

30 有一種用腹語說話的表演者，即不動嘴唇說話，聽起來聲音像是從腹內發出。

31 不熟練的精神上的活動。

我教給人一種新的意志：想要去走世人盲目地走過的路，並稱之為善，加以肯定，不再悄悄地走別的歪路，像那些病人和瀕死者那樣。

是病人和瀕死者，他們輕視肉體和大地，想出天國的事物和拯救的血滴[33]：可是就是這些甘美的陰森森的毒，他們也是從肉體和大地那裡拿去的[34]。

他們想逃避他們的不幸，而星星又距離他們太遠。於是他們嘆道：「要是有通往天國的道路就好了，可以悄悄進入另一種生存和幸福！」——於是他們想出一條近路和血的飲料[35]！

他們以為現在擺脫了他們的肉體和這個大地，這些忘恩負義的人。可是他們是靠誰才獲得這種擺脫的痙攣和喜悅的呢？是靠他們的肉體和這個大地。

查拉圖斯特拉對病人是寬大的。確實，他對他們這種尋找安慰和忘恩負義的做法並不生氣。但願他們成為康復者和克制者，讓自己獲得更高級的肉體。

這種康復者，如果他戀戀不忘過去的幻想而在深夜悄悄走到他的神的墓畔徘徊，查拉圖斯特拉也不對他生氣：不過在我看來，他的眼淚依然是由於疾病和患病的肉體而製造出來的。

在那些夢想和渴望著神的人們中間，總有許多患病的人；他們極其憎恨認識者以及在各種道德之中稱為誠實的那種最年輕的道德。

他們總是回顧過去的蒙昧時代：因為在那個時代，幻想和信仰，跟現在的當然是另一

---

32 鴕鳥常會把頭插進最少的沙裡。

33 〈彼得前書〉1，18，19：「你們得贖……乃是憑著基督的寶血，如同無瑕疵無玷汙的羔羊之血。」

34 產生這種鴉片似的宗教的拯救之毒的動機是由現實（肉體和大地）問題而來的。

35 〈馬太福音〉26，27：耶穌「又拿起杯來，祝謝了，遞給他們，說，你們都喝這個。」

回事；理性的狂亂跟神近似，懷疑就是犯罪[36]。

這些跟神類似者，我對他們非常了解：他們想要讓人信仰他們，並認為懷疑是犯罪。他們自己最信仰的是什麼，我也非常了解。

確實，他們信仰的並不是背後的世界和拯救的血滴：而是最信仰肉體，他們自己的肉體，對他們就是自在之物[37]。

但是他們的肉體，在他們看來，是有病的：他們想蛻掉一層皮。因此他們傾聽死亡的說教者，自己也談說背後的世界。

我的弟兄們，寧可傾聽健康的肉體的聲音，那是更誠實、更純粹的聲音。

健康的肉體，完美的、正方的[38]肉體，說話更誠實、更純粹：它談說大地的意義。

查拉圖斯特拉如是說。

輕視肉體者[39]

我要對輕視肉體者講幾句話。我並不要他們改變其學習與教導，只要他們跟他們自己的肉體告別[40]——就這樣沉默不語。

「我是肉體和靈魂[41]。」——小孩子這樣說。人們為何不像孩子們一樣說呢？

可是覺醒者和有識之士說：「我全是肉體，其他什麼也不是；靈魂不過是指肉體方面

---

36 古代希臘戴奧尼索斯崇拜者認為跟神近似的理性的狂亂充滿強烈的活力，冷靜的懷疑乃是犯罪，跟現在的含糊的宗教態度不同。

37 自在之物（即本體）為康德用語。

38 亞里斯多德《修辭術》1411b：「善良的和正方二者都是完美的。」

39 只強調靈魂而輕視肉體，這是彼岸的、宗教的態度。本章譴責這種態度，闡明肉體的根本的意義，認為精神活動乃是肉體的派生物。

40 按照他們的想法，不如死了倒好。

41 肉體和靈魂，二者為一體。不能單有靈魂。

的某物而言罷了[42]。」

肉體是一個大的理性，是具有一個意義的多元，一個戰爭和一個和平，一群家畜和一個牧人[43]。

我的弟兄，你稱之為精神的你的小的理性也是你的肉體的工具，你的大的理性的小工具和玩具。

你說「我[44]」，並以此語自豪。但比這更偉大的，你所不願相信的——乃是你的肉體，你的大的理性：它不說「我」，而只是實現「我[45]」。

感覺所感到的，精神所認識的，其自體永無終止。可是感覺和精神，它們要說服你，要你相信它們乃是一切事物的止境：它們是如此虛妄。

感覺和精神乃是工具和玩具：在它們背後仍有其自己[46]。這個自己也用感覺之眼探視，也以精神之耳傾聽。

這個自己永遠在傾聽和探視：它進行比較、壓制、占領、破壞。它進行統治，而且是「我」的統治者。

我的弟兄，在你的思想和感覺的背後，有一個強有力的發號施令者，一個未識的智者——他名叫自己。他住在你的肉體裡，他是你的肉體。

在你的肉體裡，比在你的最高的智慧裡，有著更多的理性。可是誰知道，到底為什麼你的肉體恰恰需要你的最高的智慧呢？

---

42 認為肉體是根本，靈魂只是為肉體服務的一個機能。

43 此處所說的理性是包括精神和肉體的各種活動的綜合的活動。雖是具有「生的意志」的統一的東西，但內容卻多種多樣，含有種種的矛盾相剋，在各種要素之間，有鬥爭、調和、支配和被支配等。末句見〈約翰福音〉10，16：「我另外有羊……我必須領牠們來，牠們也要聽我的聲音，並且要合成一群，歸一個牧人了。」

44 自覺的主體。

45 與前注自覺的相比，此為在無意識、非自覺之中作為自我的活動。

46 原文 das Selbst，跟

你的自己嘲笑你的我和你的「我」的得意的跳躍。「這種思想的跳躍和飛翔對我有什麼意義？」你的自己在自言自語。「乃是達到我的目的地的彎路。我是『我』的襻帶[47]，『我』的各種概念的指教者。」

你的自己對「我」說：「在此感到痛苦吧！」於是「我」就忍受痛苦，並且考慮怎樣不再受苦——他正應當為此著想的。

你的自己對「我」說：「在此感到快樂吧！」於是「我」就快樂起來，並且考慮怎樣更常常保持快樂——他正應當為此著想的。

我要對輕視肉體者說一句話。正由於他們重視，才使他們輕視[48]。是什麼創造重視和輕視、價值和意志呢？

是創造的自己創造出重視和輕視，他為自己創造出快樂和苦痛。創造的肉體為自己創造了精神，作為其意志的幫手。

你們這些輕視肉體者啊，即使由於你們的愚蠢和輕視，你們也為你們的自己效勞。我告訴你們：你們的自己本身想要死去，背離人生。

你們的自己不再能實現他最想做的事——超越自身而進行創造。這是他最想做的事，這是他的全部熱忱。

可是現在要實現，是太遲了——因為你們的自己想要毀滅，你們這些輕視肉體者啊。

你們的自己想要毀滅，因此你們成為輕視肉體者！因為你們不再能超越自己去進行

前述的「我」對比，此乃是肉體和精神、本能和理智合為一體，進行各種活動的、無意識地綜合的活生生的自我。尼采認為這是一切生存意志的根源，而強調其現實性和世間性。

47 牽著孩子走路的帶子。

48 重視和輕視，原文為 achten 和 verachten。Achten 有重視、尊重、尊敬、照顧、照管等意。由於對肉體重視和關心而致輕視。

創造。

因此你們現在對人生和大地很惱火。一種無意識的嫉妒流露在你們輕視的睨視之中。

我不走你們的道路，你們這些輕視肉體者！對於我，你們不是通往超人的橋！——

查拉圖斯特拉如是說。

快樂的熱情和痛苦的熱情[49]

我的兄弟，如果你有一種道德，而且是你自己的道德，那麼，你就具有不與任何人共有的道德。

當然，你要給你的道德起個名字而且跟它親熱；你要拉它的耳朵跟它嬉戲。

瞧啊！你給它起的名字，你就跟民眾共有了，你有了這種道德，你就成了民眾和畜群了。

你最好這樣說：「使我的靈魂嘗受甘苦者，使我的臟腑挨餓者，是難以言傳、無以名之的。」

讓你的道德過於崇高，難以給它取個親暱的名字：如果你不得不提到它，那麼，不要因你結結巴巴而覺得難為情。

你就這樣結結巴巴地說：「這是我的善，我愛它，它是如此完全使我滿意，我就是單

---

49 Freuden-und Leidenschaften，Freudenschaften 和 Leidenschaften 之意，指快樂和痛苦兩方面。一般譯為快樂和狂熱或歡樂與情感。但 Leidenschaft，字典上雖只有激情、熱情、激昂、情慾等意，而尼采在此乃玩弄文字遊戲，利用 Leiden 的痛苦之意以與 Freuden 的快樂之意並比。

獨要這種善。

我要它，並不想當它是一位神的律法，我要它，並不想當它是人間的規章、人間的必需品：對於我，我不要它成為指向超越大地之世界和天上樂園的路標。

我愛它，它是世上的道德：在它裡面沒有多少聰明，更沒有多少萬人共通的理性。

可是，這隻鳥兒到我這裡來築巢：因此我愛牠，抱牠，——現在牠在我這裡孵牠的金蛋。」

你應當這樣結結巴巴地讚美你的道德。

從前你有使你痛苦的各種熱情，你把它們叫做惡。可是現在你只有你的各種道德：它們是從使你痛苦的各種熱情中生出來的。

你把你的最高的目的植在這些熱情的深心裡：於是它們變成你的道德和快樂的熱情。

儘管你是出身於容易惱火的種族，或者是好色之徒、狂信者、復仇狂者的後代：

結果，你的痛苦的熱情全都變成各種道德，你的魔鬼全都變成天使。

從前你在你的地下室裡飼養野狗：可是結果牠們變形成為小鳥和可愛的歌女。

你從你的毒液釀製你的香膏；你擠你的憂愁母牛的奶——現在你啜飲從牠的乳房湧出的甜奶。

今後不再有什麼惡從你身上生出，除非從你的道德之間的鬥爭中生出的惡。

我的弟兄，如果你要幸福，只要有一個道德就行，不需要更多：這樣你就可以一身輕地過橋。

具有許多道德，這是很特殊的，可是這卻是沉重的命運；有好些人為此走進沙漠自殺，因為他們倦於道德的鬥爭、倦於當道德的戰場。

我的弟兄，戰爭和鬥爭是惡嗎？可是這種惡是必然的，你的各種道德之間的嫉妒、不信和誹謗也是必然的。

瞧，你的任何一種道德都想占有最高的位置：都想要你的全部精神做它的傳令使，要獲得你的憤怒、仇恨和愛中的全部力量。

每一種道德都對他種道德懷著嫉妒，嫉妒是可怕的事。各種道德也會由於嫉妒而趨於毀滅。

被嫉妒之火包圍著的人，最後會像蠍子一樣，把毒刺轉過來刺牠自己[50]。

啊，我的弟兄，你還從未見到過一種道德誹謗自己、刺殺自己嗎？

人是必須要被克制的東西：因此你當愛你的道德——因為你將因道德而毀滅[51]。——

查拉圖斯特拉如是說。

蒼白的犯罪者

你們法官們和獻犧牲的祭司們，如果你們獻祭的動物沒有點頭，你們是不願宰殺的吧

---

50 例如中世紀的騎士以勇武為美德，但過分執著，就引起過度的競爭心和對其他的憎惡，結果，勇武就變成有毒之德，而造成自滅的結局。

51 真正的德不是溫吞的習俗的德，而是從熱情生出的，當然成為毀滅的根源。

[52]？瞧，蒼白的犯罪者已經點頭了：從他的眼睛裡說出極大的輕視[53]。

「我的自我是應當被克制的東西：我的自我，在我看來，乃是對人的極大的輕視。」從這種眼睛裡說出這樣的話。

他裁判自己，這就是他的最高的瞬間：別讓這個崇高者再回到他的低賤狀態。對這種自願受苦的人，沒有任何拯救可言，除了趕快死亡。

你們法官們，你們殺罪人，應該是出於同情[54]，而不是報復。在你們殺人時，要注意，你們自己是在肯定人生[55]！

你們跟被處死的人進行和解[56]是不夠的。讓你們的悲傷成為對超人的愛：這樣你們就肯定了你們的「再活下去」！

你們處死的人，你們應稱之為「敵人」，而不該稱之為「壞人」；你們應當稱之為「病人」，而不該稱之為「流氓」；你們應稱之為「蠢人」，而不應稱之為「罪人[57]」。

你，紅袍法官啊，如果你要把在你思想中已經製造的一切大聲說出來：那麼，人人都要叫嚷：「趕走這條不潔的毒蟲！」

可是思想是一回事，行動是另一回事，行動的表象又是另一回事。這些並沒有因果關係的連結。

表象使這個蒼白的人變得蒼白了。在他採取犯罪行動時，他跟他的行動是勢均力敵的，可是在他採取犯罪行動之後，他卻忍受不了行動的表象。

---

52 把法官比作古代宰獻犧牲的祭司，把犯罪者比作獻祭的動物。犯罪者點頭，表示他認罪。

53 犯罪者的自我輕視。

54 對犯罪者自我輕視的告白所表示的同情。順從犯罪者之意而殺之。

55 死刑旨在於使生存向上。法官應自覺到他並非死亡的使徒，而是作為生存的使徒而生的。

56 前述的同情即為和解之一種。

57 不可用現存的善惡標準來評價犯罪者。要從生存的立場，作為鬥爭的對手，作為生活中的弱者來評價。

這時他總是把自己看成是一樁犯罪行動的行動者。我稱此為狂亂：他把這個例外行動誤認為是他自己的本質。

在母雞周圍用粉筆畫一條白線，母雞就被禁錮在裡面不能動。他進行的犯罪勾當[58]，也把他的可憐的理性禁錮住了——我稱此為行動後的狂亂。

聽著，你們法官們！還有另一種狂亂：這是行動之前的狂亂。啊，你們並沒充分深入到具有這種狂亂的靈魂的深處！

紅袍法官這樣說：「這個罪犯為何要殺人？他想搶劫。」可是我告訴你們：他的靈魂要的是血，不是搶劫；他渴望刀所給予的快樂[59]！

可是他的可憐的理性不理解這種狂亂，卻說服他：「血算得了什麼！」理性說，「你不想趁此至少搶他一票嗎？不想報復一下嗎？」

他聽從他的可憐的理性，理性的話，像鉛一樣將他壓住，——因此他在殺人時也進行搶劫。他不想要為他的狂亂害臊[60]。

現在他的犯罪感的鉛塊又把他壓住，他的可憐的理性又如此僵硬，如此麻痹，如此沉重。

只要他能搖搖頭，他的重荷就會滾落下來：可是誰來搖這個頭？

這種人是什麼人？乃是一堆疾病，這種疾病透過精神向世界伸出他的手：要在世界上獲取他的獵物[61]。

---

58 原文白線為 Strich，勾當為 Streich。

59 作為生存意志的一種發現的破壞欲和殺人欲。這跟生存之泉有關聯。

60 承認自己犯罪的動機是由於要進行破壞的破壞欲而並無其他動機，這樣就顯得過分狂亂（發狂）而可恥。為了害怕這點，犯罪者把他犯罪的動機歸於搶劫和報復，這就回到常識的立場。

61 犯罪者本來是從生存意志的立場而犯罪的，但他並非超人的強者而是弱者和病人，這種病人要跟外面世界打交道而犯罪，這是要克服痛苦和煩惱，無論如何，他採取的犯罪行動也就屬於精神上的問題。

這種人是什麼人？乃是一群猛蛇，互相爭鬥不休，——於是牠們各自散開，到世界上去獲取獵物。

瞧這可憐的肉體！牠的病痛，牠的渴望，都由這可憐的靈魂自己說出來了，——靈魂把這些解釋為殺人的快感和貪圖刀子給予的快樂[62]。

現在誰患了病，就有現在認為是惡的惡來襲擊他：他要用那使他自己痛苦的東西來使別人痛苦。可是過去的時代跟現在的時代不同了，過去的善惡也跟現在的善惡不同了。

從前，懷疑是惡，要返回原來的自己的意志也是惡。那時，患病的人是異端者，是魔女：病人當自己是異端者和魔女而自己受苦，也要使他人受苦[63]。

可是說這種話，你們的耳朵聽不進；你們要對我說：這會傷害你們的善人。可是你們的善人，對於我，又算得了什麼呢！

你們的善人有許多事使我作嘔，確實，並非是他們的惡。我倒願意他們有一種狂亂，讓他們因狂亂而毀滅，就像這蒼白的犯罪者一樣。

確實，我願他們的狂亂被稱為真實、忠誠或是正義[64]：可是他們有他們的道德，為了讓他們長生，過著可憐的舒適的生活。

我是奔流旁邊的欄杆：能抓緊我的人，抓住我吧！可是我不是你們的柺杖。——

查拉圖斯特拉如是說。

---

62 由肉體的痛苦，即跟生存願望有關的不滿，向破壞意志轉化。在超人方面，這種痛苦和不滿，則轉化為人類努力向上。

63 從前的犯罪者的狀態。

64 但願他們口說的真實、忠誠和正義都是由他們的狂亂的熱情發出的。

讀和寫

在一切寫出的作品中我只喜愛一個人用血寫成的東西。用血寫：你會體會到，血就是精神。

要理解別人的血，不是容易辦到的：我憎恨懶洋洋地讀書的人[65]。

誰要是了解讀者，他就不會再為讀者做什麼。再過一世紀，還是這樣的讀者——精神本身就會發臭了。

如果人人能學會讀書，長此下去，不僅破壞寫作，也破壞思考。

從前精神是上帝，隨後他變成人，現在他甚至淪為賤民。

用血寫箴言的人，不願被人讀，而是要人背出來。

在山中，最近的路是從山頂到山頂：可是，要走這條路，你非有長腿不行。箴言應該是山頂：可對他說箴言的人，必須是長得高大的人。

山頂的空氣稀薄而清新，危險近在咫尺，精神充滿快活的惡意：它們都互相合得來。

我願意有山精在我的周圍，因為我有膽量。驅趕鬼怪的膽量，為我自己造出山精，——膽量想發笑。

我的感受，不再跟你們的一樣了：我所看到的我腳下的雲，我所嘲笑的這種黑暗和沉重——這正是你們的雷雨欲來的烏雲[66]。

你們想升高時，就向上仰望。我向下俯視，因為我已升高。

65 外表似在讀書，而精神卻沒有能動性。

66 我已升高，我穿越過的雲（生的苦惱和困難），對你們卻是引起恐怖的雷雲。

你們當中，誰能同時又笑又高升呢？

登上最高的山頂的人，他嘲笑一切「扮演的悲劇」和「實際的悲劇[67]」。

大膽，不擔心，嘲笑，剛強——智慧要求我們做到這幾點：智慧是女性[68]，總是只喜愛一位戰士。

你們對我說：「人生的重荷難以承受。」可是你們為何在上午滿懷傲氣而在晚上就洩氣[69]呢？

人生的重荷難以承受：可是不要對我裝得如此柔弱！我們全都是相當不錯的能負重的公驢和母驢[70]啊。

一滴露珠滴在身上的薔薇花苞，我們跟它有什麼共同之處呢？

確實，我們愛生活，並非由於我們習慣於生活，而是因為我們習慣於愛。

在愛裡面總有些瘋瘋癲癲[71]。可是在瘋癲之中也總有些理智。

在熱愛生活的我看來，好像蝴蝶和肥皂泡以及跟它們類似的世人最懂得幸福[72]。

看到這些輕飄飄、傻乎乎、小巧活潑的小生靈在飛舞——引得查拉圖斯特拉又哭又唱。

我只信仰一位會跳舞的神。[73]

我見到我的魔鬼時，發覺他認真、徹底、深沉、莊重；他是重壓之魔[74]——一切萬物都由於他而跌倒。

---

67 文字遊戲：德文悲劇為 Trauerspiel，尼采將它分寫成 Trauer‧Spiele，暗示世間所說的悲劇，在高人的眼中不過是「戲」「兒戲」「演戲」而已（Spiele：兒戲、遊戲、戲劇）。實際的悲劇原文為 Trauer‧Ernste（悲‧認真），這是尼采杜撰的字，即把演出的悲劇認真地當作真戲了。

68 德語智慧是陰性名詞。

69 上午和晚上可理解為人生的初期和晚年。

70 〈馬太福音〉21，5：「你的君主……騎著母驢，帶了小驢，母驢的小驢。」母驢的希臘文 upodzugion 原意為負重的牲口，猶太人以驢負重，故渾稱牲口即是驢子。

人們並非由於憤怒殺人，而是由於歡笑殺人。來，讓我們殺死重壓之魔！

我學會了走，然後讓我奔跑。我學會了飛，然後我不想先讓人推、才向前移動。

現在我一身輕了，現在我騰飛，現在我看到我在我自己的支配之下，現在有一位神在我體內跳舞。

查拉圖斯特拉如是說。

山上的樹[75]

查拉圖斯特拉的眼睛看到一個青年躲開他。某日傍晚，他在圍抱著那個叫做「花斑母牛」的市鎮的山中獨自走過：瞧，他在路上看到這個青年靠在一棵樹旁坐著，露出疲倦的眼光眺望山谷。查拉圖斯特拉走近這個青年坐著的地方，抓住那棵樹，如是說道：

「如果我要用雙手搖這棵樹，我可能搖不動。

可是我們看不見的風，折磨它，要把它彎到哪邊，就把它彎向哪邊。我們被看不見的手極其厲害地弄彎和折磨。」[76]

這個青年聽到這番話，驚慌失措，站起身來說道：「原來是查拉圖斯特拉，我正在想到他哩。」查拉圖斯特拉回道：

「你為什麼對此大為震驚呢？——可是對人跟對樹，道理卻是一樣的。

---

71 參看莎劇《哈姆雷特》II，2。

72 輕鬆地生活的人，最懂得生活的樂趣。

73 跳舞是輕鬆的具體化。

74 魔鬼不能給人帶來輕鬆，而是帶來沉重，妨礙一切生活的自由活動，故稱他為重壓之魔。

75 〈約翰福音〉1，48：「耶穌看見拿但業來，就指著他說，他心裡是沒有詭詐的……你在無花果樹底下，我就看見你了。」〈馬太福音〉19，16以下，敘述一個少年人來見耶穌，耶穌勸他變賣他所有的分給窮人。少年憂愁地走開，因為他的產業很多。

76 使人煩惱的與其說是

它越是想往高處和亮處升上去，它的根就越發強有力地拚命伸往地裡，伸向下面，伸進黑暗裡，伸進深處——伸進罪惡。」

「是的，伸進罪惡！」青年叫道，「你發現我的靈魂，你是怎樣辦到的呢？」

查拉圖斯特拉微笑著說道：「有許多靈魂是永遠無法發現的，除非預先臆造。」[77]

「是的，伸進罪惡！」青年又叫了一遍。

「你說的是真話，查拉圖斯特拉。自從我想升到高處以來，我不再相信自己，也沒有人再相信我，——怎麼會如此的呢？

我變得太快：我的今天否定我的昨天。我登高時，常常越過階梯跳級，——任何階梯都不原諒我。

我到了上面，我總覺得我是孤獨一人。沒有人跟我說話，孤寂的寒氣使我戰慄。我去高處，要幹什麼呢？

我的輕蔑和我的渴望一同增長；我登得越高，我越發輕視登高的人。他在高處到底要幹什麼呢？

我對我的攀登和跌跌撞撞覺得多麼慚愧啊！我多麼嘲笑我的劇烈的喘息！我多麼憎恨飛馳的人！我在高處是多麼疲倦！」

說到這裡，青年沉默了。查拉圖斯特拉看看他們站立之處的身邊的那棵樹，如是說道：

可以看到的諸力，不如說是眼睛看不到的東西，如無意識的不滿、欲望、嫉妒等。「看不見的風」是化用《聖經》語句。〈約翰福音〉3，8：「風隨著意思吹，你聽見風的響聲，卻不曉得從哪裡來，往哪裡去。」

77 洞察他人的心理，要預先在自己的心裡形成對方的心象。

「這棵樹孤單單地站在這裡的山坡旁；它高高地向上生長，超過人和獸[78]。即使它想說話，它也找不到理解它的人：它長得這樣高。現在它等了又等——它到底在等待什麼？它住得跟雲的住處太靠近：它也許等待最初的閃電？」

查拉圖斯特拉說完這番話，青年做了一個強烈的手勢，叫道：「是的，查拉圖斯特拉，你說的是實話。當我想登到高處時，我渴望我的毀滅[79]，你就是我所等待的閃電！確實，自從你在我們面前出現，我還算個什麼？毀掉我的，乃是對你的嫉妒！」——青年這樣說著，傷心地哭了起來。查拉圖斯特拉把手搭在他的肩上，帶他一同走去。

他們一同走了一會兒以後，查拉圖斯特拉開始如是說道：

我的心碎了。你的眼睛，勝過你的說話，對我說出你的一切危險。

你還沒有自由，你還在追求自由。你的追求使你通宵不寐、過於清醒。

你要到達自由的高處，你的靈魂渴慕星空。可是你的不好的本性也渴望自由。

你的那些野狗想要自由；如果你的精神企圖打開一切牢門，牠們會在地牢裡高興得狂吠。

我看，你還是一個妄想自由的囚徒：唉，這種囚徒的靈魂變聰明了，但也變得狡猾和惡劣。

精神獲得自由的人還必須淨化自己。在他的身心裡面還留有許多牢獄味和霉味：他的

---

78 尼采另有一首〈傘松和閃電〉詩：「我在人與獸之上高高生長；我說話——無人跟我對講。我生長得太高，也太寂寞——我在等待：可是我等待什麼？雲的席位就近在我的身邊，——我等待第一次發出的閃電。」與此處的字句相似。

79 青年決心登高時，就是決心走向危險，所以無意識地渴望沒落或毀滅。也就是說，進入一個真刀真槍決一勝負的世界，必然會遇到超過自己的強手而被對方打敗，這也是他本來的願望。

眼睛還必須保持純潔。

是的，我知道你的危險。可是我憑著我的愛和希望懇求你：不要拋棄掉你的愛和希望！

你還覺得你自己高貴，對你懷恨而投以惡意的眼光的其他人也還覺得你高貴。要知道，一個高貴的人對任何人都是障礙。

一個高貴的人對於善人們也是障礙：即使他們把高貴的人稱為善人，他們也是想借此把他撵走。

高貴的人想創造新事物和一種新的道德。善人想要舊事物，想讓舊事物被永遠保存。

但是高貴者的危險，並不在於他成為善人，而是在於他會成為厚顏無恥者、嘲笑者、否定者[80]。

唉，我曾認識那些失去自己的最高希望的高貴者。現在他們汙蔑一切高尚的希望。

現在他們厚顏無恥地度日，追尋短暫的歡樂，幾乎沒有超過一天以上的目標。

「精神也是一種情慾[81]。」——他們這樣說。於是他們的精神的翅膀折斷了：如今精神在爬來爬去，汙染它所咬之處。

從前他們想成為英雄：現在他們是荒淫的人。對於他們，英雄乃是怨恨和害怕的對象。

可是我憑我的愛和希望懇求你：不要拋棄掉你的靈魂中的英雄！把你的最高希望當

80 高貴者不能遂其志時，雖不會淪於凡庸，卻常成為嘲笑的倔強的人。

81 或譯快樂。精神的快樂指嘲笑和怒罵。

作神聖的事物保持著！——

查拉圖斯特拉如是說。

死亡的說教者[82]

有著死亡的說教者：因為在世上充滿了這樣的人，應該對他們進行說教，教他們拋棄生存。

世上充滿了多餘的人，生命被這些過多的多數人糟蹋了。但願用「永生」之說把他們從此生之中騙走。

死亡的說教者被稱為「黃色的」或「黑色的」[83]，可是我要用別的顏色把他們指給你們看。

在死亡的說教者中間，有些人很可怕，在他們的身心裡暗藏著猛獸，他們除了快樂和自我折磨，沒有其他任何選擇。甚至他們的快樂也就是自我折磨[84]。

這些可怕者，甚至還沒有成為人：但願他們進行勸人拋棄生存的說教，也願他們自己死去[85]！

在死亡的說教者中間，有些是靈魂的癆病患者：他們剛剛誕生，就已經開始死亡，渴望倦怠和斷念的教義。

82 指輕視現世生活、宣講死亡的宗教家和厭世主義者。

83 黃色（苦膽汁之色）和黑色均為表示厭世之色。

84 自我折磨原文為Selbstzerfleischung，直譯「撕自己的肉」，可認為指天主教內的苦行派別，如鞭笞派，他們以皮鞭自笞直至流血。

85 〈詩篇〉90，10：「我們的壽數，不外七十春秋，若是強壯，也不過八十寒暑；但多半還是充滿勞苦與空虛，因轉眼即逝，我們也如飛而去。」

他們樂願死去，讓我們尊重他們的意志吧！我們要當心，不要驚醒這些死者，不要損壞這些活棺材！

他們遇到一個病人、一個老人或者一具死屍，他們就立即說：「這是對生存的駁斥！」

但是被駁倒的只是他們自己和他們的眼睛，因為他們的眼睛所看到的只是生存的一面。

被包裹在濃厚的憂傷之中，渴望帶來死亡的小小的偶然事件：他們就這樣等待著而咬緊牙關。

可是也有這種情況：他們伸手去抓糖果[86]，同時又嘲笑他們自己的幼稚：他們抓住人生的這根稻草，而又嘲笑他們自己還在抓住一根稻草。

他們的格言是這樣的：「在世上活下去的，是愚人，可是我們就是這種十足的愚人！這正是人生的最大的愚蠢！」——

「人生只是受苦。」——也有人這樣說，這並非謊言：那就留心，讓你們結束人生吧！那就留心，結束這種只是受苦的人生吧！

你們的道德的教訓就是如此：「你應當殺死你自己！你應當把你自己從這個世上偷走！」——

「肉慾是罪孽。」——一種進行死亡說教的人這樣說——「讓我們迴避肉慾，不生孩

86 一面等待死亡，一面又尋找人生的小小快樂。以下列舉的教條令人想到上帝在西奈山降給以色列人的十誡。

子！」

「生孩子是辛苦的。」——另一種人這樣説——「幹麼還要生孩子？人生出的只有不幸的人類！」這種人也是死亡的説教者。

「同情是需要的。」——第三種人這樣説。「把我所有的拿去！把我本身具備的[87]也拿去！這樣我就更少受到人生的束縛！」

如果他們是徹底的同情者，他們會使他們的鄰人厭惡人生。懷著惡意——這會是他們的真正的善意。

可是他們要脱離人生：那麼，他們用他們的贈品的鎖鏈把別人捆縛得更緊，這跟他們又有什麼關係呢！——

而你們，把人生看成是不得安閒的苦工的你們，不也是對人生感到非常疲倦嗎？你們不是已經非常成熟、有資格聽死亡的説教嗎？

你們，愛好苦工、快速、新穎、異常的你們全體——你們堅持不了自己，你們的勤勉乃是逃避，乃是想忘卻自我的意志。

如果你們更加相信人生，你們就更不會拜倒在瞬間之前。可是你們在你們的內裡沒有足夠的充實的內容去等待——甚至也無法偷懶[88]！

到處聽到宣講死亡的説教者的聲音：大地上充滿這些該向他們宣講死亡的聽眾。

或者該向他們宣講「永生」：這對我都是一樣，——只要他們趕快死去[89]！

87 自己本身的本質的東西。

88 真正能偷懶的人是有充實的生活的人。

89 參看前頁注〈詩篇〉90，10。

查拉圖斯特拉如是說。

戰鬥與戰士[90]

我們不願受到我們的最好的敵手照顧，也不願受到我們衷心喜愛的人照顧。因此，讓我向你們說說真話！

我的戰友們！我衷心喜愛你們，現在和從前，我都是你們的同類。我現在也是你們的最好的敵手。因此，讓我向你們說說真話！

我知道你們心中的憎恨和嫉妒。你們還不夠偉大得不知憎恨和嫉妒。因此，讓你們足夠偉大得不以憎恨和嫉妒為可恥吧！

如果你們不能做認識的聖者[91]，至少要做認識的戰士。戰士是這種聖者的夥伴和先驅。

我看到許多兵卒：可是我願看到許多戰士！他們穿著的，稱為「一律的制服」：但願裏在一律的制服裡的他們並非是一律的。

你們應當做這樣的人，眼睛總是在搜尋一個敵手——搜尋你們的敵手。你們當中有些人，眼睛一看，就露出憎恨[92]。

你們應當搜尋你們的敵手，你們應當進行戰鬥，為你們的思想戰鬥！如果你們的思想失敗了，你們的思想的誠實[93]還應當高呼勝利！

---

90 邁向超人的道路，參加克服（超越）自我的戰鬥的戰士，乃是查拉圖斯特拉的戰友。

91 達到最高的認識的人士。

92 只要看一眼，就知道對方是自己的勁敵或好敵手。

93 雖然失敗，但獲得教訓，仍在思想的道路上繼續前進。

你們應當愛好和平，把和平當作進行新的戰鬥的手段。你們應當愛好短期的和平，甚於愛好長期的和平。

我勸你們不要去工作，而去鬥爭。我勸你們別追求和平，而追求勝利。你們的工作就是鬥爭，你們的和平就是一種勝利。

一個人只有有了弓箭，才能默默地安坐：否則就會喋喋不休地爭吵。讓你們的和平是一種勝利的和平！

你們說，正當的理由甚至可使戰鬥神聖化？我告訴你們：是正當的戰鬥使任何理由神聖化。

戰爭和勇氣比愛鄰人做出更多的偉大的事業。拯救那些至今陷於不幸的人的，不是你們的同情，而是你們的勇敢。

你們問：「善是什麼？」勇敢就是善。讓小姑娘們說：「可愛而且同時令人感動的就是善。」

人們說你們是無情的：可是你們的心情是真誠的，我喜愛你們表示真心的羞恥感。你們對你們的漲潮感到羞恥，而別人則對他們的退潮感到羞恥[94]。

你們是醜陋的嗎？很好，我的弟兄們！讓這種崇高，醜陋者穿的外套裹住你們的身體吧！

當你們的靈魂變得偉大時，你們的靈魂就變得驕傲起來，而在你們的崇高之中就產生

94 由於真心而不裝假，所以被人看作無情。這種人由於自己的情愛過分洋溢（漲潮），往往有感到羞恥的傾向。而心情冷淡的人，由於對自己的冷酷感到羞恥，往往要偽裝。

惡意。我了解你們。

驕傲者和弱者在惡意之中碰在一起。可是這兩者互相誤解[95]。我了解你們。

你們只可以有讓你們憎恨的敵手，可是不可以有讓你們蔑視的敵手。你們必須以有你們的敵手自豪：這樣你們的敵手的成功也就是你們的成功。

反抗——這是在奴隸身上顯示的高貴。讓你們顯示的高貴就是服從！讓你們發出的命令本身就是服從[96]！

對於一個好戰士，「你應當」比「我想要」更使他愛聽。你們所喜愛的一切，你們應當首先把它們當作命令來接受[97]。

讓你們對於人生之愛就是你們對於你們的最高希望之愛：讓你們的最高希望就是人生的最高思想！

可是你們應當把你們的最高思想作為你們自我發出的命令來接受——這個命令就是：人是應當被克服的一種東西。

就這樣，過你們的服從和戰鬥的生活吧！長生有什麼意思！有哪個戰士想要受到照顧！

我不照顧你們，我衷心喜愛你們，我的戰友們！——

查拉圖斯特拉如是說。

---

95 心情高傲者嘲笑低等的弱者，這是驕傲者的惡意；弱者出於競爭心和嫉妒也會對別人懷有惡意。兩者互相誤解，但惡意的動機和本質則完全各異。

96 這種服從是對於高級的事物、最高的理想之類的服從。即使站在指導的立場對他人發號施令，也要從服從最高理想出發。

97 這裡的命令也就是由「你應當」的道德觀和義務觀發出的命令。

新的偶像

在任何地方現在還有各個民族和人群，可是我們這裡卻沒有。我的弟兄們；這兒有各個國家[98]。

國家？它是什麼？好吧！現在豎起耳朵聽吧，因為現在我要對你們說的，是關於各個民族死滅的我的話題。

國家乃是一切冷酷怪物中的最冷酷者。它也冷酷地說謊；這個謊言從它的嘴裡爬出來：「我，國家，就是民族。」

這是謊言！從前創造各個民族，在他們頭上高懸一個信仰和一個愛的乃是那些創造者[99]；他們就這樣為生存服務。

現在為許多人設下圈套而稱之為國家的，乃是那些破壞者[100]，他們在圈套上面吊著一把劍和千百種欲望。

在還有民族存在的地方，民族不理解什麼國家，恨之如惡毒的眼光及違背習俗和法規的罪惡。

我給你們說出民族的這個特徵：每個民族，對善與惡，都有他們自己的說法[101]：毗鄰的民族不能理解。他們在習俗和法規方面，為自己造出這種語言。

可是國家，對善與惡，使用所有的語言說謊；它所說的，全是謊言——它所擁有的，都是偷來的。

98 不是建立在民族這個自然的基礎之上，而是被組織起來的權力國家。

99 例如像摩西那樣的立法者、羅馬的建國者。他們以信仰和愛作為紐帶創造民族聯合，而不是機械的聯合。

100 破壞民族的價值。

101 善惡的標準，價值體系。

有關它的一切，都是假的；它用偷來的牙齒嚙咬，這個咬人者。連它的內臟也是假的。

關於善與惡的說法混淆不清：我給你們說的這個特徵，就是國家的特徵。真的，這個特徵意味著求死的意志！真的，這個特徵在向死亡的說教者招手！

很多人過多地出生：國家是為多餘的人們造出來的！

瞧，國家是怎樣把那些過多的多數人給吸引過來！它是怎樣將他們吞吃、咀嚼、反芻！

「在地球上沒有什麼比我更偉大：我是上帝整頓秩序的手指。」——這個怪獸如此咆哮著。於是不僅是長耳驢，就連近視之徒都對它跪拜[102]！

啊，你們這些偉大的魂，國家也對你們輕聲細說它的沉悶的謊言！唉，它看透了那些情願消耗自己的豐滿的心！

確實，國家也看透了你們，你們這些征服古代神的人！你們倦於戰鬥，現在你們的疲倦再崇拜新的偶像！

國家要把英雄和正派人羅列在它的周圍，這個新的偶像！它愛在沒有內疚的[103]陽光下曬太陽——這個冷血怪物！

它願給你們一切，如果你們禮拜它[104]，這個新的偶像；它就這樣收買你們的美德的光輝和你們的充滿傲氣的眼光。

---

102 不僅是愚蠢者，就是聰明人，有偉大的魂的人，也對國家低頭。

103 把該受尊敬的人羅列在周圍，本來有內疚的良心就心安理得。

104 〈馬太福音〉4，9：「你若俯伏拜我，我就把這一切都賜給你。」（魔鬼對耶穌說的話）

它要用你們引誘過多的多數人！確實，一種極其恐怖的絕招被想出來了，披著神聖的榮光、發出鏘鳴的死神之馬[105]！

確實，為了造成多數人毀滅的死亡被想出來了，這種死亡把自己當成生命來讚美[106]：真的，這是對一切死亡說教者的衷心禮拜！

我把那叫做國家，那兒，不論善人和惡人，人人都是飲鴆者：那就是國家，那兒，不論善人和惡人，人人都失去自我：那就是國家，那兒，一切慢性自殺——都稱為「生存」。

瞧這些多餘的人吧！他們為自己盜竊發明者的成果和智者的財寶：他們把這種盜竊稱為教養——一切都被他們變為疾病和災難！

瞧這些多餘的人吧！他們總是在生病，他們吐出他們的膽汁，卻稱之為新聞。他們互相吞吃，卻怎麼也消化不了。

瞧這些多餘的人吧！他們獲得財富，卻由此變得越來越窮。他們想獲得權力，先想弄到權力的鐵撬棒[107]，許多金錢——這些無能者！

瞧他們在往上爬，這些敏捷的猴子！他們互相搶先往上爬，卻互相拖進深深的泥坑。

他們全都想登上寶座：這是他們發瘋的妄想——好像幸福裝在寶座上面！其實，裝在寶座上的常常是爛泥——寶座也常常放在爛泥上面。

我看他們全都是瘋子、往上爬的猴子和發燒友。他們的偶像，冷血怪物，我覺得臭氣

---

105 外表很好，內裡卻潛伏著死亡。若被它引誘而上當，就要遭殃。這裡令人聯想到特洛伊戰爭中使用的木馬計。

106 為了維護國家的利益，進行戰爭，使多數人死亡。並給這種死亡美其名曰「生的成就」、「死的光榮」。

107 猶言敲門磚。

難聞：他們，崇拜這個偶像的人們，我覺得他們全都是臭氣難聞。

我的弟兄們，難道你們要在從他們欲望的嘴裡噴出的毒氣之中窒息嗎？倒不如打破窗子跳到戶外去！

避開那種惡臭吧！擺脱多餘的人們的偶像崇拜吧！

避開那種惡臭吧！離開這用人作犧牲所冒出的煙氣吧！

大地在如今還為偉大的魂開放。還有許多位置虛席以待單人孤獨者和雙人孤獨者[108]，在這些席位的四周飄著寧靜的大海的香氣。

自由的生活還為偉大的魂開放。真的，占有得很少的人，就越不容易著迷：小小的貧困是值得讚美的[109]！

在國家終止存在的地方，那兒才開始有人，不是多餘的人：那兒才開始有必不可少者的歌，唯一的無可替代的曲子。

在國家終止存在的地方——那就請看那邊，我的弟兄們！你們沒看到那道彩虹和通往超人的橋[110]？——

查拉圖斯特拉如是説。

---

108 文字遊戲：德文孤獨者為Einsame，第一音節Ein意為一個人，由此創出新字Zweisame=Zweiеinsame。

109 清貧沒有利用價值，國家權力管不上它。

110 開始真正的自由人的生活。

市場的蒼蠅

我的朋友，逃往你的孤獨中去吧！我看到你被偉大人物所引起的鼓噪震聾，也被小人物的刺刺傷了。

森林和岩石懂得跟你一起保持高尚的沉默。你要再像你喜愛的、伸展出無數枝條的大樹：它高聳在大海之上默默地靜聽。

在孤獨的盡頭，就是市場的開始；在市場開始之處，就是大演員們[111]造成的鼓譟和毒蒼蠅嗡嗡亂叫的開始的地方。

世界上最好的事物，如果沒有一個人首先把它演出，這種事物也毫無作用：大眾把這個演出者稱為大人物。

偉大，就是創造之力，民眾對此不大理解。可是民眾對於偉大事物的演出者和演員卻頗感興趣。

世界圍繞著新的價值的創造者們旋轉——眼不見地旋轉。可是大眾和名聲卻圍繞著演員們旋轉：世界上的事情就是這樣。

演員有才氣，可是伴隨才氣的良心，卻幾乎沒有。他總是相信那種他藉以最有力地使人相信的手段——使人相信他自己的那種手段。

到明天，演員會有一種新的信仰，後天，又會有更新的信仰——他跟大眾一樣，他有靈活的感覺，像變化無常的天氣一樣的性情。

111 在社會大舞臺上表演的名流。特別想到華格納。

使震驚——對他說來，就是證明。使發狂——對他說來，就是說服[112]。他把血認為是一切論據中最好的論據[113]。

只會鑽進敏銳的耳朵裡的真理，他稱之為謊言和毫無意義。確實，他相信的只是在世間引起極大鼓譟的眾神！

市場上充滿一本正經的丑角——民眾們以他們的偉大人物自豪！這些偉大人物是民眾們的當代的支配者。

可是當代逼迫這些支配者：而支配者也逼迫你：他們想要求你說出贊成和否定。可悲啊，你情願處在贊與否的夾板之中嗎[114]？

你，追求真理者，不要為了這些絕對者和逼迫者引起嫉妒心！真理從沒有緊附在一個絕對者的手臂上。

離開這些性急的人，回到你的安全場所去：只有在市場上才會受到贊與否的襲擊。

一切深井所體驗的是緩慢，要知道落到它井底的是什麼，深井必須等待很久。

一切偉大事物發生在遠離市場和名聲之處：新的價值的創造者向來是住在遠離市場和名聲的地方。

我的朋友，逃往你的孤獨中去吧：我看到你被有毒的蒼蠅刺傷了。逃往吹刮著強烈的暴風的地方去吧！

逃往你的孤獨中去吧！你跟那些小人，那些可憐的人住得太近了。逃避他們的隱蔽

112 引起轟動，使人震驚，使人狂熱，這是政治家常加以利用的手法。

113 例如俾斯麥的「鐵血政策」（武器與兵力）。

114 強迫他們表態：對支配者是否支持。

的報復吧！他們對付你的，除了報復，沒有別的。

不要再舉起手臂反抗他們！他們人數很多，做蒼蠅拍子，並不是你的命運。

這些小人和可憐的人，人數很多；雨點和荒草已給好些堂堂的建築帶來毀壞。

你不是石頭，可是你已被許多雨點滴穿了。你還會被許多雨點滴得破裂。

我看到你被有毒的蒼蠅折磨得筋疲力盡，我看到你身上有百孔千瘡在流血；而你的傲氣甚至也不願對此惱怒。

有毒的蒼蠅單純無知地要吸你的血，他們的沒有血的靈魂要吸血——因此他們單純無知地叮你。

可是，你這感情很深的人，哪怕是很小的創傷，你也會覺得受苦太深；在你的創傷癒合之前，同樣的毒蟲又會爬到你的手上。

要你殺滅這些偷吃者，你是太高傲了。可是你要當心，不要讓你忍受他們的毒害罪行成為你的厄運！

他們也在你的周圍嗡嗡地大唱讚歌：強求就是他們的讚美。他們要接近你的皮膚和你的血。

他們向你獻媚，就像對一位神或是魔鬼獻媚一樣；他們在你面前哀泣，就像在一位神或是魔鬼面前哀泣一樣。這是怎麼回事！他們是獻媚者和哀泣者，僅此而已。

他們也常常對你顯示出他們是可愛的。可是這總是怯弱者的聰明。是，怯弱者是聰明的。

他們用他們狹隘的靈魂對你作種種猜測——他們常把你當作是可疑的人！受到種種猜測的人，全都變成可疑的。

他們為了你的一切道德懲罰你。他們從心底裡原諒你的只是——你的錯誤的做法。

因為你是寬大的，公正的，你說：「他們雖是小小的存在，卻是無罪的。」可是他們的狹隘的靈魂在想：「一切偉大的存在都是罪過。」

即使你對他們寬大，他們還覺得受到你輕視；他們對你懷著暗害之心報答你的恩惠。

你的無言的高傲總是不合他們的口味；如果你有一天謙虛得足以顯示出你是微不足道的，他們就大大高興。

我們在一個人的身上看出某一點，我們也就是對這一點加以煽風點火，因此你要當心小人[115]！他們在你的面前覺得自己渺小，他們的卑賤就發展為對你進行暗中的報復而熊熊燃燒。

你沒有注意到，當你走近他們時，他們是怎樣常常變得啞口無言，他們的精力是怎樣脫離他們而消逝[116]，就像餘煙從熄滅的火中逝去一樣？

是的，我的朋友，你對於你的鄰人是沒有良心的：因為他們對你是毫無價值的。因此他們恨你，要吸你的血。

你的鄰人將永遠是有毒的蒼蠅；你具有的偉大——不得不使他們變得更有毒，更加像

---

115 認識到對方的狡詐性格，把他當成狡詐者，這樣就是給他的狡詐煽風點火，更加助長其狡詐。因為對方並不隱蔽他的本性。小人方面，潛藏著種種低劣的性格被你看出，會助長它，所以要對小人當心。

116 得意洋洋地說人壞話，一待本人出現，就垂頭喪氣，啞口無言。

蒼蠅一樣。

我的朋友，逃往你的孤獨裡去，逃往吹刮著強烈的暴風的地方去吧。你的命運不是叫你做蒼蠅拍子。——

查拉圖斯特拉如是說。

貞潔[117]

我愛森林。城市不適宜居住：那裡有太多的淫蕩者。落在一個兇手的手裡，比落在一個淫婦的夢中，不是更好些嗎？

瞧瞧這些男人：他們的眼睛在說——除了睡在女人的身邊，他們不知道世上還有什麼更好的事。

在他們的靈魂深處是爛泥；如果他們的爛泥裡還有精神智慧，那真糟糕！

如果他們至少像動物一樣完美，就好了！可是，要做動物，需要純潔無邪。

我要奉勸你們消滅官能嗎？我是勸你們保持官能的純潔無邪。

我要奉勸你們保持貞潔嗎？對一些人來說，貞潔是一種美德，可是對多數人來說，貞潔卻幾乎是一種罪惡[118]。

這些多數人確能抑制自己的欲望：可是從他們的一切作為中卻有情慾的母狗滿懷嫉妒

117 本章論性的純潔（貞潔）。憎惡淫蕩，但不勸人禁慾，而提倡官能的淨化。

118 勉強保守貞潔，就會陷入偽善和冷酷的罪惡。被抑制的性慾，就會變成對他人的憎恨和嫉妒。

地瞪著眼睛。

就是在他們的美德的峰頂，直到他們的冷酷的精神深處，都有這個母狗和它的不滿緊跟著他們。

如果不給這個情慾的母狗一塊肉，它也會很好地懂得乞討一塊精神智慧[119]。

你們喜愛悲劇和一切使人心碎的事嗎？可是我對你們內心的母狗抱著懷疑態度。

我覺得你們有著太殘忍的眼睛，用淫蕩的眼光觀看受苦者。是不是你的淫慾只是進行偽裝而自稱是同情[120]？

我還要給你們打個比方：有不少人，要趕走他們心中的魔鬼，而他們自己卻走進豬群裡去[121]。

難以守貞潔的人，應勸他放棄貞潔的念頭，免得貞潔成為走向地獄之路——也就是走向靈魂的泥途和淫慾之路。

我談到骯髒的事嗎？我看這不是最壞的事。

有認識之人不願跳進真理的水中，並非在真理顯得骯髒的時候，而是因為真理很淺[122]。

確實，也有徹底貞潔者；他們比你們寬容，比你們更喜歡笑，由衷地大笑。

他們也嘲笑貞潔而且問：「貞潔是什麼？

貞潔不就是愚蠢嗎？可是這種貞潔向我們靠近，而不是我們去靠近貞潔。

---

119 肉慾得不到滿足，就想在精神上得到補償，而引起扭曲的報復心。

120 自稱同情，實際是對他人的受苦感到高興。這是由於要滿足由淫慾而生的報復心理。

121 由禁慾的苦行，反而走向另一極端。這個比喻化用《聖經》語句。〈馬太福音〉8，31：「鬼就央求耶穌說，若把我們趕出去，就打發我們進入豬群吧……鬼就出來，進入豬群，豬群忽然闖下山崖，投在海裡淹死了。」

122 有志於追求認識的人，對於性慾等所謂骯髒的問題，並不避免，只是不關心淺薄的問題。

我們向這位客人提供好心的住宿；現在它跟我們住在一起——它想住多久，就住多久！」

查拉圖斯特拉如是說。

朋友

「在我身邊總有一個多餘的人。」——隱修者這樣想。「原先總是一個人——時間一長，就成了兩個人！」[123]

本身的我和對手的我[124]總是過分熱心地對話：如果沒有一個朋友，那怎麼受得了？

對於隱修者，朋友總是第三者：第三者總是阻止二人的對話沉墜入深底的軟木。唉，對於一切隱修者總有太多的深淵。因此隱修者渴望有一個朋友，渴望有個朋友站著的高處[125]。

我們相信他人，暴露出我們想在我們的內心裡有個什麼可供我們相信的東西。我們渴望一個朋友，這種渴望就是我們的自我暴露。

我們對朋友之愛，常常不過是想借此轉移對朋友的嫉妒。我們為了隱匿我們自己有易被攻擊的弱點，常常進行攻擊，製造敵人[126]。

「至少做我的敵人吧！」——這是想要友誼而卻沒有膽量去乞求的、真正的敬畏之言。

---

123 一個人總是一個人，不會是兩個人。但時間長了，自己就分成二人，在自己之間開始對話。

124 原文為 Ich（「我」的主格）和 Mich（「我」的受格）。亦即分為主體的我和客體的我，自問自答地互相對話。

125 高處是與深淵相對而言。為了害怕有墜入深淵的危險，所以希望有個高處，由理想而引自己向上。

126 由於苦於對他人的嫉妒，因此把他人當作朋友來愛以揚棄嫉妒。把朋友化為敵人，是因為友與敵不可分的辯證關係。

如果你想有個朋友，你也必須願意為他進行戰鬥：為了進行戰鬥，你必須能夠做他人的敵人。

你應當把你的朋友當作敵人尊敬。你能很靠近地走向你的敵人而不轉向著他嗎[127]？

你應當在你的朋友身上發覺有你的最好的敵人。在你跟他敵對時，你的心要跟他保持最大的接近。

你想在你的朋友面前一絲不掛嗎？你想讓他看到你的真面目，這才算是對朋友的尊敬嗎？可是這樣一來，他倒希望你去見鬼了[128]！

誰要是毫不隱藏自己，會使人惱火：因此你們有充分的理由，對赤裸裸感到害怕！是的，如果你們是神，你們就可以以穿衣服為可恥[129]！

對於你的朋友，無論你能打扮得怎樣美觀，總是不夠的：因為對於你的朋友，你應當是瞄向超人的箭和憧憬[130]。

你可曾觀看在熟睡時的你的朋友——為了要看清他的真面貌？平常在沒有入睡時的你的朋友的面貌是怎樣的？那是你自己的臉，映在一面粗而不完美的鏡子裡的你自己的臉[131]。

你可曾觀看在熟睡時的你的朋友？看到你的朋友在睡覺時的面孔，你沒有感到吃驚？哦，我的朋友，人是必須要被超越的一種東西[132]。

做一個人的朋友，必須是善於推測和沉默的能手：你不應當想看到一切。你的朋友在

---

127 友與敵成為一體，此時，自己就需要有跟朋友相配的高貴的人格。

128 赤裸裸地跟朋友交往，是想隨隨便便、不拘禮節，這是對朋友的不尊敬。

129 人不能像希臘的群神那樣以裸體為美。

130 要把自己扮得更美，使你和朋友互相向上，邁向超人的道路。

131 睡時的朋友的臉是本來面目的臉，醒時的朋友的臉不外是你的投影。

132 朋友的本來面目顯示人的不完美，所以會使你吃驚。人也是這樣不完美的東西，所以必須自我超越。

沒有睡覺時所做的一切，應當由你的夢告訴你[133]。

讓推測成為你的同情吧：你要首先知道，你的朋友是否要人同情他。也許他對你感到喜愛的，是你的毫不動搖的眼睛和永遠澄明的眼光。

讓你對朋友的同情藏在一個堅硬的殼裡，在你咬它時，要咬斷掉你的一顆牙齒。這樣，你的同情才具有微妙的甘美的味道。

對於你的朋友，你是新鮮的空氣、孤獨、麵包和藥物嗎？好些人不能掙脫自己的枷鎖，卻能做他的朋友的解放者。

你是一個奴隸嗎？那你就不能做朋友。你是一個專制者嗎？那你就不能有朋友。

在女性的內心裡，有一個奴隸和一個專制者藏身得太久。因此，女性還沒有能力交友，她只知道愛情。

在女性的愛情裡，對於她所不愛的一切，存有不公正和盲目性。即使在女性的有意識的愛情裡，除了有光之外，還有突襲、閃電和黑夜。

女性還沒有能力結交：女性至今還是貓咪、小鳥。或者，在最好的情況下，是母牛。

女性還沒有能力結交。可是，告訴我，你們男人們，在你們之中到底誰有能力結交呢？

唉，你們男人們啊，你們的靈魂的貧乏，你們的靈魂的吝嗇！我甚至願意給我的敵人，像你們給你們的朋友那樣多，而不願因此變得更貧乏。

133 不完美的真相，只宜推測而保持沉默。重要的不是睡時的朋友，而是醒時的朋友的作為。要由你的夢（以理想為目標的幻想）向你的朋友投影。這是為了尊敬朋友。

有同志關係：但願有友誼！

查拉圖斯特拉如是說。

一千個目標和一個目標

查拉圖斯特拉見過許多國家和許多民族：因此他發現了許多民族的善和惡。查拉圖斯特拉覺得，在世上再沒有比善和惡更大的力量了。

任何民族，不首先對善惡作評價，就不能生存；可是，要想持續生存，這個民族就不應該按照鄰族的評價去作評價[134]。

有許多事物，這個民族稱為善的，卻被另一個民族稱為可嘲笑的和可恥的：這是我所發現的。有許多事物，我發覺在這裡被稱為惡的，而在別處卻被飾以紫紅色榮光。

鄰邦的民族絕不了解對方：他們的靈魂常對鄰邦民族的妄想和惡意感到驚奇。

在每個民族的頭上，都吊著一塊刻著善的標準的石版。瞧，這是這個民族克服困難的記錄牌；瞧，這是這個民族追求強力的意志所發出的聲音。

對這個民族，被認為是困難的，也就被認為是值得稱讚的；不可缺少的，但要獲得它卻很困難的，就被稱為善；把這個民族從最大的困境中解救出來的、罕有的、最難的[135]——他們就讚美它是神聖的。

---

134 每個民族都應有獨自的價值標準、道德觀，也就是它的靈魂，否則，民族這個有機的共同體就難以維持生存。

135 例如艱苦、刻苦、努力。

能使這個民族獲得統治權、取得勝利、增加光彩、並贏得鄰邦畏懼和嫉妒的：就被他們認為是至高、頭等、衡量標準、一切事物的意義。

確實，我的兄弟，只要你首先知道一個民族的困難、風土、氣候和鄰國：你就可以推測出該民族的努力克服的規律以及該民族為何借這個梯子爬上他們希望達到的目標。

「你應當永遠做第一名，凌駕於他人之上：你的爭強好勝的靈魂，除了愛你的朋友，不應愛其他任何人。」[136]——這句話使希臘人的靈魂戰慄：因此，希臘人走上他們的偉大之道路。

「說真話，跟弓箭好好打交道。」——這對我的名字所由產生的那個民族[137]，是被認為可喜愛的，同時又是困難的——我的名字[138]，對我也是可喜愛的，同時又是困難的。

「尊敬父母，從心底裡遵從他們的意志。」有另一個民族把這塊刻苦的牌子掛在他們的頭上，他們由此強大而不朽[139]。

「克盡忠誠，為了忠誠，哪怕是對付罪惡的和危險的事，也不惜以名譽和血作賭注。」又有另一個民族以此來教誨自己、克制自己，由於這樣克制自己，他們孕育著偉大的希望[140]。

確實，世人給自己定出一切善與惡。確實，他們不是從別處取來，也不是從別處覓來，也不是像天上的聲音向他們降下來的。

世人首先把價值納入事物之中，以維護自己，——他首先給事物賦予意義，人的意

136 希臘人由互相競爭激起的向上心。

137 古代波斯人。他們愛真實，而且尚武。

138 查拉圖斯特拉的名字意為金星。這是一個令人喜愛、卻困難的理想。

139 猶太人。

140 古日爾曼人。

義！因此他稱自己為「人」，也就是評價者[141]。

評價就是創造：你們創造者啊，請聽！評價本身就是一切被評價的事物的無價之珍寶[142]。

由於評價才產生價值：沒有評價，則存在之胡桃就是空心的。你們創造者啊，請聽！

價值的變化——就是來自創造者的變化。必須做創造者的人，總得要破壞[143]。

最初做創造者的，是各個民族，後來才是個人；確實，個人這種東西，乃是最近的產物[144]。

從前，各個民族把一塊刻著善的石版懸在他們自己的頭上。在上者想統治的愛，在下者想順從的愛，兩者結合在一起，給他們自己創造出這樣的石版。

對群居的喜愛比對個我的喜愛更為古老：在「問心無愧」跟「群居」具有相同意義時，「問心有愧」[145]就是個我的同義語。

確實，要在多數者的利益之中謀自己利益的這種狡猾的、沒有愛的「個我」：不是群居生活的起源，而是使群居生活趨於沒落的起因。

創造善與惡的，總是愛人者和創造者。愛火與怒火[146]在一切道德的名義中燃燒。

查拉圖斯特拉見過許多國家和許多民族：查拉圖斯特拉在世上沒發覺有任何更大的力量勝過愛人者的作業：這些作業的名字叫做「善」與「惡」。

確實，這種揚善與懲惡的力量是一個怪物[147]。告訴我，弟兄們，誰來給我制伏這個怪

---

141 德語人為 Mensch，評價者為 Der Messende。兩字有點近似處，但並無語源的關聯。

142 文字遊戲：德文評價為 schätzen，珍寶為 Schatz。

143 不破不立。

144 個人意識的覺醒，是文藝復興以後的近代之事。

145 問心無愧原文直譯為好良心，問心有愧原文直譯為壞良心。在最古時代，只承認集體，因此良心很安閒。談論個我，推出個我，是反倫理的，良心受到責備。

146 由於有善惡的標準，因此有愛，同時也有對背離者的憤怒。

物？告訴我，誰來把枷鎖套在這個怪物的脖頸上？

向來就有一千個目標，因為有一千個民族。只是要套住這一千個脖頸的枷鎖，現在還闕如，現在缺少一個目標。人類還沒有目標。

可是，我的弟兄們，請告訴我：如果人類還欠缺目標，不是連人類本身也欠缺嗎[148]？

查拉圖斯特拉如是說。

愛鄰[149]

你們聚在鄰人的周圍，還賦予一個美名。可是我告訴你們：你們對鄰人的愛乃是你們對自己的薄愛。

你們避開自己，逃往鄰人那裡，想以此樹立一種美德：可是我看穿你們的「無私」。

「你」比「我」更為古老；「你」被神聖化，說到「我」時，還沒有如此：所以世人都聚到鄰人的周圍[150]。

我勸你們愛鄰人嗎？我寧願勸你們逃避鄰人，而去愛最遙遠的未來的人[151]！

愛最遙遠的未來的人比愛鄰人更崇高；比愛世人還要崇高的，乃是愛事業和幻影[152]。

我的弟兄，在你前面奔跑的幻影比你更美；為什麼你不把你的肉和骨給它呢？可是你害怕，逃到你的鄰人那裡。

---

147 為了維護生存，產生多種多樣的價值標準，如果把這些當作複合體來看，無異是一個怪物。

148 人類是不可或缺的，因此不需要一千個目標，應建立一個統一的目標。這一個目標就是超人。

149 批判基督教教義中對鄰人的愛。〈馬太福音〉5，43：「當愛你的鄰舍。」

150 古時以關心「他」（你）比關心「我」更重要。民族、集體、家族、同胞等均以這個「他」（你）為首要，屬於神聖不可侵犯，個人只為他服務。因此，「我」的確立較遲，才想走到鄰人那裡去。

你們對你們自己感到受不了，對自己愛得不夠：現在你們要誘惑鄰人去愛，而以他們的迷誤替你們自己裝金。

我願你們對各種各樣的鄰人和鄰人的鄰人感到受不了；這樣，你們就必須從你們自己內心裡創造你們的朋友和朋友的激動的心情[153]。

如果你們想要說自己的好話，你們就請來證人；如果你們成功地誘惑了證人，讓他以為你們是好人，那麼你們也就自以為是好人。

不僅是說出違背自己所知者的人在說謊，而且說出違背自己所不知者的人也更是如此[154]。因此，在跟鄰人交往談論自己時，你們跟自己一同欺騙鄰人。

小丑這樣說：「跟人交往會敗壞品性，尤其是沒有品性的人。」

有人往鄰人那裡去，是由於要尋找自己，另一種人，則是想喪失自己。你們對自己的薄愛使你們把你們的孤獨變成牢獄。

為了你們對鄰人的愛作出犧牲的，是不在場的遠人；你們有五個人聚在一起時，那麼第六個人總得要當犧牲品[155]。

我也不喜愛你們的節日[156]：在那裡我看到太多的演員，而觀眾也常常像演員一樣裝模作樣。

我不指教你們什麼鄰人，只教你們朋友。讓朋友成為你們的大地之節日，成為超人之預感。

---

151 遠人與近鄰人相對而言。原文 Nächsten 指近鄰，Fernsten 指遠人，最遠的人，亦即最遙遠的未來的人。

152 看不見的幻影指難以到達的最高理想。事業指超人的理想和爭取當超人的努力。

153 把自己當作自己的朋友。做一個獨立獨行的人。

154 以不知為知。確實不知自己是好人而說自己是好人。

155 說壞話的人。

156 〈阿摩司書〉5，21：「我厭惡你們的節期，也不喜愛你們的嚴肅會。」（我痛恨厭惡你們的慶節，你們的盛會，我也不喜悅。）

我教你們朋友和朋友的激動的心情。可是，要想被激動的心喜愛，必須懂得做一塊海綿[157]。

我教你們朋友，在他的內心裡有一個已經完備的世界，他是善的容器——這位創造的朋友，他總有一個完備的世界要送人。

就像世界曾由他打開，而又由他捲起，又像由惡而產生善，由偶然而產生目的[158]。

讓最遙遠的未來成為你的今日之「因」：在你的朋友的內心裡，你要把超人當作「因」來愛他[159]。

我的弟兄們，我不勸你們愛鄰人：我要勸你們愛最遙遠的未來人。

查拉圖斯特拉如是說。

創造者的道路

我的弟兄，你要走進孤獨之中去嗎？你要尋找通往你自己的道路嗎？請稍許遲疑一下，聽我說。

「尋求的人，易於迷途。一切陷於孤獨的人乃是罪過。」群眾如是說。你長久以來就屬於群眾一分子。

群眾的聲音還在你內心裡迴響。即使你說：「我跟你們不再有同一的良心了。」那也

---

157 要有海綿一般極強的吸收力接受朋友的心情。

158 由於朋友的引導，本來漫不經心地觀看的廣大世界，成為具有意義和統一性的世界。同時通過作為對既成價值的對抗的惡而樹立新的善。偶然的無目的的這個世界也變成有目的的世界。一切都是從超人的理想方面著想而言的。

159 作為你的一切行動和思考的動因的超人。

將是一種嘆息和痛苦的聲音了。

瞧，這種痛苦還是由那同一的良心[160]產生的：這種良心的最後的微光現在還在你的憂傷中閃爍。

可是，你想要走你的憂傷的道路嗎？這條道路是通往你自己的道路。如果是這樣，那就向我顯示出你要走這條道路的權利和力量[161]吧！

你是一種新的力量、一種新的權利嗎？是最初的運動嗎？是自轉的車輪嗎？你也能強迫星辰繞著你運轉嗎？

唉，渴望向高處上升的欲望太多了！野心家們的痙攣太多了！向我顯示出你不是這些欲望者和野心家之中的一分子吧！

唉，有許多偉大的思想，並不比一只風箱高明：越是充氣，越顯得空虛。

你自稱是自由的嗎？我要聽聽你的具有支配力的思想，不要聽你說什麼擺脫你的枷鎖。

你是一個可以擺脫枷鎖的這種人嗎？有好多人，在他拋棄掉服從的義務時，拋棄掉他自己的最後的價值[162]。

擺脫掉什麼而獲得自由？這對查拉圖斯特拉有什麼重要？可是你的眼睛應當明白地告訴我：你要自由幹什麼？

你能把你自定的善與惡給予你自己，把你的意志像法律一樣高懸在你的頭上嗎？你

160 開群眾的良心（意識和價值觀），也還是痛苦和嘆息的根源。

161 權利等於資格。要走孤獨的道路，必須有作為強者的力量。

162 單單從束縛中擺脫自己，不能返回到真正的自我。

能做你自定的法官和懲罰者嗎？

作為你自定的法律的法官和懲罰者，離群索居，這是可怕的。這就像把一顆星投入荒涼的空間和冰塊一樣的孤獨的氣息裡。

今天，你一個人，還因多數人受苦[163]：今天你還完全有你的勇氣和希望。

可是有一天，孤獨會使你感到疲倦，有一天，你的高傲會彎腰，你的勇氣會咬牙切齒。有一天，你會叫道：「我是孤獨的！」

有一天，你會再也看不到你的高傲，你的低賤將跟你貼得太近；你的崇高將像幽靈一樣使你害怕。有一天，你會叫道：「一切都是虛假！」[164]

有許多要殺死孤獨者的感情[165]；如果做不到，感情本身就一定會死滅！可是你能做殺害感情的兇手嗎？

我的兄弟，你了解「輕視」這個字嗎？你知道對於輕視你的人作出公正評價的這種公正的痛苦嗎[166]？

你強迫許多人改變對你的看法：他們為此對你大為不滿。你走近他們身邊，卻走了過去：他們為此絕不饒恕你。

你超越過他們往前走：可是你升得越高，嫉妒的眼睛就把你看得越小。可是騰飛者最遭到他人的憎恨。

「你們要對我公正地評價，怎樣才能辦到呢！」——你們必須說——「我要選擇你們

---

163 孤獨的初期階段。離開多數人，還為多數人的事感到煩惱和擔憂。在此還有希望和勇氣。

164 由虛無的感情發出的叫聲：一切皆空。

165 孤獨者在自己內心裡擁有的各種虛無的感情，是要殺死對手，還是自己死掉，進行這種決死的戰鬥。

166 群眾輕視孤獨者。受到這種不公正的輕視，卻忘掉對於對手的公正，自己就成為跟群眾同樣的人。

的不公正的評價作為我該接受的一份。」

他們向孤獨者投擲不公正和汙物：可是，我的弟兄，如果你要做一顆星，你不應該為了這個緣故而少用你的光去照耀他們。

當心那些善人和義人[167]！他們愛把那些創造自己的道德的人釘上十字架——他們憎恨孤獨者。

也要當心那種「神聖的單純」[168]！對他們來說，一切不單純的，就不是神聖的；他們也愛玩火——火刑柴堆的火。

還要當心你的愛的心血來潮！孤獨者對於他所遇到的人，往往太快地伸過手去跟他握手。

有好多人，你不可以向他們伸出你的手，只可以伸出前爪[169]：我希望你的前爪也有利鉤。

可是你所能遇到的最壞的敵人總是你自己；你自己躲在山洞裡和森林裡等待著你。

孤獨者，你走著通往你自己的道路！你的這條道路領你從你自己的身旁和你的七個魔鬼[170]的身旁走向前去。

你對於你自己，將是異端者、魔女、預言者、小丑、懷疑者、不潔淨者和惡棍。

你必須想要把你自己在你自己的火裡燒死：如果你不先燒成灰，你怎能希望成為新人！

---

167 一般意義的善人和義人，專事議論他人。

168 捷克的宗教改革者揚．胡斯（Jan Hus）於1415年7月6日被處火刑時，看到一個農民虔誠地拿一塊木柴添加到火刑柴堆上，他說出這句話：「神聖的單純。」此語意為無知的人。

169 德文的前爪（Tatze）又有打手心之意。

170 在人的自身裡面有許多危險的要素，七個只是修辭的說法。不僅要避開它，還應克服它。

孤獨者，你走創造者的道路：你想要從你的七個魔鬼為你自己創造一位神！

孤獨者，你走熱愛者的道路：你愛你自己，因此你輕視你自己[171]，正如只有熱愛者才能輕視。

熱愛者想要創造，因為他輕視！如果他必須輕視的，偏偏不是他所愛的，那他懂得什麼愛呢？

我的弟兄，帶著你的愛和你的創造力走進你的孤獨裡去吧；以後，公正才會一瘸一拐地跟著你[172]。

我的弟兄，帶著我的眼淚走進你的孤獨裡去吧。我愛的是那種想超越自己去創造而由此毀滅的人。——

查拉圖斯特拉如是說。

年老的和年輕的女人

「你為什麼如此戰戰兢兢地在黃昏時悄悄走去，查拉圖斯特拉？你小心翼翼地藏在你的大衣裡面的是什麼東西？

是別人送給你的寶貝？還是給你生下的一個孩子？或者你自己現在也走上盜竊之路，你這惡人的同夥[173]？」——

171 放任自己，不是愛自己之道。輕視現在的自己，是要創造更高的自己。

172 後世對你的公正的評價。

173 認為小善不如大惡好，故稱為惡人的同夥。

確實，我的老兄！查拉圖斯特拉說道，這是別人送給我的寶貝：是我帶在身上的一個小小的真理。

可是它卻像個嬰兒一樣難以管束；如果我不捂住他的嘴，他就會叫得太響。

當我今天，在太陽落山的時刻，獨自走我的路時，我遇到一個年老的婦女，她對我的靈魂如是說道：

「查拉圖斯特拉對我們婦女也說了很多，可是他從沒有跟我們談談關於女人的問題。」

我回答她說：「關於女人的問題，只應該說給男人聽。」

「也對我談談女人吧，」她說，「我年紀夠大了，很快又會忘掉的。」

我滿足這位年老婦女的意願，對她如是說道：

關於女人的一切都是一個謎，關於女人的一切只有一個解答：它叫做懷孕。

對於女人，男人是一種手段：目的總是小孩。可是女人對男人卻是什麼呢？

真正的男人想要的有兩樣：危險和遊戲。因此他想要女人，作為最危險的玩具。

男人，應當培養他去打仗，女人，應當培養她供戰士娛樂：其餘一切都是愚蠢。

太甜的果子——戰士不喜歡。因此他喜歡女人；最甜的女人也還是苦的。

女人比男人更了解孩子，可是男人比女人更有孩子氣。

在真正的男人的身心裡藏著一個孩子：他想要遊戲。來，妳們婦女們，去發現男人身心裡的孩子吧！

讓女人做個玩具吧，又純潔，又精美，就像一顆閃爍著一個尚未存在的世界的道德之光芒的寶石。

讓一顆星的光芒閃耀在妳們的愛情之中！讓妳們的希望是：「但願我生出超人！」

讓妳們的愛情中有勇敢！妳們應當用妳們的愛去襲擊使妳們感到恐懼的男人[174]。

讓妳們的榮譽就在妳們的愛情之中！女人一般不大懂得榮譽。可是讓這點成為妳們的榮譽：永遠去愛，超過妳們被愛的程度，絕不後人。

當女人在愛時，讓男人怕她：因為此時她獻上一切犧牲，其他任何一切，她都覺得毫無價值。

當女人恨時，讓男人怕她：因為在男人的靈魂深處只有罪惡，而女人的那裡則是卑劣。

女人最恨的是什麼人？——鐵對磁石這樣說：「我最恨你，因為你吸引我，但是你的吸力不夠強，吸不住我。」

男人的幸福是：我想要。女人的幸福是：他想要。

「瞧，現在世界簡直變得完美了！」——當女人出於完全的愛心而聽從時，任何一個都這樣想。

女人必須聽從，為她的表面尋求深度。女人的感情是表面的，是淺水上面易變的波動的一層薄膜。

174 此處毫無輕視女人的要素。

男人的感情卻是深刻的，他的奔流在地下洞穴中嘩嘩作響：女人隱約感到他的力量，但並不理解它。——

那位年老的婦女於是回答我說：「查拉圖斯特拉說了許多恭維話，特別對那些非常年輕的女人是中聽的。

真奇怪，查拉圖斯特拉不大了解女人，可是他談起女人卻頗有道理！其所以能如此，是不是因為一切事在女人，沒有做不到的[175]？

現在我獻上一個小小的真理作為回報！我可是年紀已老，足以說出這個道理！

把它裹住，捂住它的嘴：否則它會叫得太響，這個小小的真理。」

「女人啊，把妳的小小的真理送給我吧！」我說。這位年老的婦女於是說道：

「你到女人那裡去？別忘帶你的鞭子[176]！」——

查拉圖斯特拉如是說。

毒蛇的咬傷

有一天，查拉圖斯特拉在一棵無花果樹下睡去，天氣很熱，他把手臂遮在臉上。這時，一條毒蛇遊過來咬他的脖頸，查拉圖斯特拉不由得痛得叫了起來。當他把手臂從臉上移開時，他向毒蛇看看：毒蛇認出了查拉圖斯特拉的眼睛，就笨拙地轉身想逃。「不

---

175 跟女人打交道，什麼事都可以發生。此句化用《聖經》語句。〈路加福音〉1，37：「因為一切事，在天主，沒有做不到的。」

176 這句常被人引用的名言，使尼采蒙受不白之冤。人們沒有考慮到：這句話是老女人說的，並不是尼采說的，而老女人對年輕的女人是常常心存妒忌，同性相斥的。

要逃，」查拉圖斯特拉說，「你還沒有接受我的感謝哩！你及時喚醒了我，我的道路還很長哩。」「你的路很短了，」毒蛇憂傷地說，「我的毒是致命的。」查拉圖斯特拉微微一笑。「什麼時候有過一條龍被蛇毒毒死的呢？」——他說。「可是收回你的毒吧！你還沒有富到那種程度，足以給我贈禮。」於是毒蛇重新遊到他的脖頸旁邊給他舔傷。

有一次，查拉圖斯特拉跟他的弟子們談起此事，他們問道：「哦，查拉圖斯特拉，你這段故事的道德教訓是什麼呢？」查拉圖斯特拉於是如此回答道：

善人和義人們稱我是道德的破壞者：我說的這段故事是不道德的。

可是，我要說的是，如果你們有個敵人，你們不要對他以德報怨：因為這樣，會使你的敵人感到羞恥[177]。你不如表示出，他對你們做的是好事。

與其讓敵人感到羞恥，不如發怒！如果你們受到咒罵，我不喜歡你們反想去為對方祝福[178]。寧可稍許以咒罵回敬。

如果你們身受到一個大大的不公正，那就趕快回報以五個小小的不公正[179]！單獨受對方不公正的壓迫，看上去是令人厭惡的。

這一點你們已經懂得嗎？以不公正報復不公正，跟對方平分秋色，這就是一半公正。能忍受不公正的人，他應當自己去承擔不公正。

一個小小的報復比完全不報復更合乎人性。如果懲罰對於違法者並不是一種正義和一種名譽[180]，我就不喜愛你們的懲罰。

177 以德報怨（原文：以善報惡）是因為這是裝作德的一種報復，反而可以說是卑劣。

178 〈馬太福音〉5，44：「要愛你們的仇敵，為那逼迫你們的禱告。」

179 把敵人和自己置於對等的地位進行報復。

180 懲罰應將違法者作為人格對待。被懲罰時，他就獲得成為法與正義的世界的一分子的名譽。

以自己為不正確，比堅持自己為正確者更為高貴，特別是你頗為正確的場合。你必須十分豐富，才能做到這點。

我不喜歡你們的冷淡的公正，從你們的法官的眼睛裡，總看出劊子手的目光和他的冷酷的鋼刀。

告訴我，擁有炯炯眼光之愛的公正，在哪裡可以發現？

不僅承擔一切懲罰，而且也承擔一切罪過的愛[181]，請你們給我創造出來吧！

除了法官以外，能給人人宣告無罪的公正[182]，請你們給我創造出來吧！

你們還想聽我說此事嗎？在想要徹底公正的人的方面，即使是謊言也會成為對世人的友愛[183]。可是我怎樣能希望我做到徹底公正呢！我怎能把各人應有的、給予各人呢？我把我自己的給予各人，這樣我就滿足了[184]。

最後我要說，我的弟兄們，當心不要對一切隱修者幹不公正的事！隱修者怎麼會忘掉哩！他怎能進行報復哩！

一個隱修者就像一口深井。丟進一塊石頭是容易的，可是石頭沉到井底，誰願再把它取出來呢[185]？

當心不要去傷害隱修者！如果這樣做了，那就不如進而把他殺死吧！

查拉圖斯特拉如是說。

---

181 不僅是甘受懲罰的這種被動的態度，而且認識到對世上一切弊害自己也有責任，這是一種積極的進行創造活動的愛。

182 由於自己承擔責任，就不說別人有罪。可是安於因襲的裁判官，卻不能諒解。

183 如果能徹底公正，不評論他人，容忍他人各行其是，即使說謊言，也能對他人起鼓舞作用。

184 徹底公正不易做到，但自己至少要貫徹自己的立場（以超人為目標要求超越自我）以對人。

185 隱修者把他人加在他自己身上的一切，在深心裡化為他人看不出的深深的體驗。他不進行報復，但在隱修者卻成為難以消除的體驗。

孩子和結婚[186]

我有一個單為你提出的問題，我的兄弟：我把這個問題像測錘一樣投進你的靈魂裡，讓我知道它的深度。

你年輕，想要生孩子和結婚。可是我問你：你是一個**可以**允許你想生個孩子的人嗎？你是常勝者、自我克制者、感官的命令者、自己的各種道德的支配者嗎？我如此問你。

或者從你的願望之中有動物和必需在說話嗎？或者有孤單？或者有對你自己的不滿？

我願，你的勝利和你的自由渴望生一個孩子[187]。你應當為你的勝利和你的解放建立活的紀念碑。

你應當超越自己地建樹。可是你必須首先把你自己建樹好，肉體和靈魂都要方正。

你不應當單單把你的種傳下去，而要讓你傳的種高於你！在這一方面，結婚的花園對你大有裨益！

你應當創造一個更高的肉體，一級運動，自轉之輪——你應當創造一個創造者。

結婚，我指的是：兩個人的意志，就是要創造一個勝於他們自己的後代。作為這種意志的願望者，彼此互相尊敬，我稱之為結婚。

讓這點成為你的結婚的意義和真理吧。可是，那些過多的多數人，那些多餘的人所講

---

186 尼采在這裡談論結婚，有些是針對〈哥林多前書〉第七章論嫁娶的事而發的。

187 作為一個解放自己的強者，生一個孩子，把這種強者的優勢傳下去，應有這樣的結婚意志。尼采在這裡談的，頗有優生學的見地。

的結婚——唉，我叫它什麼呢？

唉，一對靈魂的這種貧乏！唉，一對靈魂的這種骯髒！唉，一對配偶的這種可憐的舒適！

他們把這一切稱為結婚；他們說，他們的結婚是天作之合[188]。

嗯，我不喜愛它，這些多餘的人們的天國！不，我不喜愛他們，這些被網進天國之網[189]裡的動物！

一瘸一拐地[190]走來、要為不是他所配合的對象祝福的上帝，讓他遠遠離開我吧！

別笑這樣的結婚！哪個孩子沒有哭他的父母的理由呢？

我覺得這個丈夫已經成熟，有資格理解大地的意義：可是，當我看到他的妻子時，我覺得，似乎大地變成了一座瘋人院。

確實，當一個聖人和一隻雌鵝互相配對時，我願大地震得抽搐。

有一個男人，他像英雄一樣出去追求真理，最後卻獲得一個小小的化裝的假象。他稱之為他的結婚。

另一個男人，對交際很冷淡，選擇對象很挑剔。可是一下子就永遠破壞掉他的交友關係：他把這叫做他的結婚。

第三個男人找了一個具有各種天使美德的婢女。可是他一下子變成一個妻子的婢女，而現在，他需要讓他自己也成為天使[191]。

---

188 〈馬太福音〉19，6：「夫妻……乃是一體的了，所以上帝配合的，人不可分開。」天主教認為婚姻是天主的一種特恩，並且婚姻也是不可拆散的，因為這是主的命令。

189 因襲的教會所說的上帝和天國。

190 此處聯想到希臘神話中的鍛冶神赫菲斯托斯，他是個跛子。他的妻子是愛與美的女神阿佛洛狄忒，當這位不忠的妻子跟戰神阿瑞斯尋歡時，他把他們捉住，罩進網裡。

191 像天使一樣有耐心侍候妻子。

我發現現在所有的買主都是謹慎小心，他們全都有狡詐的眼睛。可是哪怕是最狡詐者在買進妻子時也是盲目瞎買。

短期間的許多傻事——在你們中間被稱為戀愛。而你們的結婚則是以一件長期的蠢舉結束許多短期的傻事。

你們對女性的愛以及女性對男性的愛：唉，但願那是對充滿苦情、蒙著面紗的神祇們的同情[192]！不過，大多數乃是兩個動物互相猜測對方的心情。

可是，即使你們的至高無上的愛，也不過是一種陶醉的比喻，一種痛苦的熱情[193]。它是應當照耀你們走上更高的道路的火炬。

有一天你們應當超越自我去愛！因此先學學愛吧！為此你們必須飲下你們的愛的苦酒[194]。

哪怕是至高無上的愛的杯子裡也有苦酒：這樣它才使人憧憬超人，這樣它才使你這個創造者產生渴望！

創造者的渴望、趕上超人的箭和憧憬：請問，我的兄弟，這是你想要結婚的意志嗎？

這樣的意志和這樣的結婚，我稱它是神聖的。——

查拉圖斯特拉如是說。

192 潛藏在人內部的人類向上的意志和願望。因為不易實現而生出煩惱。

193 男女即使進入有真正意義的結婚生活，但這不應是終點站，而是走向更高的道路的一個階段，應自覺這不過是一種影像，一個比喻。

194 真正的愛應是男女雙方超越現在的自己，共同邁向更高的目標。通常的愛與結婚，應視為只是一種前階段。

自願的死

好多人死得太晚，而有些人死得太早。「在恰當的時候死亡！」這句教言聽起來還有點奇怪。

在恰當的時候死亡；查拉圖斯特拉如此教導人。

當然，並未在恰當的時候誕生的人，怎能叫他在恰當的時候死亡？他沒有被生出來就好了！——我這樣勸告多餘的人。

可是，即使是多餘的人也很重視死亡，即使是最空心的胡桃也想被敲碎。

人人都把死亡當一件大事：可是死亡並不是慶祝活動。人們還沒學會怎樣舉行最美好的慶祝活動[195]。

我要指點你們圓滿的死亡，它對於活人會是一個刺痛，一個許願。

圓滿完成者在希望者和許願者的圍繞之下得意洋洋地完遂他的死亡。

你們應當學好這樣的死亡；在這樣的瀕死者沒有把活人的發願還願之處，不該舉行慶祝！

這樣的死亡是至高無上的死亡；而僅次於此的是：在戰鬥中死亡而慷慨獻出一個偉大的靈魂。

但是對於戰鬥者和勝利者同樣感到可恨的乃是你們的獰笑的死亡，他像個小偷躡手躡腳走來——可是卻像主子一樣光臨。

---

195 完成生存的使命而死，把使命留給下一代去繼續完成。這樣的死值得最美的慶祝。

我對你們讚美我的死亡，自由的死亡，他向我走來，因為我願意他來。

我什麼時候願意死呢？——有一個目標和一個繼承者的人，他願意為了目標和繼承人在恰當的時候死亡。

出於對目標和繼承人的尊敬，他不會再把萎謝的花環掛在生命的聖殿裡[196]。

確實，我不願像那些搓繩子的人：他們把繩子搓長，而他們自己卻越來越往後退。

有好些人，即使要獲得他們的真理和勝利，也顯得太老了；沒有牙齒的嘴，對任何真理都不再有什麼權利。

要獲得光榮的人，必須及時跟榮譽告別而且練習這種難度大的本領：在恰當的時候——離去。

在吃得最津津有味時，必須停止進食：想要被人愛得長久的人都知道這點。

當然，也有酸的蘋果，它們的命運乃是要等待秋天的最後的日子：它們成熟了，變黃了，同時皮也起皺了。

有的人心情先老，有的人精神先老。還有些人年輕時就像個老人：可是遲獲青春者卻長久保持年輕。

好些人度過失敗的一生：有毒蟲咬他們的心。但願他們看到，他們越能成功地死亡。

好些人永不會變甜，在夏天已經爛掉。使他們留在枝頭沒掉下的，乃是由於他們的怯懦。

196 不貪求空虛的榮譽。

有許多人活得太長，在枝頭懸掛得太久。我希望有一陣狂風吹來，把這些爛掉的、被蟲子蛀掉的果子全部從樹上搖落下來！

我希望有宣傳速死的說教者來臨！我看這些說教者就是正好的狂風，生命樹的搖撼者！可是我聽到的卻是宣講慢死，宣講對「世俗」一切的忍耐[197]。

唉，你們的說教是要人們忍受世俗的一切嗎？正是這世俗的一切對你們過分忍耐了[198]，你們這些誹謗者！

確實，那些宣講慢死的說教者們所尊敬的那個希伯來人死得太早了：他死得太早，從那以後，對許多人成了一種災難[199]。

正由於他只知道希伯來人的眼淚和憂傷[200]，以及善人和義人[201]的憎恨——那個希伯來人耶穌：因此使他突然感到對死亡的憧憬。

如果他留在曠野裡，遠離善人和義人，那就好了！也許他會學會生存，學會愛大地——還能學會笑[202]！

相信我說的話，我的弟兄們！他死得太早；如果他活到我的年紀，他自己可能會收回他的教導！他是太高貴了，要他收回是困難的。

可是他還沒有成熟。這個青年沒有成熟，就去愛，也沒有成熟，就去仇恨人和大地。他的心情和精神的翅膀還被捆緊，還很沉重。

可是在成人方面，比青年有更多的孩子氣，憂傷較少：他對生和死理解得較多。

---

197 基督教牧師的說教。

198 大地竟容許這種說教者的存在。

199 耶穌死得太早，還沒知道愛大地和生存，以致使後世的死生觀被搞得混亂。

200 在羅馬人統治下的猶太人的苦難。

201 法利賽人。即偽善者。

202 〈路加福音〉6，25：「你們喜笑的人有禍了，因為你們將要哀慟哭泣。」

自願去死而且死得自願，如果不再有時間說「願意」203，那就做個神聖的說「不願」者；他就這樣理解生和死。

但願你們的死不是對人和大地的褻瀆，我的朋友們：這就是我要求於你們的靈魂之蜜的。

在你們死時，你們的精神和你們的美德還應當發出燦爛的光輝，像圍繞著地球的夕暉：否則你們的死就是失敗。

因此我願自己死去，讓你們這些朋友為了我的緣故而更愛大地；我願再化為大地，讓我在生我的大地中得到安息。

確實，查拉圖斯特拉有一個目標，他拋擲他的球：現在你們這些朋友做我的目標的後繼者吧，我把金球204拋給你們。

我的朋友們，我最高興的是看到你們拋金球！因此我還要在大地上稍事勾留：請原諒我！

查拉圖斯特拉如是說。

——203 對大地和生存的肯定。

——204 超人的理想。

贈予的道德[205]

1

查拉圖斯特拉告別那座市鎮，那是他喜愛的一個市鎮，名叫花斑母牛鎮，這時，有許多自稱是他的弟子的人跟在他後面，為他送行。就這樣，他們走到一處十字路口：於是查拉圖斯特拉對他們說，現在他要一個人獨行了；因為他是喜歡單獨走路的。可是他的弟子們在臨別時，送他一根手杖，手杖的金柄上刻著一條蛇盤住太陽。查拉圖斯特拉對這根手杖很喜歡，他拄著它，隨即對他的弟子們如是說：

可是請告訴我：金子怎麼會有最高的價值的呢？因為它是不尋常的，沒有實用性的，它閃閃發光，而它的光輝是柔和的，它總是奉獻自己。

只是由於作為最高美德的寫照，金子才會具有最高的價值。贈予者的眼光也像金子一樣閃光。金子的光輝給月亮和太陽之間締結和平[206]。

最高的道德是不尋常的，沒有實用性的，它閃閃發光，而它的光輝是柔和的：贈予的道德就是最高的道德。

確實，我的弟子們，我猜得出你們的心意，你們像我一樣努力追求贈予的道德。你們跟貓和狼，會有什麼共通之處呢？

205 不受施於人，而將自己贈予，這是最高的道德。而且這就忠於大地、為了實現偉大的正午的美德。

206 太陽發出光輝，月亮接受光輝。太陽的金色的光輝使太陽和月亮和平共處。

想讓自己成為犧牲和贈品，這是你們的渴望：因此，你們渴望把一切財富積聚在你們的心靈裡。

你們的心靈貪得無厭地努力追求珍寶，因為你們的道德，在贈予的意志方面，也是貪得無厭的。

你們強迫萬類趨向你們，進入你們的身心之中，讓這些萬類作為你們的愛之贈品再從你們的泉源裡還流出去。

確實，這種贈予之愛必將成為攫取一切價值的劫奪者；可是我把這種利己主義稱為是健全的和神聖的。——

另外有一種利己主義，一種太貧乏的，一種飢餓的，它總是想盜竊，就是那種病人的利己主義，病態的利己主義。

那種利己主義用賊眼看著一切閃閃發光者；它用飢餓的貪欲打量大吃大喝的人；它總是在贈予者的食桌四周悄悄地走來走去。

從這種欲望之中，聽到疾病和看不見的退化的聲音；這種利己主義的盜竊的貪欲乃是虛弱的身體的說明。

我的弟兄們，告訴我：對於我們來說，惡劣的和最惡劣的是什麼？那不是退化嗎？——在缺少贈予的心靈之處，我們總是猜測那兒存在著退化。

我們的道路是向上走的，從品種升到超品種[207]。可是，說「一切為我[208]」的那種退化

207 超品種乃是品種超越自己而向上升的階段。

208 不是贈予，而是要把一切占為己有的利己的態度。

的心情，對我們乃是一種恐怖。

我們的心情是向上飛翔的：所以，這種心情乃是我們的肉體的比喻，向上的比喻。這種向上的比喻就是各種道德的名稱。

肉體就如此貫穿歷史前進，作為生長者和戰鬥者。而精神——它對於肉體算是什麼？精神是給肉體報告戰鬥和勝利的傳達者，是肉體的戰友和反響。

善與惡的所有的名稱，都是比喻：它們不明言，它們只暗示。想要知道這些名稱的底細的人，乃是愚夫。

我的弟兄們，請注意你們的精神想用比喻說明的任何時刻[209]吧：那時就是你們的道德的起點。

那時你們的肉體就高舉而復活；肉體用它本身的喜悅使精神感到陶醉，使精神成為創造者、評價者、奉獻愛者、萬物的恩公[210]。

當你們的心情像大河一樣揚波氾濫，對於住在岸邊的人帶來祝福、也帶來危險：那時就是你們的道德的起點[211]。

當你們超越毀譽褒貶而高舉，當你們的意志作為奉獻愛者之意志而要對萬物發號施令[212]：那時就是你們的道德的起點。

當你們輕視舒適的生活和柔軟的床，而不能讓你的床距柔弱者太遠：那時就是你們的道德的起點。

---

209 當你們的精神覺醒，要走對善惡作出獨自的判定之道路時，也就是精神要獲得自主性而進行活動的時刻。

210 這時你們的精神就成為世界萬物的中心，判定萬物的價值，使萬物各得其所。

211 心情不怕浪費自己，在向外推動時，即使給他人帶來危險，但它的認真還成為道德的根源。

當你們只是一個單獨意志的意欲者，而把這一切的困難的轉折稱為對你們是必然的[213]：這時就是你們的道德的起點。

確實，這時你們的道德乃是一種新的善與惡[214]！確實，乃是一種新的深處的嘩嘩響，一種新的泉水的聲音！

這種新的道德乃是力量；乃是具有支配力的思想，圍繞著它的乃是一個聰明的靈魂：一個金色的太陽，盤住這個太陽的是認識之蛇[215]。

2

說到這裡，查拉圖斯特拉沉默了一會，慈愛地望望他的弟子們。隨後他又繼續發言——他的聲音有些變化了。

我的弟兄們，盡你們的道德的力量忠於大地吧！讓你們的贈予之愛和你們的認識有助於大地的意義吧！我如此懇求你們。

不要讓你們的愛與認識從地上飛去、用翅膀拍擊永恆之牆[216]！唉，總是有那麼多的飛去的道德！

像我一樣，把飛去的道德帶回大地吧——是的，帶回給肉體和生命吧：讓道德給大地賦予意義、人的意義[217]！

直到現在，精神和道德已有千百次飛錯方向而失誤了。唉，在我們的肉體裡，現在還

---

212 判定萬物之價值。

213 抱著確立的意志生存，把一切困苦轉變為有意義的、有價值的事物。

214 自主的新的價值觀。

215 這個太陽是發現自主的生存、精神覺醒的太陽。根據這個太陽而進行確立新的獨自的價值觀的認識活動。認識之蛇參看〈創世記〉3，4：「蛇對女人說，你們不一定死，因為上帝知道，你們吃的日子眼睛就明亮了，你們便如上帝能知道善惡。」

216 永恆之牆：觀念的天上世界。

217 人的精神成為世界萬物的主宰，故云「人的意義」。即以人為中心、為標準的意義。

寄居著一切這樣的迷妄和失誤：它們化為肉體和意志。

直到現在，精神和道德已有千百次嘗試過，迷途過。是的，人就是試探。唉，有許多無知和錯誤化成我們的肉體！

不僅是幾千年來的理性——而且連同它的狂妄從我們內部爆發出來。做後繼者是危險的[218]。

我們還在跟偶然這個巨人一步一步地戰鬥，直到現在，統治全人類的，還是胡鬧和無意義[219]。

我的弟兄們，讓你們的精神和你們的道德有助於大地的意義吧：讓一切事物的價值重新由你們來定！因此你們應當做戰鬥者！因此你們應當做創造者！

肉體由知曉而淨化自己：肉體用知曉試探而以此提高自己；對於認識者，一切衝動都化為神聖；在提高者方面，他的靈魂是快活的[220]。

醫生啊，醫治你自己吧[221]：這樣，你才能也去醫治你的病人。病人親眼看到自己把自己治好的人，讓此事成為對病人的最好的醫治吧。

有幾千條小路還沒有被人走過，有幾千種健康和幾千個不為人知的生命之島。人和人的大地還沒有被完全利用，沒有被發現。

孤獨者啊，清醒著聽吧！有風從未來吹來，發出暗暗振翅的聲音；靈敏的耳朵將聽到好消息。

---

218 我們是經過幾千年以後的後繼者，繼承了光明面和種種黑暗面，不知道它們何時露出真面目。

219 光明面和黑暗面摻在一起，也就是所謂混沌的狀態。這就是稱為「偶然」的巨人。由於這個巨人，愚昧和無意義在進行無統治的支配。對此，人的意志必須成為支配者。

220 知曉與認識相同，乃是基於超人理想的自覺以及基於這種自覺的知曉活動。肉體跟這種自覺攜手並進，就能實現真正的向上。此時，由於經過肉體、衝動、自覺，而臻於淨化和神聖化。這是肉體和精神高度結合的向上的超人的面貌。

221 〈路加福音〉4，23：「醫生，你醫治自己吧。」

你們，今天的孤獨者，你們，離開群眾者，你們有一天會成為一種人民：從你們自己選出的你們當中，應當產生一種選民[222]——從這種選民中產生超人。

確實，大地還應當成為康復的場所！在大地的四周已經散發一種新的清香，帶來拯救——和新的希望的清香！

3

查拉圖斯特拉說完這番話，沉默一下，就像一個還沒有把最後的話說盡的人；他遲疑不定，把手中的手杖擺弄了很久。最後如是說道：——他的聲音變了。

現在我獨自走了，我的弟子們！你們現在各歸各獨自走吧！這是我的願望。

確實，我奉勸你們：離開我，對查拉圖斯特拉進行抵制吧！最好是：為他感到慚愧！也許他騙了你們。

有認識的人必須不僅愛他的敵人，而且能恨他的朋友[223]。

如果永遠做個弟子，這是對老師的不好的報答。你們為什麼不想扯掉我的花冠呢？

你們尊敬我；如果有一天你們的崇拜垮掉了，那會怎麼樣？當心，別讓一尊倒下的雕像把你們砸死[224]！

你們說，你們信仰查拉圖斯特拉？可是查拉圖斯特拉算什麼呢？你們是我的信徒：可是一切信徒又算什麼呢！

---

222 離開多數人告別自己，進而脫離多數人。「選民」參看〈彼得前書〉2，9：「唯有你們是被揀選的族類。」（「至於你們，你們卻是特選的種族。」）

223 〈馬太福音〉5，43～44：「你們聽見有話說，『當愛你的鄰舍，恨你的仇敵』，只是我告訴你們，要愛你們的仇敵，為那逼迫你們的禱告。」

224 亞里斯多德《論詩》1452a：「例如阿耳戈斯的彌堤斯雕像倒下來砸死了那個正在觀賞雕像的、殺害彌堤斯的兇手。」

你們還沒有尋求過你們自己：那時你們找到我。一切信徒都是如此；因此一切信仰都沒有什麼意義。

現在我要求你們，丟開我，尋求你們自己吧；等你們全都不認我，我才願意再回到你們身邊來[225]。

真的，我的弟兄們，到那時我要用另一種眼光尋找我所失去的人；那時我要用另一種愛來愛你們[226]。

有一天，你們還會成為我的朋友和同樣一個希望的孩子：那時我要第三次來到你們身邊[227]，跟你們一同慶祝偉大的正午。

偉大的正午就是：人站在從動物到超人之間的道路的中間點，把他走向黃昏的道路當作他自己的最高希望來慶祝：因為這是邁向新的黎明的道路[228]。

那時，走向沒落的人將把他自己看成是一個走向彼方的過渡者而為他自己祝福；那時，他的認識之太陽[229]將高懸在正午的天空。

「所有的神全都死了：現在我們祝願超人長存。」——讓這個願望，在有一天偉大的正午時刻成為我們的遺願！——

查拉圖斯特拉如是說。

---

225 〈馬太福音〉10，33：「凡在人面前不認我的，我在我天上的父面前，也必不認他。」此處反其意而用之。

226 把弟子作為獨立的人格承認。

227 弟子作為獨立的人格而成為同志，故第三次回到他們身邊。

228 太陽在正午時居於頂點，到黃昏時即趨於沒落。可是前面還有早晨。也就是說，我們的沒落，對超人的出現是必須的。

229 對於自己現在狀況的意義的自覺，對於人類向上的展望等的綜合的認識。

第二部

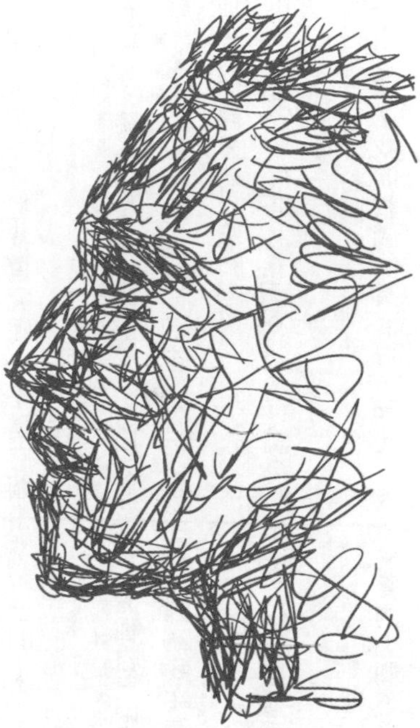

等你們全都不認我，我才願意再回到你們身邊來。

真的，我的弟兄們，到那時我要用另一種眼光尋找我所失去的人；那時我要用另一種愛來愛你們。

——第一部〈贈予的道德〉

拿著鏡子的小孩

於是查拉圖斯特拉又回到山裡，回到他的山洞的孤獨之中，遠離世人：像一個撒完了種子的人[1]在等著。可是他的心充滿煩躁，懷念著他曾愛過的人們：因為他還有許多贈予要送給他們。因為，要把出於愛心打開的手合起來，作為贈予者而要不失其羞愧之心[2]，這確是至難之事。

就這樣，歲月在這位孤獨者面前流逝；可是他的智慧增多了，由於充實而使他感到痛苦。

有一天早晨，他在黎明前就已醒來，躺在床上沉思了很久，最後對他的心說道：

「我為什麼在夢中如此害怕，竟把我驚醒呢？不是有個手拿鏡子的小孩走到我面前嗎？

『哦，查拉圖斯特拉，』——這個小孩對我說——『對著鏡子看看你自己吧！』

可是當我向鏡子裡一看，不由得叫出聲來，我的心大為震驚：因為我在鏡子裡看到的，不是我自己，而是一個魔鬼的鬼臉和嘲笑。

真的，這個夢的預兆和警告，我是太了解了：我的教義正處於危險之中，稗子要冒充麥子[3]了！

我的敵人勢力強大，歪曲了我的教義的真面目，因此，我所鍾愛的人們不得不以接受我的贈予而感到羞愧。

1 〈馬太福音〉13，3：「有一個撒種的出去撒種。」

2 第二部〈夜歌〉：「不斷贈予的人，他的危險就在於他會喪失羞惡之心。」

3 〈馬太福音〉13，25：「有仇敵來，將稗子撒在麥子裡，就走了。到長苗吐穗的時候，稗子也顯出來」（稗子又譯作莠子）。

我的朋友們丟失了；尋找我所失去的人們的時刻到了[4]！」——

說完這番話，查拉圖斯特拉就跳起身來，可是他的樣子不像一個嚇得想透透新鮮空氣的人，而是像受到精靈威脅的預言者和歌手。他的鷹和蛇驚奇地望著他：因為有即將降臨的幸福像曙光一樣反映在他的臉上。

我發生什麼事了，我的動物？——查拉圖斯特拉說。我不是變了嗎？幸福不是像狂風一樣向我吹過來嗎？

我的幸福是愚蠢的，它會說些蠢話[5]：它還太年輕——那就對它寬容一些吧！

我由於我的幸福受了傷[6]：一切受苦者都該當我的醫生[7]！

我可以再下山到我的朋友那裡去，也可以去會會我的敵人！查拉圖斯特拉可以再去講話、贈予、對他鍾愛的人表示他的愛！

我的性急的愛氾濫成許多河流傾瀉而下，流向東，流向西[8]。我的靈魂離開沉默的群山和孕育著痛苦的雷雨嘩啦啦地注入谷中。

我以憧憬的眼光眺望遠處已經太久了。我皈依孤獨已經太久了：因此我忘掉了緘默。

我已完全變成一張嘴，變成從高岩上奔騰而下的溪流：我要把我的講話傾瀉到山谷中去。

哪怕我的愛之奔流沖向沒有通路之處也行！哪有一道奔流最後不會找到歸海之路哩！

4 〈路加福音〉15，4：「你們中間誰有一百隻羊，失去一隻，不……去找那失去的羊直到找著呢？」

5 像青年一樣沉溺於自己的生命感，如痴如醉，沒有節度，多嘴多舌。

6 華格納歌劇《齊格飛》第三幕：「喚醒我的人刺傷了我。」

7 受苦者收受我的充實。

8 原文為「流向日出之地和日落之處」。〈詩篇〉50，1：「大能者上帝耶和華已經發言招呼天下，從日出之地到日落之處。」

確實在我的內部有一片湖，像隱修者一樣的、自我滿足的湖；可是我的愛之奔流把湖水拖著一起流——流往大海！

我走著新的道路，新的語言向我湧來；我像一切創造者一樣對陳舊的語言感到厭倦。我的精神不願再拖著穿破的鞋底走路。

一切講話，對我都是太緩慢——暴風啊，我要跳進你的馬車裡！我也想用我的憤怒的鞭子鞭打你！

我想要像一聲大吼和一陣歡呼一樣越過了遼闊的大海駛去，直到我找到我的朋友們居住的幸福之島：——

我的敵人也住在他們中間！現在我多麼喜愛只要能讓我跟他交談的任何人啊！我的敵人也屬於我的幸福的一部分。

當我想跨上我的最烈性的馬時，最能幫我騎上去的乃是我的槍：它是我的腳的隨時供使喚的忠僕：——

向我的敵人投擲過去的這支槍！為了我終於能把我的槍投擲出去，我多麼感謝我的敵人啊[9]！

我的雲是多麼極度緊張地孕育著雷電：在閃電爆發的笑聲之中，我要把一陣陣冰雹撒向深處的下界。

那時我的胸部將會猛烈地挺起，它會把它的狂風吹越過群山：這樣，它就會覺得輕

9 越有敵人就越能發揮自己的力量，而且得到走向世人那邊去的動機。

鬆。

確實，我的幸福和我的自由像狂風一樣來臨！可是我的敵人們將會以為是惡魔在他們的頭頂上撒野。

是的，我的朋友們，你們也會對我的粗野的智慧感到吃驚；也許你們會跟我的敵人們一起逃跑。

啊，但願我能吹起牧笛把你們吸引回來！啊，但願我的智慧之母獅[10]學會溫柔地叫喊！我們已經在一起共同學會很多東西了。

我的粗野的智慧在偏僻的山上懷孕；它在粗石上面產下它的幼獅和最小的崽子。

如今它在嚴酷的沙漠裡瘋瘋癲癲地亂跑，尋找、尋找柔和的草地[11]——我這位老伴、粗野的智慧！

我的朋友們，它想在你們內心的柔和的草地上——在你們的友愛上面安頓它的最鍾愛的小獅子！——

查拉圖斯特拉如是說。

在幸福的島嶼上[12]

無花果從樹上落下來，它們又好又甜；在它們落下時，紅色的果皮開裂了。我是把成

10 德文智慧為陰性名詞，故稱之為母獅。

11 「在荒山裡生出的崽子」指智慧的成果，「柔和的草地」指那些能好好地接受這些成果的人。

12 這裡的島令人想到那不勒斯灣的伊斯基亞島。

熟的無花果吹落的北風[13]。

我的朋友們，這些教言，就像無花果一樣向你們落下來；現在吸啜它們的果汁和它們的甜美的果肉吧！四周圍是一片秋色、澄明的天空和午後。

瞧，我們的四周圍是多麼豐饒！從這一片豐饒之中向遠處的大海眺望真令人心曠神怡。

從前，人們眺望遠處的大海，就口稱上帝；可是現在我要教你們口稱：超人。

上帝是一個臆測；可是我希望你們的臆測不要比你們創造的意志走得更遠。

你們能創造一位上帝嗎？——不能。那就別跟我談什麼一切的神吧！可是你們確實能創造超人。

我的弟兄們，能創造超人的，也許不是你們自己！可是你們能把你們自己改造成超人的父輩或祖輩：讓這點成為你們的最高無上的創造吧！——

上帝是一個臆測：可是我希望你們的臆測僅限於思考力所能及的範圍以內[14]。

你們能思考出一位上帝嗎？——不能。可是你們有追求真理的意志，讓這種意志意味著能讓一切變為人能想到者、人能看到者、人能摸到者！你們應當思考你們所感覺到的，一直貫徹到底！

你們稱為世界的這個東西，應當先由你們創造：你們的理性，你們的心象，你們的意志，你們的愛，這一切本身應當成為世界！真的，這應當成為你們的幸福，你們，有

13 從阿爾卑斯吹向南國來的爽快的風，把成熟的思想作為語言來表現。

14 在人的認識能力的範圍以內進行思考。

認識的人們！

如果沒有這個希望，你們怎能消受人生，你們，有認識的人們！你們不可能掉在不可理解者和背理者之中。

可是，我的朋友們，讓我對你們開誠佈公：如果有好多神，我怎能甘於不做一位神哩！因此，什麼神都是不存在的。

確實，牽引出這個結論的是我；可是現在我卻被這個結論牽引著走了。

神是一個臆測：可是由這個臆測產生的一切痛苦，有誰能吞下去而不死的呢[15]？難道應當對創造者剝奪他的信仰，對鷹剝奪牠在遙天鷹飛的範圍裡的翱翔嗎？

神是一種思想，使一切直者變曲，使一切立者旋轉的思想。怎麼？時間是要流逝的，而一切無常的都只是謊言[16]？

想到這點，就使人全身旋轉眩暈，使胃部作嘔：確實，臆測這種事情，我稱之為暈頭轉向病。

談論唯一者、完全者、不動者、充足者、不滅者，這一切教義，我都稱之為邪惡的，仇視人類的。

一切不滅者——不過是比喻[17]！詩人們包括歌德，但亦可上溯到柏拉圖和梭倫。說謊說得過分了。

可是最高明的比喻應當是談論時間和生成：這種比喻應該是對一切無常者的讚美和肯

---

15 如果神（上帝）是實在的，人就失去自主性和創造的願望而陷於絕望。

16 如果神是實在的而且是不滅的、完美的，那麼生成和發展，也就是說時間和在時間中變化推移的事象也就可以成為完全沒有的東西，成為假象了。

17 反用歌德《浮士德》第二部結尾的〈神祕的合唱〉的詩句「一切無常者，不過是比喻」。（比喻又譯虛幻。）

定！

創造——這是擺脫痛苦的大力拯救，使生活趨於輕鬆。可是為了生出創造者，痛苦和多種變化是必要的[18]。

是啊，你們，創造者們，在你們一生中，必須有許多辛酸的死[19]！因此，你們是一切無常者的辯護者和肯定者。

創造者自己，為了要做個新生的嬰兒，他必須甘願做產婦，忍受產婦的陣痛。

確實，我有一百個靈魂、一百條道路、一百個搖籃和陣痛的經歷。我已告別過許多次，我深知使人心碎的最後的時刻。

可是，我的創造的意志，我的命運，希望這樣。或者，我更加坦率地對你們說：正是這樣的命運——是我的意志所要的[20]。

我的一切感受，總是處於痛苦和牢獄之中：可是我的願望總是以我的解放者、給我帶來喜悅者的姿態光臨。

願望使人獲得解放：這就是關於意志和自由的真正的教義——查拉圖斯特拉教導你們的正是如此。

不再有意志，不再作出評價，不再進行創造！啊，讓這種大大的倦怠永遠離開我吧！

即使在認識過程中，我所感到的也只是我的意志的生殖欲和生成欲[21]；如果在我的認識中還有什麼純潔無瑕，那是因為在其中有著要求生殖的意志。

---

18 向上和超越自我，往往伴有痛苦和變化，不經過這種階段，就不能生出富有創造力者。痛苦是創造的關鍵，創造和痛苦有不可分割的關係。

19 超越陳舊者而向上，就是陳舊者的死去。

20 我的命運就是要進行創造的意志，因此，要創造，就要求有煩惱和痛苦。

21 認識，這種客觀性的多種活動，根本上是從追求向上和創造的生存願望而來，也就是它的生殖欲的體現。

這種意志引誘我離開神和群神；還有什麼可創造的哩，如果有群神——存在！

可是我的熱烈的創造意志，它總是把我驅往世人那裡去；就跟它把藝術家的錘子驅向石材的情況相似。

啊，你們世人，我覺得在石頭裡沉睡著一個形象，我所想像的許多形象中的一個形象[22]！啊，它一定沉睡在最堅硬、最醜陋的石頭裡[23]！

現在，我的錘子對著這個形象的牢牆殘酷地亂敲。碎石從石頭上向四面飛散：我對此何須介意？

我要完成這項工作：因為我曾看到一個影子向我走來——萬物之中最寧靜的、最輕鬆的，曾走向我的面前！

超人之美曾以影子的姿態向我走來。啊，我的弟兄們！我還關心什麼——群神哩！

查拉圖斯特拉如是說。

——

同情者[24]

我的朋友們，在你們的朋友的我的耳朵裡聽到一句嘲笑的話：「瞧瞧查拉圖斯特拉吧！他走在我們中間，不是像走在動物中間一樣嗎？」

22 理想的形象：即超人。把石頭內部裡的人發掘出來，乃是自己的雕刻。此語出自米開朗基羅。

23 最醜陋的石頭指現實的人。素材不佳，卻更能逼出創造欲。

24 同情他人是把他人當作弱者而使他人感到羞愧。對所愛的人，應鍛鍊他，使他提高，這才是真正的愛。

可是，這句話最好應當這樣說：「認識者把世人當作動物一樣而走在他們中間。」

可是對於認識者來說，人這個東西，乃是紅面頰的動物。

人怎麼會是紅面頰的呢？不是由於人必須太經常地自感羞愧嗎？

哦，我的朋友們！認識者如是說：羞愧，羞愧，羞愧——這就是人類的歷史！

因此，高貴者要求自己不要讓他人感到羞愧：他要求自己看到一切受苦者而自感羞愧。

確實，我不喜歡那些慈悲的人，他們以同情他人而感到幸福[25]：他們太缺少羞愧之心了。

如果我必須同情他人，我不願被人稱為同情者；如果我要同情，那也要在隔得遠遠的地方。

在我被人看出以前，我就要蒙住臉離開：我要求你們這樣做，我的朋友們！

但願我的命運讓我永遠帶領像你們一樣沒有痛苦的人上路，還有那些能跟我共享希望、飲食和蜂蜜的人！

確實，我給受苦的人做了種種事情：可是我覺得常常做得更好的，乃在於我學會了怎樣使我感到更高興。

自有人類以來，人們自尋歡樂的事太少了：單單這一點，我的弟兄們，就是我們的原罪[26]！

---

25 〈馬太福音〉5，7：「憐恤人的人有福了，因為他們必蒙憐恤。」這句話被稱為「山中聖訓」的「真福八端」之五。

26 亞當和夏娃違背上帝命令，吃了禁果，這一罪過成為整個人類的原始罪過。此罪一直傳至亞當的所有後代，成為人類一切罪惡和災禍的根由。尼采在此處故意使用基督教教義的用語，以與基督教對現世的歡樂採取否定的態度相對比。

如果我們學會了更好地自尋歡樂，就最能使我們忘掉使他人受苦和想出折磨他人的詭計[27]。

因此我洗淨幫助過受苦者的我自己的手，因此我也洗淨我自己的靈魂。

因為，看到受苦者受苦，我就為他的知恥而感到羞愧；當我幫助他時，我就殘酷地傷害了他的高傲。

大恩大德，不要使人家感謝你，而要使對方產生報復心；小小的恩惠如果被人銘記在心，就會變成對方心中的蛀蟲[28]。

「以冷淡的態度接受贈予吧！以表揚對方的態度接受贈予吧！」——我如此奉勸那些無可贈予的人。

可是，我是一個贈予者：我願意以朋友的身分給朋友贈予。不過，不認識的人和窮苦的人，可以讓他們自己親手來摘我的樹上的果子：這樣可使他們不大會感到羞愧。

可是，乞丐們，應被完全清除！確實，給乞丐施捨會使人生氣，不給他們施捨，也同樣使人生氣。

罪人和壞良心的人，也應同樣對付他們！我的朋友們，相信我的話：壞心眼的人有破壞他人的習慣。

可是最惡劣的乃是小心眼的思想。真的，做壞事比存著小心眼的思想還要好些。

儘管你們說：「愛幹小壞事可以省掉幹許多大壞事。」可是我們不應當談什麼省不省

27 對於禁慾的宗教家，此種傾向很強。

28 不管恩惠大小，給他人施恩，是把他人當作弱者，反會引起對方的報復心。

的問題。

壞事像個瘡：它發癢，要人搔，而且潰爛——它說的是老實話。

「瞧，我是病。」——壞事這樣說：這是它的老實之處。

可是小心眼的思想卻像真菌：它爬行著，潛伏著，不想在任何地方讓人看見——直到最後讓我們全身由於這種小小的真菌變得爛開而乾癟。

可是，對那種有魔鬼附身的人，我要對他的耳朵邊說這句話：「最好把你的魔鬼培養大！就是對你自己，也有一條通往偉大的道路！」——

唉，我的弟兄們！我們對每個人知道得有點太多了！其中有好些人看上去是透明的，可是，我們看了很久，還是不能看透他們。

跟世人生活在一起是困難的，因為沉默是如此困難。

我們對他人採取最不公正態度的，並不是對那種為我們討厭的人，而是對那種跟我們毫不相干的人。

可是如果你有一個受苦的朋友，那麼你就做他擺脫痛苦的休養所，可是要像一張硬板床，一張行軍床：這樣你會對他最有用處。

如果有一個朋友對你做了失當之事，那就說：「你對我所做的，我原諒你，可是，你對你自己做出這種事——我怎能原諒哩！」

一切偉大的愛如是說：這種愛甚至超越了原諒和同情。

人應當牢牢控制住自己的心情；因為對它放任，他的頭腦也會很快失去控制了。

唉，世界上哪裡還有比同情者所做的蠢事更蠢的呢？世界上還有什麼比同情者的蠢事為害更大呢？

一切有愛心者，如果沒有達到超過同情的高度，那真是不幸！

魔鬼曾對我說：「上帝也有他的地獄：就是對世人的愛。」

最近我聽到魔鬼說這句話：「上帝死掉了；上帝死於他對世人的同情。」——

因此，對同情要有警惕性：還會有沉重的烏雲從同情那兒降臨到世人的頭上！真的，我熟悉天氣變化的信號！

可是也要把這句話銘記在心：一切偉大的愛超過同情：因為偉大的愛還要創造它所愛的對象！

「我把我自己獻給我的愛，對我的鄰人，也像對我自己一樣，我也要獻上我的愛。」——一切創造者都這樣說。

可是一切創造者都是嚴酷的。

查拉圖斯特拉如是說。

教士們[29]

有一次，查拉圖斯特拉給他的弟子們做一個手勢，對他們說出這番話：

「這裡有些教士：雖然他們是我的仇敵，悄悄地從他們身邊走過吧，不要拔出劍來[30]！

在他們當中也有英雄；他們當中的許多人受過太多的痛苦——：所以他們也想讓別人受苦。

他們是兇惡的仇敵：再沒有什麼比他們的謙遜更存有報復心的了。跟他們接觸，很容易受到汙染。

可是我的血跟他們的血有親屬關係[31]；我願我的血也會在他們的血裡受到尊敬。」

——

當他們走過去時，查拉圖斯特拉突然感到痛苦；他跟痛苦進行了為時不久的鬥爭，就開始如是說道：

我覺得這些教士很可憐。他們跟我的趣味相反；可是自從我來到世人中以來，這種事算不了什麼。

可是，我跟他們有過同樣的痛苦，現在也是[32]：在我看來，他們像是囚犯，像是被打過烙印的人。他們稱作拯救者的人，給他們戴上枷鎖：——

戴上虛假的價值和虛妄的語言之枷鎖！唉，但願有人把他們從拯救者手裡再拯救出

---

29 本章攻擊教士和教會。教士們雖也具有一種英雄氣質，但他們背棄生命，謀求到達彼岸的拯救。

30 教士們跟自己也有些共通之處（對最終目的的探究意志、忍受苦難的意志、為道而戰、勇氣、英雄的氣質等），所以查拉圖斯特拉對教士們也懷有一種敬意。

31 指前注所說的內容。

32 雙方都感到人生的痛苦，都想從痛苦中獲得解放和拯救。但解放的方法各不相同。一個是要在現世中進行創造，而另一方則是向彼岸的皈依。

來！

他們在海上漂來漂去，有一次，他們以為登到一個島上；可是，瞧，那個島卻是一個沉睡的怪物[33]！

虛假的價值和虛妄的語言：對於凡人乃是最兇惡的怪物，——在它的內部有災難在長期沉睡著，等候著。

可是最後災難降臨了，怪物醒來，把在它身上建造小屋者吃掉，吞下。

哦，瞧瞧這些教士們所建的小屋吧[34]！他們把他們的清香的洞穴稱為教會。

哦，這種偽造的光，這種沉悶的空氣！在這裡，靈魂不許向它們的高處——飛上去！

而它們的信仰卻如此命令著：「在臺階上跪下來膝行上去吧[35]，你們這些罪人們！」

真的，我情願看無恥之徒，也不願看他們洋溢著羞愧和虔誠的歪斜的眼睛！

是誰創造這種洞穴和贖罪臺階？不是那種想避開世人而對著純潔的上天自感羞愧的人嗎？

只有當這種建築物倒塌，純潔的蒼天再透過崩壞的屋頂往下瞧，望著斷壁殘垣邊的草和紅罌粟花——那時，我才想把我的心再轉向到這種上帝的聖堂[36]。

他們把跟他們敵對而給予他們痛苦的，稱為上帝[37]：真的，在他們的崇拜裡面也有不少英雄氣概！

他們不知道怎樣愛他們的上帝的其他方法，除了把人釘上十字架[38]！

---

33 中世紀童話中所述。

34 〈馬太福音〉17，4：「彼得對耶穌說：這裡搭三座棚，一座為你，一座為摩西，一座為以利亞。」

35 羅馬的斯卡拉聖母堂的臺階很有名。信徒們一面念經，一面沿臺階膝行而上。

36 等教堂成為廢墟，失去支配力，人們在自然之中能看到這種人類心情的出現，才會對它注意。

37 不避開苦痛，而把它

他們想要像死屍一樣活著，他們用黑袍裹住他們的活屍；從他們的說教中我也聞到陳屍室的令人噁心的氣味。

誰住在他們的近處，就像住在黑水池旁邊，從池子裡聽到鈴蟾唱著悅耳的憂鬱之歌。

他們應當唱更好聽的歌，為了讓我學會信仰他們的拯救者：拯救者的弟子們看上去應當像是更被拯救的人！

我喜歡看他們赤身裸體：因為只有美才有勸人懺悔的資格[39]。可是這種蒙面的憂傷能說服什麼人哩！

確實，他們的拯救者們[40]並不是來自自由之國，來自自由的第七重天國[41]！確實，他們的拯救者們，自己也從未在認識的地毯[42]上走過！

這些拯救者的精神充滿漏洞；可是他們在每個漏洞裡塞進自己的妄想，他們把這種填塞物稱為上帝。

他們的精神溺死在他們的同情之中，當同情之水漲得越來越滿溢時，浮到水面上來的總是極大的愚蠢。

他們大聲喊叫，熱心地驅趕他們的畜群走過他們的小橋：好像只有一條通往未來的小橋！真的，這些牧人也是他們的羊群的成員！

這些牧人們擁有的精神很狹小，而同情的靈魂很廣大[43]：可是，我的弟兄們，就是他們擁有的、直至如今最廣大的靈魂，也是多麼狹小的地盤啊！

作為上帝的意思接受。

38 把否定人的生存發揮作為對上帝的愛。

39 看到原形的美姿，自己也想仿效而改變生活方式。

40 這裡拯救者們為複數，指一般各種宗教的教祖。

41 七重天國指最高天國，並非真有七重。

42 認識原來是沒有偏見的。但他們並不進行這樣的精神活動。

43 包涵他人的心情（靈魂）很廣大，自覺是一個人的知性和意力（精神）就變得狹小。

他們在他們走過的路上留下血印，他們的愚蠢教導我們，真理可用血來證明。

可是血是真理的最惡劣的證人；血會毒化最純粹的教義，把教義變成妄想和內心的憎惡[44]。

即使有人為了他自己的教義鑽過烈火，——這又證明什麼哩！從自己本身發出的火焰中產生出自己的教義，確實這倒是更有意義！

不安的心和冷靜的頭腦：兩者碰在一起[45]，就產生叫做「拯救者」的狂風。

確實，比民眾所稱為拯救者的這種壓倒一切的狂風更偉大的人，出身更高貴的人有的是[46]！

我的弟兄們，如果你們要找到通往自由之路，你們必須由這種比一切拯救者更偉大的人來拯救你們！

可是，還沒有出現過一個超人。我見過赤裸裸的最偉大的人和最渺小的人：——這兩種人互相太近似了。確實，我看到就是最偉大的人也是——太人性[47]了！

查拉圖斯特拉如是說。

有道德的人

對於慵懶而貪眠的心，必須用雷霆和閃電跟他說話。

---

44 如有殉教等血的要素加入，真理就不是作為真理來信奉，而是把盲信和對迫害者的憎惡作為動機來信奉。

45 心裡煩悶不安，進行處理的認識力（頭腦）就不足。

46 探究不是狂信的真理的人們。即高等哲人和藝術家。

47 太人性意為低級的人性。

可是美所發出的聲音很輕：她只是躡手躡腳地走進清醒的靈魂。

今天我的盾牌向我輕輕地顫動而發笑；就是美所發出的神聖的笑和震顫。

你們有道德的人啊，今天我的美在笑你們。她的聲音如是傳到我的耳中：「他們也想獲得——酬報！」

你們也想獲得酬報，你們有道德的人！為道德索取酬報、為塵世索取天國、為你們的今天索取永恆嗎？

我教導，世上沒有什麼酬報主管和支付主管，現在你們就為此而對我生氣嗎？確實，我甚至也沒有教導，說什麼道德本身就是酬報。

唉，這是我的悲傷：人們把酬報與懲罰的謊言塞進了事物的根底裡面——現在甚至也塞進你們的靈魂深處，你們有道德的人！

可是我說的話將像野豬的豬嘴掘開你們的靈魂深處；我願你們叫我犁頭。

你們靈魂深處的一切祕密應該見見陽光；如果你們被掘開，被打破，曬在陽光裡面，你們的謊言就會從你們的真心話裡被分離出來。

因為這是你們內心的真實：你們太純潔，受不了這些齷齪的字眼：報復、懲罰、酬報、報答。

你們愛你們的道德，猶如母親愛她的孩子；可是你們曾聽說一個母親想要為她的愛而獲得報償嗎？

你們的道德就是你們最愛的自己[48]。在你們的內部擁有圓圈的渴望；一切圓圈都要再回到自己的原處，因此在畫圈兒、圈圈子。

你們的道德的一切行為，就像消隱的星：它的光總是在進行的路上——它什麼時候才會不再進行呢？

因此，即使你們的道德行為已經完畢，你們的道德的光也仍在進行。即使道德的行為已經被遺忘而消逝：它的光芒也仍然存在而進行[49]。

你們的道德就是你們的本身，不是什麼身外之物，不是皮膚，不是外套：這就是來自你們靈魂深處的真實，你們有道德的人！——

可是卻有這種人，認為道德乃是在鞭笞之下發出的痙攣[50]：這種人的叫聲，你們已經聽得太多了。

也有另一種人，他們把懶於作惡稱為道德；只要他們的憎惡和嫉妒伸直四肢躺下，他們的「正義」就醒來，擦擦惺忪的睡眼。

還有另一種人，他們被往下面拖去：他們的魔鬼拖住他們。可是他們越是下墜，他們的眼睛越是炯炯發光，越是渴望他們的上帝。

唉，這些人們的叫聲也鑽進你們的耳朵裡來了，你們有道德的人：「我不是這樣，這，這對於我，就是上帝和道德！」

又有另一種人，他們沉重地嘎吱嘎吱地走來，就像裝著石頭下山的車子：他們大談特

---

48 道德的目標就是體現人的「本來的自己」。參看第一部〈輕視肉體者〉章注。

49 道德的行為雖然終止，它的力量仍繼續存在。

50 出於強制的道德行為。

談尊嚴和道德——他們把煞車稱為道德！

也有另一種人，他們像上好發條的掛鐘[51]：他們滴答滴答走著，想要人們把滴答滴答——稱為道德。

確實，我對這種人頗感興趣：我看到這種鐘，就用我的嘲笑給他們上發條；要他們發出嗡嗡的聲音。

還有一些人以他們的一把正義自豪，為了這種正義，對一切事物大幹其罪惡勾當：使世界溺死在他們的不義之中。

唉，「道德」這個字眼從他們嘴裡說出來，多麼令人感到噁心啊！當他們說：「我主持正義，」聽起來總像在說：「我出了口氣[52]！」

他們想用他們的道德把他們的敵人的眼睛挖出來；他們抬高自己，只是為了壓低別人[53]。

又有這樣一種人，坐在他們的泥沼裡，從蘆葦叢中說出這樣的話：「道德——就是坐在泥沼中不動。

我們不咬任何人，避開想要咬人的人；不論何事，我們總同意別人給我們提供的意見[54]。」

又有這樣一種人，他們喜愛擺出姿勢，而認為：道德就是一種姿勢。

他們的雙膝總是對道德跪拜，他們的雙手總是拱著讚美道德，可是他們的心對道德卻

---

51 由習慣和惰性而致的德行。

52 文字遊戲。原文 ich bin gerecht（我是正義的）和 ich bin gerächt（我報了仇）兩句發音相同。

53 反用《聖經》語句。《馬太福音》23，12：「凡自高的必降為卑，自卑的必升為高。」（又譯「凡高舉自己的，必被貶抑，凡貶抑自己的，必被高舉。」或「凡高舉自己的，將被抑下，凡抑下自

一無所知。

又有這樣一種人，他們以為只要口稱「道德是必要的」就是道德；可是他們實際上只是相信員警是必要的[55]。

有好些人不能看到人的高貴之處，卻能過分近視地看到人的卑劣，他們就將這點稱為道德：就這樣他們把他們的惡意的眼光叫做道德[56]。

有些人想受到鼓舞而振作起來，他們稱此為道德；另有一些人想被搞垮——他們也稱此為道德。

就這樣，差不多所有的人都自認在道德方面有他的份兒；至少人人都想自居為辨別「善」與「惡」的行家。

可是查拉圖斯特拉此行，並非要對這一切說謊者和小丑們說：「你們懂得什麼道德！你們對道德能有所懂得嗎！」——

而是要你們，我的朋友們，對你們從那些小丑和說謊者學來的陳腔濫調感到厭膩。

厭聽那些字眼：「酬報」、「報答」、「懲罰」、「出於正義的報復」。

厭說什麼：「不是為自己的行為是好的。」

啊，我的朋友們，把你們的自己放在行為裡，像母親在孩子裡一樣[57]：讓這成為你們談論道德的話吧！

確實，我已從你們那裡搶走千言萬語和你們的道德最喜愛的玩具；現在你們像孩子一

己的，將被高舉。」）

54 即使在汙濁之處也安然居住，採取多一事不如少一事的消極主義。

55 認為道德是管制他人以保社會治安的手段。

56 以檢察官的樣子吹毛求疵。

57 在孩子的內部有思念母親之心。就像這樣想到「本來的自己」而應用於行動。

樣對我生氣。

孩子們在海邊玩耍——海浪奔來，把他們的玩具捲進海底：現在他們哭了。可是這個海浪會給他們送來新的玩具，而且把新的五彩貝殼倒在他們的面前！

於是孩子們會得到安慰；我的朋友們，你們也會像孩子們一樣獲得你們的安慰——和新的五彩貝殼！——

查拉圖斯特拉如是說。

賤民

生命是快樂的泉水；可是任何泉水，有賤民來共飲，就受到汙染而毒化了。

一切清潔的，我都喜愛；可是我不愛看到不潔者的冷笑的嘴和焦渴。

他們把他們的視線投到泉水裡：現在他們的討厭的微笑從泉水裡反映到我的眼睛裡。

他們用他們的淫慾毒化了聖水；當他們把他們的淫穢的夢[58]稱為快樂時，他們也毒化了語言。

當他們把他們的潮濕的心靠近火時，火也覺得生氣；當賤民走近火邊時，火精也激憤而冒煙。

果實到了他們手裡，就會甜得令人噁心而熟透腐爛：果樹碰到他們的視線，樹梢就會

58 這裡的夢指妄想和欲念。

枯萎，果子就會像被風吹落。

好多背離人生的人，只是在背離賤民：他們不願跟賤民共同享用泉水、火和果實。

好多人走到沙漠裡跟猛獸一起忍受焦渴，只是不願跟骯髒的趕駱駝者一同坐在蓄水池周圍。

好多人，像破壞者，又像打在一切穀物田裡的冰雹一樣趕來，只是要把腳伸進賤民的嘴裡，塞住賤民的喉嚨。

生命本身需要敵意、死亡和受難的十字架[59]，這種認識並不是最容易使我哽住的食物。

而是，有一次我提出個問題，我卻被我自己的問題問得差不多透不過氣來了，這個問題就是：怎麼？生命也需要有**賤民**嗎[60]？

毒化的泉水、發出臭味的火、骯髒的夢、生命的麵包裡的蛆蟲，這些都是必需的嗎？

餓狼似地吞噬我的生命力的，不是我的憎恨，而是我的噁心感！唉，當我發現賤民也頗有精神方面的才智[61]，我對精神就常常感到厭倦！

當我看到統治者們現在所說的統治是什麼時，我就背離他們：他們的統治是以權力為目的跟賤民做骯髒的交易和討價還價。

我住在各種國民之中，跟他們語言不通，閉目塞聽：讓我聽不懂他們為權力而做的骯髒交易和討價還價。

---

59 生存的發展需要各種苦難，尤其是戰鬥和死亡（自我超越）。

60 覺得賤民討厭，如果把此點也當作苦難，那麼賤民對於我們的生命是否也有必要呢？

61 德文的Geist（精神）有多種意義，此處等於才智、智慧之意。

我捏緊鼻子，憤懣地通過昨天和今天的一切事件：昨天和今天的一切事件都發出搖筆桿的賤民的惡臭[62]。

我像又聾又啞又瞎的殘疾人一樣：就這樣活了很久，以便不跟那些權力賤民、搖筆桿賤民和快樂賤民[63]廝混在一起。

我的精神吃力地、小心翼翼地爬上臺階；快樂的施捨是它的清涼劑；過著像盲人拄著手杖悄悄行走的生活[64]。

可是我的情況怎樣呢？我怎樣從嘔心感中解救我自己呢？誰使我的眼睛變得年輕呢？我怎樣飛上不再有任何賤民坐在泉邊的高處呢？

我的嘔心本身為我創造了翅膀和預感到泉水的力量嗎？確實，我必須飛上最高處，讓我再找到快樂之泉！

哦，我找到它了，我的弟兄們！在這兒的最高處湧出快樂之泉！這裡有著沒有任何賤民參加共飲的生命！

快樂之泉啊，你為我差不多湧出得太猛了！你為了想讓我的杯子盛滿，你常常又把杯子倒空！

我還必須學會更謙虛地走近你：我的心仍然過於猛烈地向你湧流[65]——

我的心，在它上面燃燒著我的夏天，短暫的、炎熱的、憂鬱的、極樂的夏天：我的炎夏之心是怎樣渴望你的清涼[66]！

---

62 每天發生的事件全都由從事記者生涯的搖筆桿賤民渲染傳播。

63 把淫穢的夢稱為快樂的賤民。

64 苦於賤民，而一步一步走著，邁向生活向上的目標。要體嘗真正的快樂是很少的。

65 並非以自己發現生命之泉自豪而猛烈地去靠近它，而是平靜地體嘗該泉所賜予的高度喜悅。

66 把智慧的成熟比作夏天，但伴隨著夏天的幸福遲遲不肯離去的我的春天的哀愁過去了！像六月雪一樣意外的我的惡意過去了！我完全變成夏天和夏天的中午！

有著清涼的泉水和至福的寧靜的最高處的夏天：哦，來吧，我的朋友們，讓這種寧靜更充滿至福！

因為這是我們的高處和我們的家鄉：我們住在這裡，對於一切不潔者和他們的焦渴，是太高而陡峭了[67]。

儘管把你們的純潔的眼光投向我的快樂之泉吧，你們眾位朋友們！泉水怎會因此變得混濁哩！它將以它的純潔對你們笑臉相迎。

我們在未來之樹上築我們的巢；大鷹將把食物銜在嘴裡給我們這些孤獨者送來[68]！

確實，這不是不潔者可以參加共食的食物！他們會誤認為是吞了火而燒傷了他們的嘴！

確實，這裡沒有我們為不潔者準備的住處！我們的快樂，對於他們的肉體和精神，將被稱為冰窟！

我們要像強烈的風高踞於他們之上，與大鷹為伍，與雪為伍，與太陽為伍：強烈的風就是如此生活著。

有一天，我還要像一陣風吹到他們當中，用我的精神奪去他們的精神的呼吸：這是我的未來所願望的。

感，也難免有感到良時易逝的空虛感，以及到達繁茂絕頂時所產生的憂鬱感。因此渴望高處泉水的清涼。

67 這裡字面上的意思是住在高而陡峭的山頂，比喻為過著高貴勇敢的生活。

68 猶如《聖經》中所說：〈列王紀上〉17，5：「以利亞照著耶和華的話，去住在約旦河東的基立溪旁。烏鴉早晚給他叼餅和肉來。」又如〈出埃及記〉16，13：「以色列全會眾在曠野裡，有鵪鶉給他們送食物來。」

確實，查拉圖斯特拉對於一切低地，乃是一陣強烈的風；他對他的敵人和一切吐唾沫的人作如是的忠告：「當心不要對風吐唾沫！」

查拉圖斯特拉如是說。

塔蘭圖拉毒蛛[69]

瞧，這是塔蘭圖拉毒蛛的洞穴！你想看看它的本體嗎？這兒掛著它的網：去碰一下，讓它顫動吧。

它興匆匆地出來了：歡迎你，塔蘭圖拉毒蛛！你的三角形標誌黑黑地盤踞在你的背上；我也知道，有什麼盤踞在你的靈魂裡。

在你的靈魂裡盤踞著復仇：被你咬中的地方，就生出黑色的瘡痂；你的毒把復仇的念頭灌了進去，使人的靈魂團團轉。

我用比喻跟你們這樣講，使人的靈魂團團轉的你們，宣傳平等的說教者！你們就是塔蘭圖拉毒蛛，暗藏的有強烈復仇欲者！

可是我一定要把你們的藏匿處暴露在光天化日之下：因此我當面對你們發出我的來自高處的大笑。

因此我來扯你們的網，讓你們的憤怒把你們從你們的謊言洞穴裡引出來，讓你們的復

69 塔蘭圖拉毒蛛是南歐的一種多毛毒蜘蛛，以義大利東南部城市塔蘭托而得名。古時傳說被牠咬過，需長時期狂舞始能消除蛛毒。此處用以比喻宣導平等論的社會主義者（假冒社會主義者）。因為一般人受到這種思想感染就手舞足蹈起來。

仇心從你們的口頭禪「正義」的後面跳出來。

因為使人從復仇心中解放出來：這對於我，乃是通往最高希望的橋，乃是長期雷雨後的彩虹[70]。

可是塔蘭圖拉毒蛛的願望當然不同。「讓世上充滿我們的復仇心的惡劣氣候，正是我們所說的正義。」——他們互相如是說。

「我們要向跟我們不同等的所有的人進行復仇和誹謗。」——塔蘭圖拉毒蛛的心發出這樣的誓願。

「而且『爭取平等的意志』——這個意志本身今後應成為道德的名稱；我們要大喊大叫：反對一切有權力的人！」

你們，平等的說教者，得不到權力的獨裁狂就這樣從你們心裡發出爭取「平等」的叫喊：你們最隱祕的獨裁欲就這樣以道德這個字眼進行偽裝。

惱羞成怒的自高自大，受到壓抑的嫉妒，也許就是你們祖傳的自高自大和嫉妒：從你們內心裡爆發出來，像是復仇的火焰和瘋狂。

父親沉默不言的，從兒子的嘴裡說了出來；我常常看出兒子就是父親的祕密的赤裸裸的大暴露。

他們頗像受激動的人：可是使他們激動的，並不是他們的心——而是復仇的念頭。如果他們變得細緻而冷靜，那並不是精神，而是嫉妒，使他們變得細緻和冷靜。

70　對於具有很高價值的人，不去嫉妒，不想把他拉下來進行報復，而承認他的高尚，這乃是使人類向上的大前提。

他們的妒忌心理也引導他們走思想家之路；這是他們的妒忌心的標誌——他們總是走得太遠：結果，他們由於疲勞，不得不躺在雪地上睡去[71]。

在他們的每句埋怨聲中都聽到復仇的聲音，在他們的每句贊詞中都有傷害人的意圖；當裁判者像是他們的無上幸福。

可是我要這樣奉勸你們，我的朋友們：對一切具有很強的懲罰衝動的人，不要相信他們！

他們是有著不好的素質和出身的人；從他們的臉上露出劊子手和密探的眼光。

不要相信那些大談特談自己的正義的人！確實，他們的靈魂所缺少的不僅是蜜[72]。

如果他們自稱為「善人和義人」，那麼請不要忘記，他們做法利賽人唯一不足的，只是缺少——權力[73]！

我的朋友們，我不願跟別人混淆，被人錯認。

有這樣一種人，他們宣講我的關於生存的教義：同時又是平等的說教者和塔蘭圖拉毒蛛[74]。

這些有毒的蜘蛛，儘管置身在他們的洞穴裡，背棄人生，但仍在大談什麼生存意志：無非想借此傷害他人。

他們想借此傷害的人，乃是那種現在掌握權力的人：因為，在這種人當中，死亡的說教還是最有勢力的[75]。

---

71 由於好勝心太強，使思想脫離現實，而這種思想家也就由於過勞而倒下。

72 不僅缺少心的溫柔，而且也缺少作為一切人的善良。

73 如果他們有了權力，就會成為像法利賽人（偽善者）一樣的令人討厭的特權階級。

74 排斥宗教的彼岸性，重視現實生活，強調平等的唯物論的社會主義者。

75 在現在的統治階層中，進行死亡說教的基督教最有勢力，因此要發表反對的言論。

如果不是這樣，塔蘭圖拉毒蛛將會換另一種說教：從前，正是他們充當最得力的誹謗世界者和燒死異端者[76]。

我不願有人把我跟這些平等的說教者混為一談，混淆不清。因為正義對我說：「人類是不平等的。」

而且人類也不應該平等！如果我不這樣說，那麼我對超人的愛又算是什麼呢？

人類應當從千百座大橋小橋上擠過去，走向未來，而且要有越來越多的戰鬥和不平等在他們當中發生：我的偉大的愛讓我這樣說！

人類在互相敵視之中，應成為種種影像和幻影[77]的發明者，他們應當用他們的影像和幻影互相進行最高的鬥爭。

善與惡，富與貧，貴與賤，一切價值的名稱：應當是鬥爭的武器，應當是表示生命必須不斷超越本身而向上的響亮的標誌。

生命本身想要建立柱子和階梯而讓它自己升到高處：它要向極遠處眺望，觀看至福之美——因此它需要高處。

由於它需要高處，所以它需要階梯，需要階梯和登階梯者的矛盾！生命要登高，而在登高時要超越自己。

請看，我的朋友們！在這塔蘭圖拉毒蛛的洞穴之處，升起一座古代廟宇的遺址——用恍然大悟的眼睛看吧！

76 從前，他們曾倚仗基督教的權勢，對宣導生命和現世意義的近代的先驅的思想家進行迫害。

77 各種理想。

確實，從前有人在這裡用石塊高高堆起他的思想，為了要像大智者一樣了解一切生命的祕密！

即使在美的領域之中，也有鬥爭和不平等，也有追求權力和優勢的戰鬥：那位像大智者的人在這裡用最明顯的比喻教導我們。

這裡的穹頂和圓拱是怎樣神聖地進行角力：它們是怎樣用光與影互相對抗，這些神聖的努力向上者！

我的朋友們，讓我們也如此確實而出色地對敵吧！我們要神聖地互相對著幹！——

唉！痛啊！我的宿敵塔蘭圖拉毒蛛咬了我了！它神聖地、確實地、出色地咬了我的手指！

「必須有懲罰和正義[78]，」——它這樣想：「不能讓他在這裡白白地唱歌讚美敵意！」

是的，毒蛛報了仇了！唉！現在它也要用復仇使我的靈魂團團轉！

可是，我的朋友們，把我緊緊地捆在這裡的柱子上吧[79]，為了不讓我團團轉地亂跳舞！我情願做柱頂聖者[80]，也不願做復仇欲的旋風！

確實，查拉圖斯特拉不是轉向風和旋風；即使他是一個舞蹈者[81]，卻永遠不是塔蘭圖拉毒蛛病的舞蹈者。

查拉圖斯特拉如是說。

---

78 平等論者原來是重視寬容的，但出於報仇的本性，從所謂「正義」的立場而要進行懲罰。

79 奧德修斯經過賽倫海妖所住的海島，叫部下將他捆綁在支柱上，再把繩子縛在桅杆上，以免被海妖的歌聲迷惑住而致毀滅。參看荷馬《奧德賽》第16歌。

80 古代敘利亞、巴勒斯坦一帶住在柱頂的苦修者。始作俑者為柱頂苦修者西美翁（約390-459），他曾在敘利亞舊都安提阿附近的特拉尼撒樹一根16公尺高的柱子，居柱頂苦修30年。其遺址後來成為朝聖之地。

81 查拉圖斯特拉常想擺脫沉重的束縛，做一個輕鬆的舞蹈者。

著名的哲人[82]

你們一切著名的哲人啊，你們為民眾和民眾的迷信效命！——而不為真理效命！正由於如此，人們對你們尊敬。

因此你們不信教，人們也會容忍，因為不信教乃是一種機智，走向民眾的兜圈子的路[83]。就像主人讓他的奴隸們隨意自便，哪怕他們過分放縱，主人也覺得高興[84]。

可是被民眾痛恨，猶如狼被狗痛恨的，乃是：自由的精神，枷鎖之敵、拒絕崇拜的人、住在森林中的人。

把這種人從他的棲身處趕跑——總是被民眾們稱為「正義感」：民眾們總是在嗾使牙齒最銳利的狗追蹤他們。

「因為有民眾的地方，就有真理！探求者們有禍了，有禍了！」自古以來就是這樣說的[85]。

你們著名的哲人啊，你們崇拜民眾，肯定他們所認為的正義而為他們辯護，你們稱之為「求真理的意志」。

你們的心總是對你們自己說：「我從民眾中來：上帝的聲音也是從民眾那裡向我傳來的。」[86]

你們總是充當民眾的代言人，像驢子一樣固執而聰明。

好多有權力的人，要博得民眾的好感，就在他們馬車的馬的前面，再駕上——一匹驢

---

82 著名的思想家、文化人是民眾的奴僕，不懂得精神的真髓。

83 說些脫離基督教的巧言，其實只是討好大眾，並非真心反抗因習。結果跟大眾妥協，為大眾服務。從事記者生涯的文筆家頗多有這種傾向。伏爾泰就有這種跡象。

84 古代希臘有這種風俗，在某種節日時主人允許奴隸無拘無束地狂歡縱飲，主人高興地望著，稱之為驢子的自由。

85 從民族的共同體擁有絕對支配權力的時代以來，就有這種想法（參看〈一千個目標和一個目標〉章）。到了近代尊重作為多數者的民眾，這種思想增強了。

86 西諺有云：「民眾的

子，一位著名的哲人[87]。

你們著名的哲人啊，現在我願你們終於從你們的身上完全剝掉你們所披著的獅子皮！

這花斑的猛獸皮，以及研究者、探求者、征服者的毛！

啊，要讓我能相信你們的「誠實」，你們先要打破你們的崇拜意志[88]。

誠實的——只有走進無神的沙漠，打破自己的崇拜心情的人，我才這樣稱呼他。

在黃沙地裡，受烈日燒灼，他一定會焦渴地斜著眼睛窺望充滿泉水之島[89]，那兒生物在樹木的濃蔭下休憩。

可是他的焦渴並沒有説服他變成像那些苟安者一樣：因為有綠洲的地方，也有偶像[90]。

挨餓，兇猛，孤獨，不信神：這是獅子意志對自己的願望。

擺脱奴隸的幸福，從神道和崇拜中解脱，大無畏而令人畏懼，偉大而孤獨：這是誠實者的意志。

從古以來，住在沙漠中的，就是那些誠實者，具有自由思想的人，他們是沙漠的主人；可是在城市裡居住的，乃是養得胖胖的、著名的哲人——拉車的動物。

因為他們總是拉著，像驢子一樣——民眾的大車！

我並不為此而對他們生氣：可是他們永遠當跟班，被套上挽具者，即使他們套上金光燦爛的挽具。

聲音就是上帝的聲音。」（民意即天意）

87 利用御用思想家。

88 對民眾及其習俗的價值的崇拜和從屬的意志。在這種情況下，就沒有真正的自由精神。

89 即沙漠中的綠洲。

90 有群居，就有群眾奉守的固定的、束縛的價值觀。

他們常常是值得稱讚的很好的跟班。因為他們的道德教條是這樣說的：「如果你們必須做跟班，那就去找那種人，你們的跟隨對他最有利用價值的主人！

你的主人的精神和道德該由你做他的跟班而茁壯成長；這樣你自己也隨著他的精神和他的道德一同茁壯成長！」

確實，你們這些著名的哲人，你們，民眾的跟班！你們自己跟民眾的精神和道德一同茁壯成長——而民眾也靠你們茁壯成長！我為了對你們表示敬意而說這番話！

可是依我看，即使憑你們的道德，你們依然是民眾，短視的民眾，——不懂得精神為何物的民眾！

精神就是殺進自己生命中的生命；它通過自己的痛苦增加自己的知曉[91]，——你們是否已經懂得？

精神的幸福乃是：塗上聖油，用眼淚淨化，當獻祭的犧牲動物[92]，——你們是否已經懂得？

盲人的瞎眼以及他的探求和摸索正該證明他看望過的太陽的威力[93]，——你們是否已經懂得？

認識者應當學會用山來建造！光是移山[94]，對於精神還嫌不足，——你們是否已經懂得？

你們認識到的，只是精神發散出的火花：可是你們沒看到精神的本體，那塊敲出火花

91 知曉即認識，亦即知道生命的真相和真正的生活方法。

92 為了認識生命，精神竭力刻苦，終於被搞垮，但為了對生命的認識，也就是為了生命的進展而當了富有意義的犧牲，其中也就有一種幸福感。

93 舉盲人為例，敍述竭盡疲乏之力的精神的姿態。盲人目雖不見，但仍保留曾見到過的太陽的印象，知道太陽的存在。精神也該如此預感到生命的偉大真理的存在。

94 光靠信仰能移山的毅力是不夠的。精神必須積極地面對困難的事業。移山為《聖經》用語。〈哥林多前書〉13，2：「我若有全備的信心，甚至能移山；但我若沒有愛，我什麼也不算。」

的鐵砧，沒看到精神的鐵鎚的殘酷[95]！

確實，你們不認識精神的高傲！可是精神的謙虛一旦要開口說話，你們對精神的謙虛更加不能容忍[96]！

你們還從未能把你們的精神拋進雪坑裡：你們還沒有熱到那種程度！所以你們也不知道雪的冰冷所給人的陶醉感[97]。

可是在一切方面，我覺得你們跟精神過於親暱了；你們常常把精神辦成給蹩腳詩人棲息的貧民院和醫院[98]。

你們不是鷹：因此你們不知道精神在驚恐[99]中體會的幸福。不是鷹的人，不能在深淵之上築巢棲息。

我看你們是溫吞水[100]：可是任何深刻的認識都是很冷地流動的。精神的最深處的泉是冰冷的：它對於熱的手和熱的著手行動者[101]乃是一帖清涼劑。

我看你們正經地、拘束地、挺直著背站在那裡，你們這些著名的哲人！——沒有強烈的風和意志撼動你們。

你們從未見過一片征帆飄過海上，被猛烈的風吹得胖胖地、鼓鼓地顫抖？

我的智慧——我的粗野的智慧，像征帆一樣，被猛烈的精神狂風吹得顫抖地飄過海上！

可是你們，民眾的跟班，你們，著名的哲人——你們怎能跟我同行！——

---

95 構成精神的活動的中核，就像鐵鎚和鐵砧的敲擊。火花（富於機智的表現）不過是附隨的現象。

96 「你們是否已經懂得」的各種問題全是精神的高傲。可是精神是為生命服務的，並非生命的支配者，當然，它的力量有其局限。當它自覺時，精神就悟到自己的本分而謙虛起來，超越自己，捨棄自己，說出要歸入大生命的決心。對於自己精神力量過分自信的哲人們，不知道這種悲痛的訊息。

97 雪的冰冷乃是冷酷嚴峻的生命實相。燃燒的精神拋棄自己，投入其中，反會有清涼感而覺得陶醉。

98 哲人和思想家的立說，成為二流詩人的思想的依據。

查拉圖斯特拉如是說。

夜歌[102]

夜來了：現在一切跳躍的噴泉都更加高聲地說話。而我的靈魂也是一柱跳躍的噴泉。

夜來了：現在一切熱愛者之歌才甦醒過來。而我的靈魂也是一個熱愛者之歌。

在我心中有一種不平靜、無法平靜之感；它要公開出來。在我心中有一種愛的渴望，它自己說著愛的語言。

我是光：唉，但願我是夜！可是，我被光圍裹著，這乃是我的孤獨。

唉，但願我像夜一樣黑暗！我多麼想吮吸光的乳房！

我甚至也想祝福你們，你們，閃爍的星星，天上的螢火蟲！——你們的光之贈禮使我感到快樂。

可是我生活在我自己的光裡，我把我自己發出的火焰又吸回我的身體裡。

我不知道受取者的幸福；我常常夢想著，盜竊一定比受取還要幸福[103]。

我的手總是不停地贈予，這就是我的貧窮；我看著期待的眼睛和充滿渴望的明亮的夜，這就是我的嫉妒。

哦，一切贈予者的不幸啊！哦，我的太陽的日食啊！哦，有所渴望的欲望啊！哦，吃飽了還要吃的饑痨啊！

---

99 精神在窺視生命的深淵時的驚恐戰慄，對自己無力的自覺。但也伴有能窺視到生命實相的喜悅。

100 〈啟示錄〉3，16：「你既如溫水，也不冷也不熱，所以我必從我口中把你吐出去。」

101 文字遊戲。原文為 heissen H.nden und Handelnden。

102 本歌是尼采在羅馬時住在面向巴爾貝尼廣場的家裡，眺望羅馬夜景，聽特里托尼噴泉的泉聲而作。具有無與倫比的語言之美，在用德語寫的作品中被譽為最高之作。尼采自稱本歌為「曠古的最孤獨之歌」。

103 反用《聖經》語句。〈使徒行傳〉20，35：「施比受更為有福。」（「施予比領受更為有福」。）

他們從我手裡受取；可是我還會觸到他們的靈魂嗎？在施予和受取之間有一道鴻溝[104]；而最小的鴻溝乃是最不容易逾越的。

從我的美中生出飢餓：我要讓那些被我照耀的人們感到痛苦，我要讓受我施予的人們再被我奪取——我就這樣渴望作惡。

當他們的手已經向我伸出時，我縮回我的手；我遲疑不決，就像在落下時還遲疑不決的瀑布一樣——我就這樣渴望作惡。

我的充實圖謀這樣的報復：從我的孤獨中湧出這樣的詭計。

我的贈予的幸福消逝於贈予之中，我的道德由於它的充實而厭倦它自己。

不斷贈予的人，他的危險就在於他會喪失羞惡之心；不斷分配的人，他的手和心會由於純粹分配而起老繭。

我的眼睛，看到乞求者的羞恥，不再溢出眼淚；我的手，感到獲取得滿滿的手的顫抖，變得硬邦邦。

我眼睛裡的眼淚，我心臟上的軟毛，都到哪裡去了？哦，一切贈予者的孤獨！哦，一切光照者的沉默！

許多太陽在荒寂的空間裡旋轉：它們用它們的光向一切黑暗的萬物說話——它們對我卻默默無言。

哦，這是光對光照者包藏的敵意，它無情地繼續走它的行程。

盜竊乃是更加極其缺乏的狀態。

104 施予乃是積極的行為，受取乃是受身，所以受取要跟施予的行為緊緊配合，共同成就高度的意義乃是難事。往往以施予者的唱獨角戲告終。

在深心中對光照者的不公平，對許多太陽的冷酷——每個太陽就這樣運行[105]。

許多太陽像一陣暴風，在它們的軌道上飛行，這就是它們的運行。它們遵循它們的無情的意志，這就是它們的冷酷。

哦，你們黑暗的，你們夜晚的，只有你們才是從光照者攝取溫暖！哦，只有你們才從光的乳房上吸啜奶汁和活力！

唉，我的周圍全是冰，我的手在冰冷上面發燙了！唉，我心中有一種焦渴，它渴望你們的焦渴！

夜來了：唉，我竟不得不做光！渴望夜晚的一切！而且孤獨！

夜來了：現在，像泉水一樣從我心裡湧出了熱望——我渴望説話。

夜來了：現在一切跳躍的噴泉都更加高聲地説話。而我的靈魂也是一柱跳躍的噴泉。

夜來了：現在一切熱愛者之歌甦醒過來。而我的靈魂也是一個熱愛者之歌。

查拉圖斯特拉如是歌唱。

舞蹈之歌

有一天傍晚，查拉圖斯特拉跟他的弟子們走過森林；當他在尋找泉水時，瞧，他來到一處碧綠的草地，四周有許多樹木和灌木叢靜靜地環繞著：在草地上有一些少女相聚在

105 在施予者們之間，不會產生結合。各成其偉大，各安於孤獨。

一起舞蹈。少女們一看出是查拉圖斯特拉，立即停止舞蹈；可是查拉圖斯特拉卻露出親切的態度走近她們，說出這番話：

「妳們這些可愛的姑娘，不要停止舞蹈！來到妳們面前的，並不是露出惡意眼光的掃興者，也不是姑娘們的敵人。

對魔鬼那一方面，我是上帝的代言人：可是我說的魔鬼，乃是重壓之魔[106]。妳們這些輕捷的姑娘，我怎會敵視神聖的舞蹈？或者敵視具有美麗踝骨的姑娘們的腳呢？

我確是有著幽深樹木的黑暗的森林：可是不畏懼我的黑暗的人，也會在我的柏樹[107]下面看到玫瑰花的斜坡。

他也會看到最受姑娘們喜愛的小愛神[108]：他躺在泉邊，靜靜地，閉著眼睛。

確實，他在大白天睡去了，這個懶骨頭！他一定是撲蝴蝶撲得太累了吧？

美麗的舞蹈姑娘們，如果我稍微懲罰一下這個小愛神[109]，請不要對我生氣！他也許會叫、會哭——可是，他哭起來，也是惹人發笑的！

他會眼裡噙著淚水要求妳們跳舞的；而我本人，很想和著他的舞蹈唱一首歌：

我的歌是嘲笑重壓之魔的舞蹈之歌，這個重壓之魔，對我來說，乃是至高無上的最強有力的惡魔，人們稱他為『世界之主』[110]。」——

當丘比特和姑娘們一起跳舞時，查拉圖斯特拉所唱的就是如下的歌：

---

106 在物理方面為重力、惰性等，在精神方面為物欲、野心等，對於人都是一種束縛，妨礙人的自由活動。查拉圖斯特拉作為超越課題的最重大者之一（參看〈讀和寫〉章注）。

107 柏樹是悲哀的象徵。此處猶言自己不僅是憂鬱和悲哀的同夥。

108 即丘比特。此處猶言在自己的生命中也有愛的要素。

109 責怪他不可過度追撲蝴蝶，但並非要壓制他。

110 重壓之魔束縛人，有其必然性，他用因果法則的網眼支配世界的運行。〈約翰福音〉12，31：「現在這世界受審判，這世界的王要被趕出去。」（又譯「這世界的元首」或「世界的首領」）。

哦，生命啊，我最近向你的眼睛裡面觀看！我好像掉進了不可測知的深處[111]。
可是你用黃金釣鉤[112]把我拉上來；當我稱你是深不可測時，你嘲諷似地笑出來。
「這是一切魚類所說的話，」你說，「牠們擔不到底的，就說是深不可測。
可是我只是變化無常的[113]，野性的，總的來說，是一個女人，絕不是有道德的女人；
儘管你們男人們把我稱為『深奧者』、『忠實者』、『永恆者』、『神祕者』。
可是你們男人常把你們自己的道德贈送給我們[114]——唉，你們這些有道德的人！」
她說罷，笑了，這個不可置信者；可是當她說自己的壞話時，我從不相信她和她的笑。
當我跟我的粗野的智慧單獨談話時，我的智慧憤怒地對我說：「你願望，你渴望，你喜愛，你單單為了這個理由才讚美生命！」[115]
我差不多要惡狠狠地回答她，對這個憤怒者說出真話；再沒有比跟自己的智慧「說真話」[116]時使人能更加惡狠狠地回答了。
我們三者之間的關係[117]就是這樣。我從心底裡喜愛的只有生命——確實，即使在我恨生命時，我也最愛生命[118]！
可是我喜歡智慧，常常過分喜歡：這是由於，智慧非常強烈地使我想到生命！
智慧也具有跟生命同樣的眼睛，同樣的笑，甚至也有同樣的黃金釣竿：她們倆如此相似，我能有什麼辦法？

---

111 難以窮究的生命之謎。

112 生命的活生生的魅惑。

113 生命的本質，即流動和變化。

114 男人總是用自己的眼光把女人看成是好的。

115 智慧作為女性，對作為女性的生命有吃醋心理。

116 自己愛的只有生命。智慧（認識）不過是求生的手段，並非特別愛智慧。

117 猶如男女間的三角關係。

118 飽嘗生的痛苦時，反而加強對生命的執著的愛。心理方面往往如此，對愛人憎恨時，卻越是愛

有一次，生命問我：智慧到底是誰？——我熱心地說：「啊，是這樣的！智慧！

人們渴望智慧，不感到厭煩，人們隔著面紗看她，人們用網捕捉她[119]。

她美麗嗎？我不知道！可是最老練的鯉魚也可以用智慧做魚餌去釣牠上鉤。

她是變化無常而倔強的；我常看到她咬自己的嘴唇，反順毛方向梳她的頭髮。

也許她是兇惡的，虛偽的，總的來說，是一個婦女；可是當她說自己的壞話時，反而最具有誘惑力。」

當我對生命說這番話時，她露出惡意地笑了，閉起眼睛。「你到底在說誰？」她問道，「也許是我吧？

即使你說得對——竟當著我的面說這些麼！可是現在你也談談你自己的智慧吧！」

啊，現在你又張開你的眼睛，哦，親愛的生命！我好像又掉進不可測知的深處。

——

查拉圖斯特拉如是歌唱。可是當舞蹈結束，少女們全走開時，他不由得悲傷起來。

「太陽早已落下去了，」最後他說道，「草地很濕，從森林各處吹來涼風。

一個不知為何物的東西在我四周沉思地望著我。怎麼？你還活著，查拉圖斯特拉？

何故？為何？因何？何往？何處？如何？仍然活下去，不是愚蠢嗎？——

啊，我的朋友們，從我內部提出這些問題的，是夜晚。請原諒我的悲傷！

得強烈。

119 不直接用手抓住她，而是用頭腦。

夜晚到來了：原諒我，夜晚到來了！」

查拉圖斯特拉如是說。

墳墓之歌[120]

「那裡是墳墓之島，沉默之島；那裡也有埋葬我的青春的墳墓。我要把生命的常青花圈帶往那裡去。」

心中作出如此的決定，我就乘船渡海而去。——

哦，你們，我的青春的幻相和幻影！哦，你們，所有的愛的眼光，你們，神聖的一眨眼時光[121]！你們怎會那樣匆匆地早死！今天我像懷念我死去的親人一樣懷念你們。

我最親愛的死者[122]，從你們那裡向我飄來一陣甘美的清香，使我寬心止淚的清香。確實，它使孤獨的航海者的心覺得感動而舒暢。

我這個孤獨者！我依舊是最富有的、最被人嫉妒的人。因為我過去擁有過你們，現在你們還擁有我[123]：說吧，有誰比得上我，有這麼多的紅蘋果從樹上給我落下來呢？

哦，你們，我最親愛的死者，我依舊是你們的愛的繼承者，你們的愛的王國，為了緬懷你們盛開著各色各樣野生道德[124]的鮮花。

啊，我們生來是要永遠和睦相處的，你們，可愛的異域的奇蹟[125]；你們走近我，走近

---

120 本章是一首美麗的抒情歌。哀嘆青春時代的各種理想，由於敵人們的惡意而致夭折。可是堅強的意志能從墳墓中破土而出，復活起來。

121 文字遊戲。眼光原文為Augen，一眨眼時光原文為Augenblick。

122 即上文青春的幻相和幻影，亦即年輕時的夢與理想。

123 我過去有過這樣多的各種理想，現在這些理想還占有我的心。

124 紅蘋果落下來，不能再栽培出美麗的樹木。可是對你們念念不忘的這種野生道德（比理想更具體的東西，如勇氣、鬥志、忍耐等）如今還在我的內部開花。

125 即前文青春時代的幻

我的渴望，並不像膽怯的小鳥那樣——不，卻像信任者走近信任者！

是的，你們像我一樣，是為了保持忠實、保持永恆之愛而生的：現在我不得不稱呼你們為不忠實者，你們，神聖的眼光和一眨眼時光啊[126]：我不知道還有什麼別的稱呼。

確實，你們是太匆匆地早死了，你們這些逃亡者。可是你們並沒有從我心中逃去，我也沒有逃離開你們：我們互相不忠實，並不能歸咎於我們。

為了殺害我，人們扼死了你們，你們，我的希望之鳴禽啊！是的，我最親愛的你們，惡意總是把箭頭瞄準你們射去——為了射中我的心！

箭射中了！可是你們總是我最心愛的，是我的所有，又是占有我者：因此你們不得不夭折而過早地死去！

人們對準我所占有的，對我最易受傷的東西射出他們的箭：就是射向你們，你們的外皮像柔毛，更像被人看一眼就要死掉的微笑。

可是我要對我的敵人說這句話：比起你們對我所行的，任何殺人之事又算得了什麼哩！

你們對我所行的，比任何殺人案子還要兇惡；你們奪去我的無可挽回者——我對你們如是說，我的敵人們！

你們是殺害了我的青春的幻相和最可愛的奇蹟！你們奪去了我的遊伴，那些極樂之靈！為了緬懷他們，我在這裡獻上這個花圈，留下這個詛咒。

相和幻影（理想）。

126 因為很早地離去，所以說不忠實。神聖的眼光和一眨眼時光指青春的理想之來到。

這是給你們的詛咒，我的敵人們！你們使我的永恆者縮短了生命，就像夜寒襲來，使樂音成為絕響！它是那樣短暫地跟我照面，還不及神聖的眼光那樣閃爍，只有——一眨眼時光！

從前，在幸福的良時，我的純潔曾對我如是說：「一切存在，對於我，都應當是神聖的。」[127]

那時，你們這些敵人，就領著骯髒的幽靈們向我襲來；唉，那個幸福的良時，如今逃往哪裡去啦！

「每一天，對於我，都應當是神聖的。」——從前，我的青春的智慧曾對我這樣講：確實，這是可喜的智慧的談話！

可是那時，你們這些敵人，就把我的無數夜間偷走，賣給不眠的苦惱：唉，那些可喜的智慧如今逃往哪裡去了？

從前，我渴望看到飛鳥帶來吉祥的預兆[128]：那時，你們就帶來一隻討厭的怪鳥貓頭鷹[129]在我的路上出現。唉，我那時的可愛的渴望如今逃往哪裡去了？

從前我發誓拋棄一切厭惡：那時你們就把我周圍的人和近鄰變成流膿的子[130]。唉，我那時的最高尚的誓言如今逃往哪裡去了？

從前我做個瞎子走我幸福的道路[131]：那時你們就把垃圾倒在瞎子的路上：如今瞎子走慣的老路使瞎子覺得厭惡了。

---

127 青年時代的幹勁，要把世上的一切都變成理想的事物。

128 古代希臘人根據在路上遇到的飛鳥的種類及其飛行方向以定吉凶。

129 貓頭鷹為不祥之鳥，作為黑夜的、地獄的象徵，它報告不幸和死亡。此處可能指尼采的同學維拉莫維茨·繆倫多爾夫，他曾攻擊尼采的《悲劇的誕生》為治學的邪道。

130 對於任何一切討厭的令人痛苦的事物，都曾發誓要放棄憎惡的念頭。可是被最親近者背叛時，誓言也被破棄了。

131 年輕時，沒有足夠的批判力，盲目醉心，如今始悟其非。此處令人想到尼采對華格納的態度。

當我做完我的最困難的工作而慶祝我克服難關的勝利時：那時你們就叫愛我的人們大嚷，說我給他們造成最大的苦痛[132]。

確實，你們的所作所為總是如此：你們使我的最好的蜜變質，使我的最好的蜜蜂白白浪費牠們的辛勤勞動。

你們總是派最不要臉的乞丐來接受我的慈悲；你們總是叫那些不可救藥的無恥之徒聚集在我的同情心四周。就這樣你們使我的道德失去自信。

當我把我最神聖的供物獻上祭台時：你們的「虔誠」立即把它的最油膩的供品也放在近旁[133]：這樣使我最神聖的供物被你們的供品的油膩氣熏得透不過氣來。

有一次，我想跳一支我從未跳過的舞蹈：我想跳支超越諸天之外的舞。那時你們就哄騙我最喜愛的歌手。

於是我的歌手就唱起一支令人寒毛直豎的沉悶的曲子[134]；唉，就像他對著我的耳朵吹起陰沉的號角！

行兇的歌手，惡意的工具，最天真的人！我已經站起來準備跳最好的舞蹈：這時你就用你的歌聲破壞我的狂喜！

只有在跳舞時我才能說出最高事物的比喻——如今我的最高的比喻卻留在我的肢體裡沒說出來！

我的最高的希望沒有被說出，沒有被實現！我的青春時代的幻相和安慰全都死滅

132　朋友們對他的功績也進行非難。

133　我要讚美任何事物，你們也出於不純的動機，來參一腳。

134　華格納寫慶典劇《帕西法爾》（*Parsifal*），顯示出他的基督教傾向。

了！

我怎樣受得了？我怎樣經受住而且戰勝這樣的創傷？我的靈魂怎樣從這種墳墓中復活？

是的，在我的內部有一個不會負傷、不會被掩埋、能爆破岩石的東西：它名叫我的意志。它默默地跨越過悠久的歲月，永遠不變。

我的老搭檔，我的意志，它要借我的腳走它的前進道路；它的性情是硬心腸的，不會受傷的。

我的身上，只有我的腳踵是不會受傷的[135]。最有忍耐力的我的意志啊，你依然存在於我的腳踵上，老樣子不變！你依然會從一切墳墓裡破土而出！

我青春時代沒有實現的一切也還存在於你的內部；現在你還保持青春的活力，懷著希望，在這裡坐在崩壞的黃色墓石上。

是的，你對於我，依然是一切墳墓的破壞者：萬歲，我的意志！只有在有著墳墓的地方，才有復活。——

查拉圖斯特拉如是歌唱。

---

135 希臘神話中大英雄阿基里斯在孩童時由他母親把他浸到斯堤克斯河水裡，所以周身刀箭不入，只有他的踵部，因被母親捏住，沒有沾到河水，成為他的致命的弱點。此處說作者的腳踵不會受傷，是由於有堅強的意志附著在那裡。

超越自己[136]

智慧最高者，你們把那種推動你們、使你們熱衷的意志稱為「求真理的意志」嗎？

使一切存在者能被思考的意志[137]：我如此稱呼你們的意志！

你們首先想使一切存在者成為可能被思考的對象：因為你們抱著相當的不信任，懷疑這種存在者是否已能被思考。

可是一切存在者應當對你們順從屈服[138]！你們的意志要它們如此。它們應當變得圓滑，臣服於精神，成為精神的鏡子和映射。

智慧最高者，這就是你們的整個意志，可稱為追求強力的意志[139]；即使在你們談論善與惡，談論各種價值評價時也是如此。

你們還想創造個世界[140]，讓你們能跪拜的世界：這就是你們最終的希望和陶醉。

當然，那些智慧不高者，也就是民眾——他們就像一條河，河上有一隻小船漂浮著駛去：船上坐著一本正經的蒙面的價值評價[141]。

你們把你們的意志和你們所定的價值放在生成的河上漂流；從民眾們認為的善與惡之中，透露出自古以來就有的追求強力的意志。

智慧最高者，就是你們，請這些賓客坐在船上，給予他們華麗的包裝和誇耀的名稱——你們和你們的支配意志！

現在河水載著你們的小船前進：河水必須載著它前進。儘管破碎的水波飛濺著浪花，

---

136 本章強調一切生命都是由追求強力的意志，超越自己，克服自己而完成的。認識與評價並非客觀的真理。

137 把世上一切事物現象放在頭腦裡使其觀念化，這樣進行思考，乃是哲學家和思想家的態度。

138 你們所要的並非真理，而是要讓一切事物現象順應你們這些精神行使者，化為觀念，而且化為跟你們的精神相似的觀念。

139 在探究真理的名義之下，要使世界萬象跟自己的精神同化。

140 由你們的精神創造的世界。

141 站在立法家立場的人們的價值觀。蒙著真理的假面。

憤怒地抗拒龍骨，這也不足掛齒！

智慧最高者，你們的危險，你們對善與惡的評價的終止，並非來自河流：而是由於那種意志本身，追求強力的意志——無窮無盡地產生出來的求生的意志[142]。

可是為了讓你們理解我所說的關於善與惡的見解：我還要對你們講說關於生命以及一切有生命者的本質方面的我的意見。

我緊追著有生命者，我走過最大的和最小的路，以便認識有生命者的本質。

如果有生命者把嘴閉上，我就用百面鏡子攔截它的視線：讓它的眼睛說出。於是它的眼睛就對我說話。

可是，只要在我發現有生命者的地方，我也聽到有關服從的話。一切有生命者就是服從者[143]。

我聽到的第二句乃是：不能聽命於自己者，就要受命於他人。這就是有生命者的本質。

而我聽到的第三句乃是：命令比服從更難。不僅由於命令者要負起服從者的一切重荷，而且這種重荷會把他壓垮：——

我看，在一切命令之中含有嘗試與冒險；有生命者在命令時，它常常拿它自己作賭注。

是的，即使在它命令自己時：它也必須為它自己的命令付出代價。它必須為它自定的

---

142 民眾總是被領導者，從他們那裡不會發生價值變革的危險。由求生的意志（追求強力的意志）而產生的價值觀，由於這種意志本身的超越自己，有被變革的危險。

143 從強弱和價值高低的關係方面看，服從一定是很顯眼的。最強者，強者，總要服從想逞強的心。

法規當裁判者、懲罰者和犧牲[144]。

怎麼會這樣的呢！我們這樣反躬自問。是什麼在說服有生命者去服從、去命令，而且既命令又要服從？

智慧最高者，現在聽我的意見！要認真檢查，我是否鑽進生命本身的心臟，一直鑽進它的心臟的深根之處！

在我看到有生命者的地方，我就發現有追求強力的意志；就是在奴僕的意志之中，我也發現有要當主人的意志。

弱者之所以服侍強者，這是由於他要當比他更弱者的主人的這種弱者的意志說服他的：只是由於要當主人的這種快樂，使他不願加以放棄。

正如較小者之所以獻身於較大者，是由於他有對最小者進行支配的快樂和強力：因此最大者也有獻身的對象[145]，為了獲得強力——他以生命作賭注。

最大者的獻身，就是冒險、危險、進行死亡的賭博。

在有犧牲、服勞、愛之眼光的地方：那裡也就有要當主人的意志。這時，弱者通過隱蔽的小道偷偷進入強者的城堡，一直鑽進強者的心臟——在那裡盜取強力。

這個祕密是生命本身告訴我的：「瞧，」它說，「**自己必須不斷超越自己者**，就是我。

當然，你們把這個稱為追求產生的意志，或者稱為面向目標的衝動，面向更高者、更遠者、更複雜者的衝動：可是這一切只是同一個東西，同一的祕密。

---

144 命令自己時當然要依照自定的法規。因此，這個法規的正當與否，當事者對此負有責任。結果，他要對法規的不正當進行裁判，或者付出代價，做法規的犧牲，甚至完全轉向反對的法規，對以前的法規作重新改定。

145 這個對象是什麼，故意不明言，留下廣大的想像餘地。

我情願沒落，也不願放棄這一個東西；確實，在有沒落和落葉的地方，瞧，那裡就有生命在犧牲自己——為了追求強力[146]！

我必須是鬥爭、生成、目標、各種目標之間的矛盾[147]：啊，猜測出我的意志的人，他也一定會猜測出，意志必須要走怎樣一種彎彎曲曲的道路！

不管我創造什麼，不管我怎樣愛它，——頃刻之間，我就必須成為它的敵對者，成為我的愛的敵對者：我的意志要我這樣。

認識者[148]啊，你也不過是我的意志所走的一條道路和腳印：確實，我的追求強力的意志，也是用你的追求真理的意志的腳在走路！

用『追求生存的意志』[149]這句話的箭向真理射去的人，他當然射不中：這個意志——並不存在！

因為，既然是不存在者，就不能有意志；可是，既已生存，怎能還想要追求生存哩！

只有在有生命的地方，那裡也才有意志：可是這並非追求生存的意志，而是——如我所教——追求強力的意志！

對於生活著的人，有許多東西比生活本身還具有更高的評價；可是從這種評價本身的嘴裡說出的卻是——追求強力的意志！」——

生命曾如此教導我：由此我猜出你們的內心之謎，你們這些智慧最高者。

確實，我告訴你們：說什麼永恆不變的善與惡——這是不存在的！善與惡也必須由

---

146 即使是選擇沒落，這也不是死心的敗北，而是要讓自己更高地生存下去的積極的行為。「使自己更高地生存」就是這裡所說的「力」（強力）。

147 生命以強力為目標，不斷發展向上，因此，後來的目標會否定以前的目標。

148 「認識者」即「作為認識者的我」，亦即我的認識作業。

149 叔本華把世界的根源處的東西看成是盲目的「追求生存的意志」。

自己不斷地再超越自己。

你們這些進行價值評價者，你們用你們定立的關於善與惡的評價和見解行使你們的權力；其實這就是你們的隱藏的愛，你們的靈魂的閃光、戰慄和洋溢[150]。

可是從你們定立的價值內部孕育出一種更強大的力量和一種新的超越：由此使蛋和蛋殼破碎。

在善與惡方面必須做個創造者的人：確實，他首先必須做個破壞者，打破各種價值。

因此，最高的惡屬於最高的善：而這最高的善乃是創造性的。——

你們這些智慧最高者，讓我們只談這些，儘管這樣是不好的[151]。而沉默卻更加不好；一切保密的真理是有毒的[152]。

碰上我們的真理就會破壞一切，讓它們全都破壞吧！要建造的房屋還多著哩！

查拉圖斯特拉如是說。

崇高的人們[153]

我的海底是平靜的，誰能想像到它藏有詼諧的怪物！

我的深部是不動搖的：可是在那裡有種種漂浮的謎和大笑在閃閃發光。

今天我看到一個崇高的人，一個一本正經的人，一個精神的苦行僧[154]：哦，我的靈魂

150　由於發現生命的「追求強力的意志」。

151　輕率地說出深藏的祕密是不應該的。

152　祕藏於內心裡不說出來，會使認識者發病。

153　強者由於刻苦奮鬥，不管顯得怎樣崇高，但若不進入優游和美的境界，還不能算達到真正的高處。

154　在精神世界裡苦行修練的人。

是怎樣笑他的醜陋啊！

他挺起胸膛，像進行深呼吸的人：他就這樣站在那裡，這個崇高的人，默然不語。

他身上掛著好多醜陋的真理，他的獵獲物，穿著好幾件破衣；也掛著很多的荊棘——可是看不見一朵薔薇花。

他還沒有學會笑，也沒有學到美。這個獵人露出陰鬱的臉色、從認識之森林中回來。

他是跟野獸進行搏鬥[155]後回家的：可是從他那種嚴肅的樣子裡，還露出一匹野獸的目光——一匹克服不了的野獸[156]！

他依然像一匹要跳躍的老虎站在那裡；可是我不喜歡這種緊張的靈魂，所有這種向後退縮者不合我的趣味。

朋友們，你們會對我說，別去爭論什麼趣味和口味？可是一切生命就是圍繞著趣味和口味的爭論！

趣味：這就是砝碼，同時又是秤盤和驗秤者；一切有生命者，如果不懂圍繞著砝碼、秤盤和驗秤者的爭論而想要生存下去，那就要吃苦頭了[157]！

這個崇高的人，如果他對他的崇高感到厭倦，那時，他的美才會開始——那時，我才會對他進行玩味而發覺他頗有味道。

只有在他背棄自己時，他才能跳出他自己的影子——確實！他才能跳進他的太陽光裡[158]。

---

155 跟本能、官能等一切非精神的對象搏鬥。

156 不屈不撓，沒有反省，所謂認真的熱忱。

157 為了生存而必不可少的價值評價（價值的標準、評價者本身的態度），能得到最好的反映，乃在於趣味。

158 黏住自己而離不了的小小的我欲的影子。太陽乃是自由的理想的境界。

他在他的影子裡坐得太久了，這個精神的苦行僧，面頰蒼白；他等待得幾乎快要餓死了。

他的眼睛裡還有輕蔑的神色；他的口角邊還隱藏著厭惡之情[159]。他現在雖然在休息，可是他還沒有躺在陽光中休息。

他的樣子應當像公牛；他的幸福應當發出大地的氣味，而不是發出輕蔑大地的氣味。

我願看到他像白色的公牛[160]，噴著鼻息，哞哞吼叫，拉著犁頭前進：他的叫聲應當是在讚美地上的一切事物！

他的臉色還很陰暗；手的影子映在臉上。他的眼睛的神色還籠罩著陰影。

他的行為本身還是籠罩住他的陰影：他的手蔭蔽住這個著手行動者。他還沒有克服他的行動。

我確實喜歡他的公牛的脖頸[161]：可是現在我也想看到他有天使的眼睛。

他也必須忘掉他的英雄意志：他應當做個高升的人，不僅做個崇高的人——天空的靈氣本身應當把他高高舉起，他這個忘掉意志的人[162]！

他征服了怪獸，解答了謎語[163]：可是他也應當解救他自己的怪獸和謎語[164]，他還應當把它們變成天上的孩子。

他的認識還沒有學會微笑，還沒有丟掉嫉妒；他的奔放的熱情還沒有在美的境界中變得寧靜。

---

159 單單戰鬥、單單壓制的這種態度，把敵人看作眼中釘。

160 力與美的化身。但也可能暗指瑣羅亞斯德教，牛的形象在該教中起很大作用。

161 頑強和堅韌。

162 擺脫意志，就能升到高高的優游自在的境界。

163 希臘神話中的英雄伊底帕斯在前往忒拜城的路上遇見獅身人面怪物斯芬克斯，猜出他的謎語，使怪物跳下深淵，為地方除了害。

164 他作出精神上的難事，可與俄狄浦斯的事蹟相比，但他還應把潛伏在他自身的內部、使他陰鬱的東西向外解放出來。

確實，他的欲望不應當在滿足之中、而應當在美的境界裡沉默而隱匿！高邁者的寬宏大量不可缺少優雅[165]。

把手臂放在頭上：英雄應當如此休息，他也應當如此超越他的休息[166]。可是恰恰對於英雄，美乃是萬事中的最難者。對於一切激烈的意志，美是不可獲得的。

稍許多些，稍許少些：這正是在美的方面的大問題，最大的問題。

放鬆肌肉，卸下意志的套具：崇高的人們，這對於你們大家乃是最難的事！

當力量變得謙和、向可視的世界下降時：我把這種下降稱為美[167]。

強力者啊，我對你要求這種美，超過對其他任何人的要求：讓你達到的慈愛，作為你的最終的自己征服吧。

我相信你能作一切的惡：因此我希望你為善。

確實，我常嘲笑軟弱者，他們自以為善良，因為他們的手腳不靈活！

你應當努力學習柱子的美德：柱子越是上升得高，越加美麗而柔和，可是它的內部卻更加強勁，更有負重力。

是的，你，崇高的人，有一天你也應當變得美麗，拿起鏡子照看你自己的美。

那時，你的靈魂將由於神聖的欲望而戰慄；在你炫耀美的心中也會湧出對更高者的崇拜[168]！

165 美作為優雅而出現者最多。

166 不是存心去休息，而是優哉游哉地休息，這就超越了休息的觀念。

167 強者擺出高高的架勢，不把他人放在眼中。但如能採取謙和的態度，這才是美。具有力的要素的美，可稱高級的美。

168 對自己的美感到喜悅，但也預感到更高的美而加以崇拜。由這個意義祝願人類的向上。

這就是靈魂的祕密：只有在英雄離開靈魂時，才有超英雄[169]在夢中走近靈魂。

查拉圖斯特拉如是說。

文化之國

我向未來的空間裡飛得太遠了：恐怖襲擊著我。

我環顧四周，瞧！時間是我的唯一的同行者[170]。

我於是飛回頭，飛向故國——越飛越快：飛到你們這裡，你們這些現代人啊，我來到文化之國。

我第一次帶著要觀察你們的眼睛來看你們，懷著善意的熱望，確實，我是心裡懷著憧憬而來的。

可是情況如何？儘管我是如此害怕——我不由得發笑！我的眼睛從來沒見過如此彩色斑駁的東西[171]！

儘管我的腳和我的心還在顫抖，我卻笑了又笑，「這裡真是一切油漆罐的產地啊！」——我說。

臉上和肢體上塗上五十塊斑點：你們就這樣坐在這裡，使我驚訝不已，你們這些現代人！

169 超越有意識的英雄性，亦即自由的高級的英雄。

170 只有時間（未來）作自己的夥伴，不跟任何世人作伴。

171 尼采在早期的文化批判作品中已怪怨德國缺少精神上的統一，跟她剛獲得的政治上的統一不相稱。

你們的四周有五十面鏡子，對你們的色彩變化進行奉承和模擬。

確實，你們不會戴上比你們自己的面孔更好的面具了，你們這些現代人！誰能把你們——認出來！

塗滿了過去的文字記號，又在舊的上面塗上新的文字記號：你們如此巧妙地掩飾自己，使解讀者辨認不出來！

即使有高明的腎臟檢查者[172]來到：有誰能確信你們有腎臟！你們好像是塗上塗料的紙糊的人兒。

一切時代和民族雜七雜八地從你們的面罩裡面窺視；一切風俗和信仰雜七雜八地從你們的手勢裡表現出來。

誰要是剝去你們的面罩、外套、塗料和手勢：剩下的正好像那種用來嚇鳥的稻草人。

確實，我就是被嚇走的鳥兒，曾見過你們沒有塗上色彩的裸體；當那副骨架向我傳送秋波時，我飛逃了。

我情願在冥府裡當個臨時工，跟過去的亡靈們在一起[173]！——跟你們相比，冥府的亡靈們卻更有肉性，更豐實。

是的，這對於我的五臟六腑，乃是一種苦楚，我不能忍受你們，不管你們裸體還是穿衣服，你們這些現代人！

在未來之中的一切不愉快，在過去之中嚇走飛鳥的一切恐怖，確實比你們的「實際」

172　在中世紀時認為腎臟為發出情慾、思念之處，後來一般用以表示內部、內心。德文成語「檢查某人的心與腎」即全面徹底地考察某人之意。〈詩篇〉7，9：「因為公義的上帝察驗人的心腸肺腑。」

173　荷馬《奧德賽》第11歌489~491行：「阿基里斯說他情願在世上當雇工，不願在冥府當亡靈們的主子。」此處化用其意。

還要更加可親可近。

因為你們這樣說：「我們是完全實際的，沒有信仰和迷信。」你們這樣自鳴得意地拍拍胸膛——唉，偏偏沒有胸膛！

是的，你們怎能信仰哩，你們這些彩色斑駁的人！——你們是一切曾被信仰過的事物的繪畫！

你們是信仰本身的活體否定，一切思想的脫臼。**不配有信仰者**：我這樣稱呼你們，你們這些實際的人！

一切時代在你們的頭腦裡互相矛盾地亂講一通；一切時代的夢和亂談比你們的清醒狀態還要實際些！

你們不生育什麼：因此你們缺少信仰。可是必須創造的人，他總有預言的夢和占星的預兆——而相信信仰之力！——

你們是半開的門，門口有掘墓人在等著。你們的實際就是：「一切都值得毀滅。」[174]

啊，瞧你們是什麼樣子，你們這些無生育力者，怎麼瘦得露出一根根肋骨！你們當中一定也有好多自己認得清自己的人。

他說：「在我睡著時，也許有一位神來偷偷地拿掉我的什麼？確實，足以用它來為自己造一個女人[175]！

我的肋骨的瘦弱真奇特！」已有好多現代人如是說。

---

174 不斷地追求文化教養，沒有固定不動的東西，所以在意識深處有這種心情。歌德《浮士德》第一部第三場 1339-1340 行：「生成的一切總應當要歸於毀滅。」

175 〈創世記〉2，22：「亞當睡著時，上帝取下他的一條肋骨，用肋骨造成一個女人。」

是啊，你們真使我發笑，你們這些現代人！特別是當你們自己對自己感到驚訝的時候！

如果我不能對你們那種驚訝的樣子發笑，而且不得不從你們的盆子裡把一切令人厭惡的東西喝下去，那我真要倒楣了！

可是我要輕鬆地承受你們，因為我有重荷要承擔；就是有甲殼蟲和小飛蟲停在我背的東西上面，又算得了什麼哩！

確實，我不會因此覺得更重！你們這些現代人，我的莫大的疲勞並不是由你們而來的。——

唉，現在我懷著我的憧憬應當攀登到哪裡去哩！我從每一座山頭眺望父母之邦[176]。

可是哪兒也看不到故鄉；在所有的城市裡我都安定不下來，我從每一座城門口啟程。

我的心最近把我推向他們那裡去的那些現代人，對於我成了陌生人和笑柄；我被逐出了父母之邦。

因此我只愛我的孩子們的國土，在遙遠的海上，尚未被發現之國：我叫我的帆去把它找尋、找尋。

我要借助我的孩子們進行補救，恢復我是我父輩的孩子[177]：借助一切未來挽回——這個現在！

---

176 文明之源的過去各個時代。

177 汲取過去的文明之源泉。

查拉圖斯特拉如是說。

無玷的認識

昨天月亮升起時，我以為，他要生出一個太陽：他是那樣鼓鼓地像懷孕一樣躺在地平線上。

可是，他懷孕是騙人的；我倒是情願相信月亮是男性[178]而不是女性。

當然，他也不大像男性，這個靦腆的夜遊神。確實，他懷有內疚地在屋頂上走過。

因為他好色而且好嫉妒，這個月亮教士，他對大地和愛侶們的一切歡樂大起淫心。

不，我不喜歡他，這個屋頂上的雄貓！一切繞著半掩的窗戶悄悄行走的傢伙，都令我討厭！

他在星毯上面虔誠而默默地走去——可是我不喜歡一切輕輕行走的男子的腳，在他的腳上連踢馬刺的叮噹聲也聽不到。

任何正派男人的腳步都發出聲音；而雄貓卻在地上偷偷地躡足走去。瞧，月亮像雄貓一樣不正經地走來了。

這個比喻，我是對你們這些神經質的偽善者說的，你們，「追求純粹的認識者[179]」！我稱你們為——好色者！

你們也愛大地和地上的一切：我看穿了你們！——可是在你們的愛中有羞恥感和內

---

178 月亮在德文中為陽性名詞。在其他語言中，月亮為陰性名詞。

179 離開欲念和主我的態度，要對現象進行如實的觀照的人們。在哲人和學者中此類人甚多。叔本華把離開意志的觀照看作美的母胎。

疚感[180]——你們像月亮一樣！

你們的精神聽信勸說去蔑視地上的一切，但你們的內臟卻不聽信：這個內臟乃是你們的最強的部分。

現在你們的精神以聽從你們的內臟為可恥，而走小路和謊言之路以掩蓋自己的羞恥。「我的最高尚的行事。」——你們的說謊的精神對自己這樣說——「乃在於拋棄欲念去靜觀人生而不像一隻狗伸出滴下饞涎的舌頭：

在靜觀中獲得快樂，熄滅意志，沒有自私自利的執著和貪求——全身冰涼而帶灰色，但卻露出迷醉的月亮似的眼睛。

『我最喜愛的，』——受騙的精神這樣欺騙自己——『乃是愛大地，像月亮愛大地那樣，只用眼睛感受大地的美。』

我把這點稱為對一切事物的無玷的認識，就是我對事物無任何要求：除了讓我躺在一切事物的面前，像一面有一百隻眼睛的鏡子一樣。」——

哦，你們這些神經質的偽善者，你們這些好色者！你們的欲望之中缺少純潔[181]：現在你們為了這點而詆毀欲望！

真的，你們愛大地，並不像個創造者、生育者、樂於成長者那樣愛它！

純潔在哪裡？就在有意志求生育之處。想超越自己而創造的人，我認為他有最純粹的意志。

180 認識者往往說他們自己不為愛所俘。

181 不是由洋溢的創造欲而來的欲念。

美在什麼地方？就在我必須以一切意志追求之處；就在我想要愛和毀滅、不讓一個形象[182]僅僅停留在形象上面之處。

愛和毀滅：從永恆的太古時就互相伴隨。追求愛的意志：意味著也想死亡。我對你們這些懦弱者這樣說！

可是現在，你們的無男子氣的睨視想要被稱為「靜觀」！讓怯懦的眼光撫愛的，要把它命名為「美」！哦，你們這些玷汙高貴的名稱的人！

可是，這應當是對你們的詛咒，你們這些無玷的人，你們這些追求純粹的認識的人，你們永不會生育：哪怕你們也鼓著肚子像懷孕一樣躺在地平線上！

確實，你們滿嘴高貴的言詞：你們要叫我們相信你們的心是很充實的，你們這些騙人的傢伙？

可是我的話是微不足道的、受蔑視的、卑屈的話[183]：我樂願拾起你們在吃飯時掉在桌子底下的零碎[184]。

可是，我還是總能用這些話——對偽善者們大談真理！是的，我的魚骨、貝殼和有刺的葉子應當——去搔那些偽善者的鼻孔！

在你們和你們的餐桌周圍總充滿汙濁的空氣：你們的好色者的思想，你們的謊言和陰謀總是瀰漫在空氣之中！

首先要大膽相信你們自己——你們自己和你們的內臟！不相信自己的人，總要說謊。

---

182 形象跟具體的行為相對照，可解為心象、理想。此處的意思為不滿足於思索和藝術創作，而要大膽流血從事創造的行動。

183 充滿生氣，但不假裝高尚。

184 〈路加福音〉16，21：有一個討飯的，「要得財主桌子上掉下來的零碎充飢」。

你們給自己戴上一個上帝的面具，你們這些「純粹的」人：在這個上帝的面具裡，爬著你們的醜陋的壞蟲。

確實，你們在欺騙，你們這些「靜觀者」！從前查拉圖斯特拉也曾是被你們的神聖外表迷惑住的受騙者[185]；他沒有看出塞在面具裡的盤蛇。

從前我認為看到有一個上帝的靈魂在你們的遊戲中遊戲，你們這些追求純粹的認識的人！我以為任何技藝都沒有你們的技藝高明！

我在遠處看，沒有發現蛇的糞便和惡臭：不知道有詭計多端的蜥蜴在這裡淫蕩地爬來爬去。

現在我走近你們：白天向我降臨——現在白天也向你們降臨，——月亮的愛情把戲結束了。

瞧那邊！月亮被抓來，蒼白地站在那裡——當著曙光的面前！

因為她已經來了，那個如火的太陽——她對大地的愛降臨了！太陽之愛全是純潔，全是創造者的欲望！

瞧那邊，太陽是怎樣急不可耐地越過大海而來！你們沒感到太陽之愛的焦渴和呼吸的熱氣嗎？

太陽要在海上狂吸，把深海的水吸到她自己的高空：這時，海的欲望豎起成千的乳房。

---

185 尼采年輕時曾被叔本華的世界吸引，他自己也曾從事精密的文獻學研究。

大海情願讓太陽的焦渴吻它，吸它；它情願化為大氣、高空、光的道路和光的本身！

確實，我像太陽一樣愛人生和一切深海。

這就是我所謂的認識：一切深者都應上升——到我的高處[186]！

查拉圖斯特拉如是說。

學者[187]

當我躺下來睡去時，一隻羊來吃我頭上的常春藤花冠[188]——它吃著，並且說：「查拉圖斯特拉不再是什麼學者了。」

它說罷，就倔強而傲慢地走開了。一個孩子告訴我這個情況。

我喜歡躺在孩子們來遊戲的這個地方，靠在崩塌的破牆旁邊，在薊草和罌粟花叢中。

對於孩子們，我還是一個學者[189]，對於薊草和紅罌粟花也是如此。他們是天真的，即使在他們懷著惡意之時。

但是對於羊來說，我不再是學者：這是我的命運所希冀的——我要讚美我的命運！

因為這是實話：我離開了學者們的家，而且還砰地關上我身後的門。

我的靈魂在學者們的食桌旁坐得太久，它餓壞了；我不像他們那樣受過這種訓練，像敲破胡桃殼那樣敲開認識的門[190]。

---

186 這雖是由太陽和大海的比喻而來的表現，但不是單單的觀照的認識，而是由高度創造的行為使湛深者生動起來而給它賦予我所教導的意義。

187 本章攻擊凡庸的學者。

188 常春藤花冠是酒神戴奧尼索斯和他的隨從們所戴的花冠，象徵常青的生命。令人聯想到《悲劇的誕生》主題的戴奧尼索斯精神。

189 在天真的人們的天真純樸的眼中我是思想家、學者之一。

190 在學問方面，不在於作考證的、文獻學的鑽研，而更著重於研究充滿生命的學問。

我愛自由和清新的大地上面的空氣；我情願睡在牛皮上面，也不願躺在學者們的地位和威嚴上面。

我太熱，被我自己的思想灼傷：我常常透不過氣來。於是我不得不走向戶外，離開一切充滿塵埃的房間。

可是他們卻冷冷地坐在冷冷的背陰處：對一切事物，他們只想當個旁觀者，避免坐在太陽灼熱地照著臺階的地方。

就像那種站在大街上張口呆看過往行人的人：他們也是這樣守候著張口呆看別人想過的思想。

誰要是揪住他們，他們就在自己四周揚起粉塵，像麵粉袋一樣，並非出於他們的自願；可是誰猜得出，這種粉塵是從麥粒、夏季田野裡的金色歡樂所生出的呢[191]？

當他們擺出賢智者的樣子時，他們的小小的箴言和真理使我不寒而慄：他們的智慧常帶有像是從沼地中發出的氣味：確實，我已聽到從那裡傳來嘓嘓的蛙聲了。

他們是能幹的，手指很巧：跟他們的複雜相比，我的單純能有什麼作為哩！他們的手指對於穿線、編結、編織都很精明；因此他們在織著精神的襪子！

他們是上等的鐘錶機構：只要當心給他們正確地上緊發條！他們就會正確無誤地報告時刻而發出謙虛的響聲。

他們像磨粉機和杵一樣地工作著：把麥粒放進去吧！——他們會把麥粒磨碎，會製

191 跟他們打交道，他們就搬出古人的引用句，像粉塵一樣來應對。這些引用句，本來也是從強烈的生命中所生出的，但在他們那裡，卻像粉塵一樣失去本來的生氣。

成麵粉。

他們互相監視，互相不十分信任。他們善於玩弄小小的詭計，守候著那種腳力軟弱的知識人——他們像蜘蛛一樣在守候著。

我常看到他們小心翼翼地調製毒藥；在調製時他們總是在手指上戴著透明的防護手套。

他們也會擲鉛心骰子[192]；我看到他們擲得如此熱衷，弄得滿頭大汗。

我們互不相識，他們的道德比他們的虛偽和鉛心骰子更使我倒胃口。

當我跟他們住在一起時，我住在他們的上面[193]。因此他們怨恨我。

他們不願聽到有人在他們的頭頂上面行走；因此他們在我和他們的頭頂之間放置了木材、泥土和垃圾[194]。

他們如此減低了我的腳步聲；因此直到現在，最博學的學者也最難得聽我的聲音。

他們在他們自己和我之間放置了人的一切缺點和弱點[195]——他們把這叫做他們家裡的隔音板。

可是，儘管如此，我依然是懷著我的思想在他們頭頂上面行走；即使我要在我自己的缺點上面行走，我仍然在他們和他們的頭頂上面[196]。

因為世人是不平等的：這是公正的話[197]。我所意欲的，他們沒有意欲的資格！

---

192 為了在論爭上取勝，不擇手段地進行詭辯，弄虛作假。

193 尼采比職業學者站得更高地進行思索。

194 把尼采的成果罵為非學問的工作，轉移人們的注意力。

195 把人的缺點和弱點，作為對學問的業績進行吹毛求疵的材料。

196 即使我所說的，有時也有錯誤，但我是站在比他們更高的立場上進行思索的事實是不可搖動的。

197 公正地察看事實，人是不平等的，這無法否定。

查拉圖斯特拉如是說。

詩人

「自從我對肉體有了進一步的認識以來，」——查拉圖斯特拉對他的一個弟子說道——「在我看來，精神不過是稱為精神的一種比喻而已。精神不是絕對的東西，而是包含肉體的『本來的我』的一種體現；而一切『不朽的』——也僅僅是個比喻[198]。」

「這話我從前已聽你說過，」弟子回道，「當時你還加上一句：『可是詩人們說謊太多』[199]。你為什麼講詩人們說謊太多呢？」

「為什麼？」查拉圖斯特拉說，「你問為什麼？我不是那種可以質問為什麼的人。

難道這是我以前的體會嗎？我的這種意見的根據，我已在很久以前體會到了。

如果我也要把我的許多根據隨身帶著，我不是必須成為一個記憶桶嗎？

即使要把我的意見保存下來，也已經是吃不消了；有好些鳥兒會從中飛掉的[200]。

有時我也發現有一隻我沒見過的禽鳥飛到我的鴿棚裡來，我把手放在牠身上時，牠發抖了[201]。

可是從前查拉圖斯特拉對你講過什麼？講詩人說謊太多？——然而，查拉圖斯特拉也是一個詩人[202]啊。

現在你相信他當時說的是真話麼[203]？你為什麼信他的話？」

---

198 「無常的」反對乃是「不變的」，亦即不朽的。歌德《浮士德》結尾〈神祕的合唱〉：「一切無常者，不過是比喻。」

199 這句責難可追溯至中世紀直至柏拉圖及梭倫。

200 忘記的意見也很多。

201 也有他人的思想和意見混進來。

202 尼采也是詩人。

203 以上的話也許是詩人的謊言。

弟子回道：「我相信查拉圖斯特拉。」可是查拉圖斯特拉搖搖頭微笑。

信仰並不使我幸福[204]，他說，特別是相信我。

可是，假定有人極其認真地講過詩人說謊太多：那麼，他是對的，——我們說謊太多了[205]。

我們知道的也太少[206]，學得不夠：所以我們必須說謊。

在我們詩人當中，有誰沒給他的葡萄酒攙假？

在我們的地窖裡製造了好多有毒的混雜物，在那裡幹了好多難以名狀的事[207]。

因為我們知道的很少，所以我們衷心喜歡精神貧乏的人，特別是年輕的婦女。

我們甚至想要傾聽那些年老的婦女們在晚間互相講述的事情。在我們中間稱之為「永恆女性的」[208]。

好像有一條通往知識的特殊的祕密通道，但對於學會了一點點的人，這條通道是**阻塞**住了：因此我們相信群眾和他們的「智慧」[209]。

但是，一切詩人都相信：誰要是躺在草地裡或是偏僻的山坡旁豎起耳朵傾聽，他就會聽到天地之間的一些事情[210]。

如果他們碰上溫馨的感情衝動，他們就老是認為，大自然本身愛上他們了：

大自然悄悄偎近他們的耳邊，向他們講些祕密的事情和情意綿綿的恭維話，他們就以此向一切凡人自鳴得意，自吹自擂！

---

204 〈馬可福音〉16，16：「信而受洗的必然得救。」

205 包括詩人之一的查拉圖斯特拉。

206 〈哥林多前書〉13，9：「我們現在所知道的有限。」

207 歌德《浮士德》結尾〈神祕的合唱〉：「難以名狀者，在此處完成。」

208 同上：「永恆女性的，領我們上升。」年老的婦女們交談的敬神和道德觀。詩人也想把這些收入自己的作品裡。

209 群眾跟上述年老的婦女們類似。學問的通道被阻塞，可借群眾的情感的直觀的、神祕的感覺方法去把握。

210 此處令人想到歌德《浮士德》第二部〈幽雅的境地〉一場。

唉，天地之間有許多事情，只有詩人們才夢想到的啊[211]！

尤其是在天上[212]：因為一切神都是詩人的比喻，詩人的騙局！

確實，我們總是被接引上升——也就是說，升上白雲之國：我們在白雲上面安置我們的形形色色的玩偶，隨後把他們稱為神和超人。

他們確是夠輕的，正好適合坐在這些雲椅上面！——所有這些神和超人。

唉，我是多麼厭倦這一切必須完全要成為事實的力不可及者[213]！唉，我是多麼厭倦詩人！

當查拉圖斯特拉如是說罷，他的弟子覺得很生氣[214]，可是卻默不作聲。查拉圖斯特拉也一聲不吭；他的眼睛轉向內心，好像望著迢迢的遠方。最後，他喟然長嘆，深深地吸了一口氣。

隨後，他說道：我是屬於今天和以前的；可是，我的內心裡有些是屬於明天、後天和將來的。

我厭倦了詩人，包括老的詩人和新的詩人：在我看來，他們全都是膚淺的，全是淺海。

他們所想的不夠深：因此，他們的感情沒有沉到底[215]。

一點點情慾，一點點無聊：這就是他們力所能及的深思熟慮。

他們彈奏出的豎琴聲音，在我聽來，全都是幽靈的氣息和嘁嘁喳喳；迄今為止，他們

211 莎劇《哈姆雷特》1，5：「天地之間有許多是我們的哲學想不到的事。」

212 歌德《浮士德》結尾〈神祕的合唱〉：「永恒女性的，領我們上升。」

213 《浮士德》結尾〈神祕的合唱〉：「力不可及者，在此處實現。」力不可及者原意為不足的，有欠缺的。

214 反諷很多、覺得受戲弄。

215 痛苦也很淺。

懂得什麼音的熱情！——

在我看來，他們也不夠乾淨：他們把他們的水全都攪渾，讓它看起來好像很深。

他們就這樣愛把自己裝成調停者[216]：可是在我看來，他們始終是中間人和攪和者，半吊子和不潔者！——

唉，我確實曾把我的網投進他們的海裡，要捉些好魚；可是我拉上來的總是一個古老的神的頭[217]。

因此，大海給予飢餓者的是一塊石頭[218]。詩人自己也許是從大海裡出生的。

確實，人們在詩人身上找到珍珠；這樣，詩人自己也就更像是堅硬的甲殼類了。我常在他們身體裡發現含鹽的黏液而沒有靈魂。

他們也從大海那裡學到虛榮心：大海不是孔雀中的孔雀嗎？

大海甚至會對最醜的水牛開屏，它張開銀絲和絲線織成的透孔扇子，從不知道疲倦[219]。

水牛卻對它傲然看著，牠的心靈跟砂子親近，跟灌木叢更親，可是跟泥坑最親。

美、大海、孔雀的裝飾，對於水牛，算是什麼呢！我對詩人們講這個比喻。

確實，詩人的精神本身就是孔雀中的孔雀和虛榮的大海！

詩人的精神想要有觀眾：哪怕觀眾是水牛也行[220]！——

可是我厭倦這種精神：我看到，精神厭倦它自己的日子到來了。

---

216 理想與現實、精神與肉體等等的，可能暗諷歌德的「妥協性」。

217 陳腐過時的理想與信仰的碎片。

218 〈馬太福音〉7，9：「你們中間，誰有兒子求餅，反給他石頭呢？」

219 海的浪花飛濺的景觀。

220 哪怕像水牛那樣遲鈍而不感興趣的觀眾也行。

我已經看到詩人們在改變，他們把眼光轉向自己。

我看到精神的苦行僧來了[221]：從詩人中成長起來的精神的苦行僧。

查拉圖斯特拉如是說。

重大的事件[222]

海中有一個島——距離查拉圖斯特拉的幸福島不遠——島上有一座火山不斷地噴煙；關於這個島，根據民眾，特別是民眾中的老太婆們的說法，它就像是放在冥府門前的岩石塊：可是，在火山內部有一條狹路通往下方，沿狹路而下，就抵達冥府之門。

在查拉圖斯特拉停留在幸福島上的當時，有一隻船在那個有一座活火山的島嶼旁邊拋錨；船員們上岸去獵取野兔。可是在中午時刻左右，當船長和船員們再聚在一起時，他們突然看到有個男子從空中向他們飛來，而且聽到那個飛人清晰的叫聲：「是時候了！是最要緊的時候了！」可是當那個人影逼近他們時，——卻像影子一樣很快掠過，朝著火山的方向飛去——他們認出那是查拉圖斯特拉，都大吃一驚；因為除了船長本人，船員們以前都見過他，他們愛他，像民眾愛他一樣：也就是愛與敬畏互相參半。

「瞧啊！」老舵手說道，「查拉圖斯特拉往地獄裡去了！」——

當這些船員們在火山島上岸的同時，流傳開這樣的謠言，說查拉圖斯特拉失蹤了；人

221 詩人尼采的願望的反映，總之，詩人應向著更高的詩人上進。

222 指永遠回歸的思想趨於成熟。

們向他的朋友們打聽，他們說，他在夜間乘船走了，沒說要到哪裡去。

因此造成了不安；三天後，聽到那些船員們傳來的消息，就更加使人不安了——這時，民眾們都說魔鬼把查拉圖斯特拉抓走了。他的弟子們對這種說法當然一笑置之；其中有一個甚至說：「我寧願相信是查拉圖斯特拉把魔鬼抓走了。」可是他們的心底裡全都充滿擔憂和想念：因此，到了第五天，當查拉圖斯特拉在他們中間出現時，他們都非常喜樂了[223]。

以下就是查拉圖斯特拉所講的他跟火狗的對話：

大地，他說，有一層皮；這層皮有好些病。例如，其中有一種病，叫做：「人」。

另有一種病，叫做「火狗」[224]：關於這種火狗，人們說了許多自欺欺人的謊話。

為了探究這種祕密，我渡海而去：我看到了赤裸裸的真相，真的！從頭到腳的真相。

火狗到底是怎樣的東西，現在我弄清楚了；同時，對於這個爆發與顛覆之魔鬼的一切情況，我也知道了，害怕這種魔鬼的並非僅限於老太婆。

「火狗啊，從你的深洞裡出來吧！」我叫著，「給我坦白說出，這個深洞有多深！你噴出的氣是從哪裡來的？

你大口大口地喝下海水：從你那充滿鹽鹼味的口才裡顯露出來！確實，作為一個住在深處的狗，你從表面攝取你的養分未免過多了[225]！

我最多不過是把你當作大地的腹語表演者[226]：每當我聽到爆發與顛覆之魔鬼在大發議

---

223 〈約翰福音〉20，19：「耶穌來站在當中，門徒看見主，就喜樂了。」

224 指把守冥國出口的三個頭的惡犬塞柏拉斯，象徵暴力的革命家。亦說這個主題來自波斯的神話。

225 從海的表面攝取養分。亦即追尋小小的日常現象作為革命熱情的養分，而缺少思想的深度。

226 模仿大地的聲音。所講的只是革命為地球的歷史必然那種話。

論時，我總是覺得他們跟你一樣：苦鹹、騙人、淺薄。

你們善於狂吠，善於用灰把四面遮暗！你們是吹牛大王，精通把爛泥煮滾的技術[227]。

你們所在之處，附近總一定有爛泥，有許多海綿狀的東西，空心的東西，被壓緊的東西[228]：它們要獲得自由。

『自由』，是你們最愛狂吠的：可是，在重大事件的四周，我一聽到有許多狂吠，一看到噴許多黑煙，我就對這種重大事件覺得可疑了。

相信我的話，大聲叫囂的朋友！最重大的事件——不是我們叫得最凶的時刻，而是我們最沉靜的時刻。

世界不是繞著新的叫囂的發明者旋轉：而是繞著新的價值的發明者旋轉；世界無聲無息地旋轉。

你承認吧！當你的叫囂和煙霧消散時，就不會有什麼事件發生了。一座城市變成木乃伊，一尊柱像倒在泥中，那又算得什麼哩！

我也要對推翻柱像者說這句話。把鹽倒進海裡，把柱像推倒在泥中，也許是最大的傻事。

柱像倒在你們的輕蔑之泥中：這正是它們的規律，它們將從輕蔑之中新生，恢復生命和生氣蓬勃的美[229]！

柱像現在以更神聖的面貌站起來，由於那種痛苦更加顯得迷人；真的！你們這些推

---

227 煽動愚民的技術。

228 愚民。把人的思想囫圇吞下者。空虛者。硬塞在一起、遭受壓迫者。

229 柱像是像傳統一樣的東西。要毀掉它，反使它獲得新生。

翻者，你們把它們推翻，它們還會對你們說聲多謝哩！

可是我要對國王和教會以及一切在年齡和道德方面老衰的人們作如此的勸告——讓你們被打倒吧！這樣你們會重新獲得生命，你們的道德——也會復歸於你們！——」

我對火狗如是說：它氣呼呼地打斷我的話，問道：「教會？教會到底是什麼？」

「教會？」我回道，「它是一種國家，而且是最會騙人的國家。可是，住口吧，你這偽善的狗！你對你的同類一定是最清楚不過的！

像你一樣，國家乃是偽善的狗；像你一樣，國家愛用煙霧和狂吠說話——它像你一樣，要人相信它是從事物的肚子裡把話說出來的[230]。

因為國家，它要徹頭徹尾做地上的最重要的動物；人們也對它信以為真。」——

我說完這番話，火狗妒嫉得做出像發狂的樣子。「怎麼？」它叫道，「地上最重要的動物？人們也對它信以為真嗎？」從它的喉嚨裡冒出那麼多的煙氣和可怕的聲音，竟使我認為它會由於憤怒和嫉妒而致窒息了。

最後，它逐漸平靜下來，它的喘氣也停止了；可是一等它恢復平靜，我就笑著說道：

「你發火了，火狗：看來，我說得沒錯！

我說得沒錯，為了堅持這一點，請聽我再說說另一隻火狗：那隻狗是真正從大地的心裡說話的[231]。

它的呼吸吐出的是黃金和黃金雨[232]：它的本心要它這樣。灰、煙和灼熱的岩漿[233]，對

---

230 國家想把戰爭等作為表示意志的手段。而且，國家要讓世人相信，它的所說所為，是事情的本質上迫不得已的，而且是適切的。

231 真正適應大地的要求，謀求人生中各種價值重新評價的人物。具有真正的意義的革命家。查拉圖斯特拉即為其中之一。

232 黃金是最高價值的象徵。第一部〈贈予的道德〉中說金子具有最高的價值，它是最高美德的寫照，而贈予的道德就是最高的道德。

233 指火山的爆發，亦即暴力的革命。

它算得什麼哩！

大笑像彩雲一樣從它嘴裡飛出；它厭惡你的喉嚨裡的咯咯聲、嘔吐和內臟的絞痛。

可是黃金和大笑——是它從大地的心裡取來的：因為你要知道——**大地的心是用黃金做的**。」

火狗聽完這番話，它再也受不了，不能聽我再說下去。它難為情地夾住尾巴，輕輕叫了幾聲汪！汪！鑽到它的洞裡去了。

查拉圖斯特拉如是敍述。可是他的弟子們幾乎沒在傾聽：他們極其想要他談談有關船員、兔子和飛人的消息。

「這些事我該怎樣想哩！」查拉圖斯特拉說，「難道我是一個幽靈嗎？

可是那應當是我的影子。關於流浪人和他的影子[234]，你們肯定聽到過一些了吧？

可是這是確實的：我必須更加嚴密地控制它——否則它會破壞我的名聲[235]。」

查拉圖斯特拉再次搖搖頭，感到驚異。「這些事我該怎樣想哩！」他又說了一遍。

「幽靈到底為什麼要叫：『是時候了！是最要緊的時候了！』

到底要幹什麼——最要緊的時候？」

查拉圖斯特拉如是說。

234　孤獨的流浪人常以他自己的影子作伴侶。查拉圖斯特拉就是這樣的孤獨的流浪人。〈流浪人和他的影子〉是尼采一部著作中的一個題名。（《人性的、太人性的》第二個附錄，初版一八八〇年，再版一八八六年。）

235　查拉圖斯特拉的內部有偉大的思想在產生，但在沒有完全成熟時不能信口外傳，應當自重，否則，他自己和這種學說會被評為沒有實體的幽靈而損壞名聲。

預言者[236]

「——而且我看到[237]莫大的悲哀降臨到世人的頭上。最優秀的人們也對他們的工作感到厭倦。」

一個教條出現了[238]，一個信仰隨之流行：「一切都是虛空，一切都相同，一切都曾有過！」[239]

從所有的山上傳來迴響[240]：「一切都是虛空，一切都相同，一切都曾有過！」

我們確已收穫過：可是為什麼一切果實都腐爛了，變成褐色？昨夜從邪惡的月亮上面落下什麼[241]？

一切勞動都是徒然，我們的葡萄酒變成毒酒，邪惡的眼光把我們的田和心烤焦。

我們全都乾癟了；如果有火落在我們身上，我們就會像灰一樣揚起灰塵[242]——是的，就是火本身，我們也弄得它疲倦了。

泉水全都乾涸，海水也退走。所有的土地全都裂開，可是深深的裂溝並不想吞掉我們[243]。

「唉，哪裡還有我們能在其中溺死的大海。」我們的悲嘆之聲就這樣——飄過淺淺的泥沼。

確實，我們對死亡也已感到太厭倦了；我們現在還醒著而且活下去——在墓穴之中！

——

236 對於強力的生命說教者，最大的敵人乃是認為一切皆虛空的虛無感。在為此所苦之後，獲得新的打開的預感。即永遠回歸。

237 《聖經》筆法。〈啟示錄〉各章首句：「我看到……」

238 厭世觀。

239 〈傳道書〉1，2以下：「凡事都是虛空……已有的事，後必再有，已行的事，後必再行……一件事……在我們以前的世代，早已有了。」

240 〈智慧篇〉17，18：「或是山谷間的響徹回聲。」

241 從月亮上也有有害的露降落。

242 因為乾透了，碰到火就變成灰，燒不起來。

243 只是冷淡地裂開大

查拉圖斯特拉聽到一個預言者[244]如是說；他的預言鑽進他心裡，使他變成另外一個人。他悲傷而疲倦地走來走去；他變成像那個預言者所說的人們一樣。

確實，他對他的弟子們如是說，還有不多的時候[245]，這個長時期的昏暗就要來到了。唉，我怎樣才能把我的光安全保存下來哩！

但願我的光不會在這種悲哀之中悶死！它應當是照亮更遠的世界的光，還要照亮最遠的黑夜！

查拉圖斯特拉就這樣憂心忡忡地走來走去；有三天之久，他不吃不喝，不睡覺也不說話。最後他終於陷入深深的酣睡。可是他的弟子們坐在他的四周長久地守夜，惶恐地守候著，看他會不會醒來，再說話，從憂傷中復元。

這就是查拉圖斯特拉醒過來後說的話；可是他的聲音，在他的弟子們聽來，卻像來自迢迢的遠方。

「朋友們，聽我說我做的夢，幫我解釋其中的意思！

這個夢，對我還是一個謎；它的意思還隱藏在夢裡，被關在裡面，還不能張開自由的翅膀飛了出來。

我否定了一切生存的意義，這就是我做的夢。在那邊孤寂的山上的死亡城堡裡，我當了守夜人和守墓人。

在那邊山上我守衛死亡的棺材：那些陰森的墓窖堆滿了這種死亡的勝利標誌。被征服

口，對人不造成危險。人對此也失去積極的關注。

244 指叔本華。

245 〈約翰福音〉14，19：「還有不多的時候，世人不再看見我。」

的生命從玻璃棺材裡向我注視。

我嗅到塵封的永恆者[246]的氣味：我的塵封的靈魂悶熱地躺在那裡。誰能做到讓他的靈魂在那裡通風哩！

午夜的亮光[247]總映照在我的周圍，孤獨蹲在它的旁邊；還有第三位，呼嚕呼嚕地喘鳴的死的寂靜，我的女友[248]中的最壞的一個。

我帶著鑰匙，一切鑰匙中最會生鏽的鑰匙；我懂得用它打開一切門中最會嘎吱作響的門[249]。

當門扇啟動時，它的聲音就像狂怒的鴉雛訊響遍長廊：這個鳥兒惡意地叫著，它不願被吵醒。

可是當響聲停止，四周又恢復沉寂，我獨自坐在這種陰險的寂靜中時，卻覺得更加可怕而揪心。

時間就是這樣從我身邊偷偷地溜走，如果還有時間存在的話：這我怎麼知道！可是最後發生了一件事，把我驚醒了。

聽到三次敲門的聲音，像打雷一樣，墓窖傳來三次迴響和吼叫：我於是走近門口。

阿爾巴[250]！我叫道，誰把他自己的灰送到山上來[251]？阿爾巴！阿爾巴！誰把他自己的灰送到山上來？

我插進鑰匙，拚命推門。可是連一指寬都沒推開。

---

246 生前被歌頌為「永恆的人物、存在」，在這裡盡是塵土。

247 在腳邊能見到的亮光。星光的程度。

248 死的寂靜在德文中是陰性名詞，故稱女友。

249 用不能隨便亂說的重要的思想（沒有使用而生鏽的鑰匙）打開（認識）人力難以打開的生死祕密之門。

250 令人聯想到希臘文字母阿爾法，作驚嘆詞使用，以模擬嚴肅的音的效果。亦有解作夢像者，可能用作夢魘（Alptraum）的比喻。

251 參看〈前言〉2：「那時你把你的死灰帶進山裡。」死人不會敲門，只

這時，吹來一陣呼嘯的風把門扇推開：它颼颼地、颯颯地、呼呼地吹著，把一具黑棺材扔到我的面前。

隨著呼呼的、颼颼的、颯颯的風聲，棺材裂開了，吐出千聲大笑。

從千姿百態、孩子、天使、貓頭鷹、小丑，還有像孩子一般大的蝴蝶[252]的面孔上向我發出大笑、嘲諷和吼叫。

我嚇得毛骨悚然：我被摜倒了。我嚇得大叫，以前從沒有這樣大叫過。

可是我自己的叫聲把我驚醒了——我清醒過來。——」

查拉圖斯特拉如是敍述了他的夢，隨即沉默不語：因為他還知道他的夢應如何解釋。可是他最鍾愛的一個弟子，急忙站起身來，握緊查拉圖斯特拉的手，說道：

「你的生活本身給我們解釋了這個夢，哦，查拉圖斯特拉！

你本身不就是推開死亡城堡之門的颼颼呼嘯的風嗎？

你本身不就是那充滿生活的種種惡意和天使怪臉的棺材嗎？

確實，查拉圖斯特拉就像各種各樣的孩子哄笑一樣進入所有的墓窖，嘲笑這些守夜者和守墓者以及其他拿著陰森的鑰匙、弄得丁零噹啷作響的人。

你將用你的大笑把他們嚇壞和打倒；使他們昏厥和醒來，證明你具有超過他們的力量。

即使長久的昏暗和死亡的倦怠到來，你也不會從我們的天空裡消逝，你這位生命的代

有活著的、把埋葬過去生活的死灰帶上山的人才會敲門。

252 永遠回歸的思想的形象化。

言人！

你使我們看到新的星辰和新的夜之壯觀；確實，你把生命[253]本身張在我們的頭上，像張著五彩的天幕。

如今將有孩子的笑聲不斷地從棺材裡迸發出來，如今將有強烈的風不斷地以勝利的姿態向一切死亡的倦怠吹來：你本身就是此事的保證人和預言者！

真的，你夢見了他們本人，你的敵人：這是你的最可怕的惡夢！

可是正像你擺脱他們醒過來，恢復你的知覺，他們自己也會如此擺脱自己醒過來——而來就你！」——

那個弟子如是說；這時所有其他的弟子也擁到查拉圖斯特拉的周圍，握住他的手，想説服他離開他的臥床和悲哀而回到他們身邊。可是查拉圖斯特拉卻挺直身體坐在床上，露出異樣的眼光。就像一個久客他鄉重回故土的人，他看看他的弟子們，仔細打量他們的面孔；但他還無法把他們辨認出來。可是當他們扶著他、讓他站起來時，瞧，他的眼光突然變樣了；他弄清了所發生的一切，他抹抹鬍子，用洪亮的聲音説道：

「好吧！這樁事現在結束了；可是我的弟子們，我們來享用一頓美餐吧，準備起來，立刻就辦！我打算為惡夢做些補償！

可是我要請預言者[254]坐在我身旁一起吃喝：真的，我還要讓他看看他可以在其中溺死的大海[255]！」

253 亦作大笑。

254 本章開頭説那一番話的厭世的預言者。

255 作為對世人的危險的、具有能動的意義的海。

查拉圖斯特拉如是說。隨後對那個擔當詳夢者的弟子的面孔凝望了良久，並且搖搖頭[256]。

拯救

有一天，查拉圖斯特拉走過一座大橋，一些殘疾人[257]和乞丐將他圍住，一個駝子對他如是說道：

「瞧，查拉圖斯特拉！連民眾也向你學習而信仰你的教言：可是，為了要讓民眾完全信仰你，還有一件大事要做到——你必須首先使我們殘疾人信服！現在這裡有個很好的機會，確實，比抓住一把頭髮[258]還好的機會！你能把瞎子醫好，使跛子奔跑；對於那背後多出許多的人，你也能替他割去一些[259]——我認為，這才是使殘疾人信仰查拉圖斯特拉的好法子！」

可是，查拉圖斯特拉對那個說這番話的人如是回道：「如果替駝得最厲害的人割去他的隆起部分，那就割掉他的才智——民眾們如此教導我們[260]。如果讓瞎子恢復視力，他就會看到世上太多的壞事：這樣他就要詛咒治好他的人。而那使跛子奔跑的人，他就給跛子造成最大的災難：因為一等他能夠奔跑，他的惡習就跟他一起通行——這也是民眾們談到殘疾人時教導我們的。既然民眾向查拉圖斯特拉學習，為什麼查拉圖斯特拉不該也向民眾學習呢？

---

256 詳夢的弟子所說「生命對死的嘲笑」，這一點說得很對，所以恢復知覺的查拉圖斯特拉叫人準備一頓美餐。但是這還沒有能對在他內部趨於成熟的永遠回歸的思想全部掌握。查拉圖斯特拉本人對這種思想也未充分自覺。他想這個夢還有些什麼意義，不能同意，故而搖頭。

257 〈馬太福音〉15，30：耶穌來到海邊，「有許多人到他那裡，帶著癱子、瞎子、啞巴、有殘疾的和好些別的病人……他就治好了他們。」

258 德文成語 die Gelegenheit beim Schopfe fassen，抓住機會女神的一綹頭髮，抓住機會之意。

259 耶穌治好殘疾人，擴大信仰。

自從我來到世人中間以來，我看到：『這個人缺一隻眼睛，那個人缺一隻耳朵，第三個缺腿，還有些失去舌頭或是鼻子或是頭腦』，這對於我已是無足輕重的了。我過去見過，現在也看到一些更糟的事情，還有各種醜惡的事情，我不願一一說出來，但有些事我也不想保持沉默：也就是說，那種只有一樣過度發達而其他一切都缺少的人——這種人什麼也沒有，只有一隻大眼睛或者一張大嘴或者一個大肚子或者其他什麼巨大的東西——我稱這種人為顛倒的殘疾人[261]。

當我走出孤獨的山中第一次走過這座橋時：我真不相信我的眼睛，我看了又看，最後說道：『這是一隻耳朵，像一個人一樣大的耳朵！』我再仔細看：實際上，在這個耳朵下面還有個什麼東西在動，又小又可憐又瘦弱，真教人憐憫。真的，這隻巨大的耳朵放在一根又小又細的杆子上面——而這根杆子卻是一個人！如果戴上眼鏡細看，還可以看出一張小小的嫉妒的臉；又看到一個浮腫的小靈魂在杆子上擺動。而民眾卻對我說，這個大耳朵不僅是一個人，而且是一個偉大的人，一個天才。可是，當民眾跟我談什麼偉大時，我從不相信他們說的話——我堅持我的信念，認為他是一個顛倒的殘疾人，他有一樣過度發達，而其他一切卻又太少。」

當查拉圖斯特拉對駝子以及以駝子充當辯護者和代言者的那些殘疾人說完這番話時，他轉過身去，極其不滿地對他的弟子們說道：

「確實，我的朋友們，我行走在世人中間，就像是在人的碎塊和斷手斷腳之間！

---

260 殘疾人的殘疾實為其生存與精神活動的中核，由此點使他在求生中自強不息。如果除去這個中核，他就變成窩囊廢。民眾憑其直觀，感到人還是有這些中核為妙，對殘疾人不多管閒事。

261 偏才。

我看到世人被割成碎塊零落分散，像在戰場上和屠宰場上一樣，這對於我的眼睛真是一大恐怖。

當我的眼睛從現在逃往過去時：看到的也總是同樣情況：碎塊和斷手斷腳和殘酷的偶然——可是卻沒有任何人！

地上的現在和過去——唉！我的朋友們——這是我最難忍受的；如果我不是對必將來到的事物能預見的先知，我真不知道怎樣活下去。

一個先知，一個有意志的人，一個創造者，一個未來之本身，一座通往未來的橋——唉，還像這座橋頭的殘疾人[262]：查拉圖斯特拉就是這一切。

你們也常常自問：『對我們來說，查拉圖斯特拉是什麼人？我們應該怎樣稱呼他？』像我自己一樣，你們也給自己提出要回答的問題。

他是一個許願者？或者是一個實踐諾言者？一個征服者？或者是一個繼承者？一個秋實？一支犁頭？一個醫生？或者是一個康復者？

他是一個詩人？或者是一個說真話的人？一個解放者？或者是一個受壓制者？一個善人？或者是一個惡人？

我行走在未來的殘缺不全的世人中間：我預見的那個未來的殘缺不全的世人中間。

把這些殘缺不全、啞謎和可怕的偶然收集起來，合成一體，這就是我努力要做的一切。

262 因為他還有許多缺點。

如果人不是創作者、也不是猜謎語者和偶然之拯救者[263]，那麼，要我做人，我怎麼受得了呢？

拯救過去，把一切『過去是如此』變為『我要它如此的！』——這個我才稱之為拯救[264]！

意志——這是對解放者和帶來歡樂者的稱呼：我曾這樣教導你們，我的朋友們！現在我還要加上這一條：意志本身還是一個囚徒。

意志就是要解放：可是還把這種意志鎖住的，那是什麼呢？

『過去是』：這就是意志的切齒痛恨和最寂寞的悲哀。對已經做成的事無能為力——對一切過去的事，意志是一個發怒的旁觀者。

意志不能回頭想；它不能打斷時間和時間的欲望[265]——這就是意志的最孤寂的悲哀。

意志想要解放：它自己想出什麼辦法來讓它擺脫它的悲哀、嘲笑它的牢獄呢？

唉，所有的囚徒都變成愚夫！被囚禁的意志也愚蠢地拯救它自己。

時間不能逆轉，這是意志的壓抑的憤怒；『過去是如此』——這就是意志不能推動的石頭。

意志就這樣由於憤怒和不滿而推動各種石頭而對那種不像它一樣覺得憤怒和不滿的人進行報復。

就這樣，意志，這個解放者，就成為製造痛苦者：對一切能忍受痛苦者進行報復，以

---

263 偶然事件只是被動地發生，沒有任何主體的權威。此處指要給偶然事件賦予積極的意義的人。

264 本章的中心命題。讓意志積極地肯定過去的偶然，把它化為意志的必然。

265 一切都受時間之潮的沖洗。把時間作為主體來看，可想像為時間的欲望。

發洩它自己不能逆轉之恨。

這一點，僅僅這一點，就是**報復**本身：就是意志對時間和時間的『過去是如此』所抱的反感。

真的，在我們的意志中住著很大的愚蠢，這個愚蠢獲得智慧，就成為對一切人性的詛咒。

報復的智能：我的朋友們，直到現在都是世人最考慮的一點；在有痛苦之處，總該有懲罰。

『懲罰』就是報復的自稱：它説假話[266]把自己偽裝成問心無愧。

由於意欲者不能有逆轉的意志，因此在他自身中存在著痛苦——就這樣，意志本身和一切生存都該是——懲罰[267]！

現在在精神上面籠罩著層層的雲：直到最後，瘋狂就來説教：『一切都在消逝，因此，一切都應該消逝！』

『時間必須吞吃他自己的孩子[268]，時間的這條規律，本身就是正當的。』瘋狂這樣説教。

『一切事物都按照公理和懲罰有其道德的秩序。哦，哪裡有擺脱萬物之流轉和「生存」之懲罰的拯救[269]？』瘋狂這樣説教。

『如果有永久的公理，還能有拯救嗎？唉，「過去如此」的石頭是搬不開的：因此，

---

266 法律和宗教教義的假話。這是包藏報復心的假面具。

267 佛教將意欲稱為業，將生稱為苦。基督教所説的原罪，亦屬於此。

268 希臘神話中時間之神克洛諾斯為了防止被兒子推翻，把自己的子女都吞進肚裡，因此，時間把時間所生的現象逐個毀去，這是正當的。

269 宗教方面頗多有此發想。犯了道德方面的罪惡，要受神的懲罰，生時死時，都沒有逃避神怒之處。對此應有所恐懼。

一切懲罰也必須永遠存在[270]！』瘋狂這樣說教。

『任何行動都無法取消：怎能由懲罰使行動停止！生存必然是行動和負罪的永遠反覆，這，這就是生存之懲罰的永恆性！

除非意志到後來拯救自己，意欲變成無意欲[271]——』：可是，我的弟兄們，你們知道這乃是瘋狂者的虛構之歌。

當我教導你們：『意志是一個創造者』時，我曾帶你們遠離這虛構之歌。

一切『過去如此』都是碎塊、謎語和殘酷的偶然——直到創造的意志對它說：『可是，是我願意它如此[272]！』

——直到創造的意志對它說：『可是，是我願意它如此！我將願意它如此！』

可是，意志卻曾如此說過嗎？此事發生在何時？意志已經脫卸掉它自己的愚蠢嗎？

意志已成為它自己的拯救者和帶來歡樂者嗎？它忘記了報復之智能和一切切齒痛恨嗎？

誰教意志跟時間和解以及比一切和解更高的東西[273]？

意志乃是追求強力的意志，它必然想要比一切和解更高的東西——：可是它怎會如此？又是誰教它逆轉想望？」

——但說到這裡時，查拉圖斯特拉突然停住，看上去完全像個極度驚嚇的人。他露出

270 如果公理（正義）是永遠的，懲罰也應是永遠的。

271 叔本華的哲學有此說法。

272 由意志，進而肯定過去。

273 跟時間和解即不恨過去。進而積極地意欲它如此，而且愛它，這就是高於和解的東西。

充滿恐怖的眼光注視他的弟子們；他的眼光像箭一樣射穿他們的思想和內心之底蘊[274]。

可是不多一會，他又笑著，用安慰的口吻說道：

「跟人相處是困難的，因為沉默是如此困難。尤其是一個好饒舌的人[275]。」——

查拉圖斯特拉如是說。而駝子卻一面聽他說話，一面捂住自己的臉[276]；可是當他聽到查拉圖斯特拉在大笑時，他好奇地仰望著他，慢慢說道：

「可是為什麼查拉圖斯特拉對我們說的話跟他對他的弟子們說的話不一樣呢？」[277]

查拉圖斯特拉回道：「這有什麼奇怪的，跟背上長疙瘩的駝子說話可以說得疙裡疙瘩些！」[278]「很好，」駝子說道，「跟『弟子』說話可以把『底子』都捅出來[279]。

但是，查拉圖斯特拉跟弟子們說的話，為什麼跟他——對他自己說的話又不一樣呢？」——

處世之道

不是山頂：而是斜坡才是可怕的！

在斜坡上，眼睛要向下看，而手卻往上抓。這時，心為了這種雙重的意志感到眩暈。

啊，朋友們，你們也能推察出我心裡的雙重意志嗎？

我的眼光衝向山頂，我的手要向深處尋求支撐，這，這就是我的斜坡和我的危險！

我的意志依附於人，我用鏈子把我跟人縛在一起，因為要把我拉往上面超人所在之

---

274 以上的教言必然歸結到永遠回歸的思想。對於這種可怕的思想的預感，查拉圖斯特拉還感到驚愕，不能將這不成熟的思想傳給弟子，故用銳利的眼光看著他們。

275 開玩笑地自責把重大的事隨便亂說。

276 查拉圖斯特拉關於報復的說話，使對人世懷恨的駝子的心被打動。

277 對駝子說不要割掉背上的隆起部分，對弟子們卻教他們意欲過去。前者只是嘲笑，後者卻是熱心的說教，有點責問的口氣。但駝子感到查拉圖斯特拉的話打動心坎，指摘他還有心中重大的想法似乎沒說盡。

278 文字遊戲：原文「Mit Bucklichten darf man schon bucklicht reden!」

處：因為我的另一個意志要我去那裡。

為此我像盲人一樣生活在世人中間；就像我對他們一無所知：讓我的手不致完全喪失這種信念，認為它抓住了堅實的東西。

我對你們世人一無所知：這種愚昧無知和安慰常常散佈在我的周圍。

我坐在一切無賴來往走過的門口發問：有誰要來騙我？

我的第一種處世之道是：我讓自己受騙，為了不對騙人者存戒心[280]。

啊，如果我對世人存戒心，世人怎能做拉住我的氣球的椿哩！那就太容易把我拖上去、拖走了[281]。

我必須放棄警戒心，這是支配我的命運的天意。

在世人中間不願渴死的人，必須學會從一切杯子裡痛飲；在世人中間要保持清潔的人，必須懂得用髒水也可以洗身[282]。

我常常如是安慰自己說：「好吧！行啊！我親愛的心！你遭到不幸：把這種不幸當作幸福嘗嘗吧[283]！」

我的另一種處世之道是：我對虛榮心強的人比對驕傲的人更加寬容。

受傷害的虛榮心不是一切悲劇之母嗎？可是在驕傲受傷害之處，那就會生出更超過驕傲的東西[284]。

為了讓人生使我們好好欣賞，人生之戲必須演得好：可是這就需要好的演員。

Bucklichte 意為駝子，bucklicht reden 意為說話彆扭。

279 文字遊戲：mit Schülern（弟子），darf man schon aus der Schule（學校），schwätzen 意為把不該對外人講的事情捅出去，洩漏祕密。譯文用「弟子」與「底子」兩字的諧音。

280 雖嘲罵世人，但離開世人就沒有完成自己事業的場所。因此要講對付世人的處世之道。在嘲笑之中含有愛。

281 只顧走理想之路就會脫離現實的世界。

282 不可太謹慎小心。過於神經質，反會使汙垢積存。

283 不可成為不幸之俘虜。要把不幸看成大幸。

我發現一切虛榮心強的人都是好演員：他們表演而且希望人們愛看他們——他們的全部精神都貫注在這種意志上面。

他們登臺表演，他們設法表現自己的演技；我喜愛在他們近旁觀賞人生之戲——它治好我的憂傷。

因此我對虛榮心強的人寬容，因為他們是醫治我的憂傷病的醫生，他們使我緊貼著世人，如同迷戀戲劇一樣。

還有：虛榮心強者具有的謙遜，誰能測出其深度哩！我喜愛他們，對他們的謙遜寄予同情。

他要從你們這裡獲得他的自信；他從你們的眼光裡攝取養分，他從你們的手裡貪吃讚賞。

當你們對他說出奉承的謊話，他也相信你們的謊話：因為他的深心裡這樣嘆息：「我算什麼！」

如果不意識到自己，乃是真正的美德：那麼，虛榮心強者就是不意識到自己的謙遜的人！——

可是我的第三種處世之道乃是：我不因你們對於惡人所抱的恐懼心理破壞我對惡人觀賞的興趣。

我愛觀看灼熱的太陽孵出的奇蹟：老虎、棕櫚和響尾蛇。

284 驕傲是男性的，不願受到憐恤，若遭傷害，反以此為契機而向上發展。虛榮心則否。

在世人中間也有灼熱的太陽孵出的美麗的種族和許多令人驚嘆的惡人[285]。

確實，正如你們的最聰明的人在我看來並不怎麼聰明那樣，我發現世人的邪惡也不像他們的名聲那樣壞。

我常常搖搖頭問道：你們這些響尾蛇，為什麼老是響個不停呢？

真的，即使是惡，也有其未來[286]！最炎熱的南方，在人間尚未被發現。

身圍只有十二英尺，生後才有三個月，在這種情況之下，現在有多少就被稱為極惡啊！可是有一天將有更大的龍出世。

因為超人也少不了要有他的龍，跟他相匹配的超龍：為此還必須有好多灼熱的太陽照著卑濕的原始森林！

你們的山貓必須先變為老虎，你們的毒蛤蟆必須先變為鱷魚：因為好獵人應當有好獵物。

確實，你們這些善人和義人啊！你們有許多可笑之處，特別是你們對於至今被稱為「魔鬼」者的懼怕！

你們的靈魂對於偉大的東西是如此陌生，因此你們對於超人的善，會覺得可怕！

你們這些智者和有識之士，你們會逃避智慧之烈日，而超人卻愛在烈日之下進行赤身裸體的日光浴！

我的眼睛所碰到的至高的人啊！我對你們的懷疑和竊笑就是：我猜測，你們會把我

285 惡人也有超乎凡庸人之處。

286 惡乃是世人的強烈的能量的發揮，將來還有更強烈的可能性。

的超人——稱為魔鬼！

啊，我對這些至高的人和至善的人感到厭倦了：我要從他們的「高處」離開，超出他們之上，超出他們之外，一直抵達到超人。

我看到這些至善者的裸體，不由得感到戰慄：這時我就生出飛向遙遠的未來的翅膀。

飛向比任何夢想家所曾夢想過的更遠的未來，更南的南方：飛向神道們都以一切衣著為可恥的地方。

可是鄰人們，同胞們，我願看到你們裝扮起來，好好打扮，顯得愛虛榮的樣子，像「善人和義人」一樣的尊嚴，——

我自己也要裝扮起來，坐在你們中間——使我看不出你們和我自己的本來面目[287]：這就是我的最後的處世之道。

查拉圖斯特拉如是說。

最寂靜的時刻[288]

我出了什麼事了，我的朋友們？你們瞧我心煩意亂，慌慌張張，被迫服從，準備走路——唉，要離開你們！

是的，查拉圖斯特拉必須再一次回到他的孤獨之中：可是這次，他這頭熊，是不樂意

287 不願感到你們和我之間的距離和本質的相異。

288 最寂靜的時刻來到，命令他宣告永遠回歸的真理。但他想到自己還不夠成熟而回到孤獨中去。

地回他的洞裡去！

我出了什麼事了！這是誰的命令？——唉，是我的發怒的女主人要我這樣做，是她對我說的；我可曾對你們提到過她的名字？

昨天傍晚時分，是我的最寂靜的時刻對我說的，這就是我的可怕的女主人[289]的名字。

事情的發生就是這樣——因為我必須把一切告訴你們，使你們的心不致對我這突然離去的人變得冷酷無情！

你們可知道向沉睡者侵襲來的恐懼？——

他全身戰慄，因為足下的大地遠離開他，夢幻開始。

我用比喻對你們說這件事。昨天，在最寧靜的時刻，大地從我足下遠離：夢幻開始。指標在動，我的生命的時鐘在透氣[290]——，我從沒聽到過我的周圍有這樣的寂靜：因此我的心大為恐懼。

於是有無聲的聲音對我說：「你是知道它的吧[291]，查拉圖斯特拉？」——

聽到這聲低語，我嚇得叫了出來，我的臉上毫無血色：可是我沉默不語。

無聲的聲音又對我說道：「你是知道的，查拉圖斯特拉，可是你不說出來！」——

最後我像一個反抗者回答說：「是的，我知道，但我不願說！」

這時無聲的聲音又對我說道：「你不願嗎，查拉圖斯特拉？這是真的嗎？不要裝出反抗的樣子！」——

289 「時刻」的德文是陰性名詞，故稱為女主人。面對最寂靜的時刻，聽從她的命令，對內省之人是非常可怕的事。

290 在非常寂靜之中，決定的時間迫近的情況。

291 它指永遠回歸的真理。你既知道，為何不說。

我像孩子似地哭著，戰慄著，說道：「唉，我確實是願意的，可是我怎能辦到哩！免了吧！這是我力所不及的！」

無聲的聲音又對我說道：「對你有什麼關係哩，查拉圖斯特拉！把你的話說出來，打破一切吧！」——

我回答說：「啊，這是我該說的話嗎？我是何人？我等待更合適的人[292]；我根本沒有資格在他的面前打破一切。」

無聲的聲音又對我說道：「對你有什麼關係呢？我看你還不夠謙虛。謙虛的皮是最厚的[293]。」——

我回答說：「我的謙虛之皮有什麼沒承受過！我住在高山的山腳下：我的山頂有多高？還沒有人對我說過。可是我的山谷有多低，我知道得很清楚。」[294]

無聲的聲音又對我說道：「哦，查拉圖斯特拉，要移山的人，也會移動山谷和低地。」——[295]

我回答說：「我的話還沒有移過任何山，我所說過的還沒有傳到世人那裡。我確是在走向世人，可是我還沒有走到世人那裡。」

無聲的聲音又對我說道：「你對此知道什麼！露水是在夜間最沉默的時刻降落在草上的。」[296]——

我回答說：「當我找到我自己的路而行走時，他們嘲笑我；真的，那時我的腳在發

---

292 超人。

293 像驢子一樣默然承受困難乃是真正的謙虛。

294 目標是理想的高山，但僅僅住在山腳下。高山是怎樣的高而難攀登，我還不知道。我只知道低低的人世間。此乃自謙能力微薄。

295 不能說你的山谷和低地。以高山為目標而幹大事業的人當然可以移動山谷。

296 你有沒有堪當重任的資格，你自己是不知道的。滋潤草木的露水是在深夜自己也不自覺到的那樣寂靜的深夜中降落的。

抖。

他們對我如是說：你已忘記正路了，現在你也要忘記怎樣行走了！」

無聲的聲音又對我說道：「他們的嘲笑有什麼關係哩！你是一個已忘掉服從的人[297]：現在你應當發號施令！

你可知道，對萬人最需要的是什麼人？是號召偉大事業的人。

完成偉大的事業是困難的：可是更困難的是號召偉大的事業。

你有力量，你卻不願支配，這是你的最不可饒恕的一點。」——

我回答說：「要發號施令，我缺少獅子的聲音。」

又有像私語一樣的聲音對我說：「帶來狂風暴雨的是最寂靜的說話。用鴿子的腳行走的思想會控制全世界。

哦，查拉圖斯特拉，你應當做那必當來到者的影子[298]行走：這樣你就會命令，一面命令一面當先驅。」——

我回答說：「我害臊。」

無聲的聲音又對我說道：「你必須還做個孩子，不要害臊。

你還沒脫離青年期的驕傲[299]，你最近變得年輕了：可是要變成孩子的人，也必須超越他的青年期。」——

我沉思了很久，而且戰慄。最後我說出我最初說過的話：「我不願意。」

---

297 違背老一套的價值體系，拋棄對它服從的人。

298 雖不能說是真正的超人本身，但卻是傳導超人的影子的人。

299 外表還是青年的樣子。

這時在我周圍發出一陣大笑。唉，這一陣大笑是怎樣使我肝腸寸斷、心臟碎裂啊！無聲的聲音最後一次對我說道：「哦，查拉圖斯特拉，你的果實成熟了，但你自己還沒有成熟得去摘果子！

因此你必須再回到你的孤獨中去：因為你應當成熟得更豐美一些。」——又聽到一陣笑聲，而且笑聲漸漸遠去了：隨後在我四周恢復一片寂靜，雙倍的寂靜。可是我倒在地上，四肢流出大汗。

——現在你們聽到這一切了，知道我為什麼必須回到我的孤獨中去。我毫無隱瞞，我的朋友們。

可是你們也聽到我說了，誰是世人中最守口如瓶的人——而且要永遠守口如瓶[300]！唉，我的朋友們，我本當還有些話要對你們說[301]，我本當還有些東西要送給你們[302]！為什麼我不給呢？難道是我吝嗇嗎？——

可是當查拉圖斯特拉說完這番話，激烈的痛苦向他襲來，跟他的朋友們分別的時間已經迫近，使他受不了，他不由得放聲大哭；誰也無法安慰他。可是當夜他就獨自離去，丟下他的朋友們。

---

300 內部包含最重大的思想的人。思想越重大，越保持沉默。

301 〈約翰福音〉16，12：「我還有好些要告訴你們，但你們現在擔當不了。」

302 指永遠回歸的思想。本當要給你們，但考慮自己還不夠成熟，所以心煩意亂。

第三部

你們想升高時，就向上仰望。我向下俯視，因為我已升高。

你們當中，誰能同時又笑又高升呢？

登上最高的山頂的人，他嘲笑一切「扮演的悲劇」和「實際的悲劇」。

——第一部〈讀和寫〉

浪遊者[1]

午夜時分，查拉圖斯特拉取道越過島上的山脊，想在第二天大早到達對面的海岸：因為他要在那裡乘船。那裡有個良好的停泊場，外國船也愛在那兒拋錨；它們把好多想從幸福島前往海外的旅客運走。當查拉圖斯特拉這樣登上山路時，他在途中想到他從少年時走過的許多孤獨的旅程，想到他已經攀登過多少群山、山脊和峰頂。

我是個浪遊者和登山者，他對自己的心說道，我不愛平地，好像我不能長時期靜坐。

今後，不管碰到什麼命運和體驗——其中總會有浪遊和登山：我們到頭來總是體驗自己[2]。

還會讓我碰到偶然的時期已經過去了；現在我所能碰到的，還有什麼不是已屬於我自己的事哩！

只有回來，終於回到老家——我自己的自我，長久漂泊在異鄉、分散在一切事物和偶然之間的自我終於回頭了。

我還知道另一點：我現在面對著我的最後的峰頂，給我保留到最後的峰頂。唉，我必須登上我的最艱險的道路！唉，我開始了我的最孤獨的浪遊！

可是，跟我屬於一類的人，他逃避不了這樣的時刻：這個時刻對他說：「現在你才走上你的偉大之路！峰頂和深淵——現在包含為一體了[3]！

你走上你的偉大之路：它向來被稱為你的最後的危險，現在卻成了你的最後的避難所[4]！

---

1 本章描寫回歸山洞的旅途中的感慨，邁向偉大的高處而作最後的孤獨的浪遊。但在登高之前，必先走下到寂寞的悲哀的大海，亦即升向最高處要從最深處開始。

2 經過種種體驗，到頭來還是要往上攀登，以實現自己本來的更高的理想，再確認本來的自我。

3 向偉大攀登，要登上的不僅是山頂，而是包括深谷的全山。理想之高，跟低的現實乃是一體。

4 講述深奧的睿智，要回到真正的自我，是艱險的，但偉大就存在於危險之中，因此你也由此而獲救。

你走上你的偉大之路：在你的背後已不再有退路，必須以此鼓起你的最大的勇氣！

你走上你的偉大之路：這裡不許有任何人尾隨著你！你的腳本身擦去了你身後的路，在路上寫下大字：不可能[5]。

如果從現在起你不再有任何梯子，那麼你必須懂得，爬到你自己的頭上：你怎能想用別的辦法向上爬呢？

爬到你自己的頭上，越過你自己的心吧[6]！現在你所具有的最柔和的一切，必須成為最嚴酷的。

對自己過分愛護的人，最後會因過分愛護而生病。使人變得嚴酷的，該受讚美！我不讚美那種地方，那兒有奶油和蜜——流著[7]！

為了看得多，學會不注視自己[8]是必要的——這種嚴酷對每個登山者是必須的。

可是，作為認識者而過於張目逼視的人，他對一切事物，除了看到其前景[9]，怎麼能看得更多哩！

而你，哦，查拉圖斯特拉，你是想看到一切事物的根底和背景[10]的：因此你必須越過你自己攀登——向上，登上去，直到你甚至看到你的星[11]在你的下方！

是的！俯看到我自己，還有我的星：這才能稱為我的峰頂，給我保留下的我的最後的峰頂！——」

---

5 你走的道路，跟隨者無法跟著你走。

6 超越自己，克服理智而飛躍。

7 〈出埃及記〉3，8：「領他們……到美好寬闊流奶與蜜之地。」

8 向上攀登，開闊視野，把自己的安危置之度外。

9 近視者只看到事物的表層，不能看透其核心。

10 根底（Grund）和背景（Hintergrund）指事物的本質，深層的核心。背景跟前文的「前景」（Vordergrund）相對而言，「前景」指表層的現象、表面的事理。

11 你的理想。理想過的各種價值。

查拉圖斯特拉在登山時如是對自己説著，用嚴酷的箴言安慰他的心：因為他的心從未有過如此的傷痛。當他登上山脊的高處時，瞧，另一邊的大海浩瀚地展現在他的面前：他停下來，沉默良久。可是在這高處的夜晚，非常寒冷，天空晴明，充滿星光。

我認識我的命運，他終於憂傷地説道。好吧！我已準備好。我的最後的孤獨剛剛開始。

唉，我下面的這片黑沉沉的憂傷的海！唉，這個充滿厭惡的黑暗！唉，命運和海！現在我必須向你們那裡走下去[12]！

我面對著我的最高的山和我的最長久的浪遊：因此我首先必須比以前任何時候更深地走下去：

——比以前任何時候更深地走下到苦痛之中，一直下降到它的最黑的黑潮裡去！這是我的命運所想望的：好吧！我已準備好。

那些最高的山從何處而來？我曾經這樣問過。現在我知道，它們是從海中升上來的。

這個證據寫明在它們的岩石上，它們的峰頂的岩壁上[13]。最高者必須從最深處升起，才能成其高。——

查拉圖斯特拉在寒冷的山頂上如是説著；而當他走到大海近旁，最後獨自站在危岩之間時，他一路上走得累了，比以往任何時候更充滿了憧憬之情。

---

12 為了攀登上生之絕頂，先要下降到大海去。海作為人類的比喻（人海）。叔本華認為生是苦惱的，令人厭惡的，但又是逃避不了的。只有決心深入到它的黑潮裡去。克服這一關，就能治癒生之病痛。

13 由山上的貝殼化石和水成岩而知之。

現在一切都還睡著，他說道；大海也在沉睡。大海的眼睛睡意沉沉而奇妙地望著我。

可是它溫馨地呼吸著，我感覺到。我也感覺到，它在做夢。它在硬墊子[14]上面夢沉沉地輾轉反側。

聽啊！聽啊！它是怎樣在作著不愉快的回憶而呻吟！或者懷著不愉快的預期[15]？

唉，我跟你一同憂傷了，你這黑沉沉的怪物，而且為了你，還怨恨我自己。

唉，我真恨我的手沒有足夠的力量！說真的，我真樂願把你從惡夢中解救出來！

——

查拉圖斯特拉如是說時，他懷著憂鬱和愁苦嘲笑他自己。怎麼！查拉圖斯特拉！他說道，你還要對大海唱安慰之歌麼[16]？

唉，你這充滿愛的傻瓜查拉圖斯特拉，你這輕信的樂天派！不過你一向如此：你一向非常相信地走近一切可怕者[17]。

任何怪物，你都想去撫摩一下。一接觸它溫暖的呼吸的一口氣，一看到它前爪上的幾根毳毛——：你就準備去喜愛它、引誘它。

對於最孤獨者，危險的是他的愛，對一切只要是有生命者的愛！確實，在我的熱愛之中的愚蠢和謙虛[18]是可笑的！——

14 海底粗糙而堅硬。

15 海產生出粗惡的人類。今後還要產生出來（海的預期或預感）。

16 警戒自己的廉價的同情，又嘲笑自己的老脾氣復發。

17 查拉圖斯特拉心裡充滿愛，對應予克服的人性也充滿信任，容易受同情誘惑。這是他的最大的危險。

18 給人以低級的愛就是愛之中的謙虛。高級的愛，由於其嚴格，使對方

查拉圖斯特拉如是說罷，又一次笑了出來：可是在此時，他想起了他丟下的那些友人——，他又對這種懷想感到生氣，就像他這樣懷想有點對不起他的友人[19]。隨即，這位嘲笑者哭起來了——查拉圖斯特拉在憤怒和憧憬之餘傷心痛哭起來[20]。

幻影和謎[21]

1

在船員們中間傳開這個消息，說查拉圖斯特拉在船上——因為有個來自幸福島的人跟他同時上船——，就引起了極大的好奇和期望。可是查拉圖斯特拉有兩天都默不作聲，陷於哀傷之中，神色冷淡，充耳不聞，人們看他，問他，他都不加理會。可是到第二天傍晚，他又打開耳朵，儘管他還是一聲不吭：因為在這從遠處開來又要開往遠處去的船上，可以聽到好多奇聞和驚險的事情。可是查拉圖斯特拉乃是一切愛好遠遊、沒有冒險就無法活下去的人們的朋友。瞧！在他聽人講時，他自己的舌頭也放鬆了，他的心頭的冰也解凍了：——於是他開始作如是說：

你們這些大膽的探求者[22]、嘗試者，巧妙地揚帆而在可怕的大海上駕船的人，——

你們這些陶醉於啞謎的人，愛好朦朧之光的人[23]，聽到笛聲就讓你們的靈魂被勾引到任何魔法深淵的人[24]：

不得不向上。

19　以溫馨的心情懷念朋友，乃是低級的愛，猶如對朋友輕視，故覺得好像是對不起朋友。

20　《聖經》用語。〈馬太福音〉26，75：「伯多祿（彼得）……就傷心痛哭起來。」

21　幻影指永遠回歸的預感。

22　把船員比作進行大膽的冒險而去探求真理的人。

23　喜愛追求未知的真理，在不可解的境地裡巡遊。

24　令人聯想到半人半鳥的海妖賽倫，她們要用歌聲迷惑住奧德修斯和他的部下（荷馬《奧德賽》第12歌）。

——因為你們不想用膽怯的手順著一根線[25]摸索前進，你們能猜得出的，你們就討厭去推斷[26]——

我只對你們講我見到過的這個謎，——最孤獨者所見的幻影。——

最近我黯然走過死屍色的晦暗之中，黯然憂傷而冷酷，閉緊嘴唇。在我眼前沉落的不僅是一個太陽[27]。

一條在碎石當中昂然上升的山路，一條充滿惡意而孤僻的、連草和灌木也不再愛在那裡生長的山路[28]：這一條山路在我的昂然闊步的腳下發出軋軋的聲響。

默默地踏過發出嘲笑的軋軋之聲的小石子，踩住使我滑腳的石頭：我的腳就如此強行向上。

向上——不管那拖我後腿、把我的腳拖往下邊、拖往深谷的魔神，那個重壓之魔[29]，我的魔鬼和大敵。

向上——不管他騎在我肩上，那個半侏儒，半鼴鼠；那個跛子；還要教人變跛的跛子；那個給我的耳朵裡塞鉛、給我的腦子裡注入鉛滴的思想的傢伙。

「哦，查拉圖斯特拉，」他低聲吐出一個個嘲笑的字眼，「你這智慧的石頭！你把你自己拋得很高，可是每一塊被拋上去的石頭都得——掉下來[30]！

哦，查拉圖斯特拉，你這智慧的石頭，你這石弩[31]之石，你，星[32]的破壞者！你把你自己拋得這樣高，——可是每一塊被拋上去的石頭——都得掉下來！

---

25 希臘神話中阿里阿德涅給忒修斯一個線團，讓他把線的一端拴在迷宮門口，進去又能出來。

26 不願作論理（邏輯）的思考而愛直覺，進行猜測的冒險方法。

27 所有光明都從我眼前消失（克服了許多理想）。

28 我的人生的道路是險峻的、孤獨的、到處充滿敵意的。

29 妨礙上升之力。在物理上是重力，在精神上是厭世、虛無感、褊狹的現實精神。

30 你高舉的思想，將像投出的石頭一樣掉在你身上打傷你。在你克服自己的每一步，你都要苦於自己的矛盾。隱藏在你心中的重壓之魔會使你的努力

你自作自受，注定要用石頭砸你自己：哦，查拉圖斯特拉，你把石頭確實拋得遠，——可是它會回過來掉在你自己的頭上！」

侏儒説罷，就默不作聲；他的沉默持續很久。這種沉默使我苦惱；雖然是如此有兩人在一起，但確實比單獨一人還要孤獨！

我攀登，我攀登，我夢想，我思考——可是一切都壓迫著我，使我苦惱。我像一個病人，被他的嚴重的痛苦搞得疲憊，又被惡夢糾纏得從沉睡中驚醒。——

可是我的身體裡有某種東西，我稱它為勇氣：它直到現在，把我的一切沮喪誅除。這種勇氣最後命我停下來説：「侏儒！有你就沒有我！」——

因為勇氣乃是無上的誅戮者——勇氣，它進行攻擊：因為在一切攻擊之中有軍樂之聲。

而人乃是最勇敢的動物：他由此征服了一切動物。他還用軍樂之聲征服了一切痛苦；可是人類的痛苦乃是最深的痛苦。

勇氣也誅滅了面臨深淵時的眩暈：人在哪裡不會如臨深淵！觀察本身——不就是觀察深淵嗎？

勇氣乃是無上的誅戮者：勇氣也誅滅同情。而同情乃是最深的深淵：人們對人生觀察得越深，對痛苦也就觀察得更深。

可是勇氣乃是無上的誅戮者，勇氣，它進行攻擊：它還把死亡誅滅，因為它説：「這

落空。

31 石弩即古代的投石器。

32 各種理想。

就是以前的生存嗎？好罷！再來一次[33]！」

在這些談話之中卻有很多的軍樂[34]之聲。有耳可聽的，就應當聽[35]。——

2

「站住！侏儒！」我說道，「有我就沒有你！可是我是兩人中的較強者——：你不懂得我的深淵似的思想！這個思想——你承受不了[36]！」——

這時，我突然覺得身體輕鬆了一點：因為這個侏儒從我的肩頭跳下去了，這個好奇者！他蹲坐到我面前的一塊石頭上去。在我們站住的地方，正好有一條門道。

「瞧這條門道！侏儒！」我接著說，「它有兩面。有兩條道路在這裡會合：還沒有任何人走到過它們的盡頭。

身後的這條長路：它通向永恆。向前去的那條長路——它是另一個永恆[37]。

這兩條路背道而馳；它們正好碰頭在一起——在門道這裡，就是它們的相會之處。門道的名字寫在上方：『瞬間』。

可是如果有誰選擇二者之一繼續前行——越走越遠，那麼，侏儒，你以為這兩條路會永遠背道而馳嗎？」——

「一切呈直線的都是騙人的，」侏儒輕蔑地嘰咕著，「一切真理都是曲線的，時間本身就是個圓周[38]。」

---

33 對生存感到絕望而想求死之心也可以被勇氣誅滅。雖然人生是痛苦的，但還決心想再生存下去。這是永遠回歸的思想之中的最重要的實踐的態度。

34 軍樂代表戰鬥性，是從高處對生存所持的達觀的智慧和態度。

35 《聖經》用語。〈馬太福音〉11，15：「有耳可聽的，就應當聽。」

36 我預感到而且藏有永遠回歸的真理，故比你強。像你那樣表面鈍重的玄學的精神，對生命的無限深刻的思想承受不了。

37 身後的路是過去，向前的路是未來。

38 過去決定未來，影響未來，殘留在未來之中，兩者形成圓環的關係。表

「你這重壓之魔啊！」我大怒地說道，「別這樣輕易地說話！否則我要讓你老蹲在你蹲著的地方，跛子，——我把你背得太高了！」

「你瞧這個瞬間！」我繼續說下去，「從這個瞬間之門道，有一條漫長的永恆的路向後伸去：在我們背後有個永恆。

一切能走的，不是都該在這條路上已經走過一次了嗎？一切能發生的，不是都該已有一次發生過、完成過、曾在這條路上走過去了嗎[39]？

如果一切已經存在過，你這個侏儒對這個瞬間有什麼看法呢？這個門道不也應該已經——存在過了嗎？

一切事物不都是如此緊密結合著，為此，這個瞬間不也要把一切要來的事物向自己身邊拉過來嗎？因此——也把它自己拉住？

因為，一切能走者，也得在這條長長地伸出去的路上——必須再走一次！——

這個在月光下慢慢爬行的蜘蛛，這個月光本身，還有在門道上一同竊竊私語、談說永恆事物的我和你——我們不是全應當已經存在過了嗎？

——而且再回來，走那條在我們面前伸出去的另一條路，在這條漫長的可怕的路上——我們不是必須永遠回來嗎？——」

我這樣說著，聲音越說越輕：因為我害怕我自己的思想和私下的想法。這時，突然間，我聽到一隻狗在附近叫著。

面上看來，頗似永遠回歸的思想，但本質上卻有歧異，因為缺少堅忍和向上的要素，所以查拉圖斯特拉說他說得太輕鬆而感到憤怒。

39 在未來所能發生的一切現象，已在過去發生過。亦即現在的事物現象都是過去的事物現象的回歸。

我曾聽到過一隻狗如此叫過嗎？我的思想追憶起過去。是的！當我還是個孩子時，在遙遠的兒童時代：

——當時我聽到過一隻狗這樣叫[40]。我也看到牠，豎起全身的毛，仰起頭，戰戰兢兢，在最沉寂的午夜，在狗也相信有鬼的午夜時分。

——於是喚起我的憐憫。正在那時，圓圓的月亮，死寂地，在屋子上空升起，它正好停在那裡，一只圓圓的火球，——靜靜地停在平坦的屋頂上，好像停在別人家的私有地上。

當時，狗也為此感到害怕：因為狗也相信有小偷和鬼。當我又聽到牠如此叫時，又一次喚起我的憐憫[41]。

現在侏儒到哪裡去了？那個門道呢？那隻蜘蛛呢？那一切竊竊私語呢？難道那是我的夢？我做夢做醒了沒有？突然間我站在荒涼的懸崖之間，獨自一人，淒涼地站在最淒涼的月光之下。

可是這兒躺著一個人！這兒！這隻狗，跳著，豎起全身的毛，哀叫著——現在牠看到我走來——於是牠又叫起來，牠大聲叫著……我可曾見過一隻狗如此大聲呼救？

確實，我所見到的，這種樣子是我從未見過的。我看到一個年輕的牧人，蜷縮著，哽咽著，顫抖著，面孔扭歪著，他的嘴裡懸吊著一條粗大的黑蛇。

我曾見過在一個面孔上現出如此厲害的令人厭惡和蒼白的恐怖嗎？也許他曾經睡

---

40 狗感到害怕而叫，這也是過去的回歸。尼采在童年時，當他父親跌倒而死時，曾聽到一陣驚人的狗叫，結果發現他父親躺在地上不省人事了。尼采也曾被這個思想困擾過，想到他自己也會像他父親一樣遭到同樣的死亡。

41 現在聽到的這陣狗叫，跟上述聽到狗叫的那一瞬間，喚起同樣的心情。

熟？於是這條蛇爬進他的喉嚨裡——牠就在那裡緊緊咬住。

我用手把那條蛇拖了又拖——徒然！我的手沒有把喉嚨裡的蛇拖出來。這時從我內心裡發出叫聲：「咬吧！咬吧！

咬下牠的頭！咬吧！」——從我內心裡發出如此的叫聲，我的恐怖，我的憎恨，我的厭惡，我的憐憫，我的全部善意和惡意都從我的內心裡以同一個叫聲叫出來。——

你們，我周圍的勇敢的人們！你們這些探求者，嘗試者，你們當中巧妙地揚帆在未被探測的海上航行的人！你們，謎的愛好者！

就來解解我當時所見的謎吧，就來給我解釋最孤獨者所見的幻影吧！

因為那也是一個幻影，一個預見：——我當時所看到的是什麼比喻呢？將來有一天必將來到的是誰呢？

那樣有蛇爬進他喉嚨裡的那個牧人是誰呢？將有一切最重最黑的東西像那樣爬進他喉嚨裡的那個人是誰呢[42]？

可是這個牧人按照我叫出的勸告去咬了；他使勁地咬！他把蛇頭吐出來，吐得很遠——：並且跳起來[43]。——

不再是個牧人，不再是個人——而是一個變容者，一個被光裹住的大笑者！世界上從沒有過一個人像他那樣大笑似地大笑過[44]！

哦，我的弟兄們，我聽到一陣大笑，這不是人的大笑，——這時，有一種渴望，一種

---

42 像查拉圖斯特拉那樣的人，是有決心求生的人。他要把生存的大敵（虛無、否定、厭世等的思想）用自己的力量咬掉，轉變成求生的意志。

43 這就是幻影之謎的答案。這個牧人就是查拉圖斯特拉自己。蛇就是侵襲他而使他煩惱的可怕的思想。他鼓著勇氣把藏有很多危險和矛盾的思想加以克服。

44 具有超人的氣概。

永不熄滅的憧憬，在侵蝕我[45]。

我對這種大笑的憧憬在侵蝕我：哦，要我還活下去，我怎樣受得了！但現在就死，我又怎會受得了[46]！——

查拉圖斯特拉如是說。

違背意願的幸福[47]

心裡藏著如此的謎和辛酸，查拉圖斯特拉渡海而去。可是當他離開幸福島和他的朋友們遠航了四天之後，他把一切痛苦全都克服了——：他勝利地、腳步堅定地穩站在他的命運之上。於是查拉圖斯特拉對他的歡欣雀躍的良心如是說道：

我又孤獨了，我願意孤獨，跟純潔的天空和遼闊的大海孤獨地在一起；我的周圍又是下午。

過去，我第一次找到我的朋友們，是在下午，我第二次找到我的朋友們，也是在下午——在一切的光都變得更加寂靜的時刻。

因為，還在天地之間漂蕩的幸福的太陽，她現在還在尋找一個光明的靈魂作她的宿泊的場所：現在，一切的光都由於幸福而變得更加寂靜了。

---

45 但這個牧人並非現在階段的查拉圖斯特拉本身。他是懷著要達到如此階段的憧憬的希望者。

46 死掉，就不能那樣大笑了。

47 查拉圖斯特拉為了要完成永遠回歸的思想，回到孤寂之中，獻身於一切不幸以鍛鍊自己，但常有違背意願的幸福感侵襲著他。

哦，我的生命之下午！我的幸福也曾降到谷中去尋找宿泊之處：它在那兒找到這些開朗好客的靈魂。

哦，我的生命之下午！我什麼沒有放棄，以便獲得一樣東西：我的思想的這種活的移植[48]，我的最高希望的這種曙光！

從前，我這個創造者也曾尋找過夥伴和我的希望的孩子們：瞧，後來才知道，他不能找到他們，除非，他自己先把他們創造出來。

因此，我正埋頭於這個事業之中，向我的孩子們走去，又離開他們回來：為了我的孩子們，查拉圖斯特拉必須完成自己。

因為，人衷心所愛的，只是他的孩子和事業；如果對自己有莫大的愛，這就是妊娠的徵兆[49]：這是我的發現。

我的孩子們剛在他們的初春時期萌芽發青，緊緊地挨在一起，共同在風中搖曳，他們是我的園中和最優質的土壤中的樹木。

確實，有這些樹木互相生長在一起的地方，那裡就是幸福的島嶼！

可是，有一天，我要把它們連根挖出，把每一棵單獨分栽，讓它們學會孤獨、反抗和小心謹慎。

我要讓它們長出節疤，彎彎曲曲，具有柔韌的堅硬性，矗立在大海邊，成為不屈不撓的生命的活燈塔。

48 傳受思想的人。也就是下述的夥伴和孩子。希望的曙光，換言之，也就是孩子們，遵奉他的教言的新的一代。

49 懷孕的女性愛她自己。愛自己，是因為對自己的孩子（和事業）的真正的愛是在自己的內部產生的。

在暴風沖下大海的地方，在群山的岩鼻飲水的地方，將來，它們每一棵樹都要在那裡日夜守望，對它自己進行考驗和認識。

它要經受考驗，被認清，是不是我的同類和同族——是不是一種長久意志的所有者，在它說話時也是沉默寡言，而且是那樣落落大方，在施予時也會奪取：——

——讓他將來會成為我的夥伴，成為查拉圖斯特拉的共同創造者和共同慶祝者——：成為這樣的人，就是把我的意志寫在我的石版上：使一切事物達到更完美的完成。

為了這些樹木和它們的同類，我必須完成我自己：因此我現在避開我的幸福，獻身於一切不幸——為了對我進行最後的考驗和認識。

確實，現在是我離去的時候了；流浪人的影子和最長久的無聊和最寂靜的時刻——全都對我說：「現在是緊急的時候了[50]！」

風從鑰匙孔裡吹進來，說：「來吧！」門不錯過時機打開，說：「去吧！」

可是我躺著，擺脫不了對我的孩子們的愛：渴望，對愛的渴望給我設下這個圈套，我變成我的孩子們的俘虜，為了他們而失去自我[51]。

渴望——對我而言：就是失去了自我。我擁有你們，我的孩子們！在這種擁有中，一切都該很確實，沒有任何渴望的餘地[52]。

我的愛之太陽，像孵卵一樣，蒸曬在我的身上[53]，查拉圖斯特拉泡在自己的熱氣之中，——於是影子和懷疑都從我頭上飛離而去[54]。

---

50 命他完成永遠回歸的思想。也就是應當回到山洞的孤獨之中，獻身於艱難的事業。

51 由於太愛惜弟子，不容易離開他們獨自上山。

52 如果是真正擁有，即使離開對方，也非常放心（確實），現在也就沒有渴望的必要。如果並非完全擁有，才會渴望對方。

53 被對於孩子的愛溫暖地拴住，就不能面向應該真正完成自己的孤獨的寒氣出發。

54 影子即流浪人的影子（孤獨的流浪人常以他的影子作夥伴），跟懷疑為同一物。懷疑就是說「老是處於這樣的狀態行嗎」。

我已經在嚮往嚴冬的寒氣[55]：「哦，但願嚴冬的寒氣再來讓我瑟瑟發抖吧！」我嘆息著：——這時，冰一樣的霧氣從我內心裡升湧出來。

我的過去衝破了墳墓而出，好多被活埋的痛苦醒過來了——：它們只是被裹在殮屍布裡大睡了一場而已[56]。

就這樣，一切都以徵兆的口氣對我說：「時候到了！」可是我，沒有聽到：要一直等到最後，我的深淵動搖起來，我的思想咬齧著我[57]。

唉，深淵的思想啊，你就是我的思想！什麼時候我才會獲得這種強力，聽到你的挖掘的聲音而不再發抖呢？

當他聽到你的挖掘聲音時，我的心會一直跳到喉嚨口！你的沉默會勒緊我的脖子，你這深淵似的沉默者！

我還從來不敢把你叫上來：我把你的思想——懷抱在心裡，已經夠我受的了！我還沒有足夠的強力能達到最後的獅子的目空一切和奔放。

我只要一想到你的重壓，總是感到恐怖萬分：可是總有一天我會發現我有這樣的強力，能發出獅子吼的聲音把你叫上來！

等我在這方面一克服了我自己，我還要在更偉大的另一方面克服我自己；勝利將會成為我的完成的印記！——

但此刻我還在不安定的海上漂流；說奉承話的偶然在諂媚我[58]；我瞻前顧後——我還

---

55 擁有弟子，為了對他們的愛而感到滿足。此時，想要回到創造的孤獨之中的欲望甦醒過來了。

56 由於對弟子們的愛而暫時忘卻的過去的不安和痛苦甦醒了過來，使自己無法靜止。

57 我還在磨磨蹭蹭，而在我內心中的東西（深淵）已急於躍動出來，永遠回歸的思想激烈地向我襲來。

58 現實的眼前的幸福感。這只是偶然的現象，何時消失，不可預測。就像波平浪靜的海面。

看不到終極的目標。

我進行最後鬥爭的時刻還沒有到來——或許它正在到來？確實，充滿欺騙之美的人生之海[59]正在我四周注望著我！

哦，我的生命的下午！哦，黃昏前的幸福！哦，大海上的港口[60]！哦，不安定中的和平！我是多麼不信任你們！

確實，我不信任你們的欺騙之美！我就像那種情郎，不相信過分柔媚的微笑。

就像嫉妒心重的情郎推開他最愛的女性，儘管他在嚴酷之中還懷著柔情——，我就這樣推開了我面前的幸福的時刻。

去吧，幸福的時刻！你給我帶來的是違背意願的[61]幸福！我站在這裡，樂願迎接我的最深的痛苦——你來得不是時候！

去吧，你這幸福的時刻！你還是留宿在那裡——在我的孩子們那裡！快去吧！趁黃昏沒有到來之前，以我的幸福祝福那些孩子們[62]！

黃昏已經逼近了：太陽墜落了。離開吧——我的幸福！——

查拉圖斯特拉如是說。他通宵等待他的不幸[63]；可是他徒然等待。夜色依舊明亮而寧靜，幸福本身越來越靠攏他。可是到天亮時，查拉圖斯特拉卻對他的心大笑著而嘲諷地說道：「幸福跟著我。這是由於我不跟女人走。而幸福乃是一位女性。」

---

59 誘惑我，叫我安居的人生諸現象。

60 在大海上的一時的安全感。

61 歌德在《詩與真》第16章談到他的詩才時，說它最歡暢最豐富地表現出來，是不自覺的，甚至是違背意願的。

62 流露出對弟子們的溫情。

63 暗指〈馬太福音〉8，23～27所講的故事：「耶穌上了船，門徒跟著他。海裡忽然起了暴風，……門徒來叫醒了他……耶穌於是起來，斥責風和海，風和海就大大的平靜了。」

日出之前[64]

哦，我頭上的天空，你，純淨的天空！深深的天空！你，光的深淵！我望著你，由於神聖的欲望而戰慄。

把我自己投入你的高空之中——這就是我的深湛！把我自己藏進你的純淨之中——這就是我的清白！

神被他的美裹住：天空啊，你也如此隱藏著你的星辰。你不開口：你卻如此向我宣示你的大智。

默默地在澎湃的大海上空，今天，你高懸在我的面前，你的愛和你的害羞[65]對我澎湃的心靈說出啟示。

你裹在你的美之中，美麗地走向我，你在你的大智之中顯現，無聲地跟我說話。

哦，我怎會猜不出你的心靈的一切害羞！在日出之前，你走向我，這個最孤獨的人。

我們從一開始就是朋友：我們有共同的痛苦、恐怖和后土；還有，太陽也是我們共有的[66]。

我們互不交談，因為我們知道得太多了——：我們默默相對，我們互笑我們的知識。

你跟我不是如同光之於火嗎？你之於我的洞察力，不是如同姐妹之魂嗎？

我們共同學習一切；我們共同學習超越自我而向自我攀登，撥開浮雲地微笑：——

用明亮的眼睛，從迢迢的遠處，撥開浮雲往下瞧，當我們下方有強制、目的和罪過像

---

64 查拉圖斯特拉在船上仰看日出前的清空，讚頌它的美。拂曉的世界還沒有由於所謂道德的世界秩序的那種合理的解釋所玷汙。本文為對於宇宙秩序的合理性、道德性的否定。對於妥協的排除。

65 不作明白的外在的表示，而是內藏的思想。

66 我這方面的太陽，就是我的最高的希望和理想。拂曉時的海上的天空跟我有同樣的性質。此句原文中的 gemeinsam（共同）、Gram（痛苦、怨恨）、Grauen（恐怖）、Grund（后土，即大地）諸字，音頭均為G或Gr，猶如我國音韻學中雙聲疊韻的文字遊戲。在譯成他國語時，難以依樣畫葫蘆。

濛濛細雨一樣瀰漫之時[67]。

我獨自徬徨：在夜色籠罩的迷路上，我的心靈為誰忍受飢渴？我登到山上，如果不是找你，我在山上還會找誰呢？

我的一切徬徨和登山：只是迫不得已，無可奈何的權宜之計——我的全部意志只是想飛，飛進你的裡面！

還有什麼比浮雲和玷汙你的一切更使我憎恨的呢？我也恨我自己的憎恨，因為它玷汙了你！

我討厭浮雲，這種走路沒聲音的賊貓：它們搶走你和我，我們共有的一切——巨大無根的肯定和祝福[68]。

我們討厭這種仲介者和混合者，這些浮雲：這些半吊子，它們既不懂得祝福，也不懂得全心詛咒。

我情願在陰霾密佈的天空之下坐在木桶裡[69]，情願坐在不見天日的深淵裡，也不願看到你，光天啊，被浮雲玷汙！

我常常渴望用鋸齒形的閃電金絲將行雲縛緊，讓我，像雷鞭一樣，在它們鼓起的肚皮上敲鼓：——

——一個憤怒的擊鼓者，因為它們從我這裡搶去了你的[70]肯定和祝福，你，我頭上的天空，你，純淨的天空！光明的天空！你，光的深淵！——因為它們從你那裡搶去了

---

67 不管下界的任何情況（由法律和權力所造成的強制、目的即功利主義，罪過即宗教的罪責觀）而採取笑看的高超的自由態度。

68 對生存的肯定。其全部內容包含永遠回歸的思想。

69 古希臘的犬儒學者坐在木桶裡冷眼觀察人生和世界。

70 你的也是我的。你和我是不可分割的一體。

我的肯定和祝福。

因為我寧願喜愛喧囂、雷鳴和暴風雨的詛咒，也不愛這種從容的、不確實的貓咪平靜；在世人之中我也最恨一切膽小怕事者、半吊子和多疑而猶豫的浮雲派。

「不會祝福的人，應當學會詛咒[71]！」——這句明晰的教言從明朗的天空裡向我垂降，這顆星，即使在黑夜之中，也閃耀在我的天上。

你，純淨的天空！光明的天空！你，光的深淵！只要你環繞著我，我就是祝福者和肯定者——不管在任何深淵之中，我也要把我的祝福的肯定言詞帶去。

我成了祝福者和肯定者：我已為此拚搏了很久而成為拚搏者，總有一天我可以放手去祝福。

這就是我的祝福：高懸在萬物之上，猶如它自己的天空，猶如它的圓屋頂，它的天藍色鐘形罩和永久的安定[72]：如此祝福的人，他就幸福了！

因為，萬物在善惡的彼岸，在永恆的泉邊接受洗禮；而善與惡本身，不過是中間的影子、被淚水沾濕的憂傷、浮雲[73]。

確實，這乃是祝福而不是褻瀆，如果我教導：「在萬物之上高懸著偶然之天空、清白之天空、意外之天空、驕縱之天空[74]。」

「封·意外[75]」——乃是世上最古老的貴族，我把它交還給萬物，我把萬物從受制於目的的奴隸狀態中解放出來[76]。

---

71 不妥協的態度。它和真正的生產性、創造性相結合。

72 對一切事物，就其原本的姿態加以肯定。

73 善與惡是相對的，因為人各自從不同的立場進行評價。

74 這裡列舉了「偶然」等等的說法，總言之，就是自由的意思，不受狹隘的善惡的立場限制，事物本身是自由的。亦即事物的活動是偶然的，非合理的。所謂合理的道德的宇宙秩序是不存在的。

75 德語中 von Ohngefähr =ungefähr 原為偶然（意外）之意。尼采在這裡把它當作固有名詞看待。德國人在貴族姓氏之前加「von」字以表示。《舊約·所羅門智訓》2，2：「我們原是偶然而生。」

當我教導：沒有「永恆的意志[77]」作用於萬物之上、貫穿於萬物之中，我就把這種自由和天空的晴朗、像天藍色鐘罩一樣罩在萬物之上。

當我教導：「不管任何事物，有一樁是不可能的[78]，此即合理性！」我就把這種驕縱，這種愚蠢放在那個意志的位置上以代替它。

確實，一點點的理性，播撒在一顆顆星辰上的智慧之種子——這種酵母混合進萬物之中：智慧混合進萬物之中乃是為了愚蠢之故[79]。

一點點智慧確實是可能的；可是，我在萬物方面所看到的這種確實的幸福，乃是：它們寧願以偶然之腳——跳舞[80]。

哦，我頭上的天空，你，純淨的天空！高高的天空！沒有永恆的理性蜘蛛和蜘蛛網[81]，這就是我現在所說的你的純淨——

——在我眼中，你是供神聖的偶然所使用的舞廳，你是供神的骰子和擲骰子賭徒使用的神桌[82]！這就是你的純淨。

可是，你臉紅了？是我說了不該說的嗎？我本想祝福你，卻反而褻瀆了你嗎？

或者，使你臉紅的，乃是我們兩者的羞慚[83]？——你是叫我走，叫我沉默，因為現在——白天來了[84]？

世界是高深的——：比白天曾經想到過的更高深[85]。不是任何事物可當著白天說的[86]。可是，白天來到了：那麼，我們現在分手吧！

---

76 把萬物從機械的目的論中解放出來。

77 永恆的意志的代表如上帝的安排、黑格爾的世界精神。

78 《聖經》用語：〈馬太福音〉19，26：「在人這是不能的，在上帝凡事都能。」（或譯「在人，這是做不到的。」）

79 理性在各個事物中雖有部分的存在，但並非統一世界的原理，而只是為非合理的生命服務。

80 萬物並不順從理性的法則，毋寧是從事非合理的活動，進行生命的飛躍。

81 陷害人的迷妄。

82 世界的現象都是非合理的，換言之，都是偶然的，不啻是上帝的戲耍。

哦，我頭上的天空，你，害羞的天空！臉紅的天空！哦，你，日出之前的我的幸福！白天到來了：那麼，我們現在分手吧！——

查拉圖斯特拉如是說。

變小的道德[87]

1

當查拉圖斯特拉再踏上陸地時，他並沒有直接走向他的山上的山洞，而是兜了許多路，打聽了許多問題，問這問那，因此，他針對著自己開玩笑地說道：「瞧這一條河流，兜了許多曲曲折折的路，又流回到源頭來了！」因為，他想知道，在他出外期間，世人發生了什麼情況：他們變得偉大了，還是變得渺小了[88]。當他一看到一排新房子時，他驚奇地說道：

「這些房子意味著什麼呢？真的，沒有任何偉大的靈魂會把它造在這裡作為他自己的比喻[89]！

也許是愚昧的孩子從玩具箱裡拿出來的吧？但願有個其他的孩子把它再放到玩具箱裡去。

83 因為大膽說出太深奥的思想。

84 因為白天使一切合理地呆板化。

85 世界比合理的思考所想到的更深刻。

86 禁得起合理的判斷的，只是世界的事物現象的一部分。

87 攻擊現代人的精神的渺小。第二部〈文化之國〉：「你要當心小人！他們在你的面前覺得自己渺小。」

88 世人是向超人靠攏，還是遠離超人，向末等人（小人）靠攏呢？

89 不管是建築物或是事業，都是建立者的象徵和比喻。

這些房間和臥室：能有大人們進進出出嗎？我看它們好像是為絲綢玩偶造的；或者是為那些也願與他人共享的美食家們[90]造的。」

查拉圖斯特拉站立著沉思。最後，悲傷地說道：「一切都變得渺小了！

到處我都看到比較低矮的門：像我一樣的人還可以走得進去，可是——他必須彎下腰來！

哦，什麼時候我再回到我的故鄉，在那裡我不再需要彎腰——不再需要在矮小人面前彎腰！」——查拉圖斯特拉嘆息著眺望遠方。——

可是就在這一天，他講了一番關於使人變小的品德談話。

2

我走在這些民眾中間，眼睛張開：我不羨慕他們的品德，他們由此不原諒我。

他們諷刺我，因為我對他們說：對於小小的人們，小小的品德是必要的——因為我難以理解，為什麼小小的人們是必要的！

我仍然像一隻置身在陌生的農家的公雞，連那些母雞也來啄牠；可是我並不因此對那些母雞不友善。

我對她們很客氣，就像對待一切小小的不愉快的事一樣；對小人也鋒芒畢露地發火，我認為是刺蝟的見識。

90 由於奢侈而變得虛弱的人們，或是許多人聚在一起、大吃大喝、過著安逸生活的人們。

當他們在晚上圍坐在爐火旁時，大家都談起我——他們談到我，但沒有人為我——著想[91]！

這是我體會到的新的寂靜：他們在我周圍的喧嚷，給我的思想披上了一件外衣[92]。

他們互相喧嚷：「這片烏雲要對我們幹什麼？我們要留神，別讓它給我們帶來瘟疫[93]！」

就在最近，一個婦女把她那個要向我走來的孩子[94]拉回到她自己身邊：「把孩子們拉開去！」她叫道，「此人的眼光會灼傷孩子們的靈魂。」

我說話時，他們就咳嗽[95]：他們認為，咳嗽就是對付強風的抗議——他們一點也推測不出我的幸福之咆哮！

「我們還沒有跟查拉圖斯特拉打交道的時間。」——這是他們的辯解[96]；可是，「沒有時間」跟查拉圖斯特拉打交道的時間有什麼價值呢？

如果他們真會稱讚我：我怎能在他們的稱讚上面安睡？他們的頌揚對於我乃是一條有刺的帶子[97]：即使我把它解掉，還會感到傷痛。

我在他們中間也體會到這點：頌揚者假裝還報，實際上卻是想要更多的贈送。

問問我的腳，它是否對他們的頌揚和誘騙的調子感到中意！真的，它既不願跟著這樣的節拍跳舞，也不願停下。

他們想頌揚我、誘騙我去遷就小小的品德；他們想說服我的腳跟著小小的幸福之節

---

91 尼采是現代的流行。可是他是否真被人理解？其實，只不過是借尼采之名衛護自己的主張而已。

92 周圍無意義的喧嚷反使我陷於孤獨，使我的思想呈現出被歪曲的外觀。

93 被惡意的眼光看上一眼會帶來災禍，這是南歐的迷信。

94 〈馬太福音〉19，13：「那時有人帶著小孩子來見耶穌，要耶穌給他們按手禱告。門徒就責備那些人。」此處反用《聖經》典故。

95 咳嗽乃是無力的警告抗辯。

96 現代時機尚未成熟。人類向上的思想還有點過激。

97 從前基督教的苦行僧

拍。

我走在這些民眾中間，眼睛張開：他們變小了，變得越來越小——可是，這是由於他們的幸福和道德的教條所造成的。

就是說，他們在道德方面也是取中庸的態度的——因為他們想要安逸。可是，跟安逸相容的，只有中庸的道德。

他們在走路和前進時肯定也會按照他們自己的方式：我稱之為他們的一瘸一拐——。

因此，他們會成為每個快步行走者的障礙。

他們中的有些人在向前走時會轉動僵硬的頭頸往後瞧[98]：我愛跑過去撞著這種人的身體。

腳和眼睛不該互相欺騙，也不該互相指責欺騙[99]。可是在小人之中騙人者很多。

他們有些人有自己的意志，但大多數人只是聽憑他人的意志。他們有些人是真正的演員，但大多數人都是拙劣的演員。

在他們中間有不自覺的演員，也有違背自己意志的演員——，真正的總是很少，尤其是真正的演員。

這裡缺少男性：因此女性都變得男性化。因此只有十足的男性才能把女性中的女性——解救[100]。

在他們中間我看到最惡劣的這種偽善：就是發號施令者也偽裝出服從者的道德[101]。

為了折磨自己繫在身上的有刺的帶子。

98 向後回顧者，保守者。

99 行動與認識（思想、意識）應當一致。

100 現代女性之男性化乃是由於沒有十足男子漢的男子。真正的女性味是由真正的男性味引起的。

101 處於統治地位者大多自稱為民眾和國家服務者。

「我服務，你服務，我們服務。」——這就是統治者們的偽善在此發出的祈求——唉，要是頭等的統治者只是頭等的公僕就好了[102]！

啊，我的眼睛的好奇心甚至也墮入他們的偽善中去了；我看清他們所有的蒼蠅幸福和牠們在陽光照耀下的玻璃窗四周發出的嗡嗡之聲[103]。

我看到這麼多的善意，也有這麼多的弱點。這麼多的公正和同情，也看到同樣多的弱點。

他們相互之間處得很坦率、真誠、親切，就像沙粒和沙粒之間相處得那樣坦率、真誠和親切。

謙虛地懷抱著一種小小的幸福——他們稱之為「順從」！而同時他們又已經謙虛地在偷看一種新的小小的幸福。

他們其實最最希望的，單單是一件事：就是沒有人來傷害他們。這樣他們就可以搶先使任何人感到愉快。

這可是怯懦：儘管它被稱為「道德」。——

這些小人，如果他們有時粗聲粗氣地說話：我只聽到他們的沙啞聲音——就是說，每一次氣流通過，就使他們的聲音沙啞。

他們很機靈，他們的道德有機靈的手指。可是他們缺少拳頭，他們的手指不會鑽進拳頭裡去。

---

102 腓特烈大帝說過：「君主乃是第一流的公僕和第一流的國家執政官。」而在現代，統治者也偽裝基督教的道德。

103 執著於溫吞的凡庸的幸福的現代人。

對他們來說，美德就是變得謙虛和溫順：因此他們把狼變成狗，把人本身變成人們的最善良的家畜。

「我們把我們的座椅放在正當中。」——他們的怡然自得的微笑對我這樣說——「以同樣的距離遠離殊死的鬥劍者和滿足的母豬。」

這可是——凡庸：儘管被稱為適中。——

3

我走在這些民眾中間，散佈許多話語：可是他們既不知道拾取，也不知道保存。

他們奇怪，我來，不是[104]要責罵情慾和罪惡；真的，我來，也不是要提醒他們當心扒手[105]！

他們奇怪，我不是準備來使他們的機靈更加提高和敏銳：好像他們的機靈還不夠，他們的聲音就像石筆一樣發出嚓嚓的聲響。

當我大聲叫喊：「詛咒你們心中的一切怯懦的惡魔，那些喜愛哀泣、合掌、祈禱的惡魔。」——他們隨即大叫：「查拉圖斯特拉是無神論者。」

尤其是教他們順從的那些教師也如此大叫——；我偏偏喜愛對這些教師們的耳朵大叫：是呀！我是查拉圖斯特拉，無神論者[106]！

這些教人順從的教師們！到處，只要是小小的、有人患病、生疥瘡的地方，他們就

---

104 模仿《聖經》筆法。如〈馬太福音〉9，13：「我來，本不是召義人，乃是召罪人。」又10，34：「我來，並不是叫地上太平，乃是叫地上動刀兵。」

105 過於卑小的善惡觀。

106 我自己是反基督的。

會像蝨子一樣爬過去；只是由於我的噁心才不讓我去掐死他們。

好吧！這就是我向他們的耳朵灌進去的說教：我是查拉圖斯特拉，無神論者，他在這裡說：「誰比我更不信上帝？如有，我愛聽他的指教。」

我是查拉圖斯特拉，無神論者：我在哪裡能找到同道？凡是能聽從自己的意志而放棄一切順從的人都是我的同道。

我是查拉圖斯特拉，無神論者：我在我的鍋子裡烹煮一切偶然。一等它在鍋子裡煮得熟透，我才對它說歡迎，把它看作我的飯菜[107]。

確實，有些偶然以傲慢的姿態向我走來：可是我的意志卻更加傲慢地對他說話，——於是他就跪下來乞憐——

——請求我好心留他過宿，並且奉承地勸說：「哦，查拉圖斯特拉，看看我這個朋友來拜訪朋友了！」——

可是，既然沒有人具有我的耳朵，我幹麼還要說話！我情願出去對四面八方的風大叫：

你們這些小人，你們將變得越來越小！你們這些舒適的人，你們將化為齏粉！你們還會滅亡——

——由於你們許多小小的美德，由於你們許多小小的放棄，由於你們許多小小的順從！

---

107 並不受偶然支配，而是由我的意志，肯定它、意欲它，化為我的意志的產物。亦即以我的精神支配偶然，滲透偶然，我才加以容納和攝取。查拉圖斯特拉在客觀的世界認識上，承認偶然的支配作用，但在主觀的倫理意欲上，不容許任何偶然、他律的服從。

你們的土壤，過於愛護了，過於讓步了！可是，一棵樹要長得高大，它就想要向堅固的岩石四周伸出堅固的根！

你們甚至也放棄，在一切人類未來的織物上紡織；甚至你們的無為也是一張蜘蛛網，一隻靠吸食未來之血的蜘蛛[108]。

你們這些小小的有德之人，當你們獲取時，就像是偷竊；可是，就是在流氓中間，自尊心也說：「只有在不能劫奪時，才應該偷竊[109]。」

「是被授予的[110]。」——這也是順從的教條。可是，你們舒適的人啊，我對你們說：是被奪取的，而且從你們那裡將會被奪取得越來越多！

唉，但願你們拋棄一切半心半意的意志，就像決心行動一樣，決心慵懶無為！

唉，但願你們理解我說的話：「常做你們想做的事——可是首先要做能有意志的人！」

「常愛你們的鄰人，就像愛你們自己[111]一樣，——可是首先要做愛自己的人——

——要做懷著大大的愛去愛、懷著大大的藐視[112]去愛的人！」這就是無神論者查拉圖斯特拉所說的話——

可是我幹麼說這番話，這裡沒有人具有我的耳朵！在這裡，對於我，還是說得太早了一個小時。

在這些民眾中間，我是我自己的先驅[113]，衝破黑暗小路的我自己的報曉雞鳴。

---

108 你們的消極的否定的態度，對可以創造出人類未來之精神起了腐蝕作用。

109 劫奪是男性的戰鬥和冒險，偷竊是卑小的勾當。

110 只要信仰上帝，任什麼必要的東西，都自然而然地由上天授予，這是宗教的態度。可是，這樣從容的態度，會使你的自我被劫奪而喪失了自我。

111 〈馬太福音〉22，39：「要愛人如己。」（「你應當愛近人，如你自己。」）

112 愛自己，要使自己向上，就得藐視現在的自己。

113 〈馬太福音〉11，10：「看，我派遣一位使者在你面前。他要在你前面預備你的道路。」

可是他們的時間到了！我的時間也到了！他們時時刻刻在變得更小，更貧乏，更加不會繁殖——可憐的雜草啊！可憐的土壤啊！

在我的面前，不久他們就會變得像枯草和荒原[114]，真的！厭倦他們自己——渴望火燒，更甚於渴望喝水！

哦，該祝福的閃電時刻！哦，正午前的神祕[115]！——有一天我要使他們化為流火，吐火舌的宣告者：——

——有一天，他們要吐著火舌宣告：它來了，它臨近了，偉大的正午！

查拉圖斯特拉如是說。

在橄欖山上[116]

冬天，一位不好對付的賓客[117]來到我家裡坐下；由於他的友好的握手，我的手變得發青。

我尊敬他，這位不好對付的賓客，可是我愛讓他一個人坐著。我想從他的身邊走開；如果跑得掉，那就擺脫了他！

我以溫暖的腳和溫暖的思想跑到沒有風的地方，跑到我的橄欖山上向陽之處。

我在那裡嘲笑我的嚴厲的賓客，但還是對他抱有好感[118]，因為他在我家裡把蒼蠅趕

114 《那鴻書》1，10：「你們像叢雜的荊棘，像喝醉了的人，又如枯乾的碎秸全然燒滅。」不久，他們將陷於枯乾狀態，連求水的氣力都沒有，情願被野火和閃電燒毀，從凡庸的幸福中渴望強烈燃燒的生命力。

115 正午前的神祕：跟閃電時刻同義。由閃電擴大火勢，讓偉大的正午到來。

116 《聖經》上的橄欖山在耶路撒冷東面，耶穌在受難前，曾在該山上坐著，參看〈馬太福音〉24，3。但此處的橄欖山乃是義大利熱那亞附近里維艾拉海岸的橄欖山。尼采曾在熱那亞附近的一處公寓裡居住，度過沒有火爐的冬天，進行沉思和散步。他在本文中讚美嚴冬

走，平息了許多小小的喧鬧聲。

因為，如果有一隻蚊子，或是兩隻蚊子在嗡嗡叫，他都受不了；他還使小路變得寂靜，讓夜間的月光也覺得害怕。

他是一位嚴厲的賓客——可是我尊敬他，我不像那些柔弱的人對大肚子的火的偶像[119]祈禱。

情願讓牙齒有點打顫，也不願崇拜偶像！——這是我的生性。我尤其痛恨一切像處於發情期、熱氣騰騰、氣喘吁吁的火的偶像。

我喜愛的人，我在冬天比在夏天更喜愛他；我現在更厲害、更有勁地嘲笑我的敵人，自從冬天來坐在我家裡以後。

真的很有勁，甚至當我爬到床上去時——：我的暗藏的幸福也還在嘲笑、任性嘲笑；我的騙人的夢也還在嘲笑。

我是一個——爬行者[120]嗎？在我一生中，我從未在有權勢者的面前爬行過；如果我曾騙過人，那也是由於愛而騙人的。因此我躺在冬天的床上也覺得快活。一張蹩腳的床比一張富麗的床更使我感到溫暖，因為我珍惜我的貧困。在冬天，貧困對我最忠實可靠。

我每天以一樁惡作劇開始，我實施冷水浴嘲笑冬天；因此我的嚴厲的家客嘰哩咕嚕起來了。

的日子，把他的祕密（永遠回歸的思想）比作冬天的太陽，明朗輝煌。為了避免受到嫉妒者的傷害，故意把自己的智慧祕而不宣。

117 賓客即冬天。

118 我雖然愛好南國的風土和輕快的思想，但仍然愛好嚴酷的冬天，因為冬天遠離一切的柔弱和淫靡。

119 指火爐。它象徵使人迷糊欲睡的確信之暖意。可是查拉圖斯特拉卻寧願偏愛徹底存疑的保持清醒的嚴寒。

120 由前一節「爬到床上去」的爬，轉到另一種意義的「爬行」（卑躬屈節、阿諛逢迎）。

我也愛用一支蠟燭[121]逗它發癢，使它終於讓天空從灰濛濛的曙色中顯露出來。

因為我特別是在早晨做惡作劇的事：在清晨時，吊桶在井邊發出格格的聲響，馬匹在灰暗的小路上興奮地嘶叫：——

這時，我不耐煩地等待，等待終於出現明亮的天空，鬍鬚雪白的冬季天空，白髮的老翁——

——沉默寡言，常常也使它的太陽默不作聲的冬季天空！

是我跟它學習這長久明朗的沉默嗎？還是它跟我學習的？或者是我們各自發明出來的[122]？

一切好事的起源是千差萬別的——一切任性的好事由於快樂而飛進存在之中：它們怎麼會僅僅——幹一次哩！

長久的沉默也是一件任性的好事，它像冬季的天空一樣，從具有明亮的圓眼睛的面孔上眺望：——

——就像冬季的天空使它的太陽和它的不屈的太陽意志默不作聲，這種本領和這種冬季的任性，我已學得很精了！

我的沉默學會了不因沉默而暴露我的內心，這就是我最喜愛的惡作劇的本領。

我用喋喋不休的話語和格格作響的擲骰子聲響瞞過了莊嚴的監視者們：我的意志和目的必須不被這一切嚴厲的看管者識破。

---

121 在冬夜裡天未發亮時就起身，點一支蠟燭催促天亮。

122 冬季的天空，太陽雖然明朗輝煌，但並不明白地顯示出它所在的位置。我也對我的明白的思想（永遠回歸）保持沉默。

為了不讓任何人看透我的內心深處和最終的意志——為此我發明了這種長久、爽朗的沉默。

我見到過許多聰明人，他們蒙住面孔，攪渾他們的水，使任何人看不透他們，看不穿他們。

可是更加聰明的懷疑者和胡桃夾子[123]偏偏找上他們的門來：偏偏從他們那裡釣出藏得最深的魚[124]！

而明眼的人，果敢的人，洞察一切的人——在我看來，乃是最聰明的沉默者：他們的城府是如此之深，哪怕是最清澄的水也不會把他的內心——顯露出來。——

你這位鬍鬚雪白、沉默寡言的冬季天空，你這位高高在上的睜著圓眼睛的白髮老翁；哦，我的靈魂及其任性放縱的蒼天之比喻啊！

我必須像一個呑下金子的人[125]不要隱瞞——免得讓人剖開我的靈魂嗎？

我必須不踩高蹺走路，免得他們——在我周圍的所有那些愛好嫉妒和中傷的傢伙注意我的長腿[126]嗎？

這些充滿煙燻氣、關在溫暖的房間裡、筋疲力盡、黴得發綠、愁眉苦臉的靈魂——他們的嫉妒怎能受得了我的幸福！

因此，我指給他們看的只是我的山頂上的冰和冬天的景色——而不是還被一切太陽光帶裹住的我的山[127]！

---

123 殼子堅硬的胡桃比喻不易解決的難題。胡桃夾子即指要解決難題者。

124 藏得最深的魚比喻藏在內心中的祕密。第二部〈舞蹈之歌〉：「最老練的鯉魚也可以用智慧做魚餌去釣牠上鉤。」

125 查拉圖斯特拉的祕密必須對充滿嫉妒心的同時代人隱瞞，就像礦夫呑下金塊不得不隱瞞那樣。

126 古代希臘悲劇演員，為了增加身材的高度，腳穿一種厚木底長靴。查拉圖斯特拉的思想大大地成長，為了掩人耳目，不得不加以外表的粉飾。

127 我讓世人看到的，只是我被苛酷的認識所苦的悲痛的外表，而不讓人看到我的溫暖的南國式的心情。

他們只聽到我的冬季暴風的呼嘯：而聽不到我也會像充滿憧憬的、重重的、暖熱的南風飄過溫暖的大海。

他們還憐憫我的偶然的事故——可是我要說的是：「讓偶然到我這裡來，它是像小孩子一樣天真無邪的！」

他們怎能受得了我的幸福，如果我不給我的幸福裹上事故、冬天的困苦、北極熊皮帽子和大雪天空的外套[128]！

——如果我不憐憫他們的同情：這些愛好嫉妒和中傷的傢伙們的同情！

——如果我不在他們的面前長吁短嘆、冷得發抖、耐心忍受地讓我被包裹在他們的同情之中！

這就是我的靈魂的聰明的任意放縱和好意，它不隱瞞它的冬天和它的嚴寒的暴風；它也不隱瞞它的凍瘡。

對於某一種人，孤獨乃是患病者的逃離人群；對於另一種人，孤獨乃是從患病者面前避開[129]。

讓他們聽到我被冬天的嚴寒凍得牙齒格格地打顫和嘆氣吧，我身邊的所有這些可憐的、用妒忌的眼光看人的壞蛋！帶著這種嘆氣和牙齒格格打顫，我逃出他們的暖烘烘的房間。

讓他們為我的凍傷寄予同情而跟我一同嘆氣吧：「他還會被認識之冰凍死哩！」——

128 帽子、外套都是把幸福包裹起來的偽裝。

129 查拉圖斯特拉即屬於這另一種人，在他的眼中，世俗人都是患病者。

他們如是悲嘆。

在這個當兒，我用我溫暖的腳在我的橄欖山上縱橫交叉地跑來跑去：在我的橄欖山上照著陽光的一邊歌唱著而且嘲笑一切的同情。——

查拉圖斯特拉如是說。

走開[130]

就這樣，不慌不忙地穿過許多民眾中間，穿過各種各樣的城市，查拉圖斯特拉繞道向他的山上和山洞走回去。在途中，瞧啊，他在不知不覺之間來到那座大城市[131]的城門邊：可是，在這裡，卻碰到一個滿嘴涎沫的痴子，張開雙手，快步奔跑過來，擋住他的去路。這就是人稱「查拉圖斯特拉的猴子[132]」的那個痴子：因為他學會了他的一些講話的語氣，而且喜歡借用他的智慧之寶。痴子對查拉圖斯特拉如是說道：

「哦，查拉圖斯特拉，這裡是大城市：這裡沒有任何你要尋找的東西，你卻會失去一切。

你為什麼要遠涉這片泥淖？可憐可憐你的腳吧！倒不如向城門啐一口唾沫而——向後轉吧！

這裡是隱修士思想的地獄：偉大的思想在這裡會被活活地烹煮、切小了做菜。

---

130 查拉圖斯特拉在回鄉的路上，碰到查拉圖斯特拉的追隨者，對現代大都市的文化進行批判。

131 暗指柏林。

132 查拉圖斯特拉的追隨者和模仿者。

一切偉大的感情都在這裡爛掉：只有瘦骨嶙峋的小感情可以在這裡格格作響。

你不是已經聞到精神的屠宰場和小飯館的味道嗎？這座城市不是瀰漫著被屠殺的精神的氣味嗎？

你沒有看到那些靈魂像拖拖沓沓的齷齪的破布掛在那裡？——他們還用這些破布製造新聞！

你沒有聽到，精神是怎樣在這裡變成語言遊戲？它吐出令人厭惡的語言髒水！——他們還用這些語言髒水製造新聞。

他們互相追逐而不知道，往何處去？他們互相激怒而不知道，為什麼？他們把假硬幣弄得叮噹響，他們把金幣弄得丁零丁零響[133]。

他們覺得冷，就借酒精以取暖；他們覺得熱，就靠冷冰冰的精神以求清涼[134]；他們染上輿論癮，病體虛弱。

一切淫逸和罪惡都在這裡築巢；可是這裡也有有道德的人，有很多適用的、被雇用的道德之士——：

許多機靈的道德之士，具有善寫的手指和耐坐耐等的肌肉，他們有幸獲得小小的星形胸章和加上襯墊的瘦屁股女兒[135]。

這裡也有許多篤信者和許多虔誠的舐口水者、吹牛拍馬者拜倒在萬軍之主的上帝面前[136]。

---

133 進行卑劣的宣傳，撒金錢以達其目的。

134 此處指精神食糧。有時尋找熱狂的思想和文學，有時尋求極其冷酷的東西。

135 主要指官吏和事務家，他們的子女瘦弱而無生氣。

136 萬軍之主的上帝，此

確實，星和恩賜的口水是『從上頭』滴落下來的；任何沒有星形勳章的胸脯都嚮往上頭。

月亮有月暈宮廷[137]，宮廷有愚人小丑：可是只要是從宮廷裡來的所有的人，乞討的民眾和一切機靈的叫化子道德之士都向他們禱告。

『我來幹，你來幹，我們來幹。』——所有機靈的道德之士都仰面向王公祈求：讓功勳星章最後別緊在他瘦瘦的胸脯上！

可是，月亮依然圍繞著塵世的一切旋轉[138]：而王侯也照樣圍繞著最屬於世俗的一切旋轉——：而這，就是小商人的金錢。

萬軍之主不是金條之神；謀事在王侯，可是成事在商人[139]！

憑著你心中所有的光明、堅強、善良的一切，哦，查拉圖斯特拉！向這座小商人的城市啐一口唾沫而向後轉吧！

這裡，在所有的血管裡流著一切腐敗的、溫吞的、起泡沫的血：向這座大城市啐一口唾沫吧，它是巨大的垃圾堆，一切渣滓堆積在一起冒著泡沫。

向這座城市啐一口唾沫吧，這是壓癟的靈魂、瘦小的胸脯、尖銳的眼睛、黏糊糊的手指的城市——

——糾纏不休者、厚顏無恥者、舞文弄墨者、大吵大鬧者、狂熱的野心家的城市：

——

處指最高權力者，當時的德意志皇帝。

137 文字遊戲：由星形勳章的星想到月亮。月亮指王侯，被擁有星形勳章的高位者圍繞著。月亮有Hof，此字有月暈和宮廷二義。宮廷裡有Mondkälber，此字原指受月亮位置的影響生下的怪胎小牛（或不足月的怪胎），一般意義為愚人、笨蛋（Narr，此字又有宮廷小丑之義）。從宮廷來的人，哪怕是愚人或小丑，卑屈的小市民都拜倒在他們面前。

138 像月亮繞著地球旋轉。

139 諺語：謀事在人，成事在天（上帝）。政治家受資本家控制。

——這裡，一切腐朽的、下流的、淫蕩的、陰暗的、熟透的、潰爛的、搞陰謀的都聚在一起爛開來流膿：——

——向這座大城市啐一口唾沫而向後轉吧！」——

這時，查拉圖斯特拉卻打斷了滿口涎沫的痴子的話，不讓他說下去。

「你該停了吧！」查拉圖斯特拉說道，「我早已討厭你的說話和你這種樣子了！

你為什麼在泥坑邊住得這樣久，一定要讓你自己變成青蛙和癩蛤蟆呢？

現在，不是有腐敗的、起泡的泥坑之血在你自己的血管裡流動，才使你學會這樣咯咯地鳴叫和詬罵嗎？

你為什麼不到森林裡去？或者去耕地？海上不是有很多蔥綠的島嶼嗎？

我蔑視你的蔑視；如果你是警告我，——你為什麼不警告你自己呢？

我的輕蔑和警告之鳥只能從愛之中飛出：卻不是從泥坑之中！——

人稱你是我的猴子，你，滿嘴涎沫的痴子啊：可是，我要把你稱為我的咕咕叫的豬——由於咕咕亂叫，你把我的痴愚禮讚也破壞了[140]。

使你發出咕咕亂叫的原因，首先是什麼呢？是由於沒有人十分奉承你——因此你就坐到這堆垃圾之旁，你就有理由咕咕亂叫，發許多牢騷，——

——你就有理由進行種種報復！你的報復，你這無用的痴子啊，就是你的全部涎沫，

140 查拉圖斯特拉原來對進行嘲諷的痴子是讚許的，但卻被痴子弄糊塗了。

我把你看穿了！

可是，你的痴人說夢傷害了我，儘管你說得很恰當！如果是查拉圖斯特拉的話，甚至於說得恰當百倍：你還會把我的話——應用得不恰當[141]！」

查拉圖斯特拉如是說罷；他望望那座大城市，嘆了一口氣[142]，沉默了許久。最後，他這樣說道：

我也討厭這座大城市[143]，不僅討厭這個痴子。無論哪裡，什麼也不能改善，什麼也不能使它惡化。

可悲啊，這座大城市！——我願我已能看到它在其中燒毀的火柱！

因為這樣的火柱[144]必須在堂堂的正午之前出現。可是，正午有它的定時和它自己的氣數。——

你這痴子啊，我要把這句教言送給你作為臨別贈言：不能再喜愛它的地方，就應當——走開！——

查拉圖斯特拉如是說罷，就從痴子和大城市旁邊走開了。

---

141 追隨者的鸚鵡學舌反傷害真正的意義。

142 〈馬太福音〉19，41：「耶穌……看見城，就為它哀哭。」（「耶穌……一望見城，就哭吊它。」）

143 〈約拿書〉4，11：「對尼尼微這座大城，其中有十二萬多不能分辨自己左右手的人，且有許多牲畜，我就不該憐惜他們嗎？」

144 〈出埃及記〉13，21：「日間耶和華在雲柱中領他們的路，夜間在火柱中光照他們，使他們日夜都可以行走。」

背教者[145]

1

唉，在這片草地上，不久以前還是碧綠生青，五光十色；而今一切都已凋謝，變成灰色！我曾從這裡採過多少希望之蜜、帶回到我的蜂房裡去啊！

那些年輕人的心，已經全都變老了——甚至並沒有變老！只是疲憊、庸俗、貪圖安逸——他們宣稱「我們又恢復虔誠的信仰了」。

就在不久以前，我還看到他們在清晨邁著堅強的腳步跑出去：可是現在，他們的認識之腳跑累了，他們也不承認他們的勇敢的朝氣了！

確實，他們之中有好些人曾像舞蹈者一樣舉起他們的腳，我的智慧向他們送去讚許的微笑：——可是他們改變了想法。我恰好看到他們彎腰曲背——向著十字架爬去。

他們以前像撲火的飛蛾和追求自由的年輕的詩人。稍微年紀大些，稍微冷些：他們就已經變成蒙昧者、背後嘰咕者、孵火爐者。

他們意氣沮喪，是由於孤獨像一條巨鯨把我吞下肚子裡去[146]嗎？或者是由於他們的耳朵久久地想聽到我的聲音、我的喇叭吹響、我的傳令的叫聲而終於徒然夢想嗎？

——唉！在他們之中，心裡有著長久的勇氣和豪氣的，總是少數；也只有這種少數人，精神方面具有耐性。而其餘的人都是膽小鬼。

145 查拉圖斯特拉在歸途中獲悉他的弟子們背離他的教言，恢復對基督教的信仰。他在此章中說明他的反基督教的態度。

146 先知約拿違反上帝的命令，不去尼尼微宣道，卻乘船去他施。遇到海上風浪大作，他被船民們拋在海中。耶和華安排一條

其餘的人：永遠是大多數，平凡、多餘、過多的多數──他們全都是膽小鬼！──

跟我同一類的人，也會碰上跟我同一類的經驗：因此，他的最初的同路人必定是屍體

和丑角[147]。

可是，他碰到的第二種同路人──他們會自稱是他的信徒：活生生的群眾，有許多

愛，許多傻氣，許多不長鬍子[148]的崇拜。

在人類之中跟我同一類的人，不應把自己的心交給這種信徒；識得人性之無恆和怯懦

的人，不該相信這種春光和多姿多采的草原！

如果他們能有別法，他們就會想法去做。半途而廢破壞了整體。樹葉枯萎了──有什

麼可悲嘆的哩！

讓它們落下來飄去吧，哦，查拉圖斯特拉，不要悲嘆！最好在葉子中間刮起瑟瑟的

大風，──

──在這些樹葉中間吹起，哦，查拉圖斯特拉：讓一切枯萎的東西更快地離開你飛

散！──

2

「我們又恢復虔誠的信仰了。」──這些背叛者如是自認；可是他們中的有些人還是

過於膽小，不敢這樣自認。

大魚（鯨）吞了約拿，他
在魚腹中三日三夜。參看
《約拿書》1，17。

147 參看《查拉圖斯特拉
的前言》6、7、8各
章。

148 不長鬍子意為不成
熟。我國也有俗語說：嘴
上無毛，辦事不牢。

我看著他們的眼睛——我面對著他們的臉和他們羞紅的面頰說：你們又成為恢復做禱告的人了！

可是做禱告也是一種恥辱啊！並不是對一切人都如此，而是對於你和我，對於頭腦裡還有良知的人。對於你，做禱告乃是一種恥辱！

你很清楚：你心中有個膽小的魔鬼，他愛兩手合掌，愛袖手旁觀、無所事事，愛這樣優游度日——是這個膽小的魔鬼勸告你「有一位上帝！」

可是因此你就屬於怕光的一類，看到光，永遠不能安心；現在你必須每天把頭深深地埋在黑夜的迷霧之中！

真的，你選擇的時辰很恰當：因為正好是夜啼鳥全部飛出來的時辰。適合一切怕光族的時辰到了，夜晚和休息的時辰到了，儘管他們並不——「休息」。

我聽到，我聞到：他們成群結隊出去狩獵的時刻到了[149]，雖不是去進行群鬼狩獵[150]，而是去進行溫順的、疲疲塌塌的、用鼻子聞聞的悄悄行走者和悄悄禱告者的狩獵，——

——去進行捕捉充滿感情的膽小怕事者的鼠類的狩獵：一切心理的捕鼠器現在又被安放好了！只要我把窗簾揭起，就有一隻夜蛾[151]從裡面飛了出來。

它一定跟另一隻夜蛾一同蹲在那裡吧？因為我到處嗅到暗藏的小團體；哪裡有小房間，那裡就有新的禱告兄弟和禱告兄弟的氣氛。

他們在漫長的夜晚一起聚坐著說：「讓我們再變成小孩子一樣唱『親愛的上帝』！」

---

149 人心頹廢的現代，正好是基督教宣傳的大好時機。

150 德國神話中在主顯節之夜由魔王帶領的群鬼的狩獵。

151 在社會和思想的角落裡到處都潛藏著陰暗的基督教精神。

——他們的嘴和胃都被虔誠的製造糖果者搞壞了。

或者他們在漫長的夜晚注視一隻狡猾的守候的十字蜘蛛[152]，它向別的蜘蛛進行精明的說教，它教導說：「十字架下面是結網的好地方！」

或者他們整天拿著釣竿坐在泥沼旁[153]，自認為高深；可是對在無魚的地方釣魚的人，我甚至還不說他淺薄哩！

或者他們跟一位歌曲詩人學習虔誠快樂地彈奏豎琴，而那位詩人卻愛彈奏豎琴去挑逗年輕女人的心，用感傷的讚美歌想打動年輕女人的心的人。老女人指聖母馬利亞？——因為他對老女人和她們的稱讚已經厭煩了。

或者他們跟一位博學的半狂人學習畏懼，那位半狂人在黑暗的房間等待神靈[154]出現——而他自己的神志卻逃之夭夭了！

或者他們在聆聽一位呼嚕咕嚕吹口哨的老流浪漢跟悲風學來的悲調；現在他根據世風吹著口哨，以悲哀的調子進行悲哀的說教。

他們之中有幾個人甚至成了更夫：現在他們會吹號角，在夜間巡行，喚醒久已沉睡的老話題[155]。

昨夜我在院牆邊聽到關於老話題的五則交談：都是從這些年老、悲傷、乾巴巴的更夫口中傳出的。

「他做爸，帶孩子不夠格：人家的爸比他帶得好！」——

---

152 十字蜘蛛是蜘蛛的一種，背上有十字的記號。暗指基督教教士。

153 苦思冥想要給信仰提供理論者。

154 文字遊戲：德文Geist有神靈、神志及其他多義。此處所說的博學的半狂人，在格林的童話中有所記述。

155 高呼小心火燭、喚醒已經沉睡者的更夫，比喻神學者。

「他太老了！他已經完全不再照顧他的孩子了。」——另一個更夫這樣回答說。

「他到底有孩子嗎？如果他自己不來證明，沒有人能夠證明！我早就想叫他徹底來證明一次。」

「證明？好像他曾經證明過什麼！要他證明，是很難的；他認為重要的是人們相信他。」

「是的！是的！相信，相信他，會使他幸福。老年人都喜歡這樣！我們也是這樣！」

——

——這兩個老更夫和怕光者就這樣互相交談，並且悲哀地吹著號角：這就是昨夜在院牆邊發生的事。

可是我的心笑得縮作一團而且快要破裂，不知道何去何從？墜入了橫膈膜之中。

真的，當我看到驢子喝得酩酊大醉，聽到更夫如此懷疑上帝，我是笑得透不過氣而且還會悶死了。

所有這一切的懷疑，不是早已過去了很久嗎？誰敢再喚醒這種古老的、沉睡的、怕光的事物哩！

古老的神祇早已完結了：——真的，他們獲得快樂的神祇的善終！

他們並沒有「像黃昏那樣漸漸黯淡地」死去——這是人們的編造！倒是：他們有一次笑死[156]！

---

156 古代希臘群神，在基督教出現時，快活地滅亡。不像華格納歌劇《諸神的黃昏》中日爾曼的群神那樣陰慘地滅亡。

此事是在一位神自己説出那句最不信神的話時發生的——這句話就是：「只有一位神！除了我以外，你不可有別的神[157]——

一位年老的吹鬍子瞪眼的神，一位嫉妒心重的神，他如此沖昏頭腦地忘掉了自己：——

那時，一切神祇都哈哈大笑，在座椅上搖晃著叫道：「有諸位神祇，沒有什麼上帝，這不正是神道嗎？」

有耳可聽的，就應當聽[158]。——

查拉圖斯特拉在他喜愛的、叫做「花斑母牛」的鎮上如是說。因為從這裡回到他的山洞和他的寵物那裡去只有兩天的路程；而他的心由於不久就要回家一直感到高興。

還鄉[159]

哦，孤獨啊！你，我的故鄉孤獨啊！我在野蠻的異鄉過野蠻的生活，待得太久了，現在回到你這裡，止不住我的眼淚！

現在，你只用手指點著我，像做母親的點著我，現在你只向我微笑，像做母親的微笑著，現在你只說：「從前像狂風一樣從我這裡刮走的，那是誰啊？——

——那是誰？他在臨走時說：我在孤獨身邊待得太久了，竟使我忘掉了沉默[160]！現

157 〈出埃及記〉20，1～3：「上帝吩咐這一切的話，說：『……除了我以外，你不可有別的神。』」

158 仿《聖經》用語。〈馬太福音〉11，15：「有耳可聽的，就應當聽。」

159 查拉圖斯特拉回到山上的山洞裡，讚美孤獨，痛罵山下的人類社會。

160 參看第二部〈拿著鏡子的小孩〉：「我皈依孤獨已經太久了，因此我忘掉了緘默。」

在你一定把它學會了吧？

哦，查拉圖斯特拉，一切我都知道：你在眾多的人們中間，比從前在我身邊時，更加孤零零[161]，你這獨自一人！

孤零零是一回事，孤獨又是一回事：這個——現在你學懂了！你在世人當中將永遠是個野性難馴的外人：

——即使他們喜愛你，你還是個野性難馴的外人：因為首要的是，他們要獲得體諒[162]！

而在此處，你是到了自己的家裡；在這裡，你可以把一切都說出來，把一切道理都倒出來，在這裡，任何祕密的、執拗的感情，都不用覺得難為情。

在這裡，萬物都表示親熱地聽你講話，奉承你：因為它們想騎在你的背上馳騁。在這裡，你騎在每個比喻的背上馳向每一條真理。

在這裡，你可以直言無隱地跟萬物說話：確實，有人跟萬物——坦率地說話，在它們耳朵裡，就像聽到讚美！

可是，孤零零卻是另一回事。因為，你是否還記得，哦，查拉圖斯特拉？那時，你的禽鳥在你的上空啼叫，你站在森林裡，遲疑不決，往何處去？不知道，在你的旁邊躺著一具屍體：——

——那時，你說道：但願我的動物給我領路！我看出，在世人中間比在動物中間更

---

161 你在世人中間時，感到跟任何人不投緣，無法開展工作，陷於絕望的狀態。

162 世人的交往，常常是做交易，獲取回報，難以真正地推心置腹。

危險[163]：——這就是孤零零！

你還記得，哦，查拉圖斯特拉？那時你坐在你的島上，把酒泉向一只只空桶裡倒進去，分別倒進去，給口渴的人們斟酒和分發：

——直到最後你獨自焦渴地坐在醉漢們中間，每夜在悲嘆『受取不是比施予更為有福嗎？盜竊不是比受取還更為有福嗎？』[164]——這就是孤零零！

你還記得，哦，查拉圖斯特拉？當你的最寂靜的時刻到來，把你從你自身裡趕走，當它用惡意的低語說：『說吧，打破吧[165]！』——

——當它使你對你的一切期待和沉默感到厭煩，使你的謙虛的勇氣喪失勇氣[166]：這就是孤零零！

哦，孤獨啊！你，我的故鄉孤獨啊！你跟我說話的聲音是多麼快樂而溫柔！

我們彼此不提出什麼問題，也不發什麼牢騷，我們通過敞開的大門互相敞開胸懷行走。

因為在你身邊，一切都是敞開的、明朗的；在這裡，連時刻也以較輕快的腳步奔跑。因此，時間在黑暗中，比在光明中，壓得更加沉重。

在這裡，一切實存之語言和語言的話匣子都向我打開：在這裡，一切實存都想變成語言，這裡，一切轉變都要向我學習說話[167]。

而在山下的世間——一切說話都是徒然[168]！那邊，忘卻和離開乃是無上的智慧：這個

---

163 第一部〈查拉圖斯特拉的前言〉10。

164 第二部〈夜歌〉：「盜竊一定比受取還要幸福。」

165 第二部〈最寂靜的時刻〉：「把你的話說出來，打破一切吧。」

166 第二部〈最寂靜的時刻〉：「我等待更合適的人；我根本沒有資格在他的面前打破一切。」「我看你還不夠謙虛。」

167 一切事物之存在及其變化發展（werden）都要由我說出的語言找到它的表現。因為它的真相，我是看得明明白白的。尼采在《看，這個人》書中〈查拉圖斯特拉如是說了〉引用了這一段，並說：「這就是從靈感獲得的我的體驗。」

——我現在學懂了！

在世人那裡，要理解一切，必須把握住一切。可是，我的雙手太乾淨，不屑這樣做了。

我甚至不願跟他們共同呼吸；唉，我在他們的喧囂和令人噁心的氣息之中生活得很久了！

哦，我四周的充滿至福的寂靜啊！哦，我四周的清香啊！哦，這種寂靜是怎樣從深胸之中獲取純淨的呼氣啊！哦，它是怎樣在傾聽，這種充滿至福的寂靜！

可是，在山下的世間——一切都在説話，一切都被置若罔聞。儘管人們搖鈴宣傳他們的智慧：市場上的小商人卻會用銅錢的叮噹之聲加以掩蓋。

在他們那裡，一切都在説話，卻不再有人會理解。一切都落進水裡，卻不再有什麼落進深深的井底。

在他們那裡，一切都在説話，卻不再有什麼做得好，做到底。一切都在咯咯啼叫，可是有誰還想靜靜地伏在窠裡孵蛋？

在他們那裡，一切都在説話，一切都被説服。昨天對於時間本身和它的牙齒還是非常堅硬的，今天已被切碎、咬碎，掛在今天的人們嘴邊。

在他們那裡，一切都在説話，一切都被洩漏。從前被稱為深奧靈魂的祕密和隱私的，今天都被街頭吹鼓手和別的遊手好閒者大肆宣揚。

哦，人類，你真奇妙！你，陰暗街巷裡的喧囂！現在你又遠離在我的身後了——我

168 〈查拉圖斯特拉的前言〉5：「他們不理解我的話，我這張嘴跟他們的耳朵是對不上的。」

的最大的危險遠離在我的身後了！

我的最大的危險總是在於體諒和同情；一切世人都想被人體諒和容忍。

少吐露真實，以笨拙的手和痴情的心，滿嘴同情的小小的謊言——我就是一向如此生活在世人中間。

我進行偽裝，置身在他們中間，有心錯認我自己[169]，讓我吃得消他們，並且樂願勸說我自己：「你這痴子，你不認識世人！」

生活在世人中間，卻把對世人所弄懂的一切忘掉：一切世人擁有太多的前景——遠瞻遠尋的眼光在那裡又有何用！

當他們不理解我時：我這個痴子，體諒他們，甚於體諒我自己：我慣於對自己嚴格，而且常常為這種體諒對我自己進行報復。

被有毒的蒼蠅叮傷，叮得百孔千瘡，像被惡毒的水滴滴穿的石頭[170]，我就這樣置身在他們中間，還勸說我自己：「一切卑賤者對他的卑賤是沒有責任的！」

特別是那些自命為「善人」之輩，我發覺他們乃是最毒的蒼蠅：他們毫無惡意地叮咬人，他們毫無惡意地撒謊：他們怎能對我——公正呢！

生活在善人中間的人，同情教他說謊。同情給一切自由的靈魂製造沉悶的空氣。因為善人的愚蠢是深不可測的。

不暴露我自己和我的財富——這一點我在山下世人那裡學會了：因為我發覺每個人的

---

169 第二部〈處世之道〉：「我也要偽裝起來，坐在你們中間——使我看不出你們和我自己的本來面目。」

170 第一部〈市場的蒼蠅〉：「你不是石頭，可是你已經被許多雨點滴穿了。」「我看到你被有毒的蒼蠅折磨得筋疲力盡，我看到你身上有百孔千瘡在流血。」

精神還很貧乏。這就是我的同情的謊言，我跟每個人接觸時，知道，

——我從每個人身上看出、嗅出，他們的精神怎樣才算足夠、怎樣才算過多！

他們的倔強的賢人：我稱他們為賢人，而不說倔強——我如此學會了含糊其詞。他們的掘墓人[171]：我稱他們為研究家和實驗家——我如此學會了混淆其詞。

掘墓人患上挖出來的疾病。在古老的廢墟之下藏著有毒的瘴氣。人們不可攪動泥坑。人們應當住在山上。

我用充滿至福的鼻孔，又呼吸到山上的自由！最後，我的鼻子從一切世人的氣味中被解放出來。

凜冽的寒風，像發泡的葡萄酒，刺得我發癢，我的靈魂打起噴嚏——打起噴嚏而高高興興地對自己說：祝你健康[172]！

查拉圖斯特拉如是說。

---

171 尼采在《歷史的利弊》中說過，有歷史知識的人，由於消遣的知識的蓄積，對生命力創造力帶來損害。不可埋頭於這種意義的歷史知識。

172 西方民俗：對打噴嚏者常說一句吉利話「祝你健康」或「God bless you」（據考證：在古代黑死病流行時，病人打噴嚏，乃是致死的症狀）。中國也有此民俗，《秋雨齋隨筆》：「俗，凡小兒女噴嚏，呼千歲及大吉。」在今日的上海，小孩打噴嚏時，大人連忙急呼：「一百歲！」

三件惡行[173]

1

在夢中，今天我在清晨的殘夢中站在一座山岬上——遠離世界的山岬[174]上，拿著一只天平秤秤世界。

哦，曙光向我走來得太早了：她紅光煥發，照醒了我，這位嫉妒心重者！她總是嫉妒我的晨夢輝煌[175]。

這個世界，對於有時間者[176]是可以測量的，對於善於秤量者是可以秤量的，對於有強健翅膀者是可以飛到的，對於神授的善於夾碎胡桃殼者是可以解謎的[177]：我在夢中發現的世界就是如此：——

我的夢，一條大膽的帆船，一半是船，一半是颶風，像蝴蝶一樣沉默無聲，急躁得像鷹隼：它今天怎麼會有耐心和餘暇來秤量世界哩！

是我的智慧、那嘲笑一切「無限的世界」的、歡笑的、清醒的、白晝之智慧祕密地對我的夢說的嗎？因為它說：「凡是力所存在之處，也就有數擔任支配者：數具有更大的力[178]。」

我的夢是多麼確信地觀看這個有限的世界：不好新奇，也不好古，不畏懼，也不乞求：——

---

173 查拉圖斯特拉在夢中站在山岬上手執天平秤量世界。對一向被稱作三件惡行，即肉欲、統治欲、自私自利作出新的估價。

174 今義大利熱那亞附近菲諾港（Portofino）的山岬。

175 夢醒了。理智批判的反省打破了他的夢，白晝常被比喻為呆板合理的精神。

176 有時間者：指立足於現實世界，旨在向上發展而堅持活下去的人。

177 在時間空間之中大膽地把握住事物的中核（胡桃）的人才領悟到世界是可以認識的。

178 世界之力是有限的（能量守恆定律）。因此，在宇宙中，同一事物永遠回歸。

——就像一只豐滿的蘋果呈現在我的手裡，一只成熟的金蘋果，有著清涼柔滑、天鵝絨一般的皮——世界就是這樣呈現在我的面前：——

——就像一棵樹向我打招呼，它伸展著廣袤的枝幹，具有堅強的意志，彎下身來供疲倦的行人當作靠背或是踏腳板：世界就是這樣樹立在我的山岬上面：——

——就像一雙纖纖素手給我捧來一只寶盒，打開寶盒足使羞怯、愛慕的眼睛大喜過望：今天，世界就是這樣呈現在我的面前：——

——它不是足以把世人的愛嚇跑的不可解的謎，也不是足以使世人的智慧進入休眠的解答——世人如此說它壞話的這個世界，今天在我看來乃是人類的好東西！

我是多麼感謝我的晨夢，使我今天在清晨秤一秤這個世界！這場安慰我心的夢，它作為人類的好東西向我來臨！

為了在白天做夢中所做的同樣的事，學會和模仿晨夢的最得意的佳作：我現在要把三件最壞的事放在天平上按常情好好地權衡一下。

教人祝福的人也教人詛咒[179]：在世界上最受人詛咒的三件事是什麼呢？我要把它們放在天平上。

肉慾，統治欲，自私自利：這三者直到現在是最受人詛咒，聲名狼藉而致謬種流傳——這三者，我要按常情好好地權衡一下。

好吧！這裡是我的山岬，那邊是大海：海濤滾滾地向我捲來，披頭散髮，奉承獻媚，

---

179 教人祝福人性的基督教也教人詛咒以下三種惡行。

它是我鍾愛的忠實而年老的酷似百頭獒犬的怪物[180]。

好吧！我要在這波濤滾滾的大海上拿好天平：我還要選擇一位證人來旁觀——我選你，我喜愛的你這位香氣濃烈、寬大如蓋的隱士古樹！——

現在將跨過一座什麼橋梁走向未來[181]？高高者由於什麼強制屈就低下者[182]？是什麼命令最高者再——向上生長[183]？

現在天平趨於平衡而靜止：我把三個重大的問題放進一個秤盤，另一個秤盤則載著三個重大的答案。

2

肉慾：對一切身著懺悔服的輕視肉體者乃是他們的刺和木樁[184]，一切背後世界論者則把肉慾詛咒為「俗世」：因為肉慾嘲笑和愚弄一切亂說和瞎說的教師。

肉慾：對流氓無賴乃是慢慢燒烤的火，他們會被火燒焦；對一切被蟲蛀的木料、一切發出惡臭的破爛衣服，肉慾乃是常備的熾熱、冒熱氣的火爐。

肉慾：對自由的心是純潔的、不受拘束的，它是地上樂園的幸福，是一切未來對現在的洋溢的感謝之情。

肉慾：只有對於委靡不振者是甘美的毒液，而對於具有雄獅意志者卻是大大的強心劑和崇敬的珍惜的酒中之酒。

---

180 百頭指海的浪頭。

181 肉慾的問題。肉慾比普通稱為善的禁慾，藏有較多的未來。它會生孩子。而產生未來。

182 統治欲的問題。

183 自私自利的問題。

184 木樁：原文為Pfahl，中世紀的死刑，用木樁將罪犯刺死。此字又有Schandpfahl 恥辱柱之意。而 ein Pfahl im Fleische（〈哥林多後書〉12，7）則譯為肉中之刺。

肉慾：對較高的幸福和至高的希望乃是大大幸福的比喻，因為對於多數男女，肉慾是約定結婚的，而且所約定的，還有比結婚更重要的東西[185]，——

——對於比一般男女還要互不了解的許多結婚男女：——對這樣的男女之間是怎樣的互不了解，誰又能完全搞得清楚哩！

肉慾：——可是我要在我的思想周圍、也還要在我的語言周圍紮上籬笆[186]，以免豬玀和頭腦發熱者闖進我的樂園。——

統治欲：最冷酷的鐵石心腸者的灼熱的鞭子；最殘酷者為自己留存的酷刑；熊熊燃燒的火刑柴堆上的陰森的火焰。

統治欲：叮在最愛虛榮的民眾身上的惡毒的牛虻；一切捉摸不定的道德的嘲笑者；騎著每匹駿馬和一切驕矜的馳驅者[187]。

統治欲：把一切腐朽、空洞的東西打碎和砸爛的地震；對粉飾的墳墓[188]轟轟隆隆地進行懲罰的破壞者；帶著預先備好答案的閃光的問號。

統治欲：世人在它的眼前匍匐爬行、低頭彎腰、辛辛苦苦，變得比蛇和豬還要卑賤——直到最終從他們之中發出極大的藐視的叫聲[189]——。

統治欲：它是教育出極大的藐視之可怕的教師，它當著許多城市和國家的面說：「你們滾開！」——直到這些城市和國家自己大聲叫道：「我滾！」[190]

統治欲：它也極具誘惑地升向純潔者、孤獨者，並進而升上自我滿足的高處，像那種

---

185 不僅是單單男女二人的結合，還有旨在要求人類的向上、邁向超人的更高的目的。

186 在這方面我要保持沉默。

187 鞭撻和嘲笑最愛虛榮的民眾和淺薄的道德觀念，而自己則高傲地馳騁向前。

188 〈馬太福音〉23，27：「你們這些假冒為善的文士和法利賽人有禍了，因為你們好像粉飾（用石灰刷白）的墳墓，外面好看，裡面卻裝滿了死人的骨頭和一切汙穢。」

189 被統治欲迷住，就聽其指使，什麼卑劣的事都幹。但超過了限度，也會使人的內部起一種反抗，喚醒人的尊嚴。

把紅色的至福誘惑地描畫在人間天堂上的愛一樣發出熾熱的光[191]。

統治欲：如果高高者降格以求權力，誰還稱之為病的欲望哩！真的，在這種降格的欲望上面毫不存在什麼病的衰弱[192]。

但願孤獨的高處不會永遠在孤獨之中自我滿足：高山會俯臨低谷，高山的風會吹到低處：——

哦，誰能給這種渴望找到恰當的洗禮名和顯示其美德的命名哩！「贈予的美德」——查拉圖斯特拉以前曾這樣稱呼這種難以命名者。

還有一件事也是發生在那時——真的，那是第一次發生的事！——他的教言把自私自利稱頌為至福，從強力的靈魂中湧出的完好、健康的自私自利[193]：——

——高貴的肉體就屬於這種強力的靈魂，美麗的、洋洋得意的、令人悅目的肉體，在它周圍的任何事物都化為反映出它的影像的鏡子：

——柔軟的、使人無話可說的肉體，這個舞蹈者，自我享樂的靈魂就是他的象徵和精髓。這種肉體和靈魂的自我享樂自稱為「美德」。

這種自我享樂用判斷好與壞的教言防護自己，就像用神聖的樹林防護聖域；又用表示自己的幸福的各種名稱把一切可藐視者從自己身邊趕走。

他從自己身邊趕走一切膽小怕事者；他說：膽小怕事，這就是壞事！他認為總是擔憂者、嘆氣者、抱怨者，還有貪圖小利者都是可藐視的。

---

190 甚至否定現實的國家制度，這樣，從它的內部也發出否定自己的呼聲。

191 孤獨的哲人等也會抱有統治欲。這時，他們在空中寫上承諾人類幸福的大字。

192 從高處降到下面的世人中間，教育他們，使他們得以提高。

193 第一部〈贈予的道德〉1：「我把這種利己主義稱為健全的和神聖的。」

他也藐視一切唉聲嘆氣的智慧：因為，真的，也有在黑暗中開花的智慧，黑夜陰影生出的智慧：它經常嘆息：「凡事都是虛空[194]！」

他認為羞怯的不信任是微不足道的，還有任何只要誓言而不要眼色和握手[195]的人也是微不足道：還有一切過分不信任的智慧，因為這種情況乃是膽小的靈魂的本性。

他認為更加微不足道的乃是很快就討人喜歡者、像狗一樣立即仰臥下來者、低三下四者；也有低三下四的、像狗一樣的、虔誠的、很快就討人喜歡的智慧。

使他完全厭惡而感到噁心的乃是從不想進行抵抗的人、吞下含毒的唾液和惡意的眼光的人、過分忍耐的人、一切都能忍受的人、對一切都滿足的人：因為這都是奴隸根性。

不管是面對神祇或神祇的腳踢、不管是面對世人和愚蠢的世俗見解表現出奴顏婢膝的屈從，對於這一切的奴隸根性，都要受到這種至福的自私自利的唾棄。

他稱之為壞的乃是那一切：垂頭喪氣和卑躬屈膝者，侷促不安的眨眼睛、受壓抑的心以及用膽怯的闊嘴唇親吻的那種虛偽的俯首聽命的作風。

他稱之為冒充智慧的乃是奴隸、老頭、倦怠者所開的一切玩笑；特別是完全惡劣的、狂妄的、詼諧過頭的教士之愚蠢！

而這些冒充賢智者，也就是一切教士、厭倦人世者以及具有女性化和奴性的靈魂的人——哦，他們玩的把戲，從古以來，是怎樣扭曲了自私自利啊！

人們扭曲了自私自利，偏偏還成為美德，而且稱之為美德！於是所有這些厭倦人世

---

194 〈傳道書〉1，2。

195 決心和行動。

的膽小鬼和十字蜘蛛[196]都有正當理由來自求——「無私」。

可是在所有這些人們的面前，現在降臨了白天、轉變、審判之劍、偉大的正午：於是一切都要顯露出來[197]！

把自我説成是健全而神聖、把自私自利説成是至福的人，真的，他也會説出他這位預言者所知道的事：「瞧啊，它來了，它臨近了，偉大的正午！」

查拉圖斯特拉如是説。

重壓之魔[198]

1

我的舌頭——是人民大眾的喉舌：我説的話，在有著絲狀柔毛的兔子們的耳中是太粗糙和率直了，對一切滿肚子墨水的墨魚和搖筆桿的狐狸們，我的話就更加有異樣之感了[199]。

我的手——是傻瓜的手：一切桌子和牆壁以及供傻瓜裝飾、讓傻瓜塗抹的地方都糟糕了[200]。

我的腳——是馬腳：在野外縱橫馳驅，越過木石一切障礙，像發瘋一樣體嘗一切快跑

---

196 十字蜘蛛指基督教教士。見〈背教者〉章。

197 〈馬太福音〉10，26：「因為掩蓋的事，沒有不露出來的，隱藏的事，沒有不被人知道的。」

198 重壓之魔：此處主要指他律的倫理思想，查拉圖斯特拉對此説明自主的精神的高揚。重壓之魔給人帶來沉重，妨礙一切生活的自由活動，他是查拉圖斯特拉的宿敵。

199 我的話不是對文雅的人們（安哥拉兔）説的，而對搖筆桿的人們又會給他們奇異之感。

200 我所寫的，把一向認為善的東西都破壞了。

的樂趣。

我的胃——也許是一隻老鷹的胃吧？因為牠最愛吃羔羊的肉。可是不管怎樣，它肯定是一隻飛禽的胃。

我吃的是單純的、少數的東西，總是作著奮飛的架勢，急不可耐地想要飛去——現在，這就是我的生性：這怎能說不是有點飛禽的本性哩！

特別是，我是重壓之魔的敵視者，這就是飛禽之本性：確實是重壓之魔的死敵，不共戴天之敵、宿敵！哦，我的敵意，哪裡沒有飛翔過、飛迷過哩！

關於此事，我已能唱一首歌——而且想要唱：即使我獨居在空屋之中不得不唱給我自己的耳朵聽。

當然也有些其他的歌手，要等到滿堂坐滿了聽眾，才使他們一展柔和的歌喉，作出能說會道的手勢，露出善於表現的眼光，湧出活潑的心情——我可不像他們。

2

有一天，教人飛行的人，將會移開所有的界石；由於他的緣故，所有的界石將飛向空中，失去意義，他將給大地取一個新名字——叫做「輕輕」[201]。

鴕鳥比最快的馬跑得還要快，可是牠也會把頭沉重地鑽進重重的大地裡去：還不會飛的人也是如此[202]。

---

201 教導精神的飛躍的人，把一切道德的標準加以轉換，給世界和生命賦予輕快優雅的情趣。

202 比凡庸者具有較大的精神自由者還不會飛。這種人會被向來的反生命的教義絆倒。

他稱大地和人生是沉重的；重壓之魔就想要這樣！可是誰想要變得身輕如鳥，他就必須自愛——這是我的教言。

當然不是用病夫和病弱者的愛：因為這種人的自愛也是有臭味的！

人必須學會自愛——我如此教導——用一種完好的、健康的愛：這樣才能自我堅持下去，不會游離於自身之外，到處漂泊。

這種到處漂泊被稱為「對鄰人之愛」：直至今日，人們最常用這句話來進行誆騙和偽裝，特別是那些感到人世對他是一種沉重的壓力的人。

確實，學會自愛，並不是為今天和明天制定的戒律。這倒是一切本領中最精緻、最巧妙、最高超、最堅韌的本領。

因為自己的一切所有物都由它的擁有者好好保藏，不讓他人染指；而埋在地下的一切藏寶也是由藏寶者最後發掘的——這就是重壓之魔所要做的工作。

差不多在搖籃時期，我們就已經被授予沉重的教言和價值：「善」和「惡」——就是這種人生贈禮的名稱。由於這種贈禮，我們才被容許生存在世間。

為此才讓小孩子到自己身邊來，以便及早防止他們自愛：這就是重壓之魔所要做的工作。

我們——我們把授予給我們的重荷忠誠地扛在困苦的肩上越過崎嶇的山！如果我們冒出汗來，人們就對我們說：「是啊，人生的擔子是難挑的！」

可是世人只是難挑他自己這副擔子！這是由於他在自己的肩上扛著太多他人的東西。他像駱駝一樣跪下來、讓人給牠裝上很多的重負。

特別是內心懷有敬畏之念的、剛強的、忍辱負重的人：他肩負著太多的**他人的**沉重的教言和價值──現在他覺得人生是一片沙漠[203]！

確實！有許多**自己的**東西也難以承載！世人內心裡有許多東西就像牡蠣一樣，就是說，引起噁心、又濕又滑、難以捉摸[204]──，

──因此必須由帶有珍貴裝飾的珍貴的外殼代為說項。可是人也必須學會這一套本領：具有外殼、美麗的外表、聰明的視若無睹[205]。

再說，世人所有的許多東西常是靠不住的：許多外殼既寒磣，又可憐，太像一個單單的外殼了。許多隱而不露的善意和能力從不為人所知；最可口的珍饈找不到美食家品嘗[206]！

女人，最出色的女人，她們知道這些，稍許肥一點，稍許瘦一點──哦，多少命運就繫在這稍許上面啊！

人是難以被發現的，發現自己更是最難；精神常常說些有關靈魂的謊話。這就是重壓之魔所要做的工作。

但是說「這是**我的**善，這是**我的**惡」這句話的人，他就是發現了自己的人：他以此言使那些說「大家皆善，大家皆惡」的鼴鼠和矮子啞口無言了。

---

203 一心向上的精神，遵奉最初受教的他律道德，而為這種負擔所苦。

204 不僅有來自外部的負擔，就是精神自體的內部，也有許多隱藏的、自己不知道的弱點。

205 為了讓自己擁有自信，向上者具有自己的實質以上的外表，而不過分赤裸地觀看自己。

206 單靠外表，不能判斷其真價。

確實，我不喜歡這種稱一切都好、稱這個世界是完全最好的世界的人。我把這種人叫做對一切都滿足的人。

對一切都滿足，就是什麼都會嘗：這不是至高無上的口味！我尊重那些學會說「我」、說「是」、說「不」的固執、挑剔的舌頭和胃。

可是什麼都咀嚼和消化——這是一種正宗的豬玀本性！一直在說咿-呀[207]的——這是只有驢子和具有驢子頭腦的人才會學好這一套。

深黃和火紅[208]：這合乎我的趣味——它把血摻進一切顏色裡。可是把自己的房子粉刷得很白的人，他就向我暴露出他的粉刷得很白的靈魂。

有人喜愛木乃伊，有人喜愛鬼；這兩者都同樣是血和肉的敵視者——哦，這兩者跟我的趣味多麼背道而馳！因為我愛血。

我不願居住和逗留在人人都愛吐唾沫和吐痰的地方：我的口味是這樣——情願住在竊賊和作偽證者的中間。沒有人把金錢掛在嘴上。

可是使我更加反感的乃是一切舔唾液者[209]；這是我發現的最令人反感的衣冠禽獸[210]，我把他們叫做寄生蟲：他們不想去愛，卻靠愛過日子。

要麼做兇猛的野獸，要麼做兇惡的馴獸者[211]，只有一種選擇的人，我都稱他們為不幸者，我不會跟這種人一起搭棚[212]居住。

還有那些必須永遠在等待的人，我也稱他們為不幸者——他們不合我的口味：一切收

---

207 咿-呀：原文為I-A，即德語Ja，意為「是」，形容驢子的叫聲。

208 南歐的房子主要是漆成黃色和紅色（那不勒斯、龐貝），北歐的房子則以白色為基調。北歐人的精神缺之熱情。

209 阿諛奉承者，拍馬屁者，漢語中說：舔屁股，舔癰。

210 衣冠禽獸：原文為Tier von Mensch（人中之獸）。

211 對寄生蟲之人進行監視、強迫者，如官吏、政治家。

212 〈馬太福音〉17，4：「我就在這裡搭三座棚，一座為你，一座為摩西，一座為以利亞。」

稅者、小商人、國王以及其他的土地和店鋪的看守者。

確實，我也學過等待，學得很徹底——不過只是等待我自己。我首先學過站立、行走、奔跑、跳躍、攀登和舞蹈。

可是，這是我的教導：有一天想要學飛的人，他必須首先學習站立、行走、奔跑、攀登和舞蹈——人不能一飛就能學會飛行。

我學習利用繩梯攀登上許多窗子，使用敏捷的腿腳爬上高高的桅杆：坐在認識的高高的桅杆上，在我看來，乃是不小的幸福，——

——如同小小的火焰閃耀在高高的桅杆上面：雖然是小小的火光，對於遭到風吹浪打的船夫和碰到船隻失事的人卻是大大的安慰！——

通過各種各樣的道路和方法，我抵達我的真理之境：我並不是靠一條梯子爬到高處，讓我的眼睛在那裡能縱目覽眺我的遠方。

我不願意經常向人問路——這跟我的趣味背道而馳！我情願去問道路本身而進行探路。

我的全部行程就是試探和詢問——確實，人們也必須學習給這種詢問找一個答案！而這——就是我的興味所在[213]：

——不好，也不壞，但卻是我的興味，我對它不用再害臊，也不用再隱瞞。

「這——就是我現在的道路——你們的道路在哪裡？」我就是這樣對向我「問路」的

213 甘冒艱難，憑自己的力探求真理，不靠他人的命令，這就是我的自發的興味。

人所作的回答。因為道路——本來是沒有的！

查拉圖斯特拉如是說。

古老的法版和新的法版[214]

1

我坐在這裡等待，四周放著一些古老的破碎的法版，也有些寫好一半的新的法版。我的時辰何時來到呢？

——我的下降和沒落的時辰：因為我還要到世人中間去走一次。

我等著它：因為首先必須有預兆出現，表明那就是我的時辰——這預兆就是伴有一群鴿子的歡笑的獅子[215]。

在這個空檔裡，我就像一個有空閒的人，對我自己說話。沒有人對我講什麼新的東西：因此我就跟自己談我自己。——

214 〈出埃及記〉31，18：「耶和華在西奈山和摩西說完了話，就把兩塊法版交給他，是上帝用指頭寫的石版。」法版（原文 Tafel=Gesetztafel，英譯 law-tables）又稱約版，版上刻有十誡，永遠作為西奈盟約的證據。本章主題是對舊道德（古老的法版）的批判，對新道德（新的法版）的提示。

215 參看第四部〈預兆〉章中這種預兆的出現。

2

當我走到世人那裡時[216]，我看到他們都處於古老的自負狀態：大家都自以為早就知道，對人來說，什麼是善，什麼是惡。

一切關於道德的議論，在他們看來，都是陳舊而令人厭煩的事；想要睡得好的人，在臨睡之前，都要談談「善」和「惡」。

當我教導說：什麼是善，什麼是惡，現在還無人知道——除了創造者！我打攪了他們的睡意了。

——而所謂的創造者，乃是創造人類的目標，給大地賦予它的意義和它的未來的人：只有這種人才能創造出善的和惡的事物。

我教他們推翻只有那種古老的自負踞坐的古老的講座；我教他們嘲笑他們的偉大的道德大師、聖人、詩人和救世主。

我教他們嘲笑他們的陰鬱的賢者以及一切像烏黑的稻草人坐在生命樹上發出警告的人。

我坐在他們的墓塚大道之旁，甚至靠近腐屍和兀鷹[217]——我嘲笑他們的一切過去及其腐朽倒塌的輝煌。

真的，我像勸人懺悔的說教者和痴子一樣對他們的一切偉大和渺小大喊怒叫——他們的至善是多麼渺小！他們的極惡是多麼渺小！——我如此嘲笑。

216 〈查拉圖斯特拉的前言〉以下所述：查拉圖斯特拉從山上下降走到世人那裡。

217 墓塚大道：羅馬的阿皮阿大街的聯想。有著光榮的過去的殘骸。腐屍：過去的殘滓。兀鷹：啄食過去腐屍的玩弄歷史知識的人們。

我的聰慧的憧憬從我的內心裡如此大叫大笑，它是在山上誕生的，真是一種粗野的智慧！——我那刷刷地撲著翅膀的大大的憧憬。

我的憧憬常常在大笑聲中帶我遠走高飛：於是我像一支箭一樣戰慄，在陶醉於陽光的大喜之中飛去。

——我飛到任何美夢從未夢見過的遙遠的將來，比任何造型美術家所夢想的還要炎熱的南國：飛到羞於披掛任何衣著的群神裸體跳舞的地方[218]：——

——如上所述，我用比喻說話，像詩人一樣一瘸一拐，結結巴巴：真的，我還不得不當個詩人，真使我慚愧[219]！——

在那裡，一切變轉，依我看來，都是群神的舞蹈和群神的一時高興，而世界則從一切束縛中被解放出來，恢復自己本來的面目：——

——好像是許多神永遠在互相逃避和尋找，好像是許多神互相對立、互相交換意見、互相和好的至福之境地：——

那裡，一切時間，在我看來，乃是對瞬間的愉快的嘲笑[220]，那裡，必然就是自由本身，它跟自由之刺快樂地遊戲：——

那裡，我又發現了我的古老的魔鬼或大敵，就是重壓之魔，以及他所創作的一切：強迫、規章、必要、結果、目的、意志以及善和惡：——

因為，跳起舞來，不是必須有踏在它上面、從它身上舞過去的東西存在嗎？為了輕

218 我識得人間的舊道德，覺得厭惡和嘲笑，但一轉眼之間，我的憧憬、幻想、意欲卻把我引到如下的新的境地。

219 這種事物不能用呆板的論理敍述，只有當個詩人，用比喻說出。

220 一切的瞬間都要永遠回歸，因此，把瞬間單單當作瞬間思考，乃是愚蠢，乃是對瞬間的嘲笑。

捷者和最輕捷者，不是必須有鼷鼠和沉重的侏儒[221]存在嗎？——

3

那裡，我也在路上拾到「超人」這個字眼，以及人乃是必須被克服的東西這個命題，

——我也悟到，人乃是一座橋梁，並不是目的[222]：他慶幸自己的正午和黃昏，把它當作通往新的黎明的道路[223]：

——還有查拉圖斯特拉關於偉大的正午的談話，以及另外我高懸在人們頭頂上的東西，它就像第二道紫紅色的晚霞[224]。

真的，我讓他們看到新的夜晚和新的星辰；在雲和晝夜上面，我張起歡笑，就像五彩的天幕[225]。

我把我的創作和追求全都教給他們：人們視為殘缺不全、啞謎和可怕的偶然的東西，我把它們收集起來、合成一體[226]，——

——作為創作者、解謎者和拯救者，我教他們參與創造未來，把過去的一切——，進行創造和拯救。

把人間的過去加以拯救，把「過去是如此」的一切加以改造，直到意志說：「我過去是想要這樣的[227]！以後我還想要這樣——」

——我對他們把此事稱為拯救，我教他們只有此事可稱為拯救[228]。——

221 第三部〈幻影和謎〉：「不管他騎在我肩上，那個半侏儒、半鼷鼠。」

222 第一部〈查拉圖斯特拉的前言〉4：「人之所以偉大，乃在於他是橋梁而不是目的。」

223 第一部〈贈予的道德〉3：「人……把他走向黃昏的道路當作他自己的最高希望來慶祝：因為這是邁向新的黎明的道路。」

224 第二道是與現實的晚霞相對而言，即精神的晚霞。晚霞中含有沒落的悲哀和對未來的期望。

225 第二部〈預言者〉：「你使我們看到新的星辰和新的夜之壯觀；確實，你把生命（亦作歡笑）本身張在我們的頭上，像張著五彩的天幕。」

現在我等待我的拯救——，我最後一次走到世人那裡去。

因為我想要再一次走到世人那裡去：我想要在他們中間沒落，我想要在臨死[229]時把我最豐富的贈禮送給他們！

這是我從太陽那裡學來的，當它沉落時，這個過於富裕者，從它取之不盡的財富之中取出黃金撒進海裡。

——就這樣，使得最貧窮的漁夫也得以使用黃金的槳划船[230]！因為我從前曾見過這個光景，在觀看時，我的眼淚流個不止——

查拉圖斯特拉也想沒落，像太陽那樣：現在他坐在這裡等待，在他的四周放著古老的摔碎的法版[231]，還有新的法版——寫好了一半的法版。

4

瞧，這裡有一塊新的法版：可是跟我一起把它帶往谷中、帶進血肉的心[232]裡去的我的弟兄們在哪裡呢？——

我對最遙遠者的大大的愛如是要求：不要體諒你的鄰人！人是一種必須被克服的東西。

說起克服，有各種各樣的道路和方式：請你瞧瞧！可是只有一個丑角會想：「人也是能被跳越過去的[233]。」

---

226 第二部〈拯救〉：「把這些殘缺不全、啞謎和可怕的偶然收集起來，合成一體。」

227 第二部〈拯救〉：「拯救過去，把一切『過去是如此』變為『我要它如此的』——這個我才稱之為拯救。」

228 宗教上所說的拯救是毫無意義的胡說。

229 尼采曾打過腹稿，描述查拉圖斯特拉的死亡。只要有人做他的目標的後繼者，他甘願死去（參看第一部〈自願的死〉）。

230 日落景象的美麗的比喻。

231 〈出埃及記〉32，19：「摩西……便發烈怒，把兩塊版扔在山下摔碎了。」

就是在你的鄰人們中間，你也要克服自己：這是你可以為你自己奪取的權利，你卻不可以讓人給與你[234]！

凡是你所做的事，沒有人能對你再做一下。瞧，不存在什麼因果報應。

凡是不能命令自己的人，他就該服從[235]。能命令自己的人倒也不少，可是服從自己的，卻缺少得很多。

5

擁有高尚靈魂的人存有這樣的願望：他們不想白白地獲得任何東西，至少是生命。

賤民出身者，他們願意白白地活著；可是我們其他人，生命已把它自己給予了我們的人——我們常常想，我們以什麼作出最好的回報！

真的，這是一句高尚的話，它這樣說：「生命答應給我們的東西，我們要對生命將這種答應——保住[236]！」

沒有奉獻出什麼可供享樂，就不可想要享樂。而且——人不可想要享樂[237]！

因為享樂和無辜是最怕難為情者：兩者都不願被人追求。人們應當自然擁有它們——，可是人們更應追求罪過和痛苦！——

---

232 〈以西結書〉11，19：「我必賜給他們另一顆心……拿走他們鐵石的心，給他們換上一顆血肉的心。」

233 跳越是性急而採用暴力的。第一部〈查拉圖斯特拉的前言〉6：丑角「大叫一聲，跳到擋路者（第一個表演走鋼索者）的前頭」，後者「一腳踏了空……跌落到地上」。

234 採取一切有價值的行動的權利，要靠自力去獲得。

235 第二部〈超越自己〉：「不能聽命於自己者，就要受命於他人。」

236 生命答應給我們歡樂和創造。我們不可漫不經心地等待，應當努力使其實現。

237 人不可貪圖享受，要為人民的幸福盡力，使其實現後，方可自己享受。

6

哦，我的弟兄們，誰是頭胎兒子，就常被獻作犧牲，可是現在，我們都是頭胎兒子[238]。

我們都在祕密的犧牲祭壇上流血，我們全都為了祭奠古代的偶像而被燒烤[239]。

我們的精英都還年輕：看到我們，那些老饞鬼就饞涎欲滴。我們的肉很嫩，我們的皮不過是像羔羊的皮——我們怎能不引起古老的偶像的祭司們饞涎欲滴哩！

古老的偶像的祭司，他還住在我們的心中[240]，他把我們的精英烤作美餐。唉，我的弟兄們，頭胎兒子怎能不做犧牲哩！

可是，我們這種人就願意這樣；我愛那些不願保全自己的人[241]。我以我的全部的愛愛那些走向沒落的人：因為他們去到另一個世界。——

7

要真實——能做到這點的人很少！能做到的人，他又不願意做到！尤其是善人們最不能做到。

哦，這些善人們！善人們從不說真話[242]；從這個意義上來說，為善就是精神上的一種疾病。

這些善人們，他們讓步，他們順從，他們的心境是人云亦云，他們的根本是唯命是

即先天下之憂而憂、後天下之樂而樂的高尚態度。

238 〈出埃及記〉13，2：「以色列中凡頭生的，無論是人是牲畜，都是我的，要分別為聖歸我。」而我們，乃是揭示新的價值的新時代的頭胎兒子、先驅者。

239 我們這些新的道德的前線上的戰士，遭受舊道德的祭司的屠宰。

240 在我們自己的內心裡也有古老的價值觀以及跟古老的立場有關聯的要素。古老的東西如此根深柢固，抱有新的價值觀的先驅者不得不當犧牲品。

241 〈馬太福音〉16，25：「凡為我喪掉生命的，必得著生命。」

242 為了順應周圍的人，所以隱瞞自己的觀點。

從：可是聽從他人的人，卻不聽從自己的本心！

凡是被善人稱為壞事的，必須湊到一起，以便產生一種真理：哦，我的弟兄們，你們是否壞得足以產生這種真理嗎？

大膽的冒險、長久的不信任、殘酷的否定、厭惡、殺進生氣勃勃的人生[243]——這些湊在一起，是多麼難得！可是從這些種子裡面卻會——生出真理！

直到如今，一切知識都是跟內疚手拉著手一起成長的[244]！打碎吧，你們這些認識者們，打碎那些古老的法版吧！

8

如果水中有梁[245]，如果河上架起橋，裝上欄杆：這時再說「萬物流轉」[246]這句話，就不會有人相信。

就是笨蛋也會反對。「怎麼？」笨蛋說，「萬物流轉？河流上不是有橋和欄杆麼！河流上面的一切都是固定不動的，一切事物的價值、橋、概念、一切『善』與『惡』：這一切都是固定不動的！」——

可是，當嚴冬、這個河流的馴獸者來到時：就是最有機智的人也懷抱起不信任了；真的，不僅是笨蛋會這樣說：「萬物不應該是——靜止的嗎[247]？」

「根本上萬物都是靜止的」——，這是恰當的冬季明訓，對乾枯季節說的好話，對於

---

243 第二部〈著名的哲人〉：「精神就是殺進自己生命中的生命；它通過自己的痛苦增加自己的知曉（認識）。」

244 由於自己違背一般的慣習和思維方法，感到內疚。可是正由於這種分歧就會產生出真正的認識。

245 德國諺語：Wasser hat keine Balken：水中無梁或海上無橋，容易淹死，即君子不履危之意。

246 萬物流轉（Alles ist im Fluss）：在某個時代，某個民族，當固有的道德體系被確立時，如果說在這體系之下流行的、作為其母胎的倫理觀念本身原來是可變的，就無人相信了。

247 道德的權威之確立走過頭時，就出現一切價值評估的停止——嚴冬——

冬眠者和蹲在火爐邊的人乃是很好的安慰。

「根本上萬物都是靜止的」——；可是對這句話持反對意見的卻是春季的暖風[248]。

春季的暖風是一頭公牛[249]，不耕田的公牛——一頭狂暴的公牛，一個破壞者，它用憤怒的角撞破堅冰！而冰塊——又沖壞橋梁！

哦，我的弟兄們，如今不是一切都在流動之中嗎？一切橋和欄杆不都是掉進水裡了嗎？誰還堅持什麼「善」和「惡」呢？

「可悲啊！可喜啊！春季的暖風吹起了！」——哦，我的弟兄們，你們就到街上去這樣宣講吧[250]！

9

有一種古老的妄想，叫做善和惡。直到現在，這個妄想的輪子總是繞著預言家和占星家轉動[251]。

從前，人們相信預言家和占星家：因此人們相信：「一切都是命運注定：你應當，因為你必須！」

隨後，人們又不信任一切預言家和占星家：因此人們相信：「一切都是自由：你可以，因為你想要[252]！」

哦，我的弟兄們，關於星和未來，直到現在，只是被人妄想出來的，並非真為人所知

不生產的凍結狀態。

248 春天到來，吹起東風，化解冰凍。就像來了舊道德的破壞者，一切價值轉換就開始了。

249 本書第二部〈崇高的人們〉：「我願看到他像白色的公牛……拉著犁頭前進。」牛是力與美的化身。

250 《聖經》用語。〈路加福音〉10，10：「你們就到街上去，說……」

251 倫理思想，自古以來，它的根幹就是厭世主義和觀念的理想主義。

252 不久，現實的實證的時代到來，人們高唱意志的自由。

[253]：因此善與惡，直到現在，也只是出於妄想，並非真為人所知！

10

「你不可偷盜！你不可殺人[254]！」——從前，人們把這些話稱為神聖的；在它面前屈膝低頭，脫下鞋子。

可是我問你們：世上還有比這些神聖的話更高明的偷盜者和殺人者嗎[255]？

在一切生命自身之中，不是也有——偷盜和殺戮嗎？如果這樣的話被稱為神聖，那麼，真理本身不是也遭到——扼殺了嗎？

還有，把那些跟一切生命相抵觸和勸人結束生命的東西稱為神聖，這豈不是教人死亡麼[256]？——哦，我的弟兄們，打碎、打碎這些古老的法版吧！

11

我對過去的一切表示憐憫[257]，是由於我看到：過去的一切都被轉交——

——轉交給以後來到的每個世代的寬容、精神和發瘋的想法，他們把過去的一切重新解釋為自己的橋梁[258]。

一個大大的暴君，一個精明的怪物可能會來，憑自己的好惡壓迫和強制一切過去：直到過去成為他的橋梁、先兆、傳令官和報曉雄雞。

---

253 宿命論和自由意志論皆屬謬誤。他們對人間精神和世界秩序，全不知其人類向上的這種理想和永遠回歸的實相。

254 〈出埃及記〉20，13～15：「不可殺人……不可偷盜。」這是上帝在西奈山上透過摩西頒佈的十誡（十條誡命）中的兩條。

255 基督教的道德背反生命的本質、否定生命。

256 參看第一部〈死亡的說教者〉。

257 歷史的過去的真相難以弄清，因為它被後人任意歪曲。

258 後世的有權勢者，對過去的歷史，各取所需地利用，加以改寫。

但也有另一種危險，我的另一種憐憫——賤民出身者，他的記憶只可追溯到他的祖父——到他祖父這一代，時間就停止了[259]。這樣一來，一切的過去都被丟棄了：因為也會有這麼一天，賤民當了主子，一切時間就會在淺水裡淹沒了。

因此，哦，我的弟兄們，需要有一種**新的高貴者**[260]，他們是一切賤民和一切暴君的反抗者，在新的法版上新寫著「高貴」這個詞。

因為，為了出現**高貴者階層**，需要有很多的高貴者和各種各樣的高貴者！或者，正如我以前用比喻所說的那樣：「有諸位神祇，沒有什麼上帝，這正是神道[261]！」

12

哦，我的弟兄們，我要任你們、指點你們做新的高貴者[262]：你們將成為未來之生育者和播種者——

——當然，不是做一個你們可以像小商人用錢買來的那種貴族：因為凡是有市價的一切，都是沒有多少價值的。

今後，使你們獲得榮譽的，不是由於你們從何處來，而是由於你們往何處去！想要超越你們自己前進的你們的意志和健步——將成為你們的新的榮譽！

當然，並不是由於你們曾侍奉過一位王侯——王侯還算得了什麼！——或者曾當過

---

259 凡庸的人們對過去的記憶最多不過是追溯到祖父一代，再上去的以前的歷史都被遺忘而埋沒了。

260 人類的貴重的歷史的記憶，或被殘暴者歪曲，或被凡庸者遺忘，因此希望有新的高貴者（精神貴族）保存人類的尊貴。

261 參看〈背教者〉章末。

262 高貴者原文為Adel，此字亦有貴族之意，但不是封建社會世襲的貴族，而是如前注中所說的精神貴族。人們常指責尼采的貴族主義，蓋由於對此字的誤會。為了避免誤會，似以譯為高尚者或高尚人士為宜。

什麼既存者的堡壘，使既存者立得更牢固！

並不是由於你們這一代在宮廷裡變得恭恭敬敬[263]，你們學會了像彩色的火烈鳥[264]一樣，長久地站立在淺水池中。

——因為能站立，乃是廷臣的一種功勞；所有的廷臣都認為，被允許坐下——乃是屬於死後的巨大幸福！——

也不是由於他們稱為神聖的聖靈把你們的祖先領到我並不讚頌的上帝所許之地[265]：因為在那裡生長著一切樹木中最惡劣的樹木，十字架，——在那個地方沒有什麼值得讚頌的！——

——確實，不管這位「聖靈」把他的騎士們領到哪裡，在這批隊伍的前頭先行的總是些——山羊、鵝[266]、腦子錯亂的傢伙！——

哦，我的弟兄們，你們這些高貴的人不應後顧，而應向前看！你們應當是從一切父輩和祖先的國土裡被放逐出來的人！

你們應當愛你們的孩子們的國家：讓這種愛成為你們的新的高貴品質——這個國家尚未被發現，存在於最遙遠的海上！我教你們揚帆去尋找、尋找！

你們是你們的祖先的孩子，你們要在你們的孩子們身上對此事加以補救：你們應當如此解救一切的過去！我把這塊新的法版放在你們的頭頂上！

---

263 原文an Höfen höfisch wurden：文字遊戲。

264 火烈鳥亦稱紅鶴、紅鸛，披著紅、白色羽衣。腿很長。比喻站立在宮廷上的朝臣。

265 上帝許給亞伯拉罕的地方，即迦南，亦稱福地，想望之鄉。此處又作文字遊戲：in gelobte Länder führte，die ich nicht lobe，前一個gelobte<geloben意為發誓、許諾，後一個lobe<loben意為稱讚。

266 山羊、鵝都是呆頭呆腦的動物。隊伍指十字軍，在他的前頭先行的都是些狂信者、腦子發熱的人。

267 《舊約》〈傳道書〉1，2：「萬事都是虛空。」

13

「為什麼活著？萬事都是虛空[267]！活著——就是打空無麥粒的麥秸[268]；活著——就是燒傷自己，卻得不到溫暖。」——

這種古代的胡言亂語，仍舊被當作「智慧」；可是由於它古老而發霉味，因此就更受尊重。發霉也變成高貴了。——

孩子們可以這樣說：他們怕火，因為火灼傷過他們！在古代的智慧書[269]中有許多幼稚的想法。

一向「打麥秸」[270]的人，他怎麼可以誹謗打麥秸哩！對這樣的傻瓜必須籠住他的嘴！

這種人坐到食桌旁，什麼都不帶[271]，連好胃口都不帶——現在他們卻誹謗說：「萬事都是虛空！」

可是，哦，我的弟兄們，好好地吃喝一下，確實不是什麼虛空的本領！給我打碎、打碎這些永不快樂者的法版吧！

14

「在潔淨的人，凡物都潔淨[272]。」——民眾如此說。可是我要對你們說：在豬看來，凡物都變成豬！

因此那些狂信之徒、連心也低沉下去的低頭者[273]就如此說教：「世界本身是一個汙穢

---

268 德國成語，比喻徒勞無功。

269 《舊約聖經》中的〈傳道書〉和〈箴言〉、〈雅歌〉等都被稱為智慧書，以稱頌並傳揚智慧為主題的經書。

270 打麥秸（Stroh dri-scht）在聖經和合本譯本中譯作踹穀或打場。〈申命記〉25，4：「牛在場上踹穀的時候，不可籠住牠的嘴。」天主教譯本譯作：「牛在打場的時候，不可籠住牠的嘴。」〈彌迦書〉4，13：「錫安的民哪，起來踹穀吧！」天主教譯本譯作：「熙雍女子，起來打場吧！」

271 〈路加福音〉10，3～7：「你們去吧……不要帶錢囊，不要帶口袋……吃喝他們所供給

不堪的巨大怪物。」

因為，這些人全都是具有不潔淨的精神的人；尤其是那些得不到安寧和休息的人，除非他們從背後觀看世界——就是背後世界論者[274]！

我要當面對他們直說，儘管我說的話有些不中聽：世界在這一點上跟人一樣，有它的背後的屁股[275]——這一點倒是真實的！

世界上有許多汙穢的東西：這一點倒是真實的！可是卻不能因此就說世界是一個汙穢不堪的巨大怪物！

世界上有許多東西散發出惡臭，但其中也含有智慧：噁心本身會創造出翅膀和預感到泉水的力量[276]！

最好的人也還有些令人噁心之處：最好的人也還有些必須被克服之處！——

哦，我的弟兄們，世界上有許多汙穢的東西，但其中也含有許多智慧！——

15

我聽到虔誠的背後世界論者對他們自己的良心說出這樣的箴言；確實，並無惡意和虛偽——儘管世界上再沒有什麼更加虛偽、更加令人惱火的了。

「這個世界就讓它這樣好了！一個指頭也不要伸出來去反對它！」

「誰要把百姓絞死、刺死、殺死、剁碎，就讓他去幹好了：一個指頭也不要伸出來去

的。」

272 《新約》〈提多書〉1，15：「在潔淨的人，凡物都潔淨。在汙穢不信的人，什麼都不潔淨。」

273 低頭者原文為Kopfhänger，意為垂頭喪氣者，但此字尚有另一意義，即虔誠的信徒（=Betbruder）或偽信者、偽善者。此句意為不僅是向上帝低下頭，連心也低沉下去，亦即心裡沒有真的勇氣的人。

274 與第一部〈背後世界論者〉相呼應。

275 文字遊戲：德語hinter意為背後，Hintere、Hintern則意為屁股。因此前句從背後（von hinten）就變成「從屁股」的意思。

276 第二部〈賤民〉：「我

反對他！百姓們倒由此學會遁世棄俗[277]。」

「而你自己的理性——你應當自行把它勒死、掐死：因為它是這個俗世的理性[278]。——由此，你自己就學會遁世棄俗。」——

——打碎，給我打碎，哦，我的弟兄們，這些虔誠者的古老的法版！拆穿這些誹謗世界者的箴言！

16

「學得多的人，忘掉一切強烈的欲望。」——今天，在一切黑暗的街上，人人都竊竊私議這個話題。

「智慧使人厭倦，一切都不——值得；你不應當存有什麼欲望！」——我看到，連公開的市場上也掛著這塊新的法版。

給我打碎，哦，我的弟兄們，也給我打碎這塊新的法版！是厭倦世界者、死亡的說教者、監獄管理者把它掛出來的：因為，瞧啊，這也是勸人當奴隸的說教[279]！——

他們的學習方法很拙劣，最好的事不學，一切都學得太早，學得太快：吃法也不好，因此吃傷了胃，——

——就是說，他們的精神是受傷害的胃，它勸人死掉！因為，確實，我的弟兄們，精神就是一種胃[280]！

的噁心本身為我創造了翅膀和預感到泉水的力量嗎？確實，我必須飛上最高處，讓我再找到快樂之泉！」噁心感會成為令人向上的機緣。

277 現世的一切醜惡，一概不去管它，人們由此可以學會厭棄人世。

278 理性也是為現世、俗世服務的，應將其拋棄。

279 此處特指叔本華的厭世的說教。

280 精神是肉體的一個器官。第一部〈輕視肉體者〉：「你稱之為精神的你的小的理性也是你的肉體的工具。」

人生是快樂之泉，可是對於那種借受傷害的胃、產生憂愁之父說話的人，在他看來，所有的泉都被投過毒。

認識：對於具有獅子意志的人乃是快樂！可是變得疲倦的人，只「受他人意志指使」[281]，一切浪潮就將他戲弄。

弱者的本性總是如此：他們在自己的路上喪失自我。最後，他們的疲倦還要發問：「我們為什麼總在走個不停！一切不都是一樣！」

他們覺得中聽的，乃是這樣的說教：「一切都不值得！你不應當存有什麼欲望！」可是這是勸人當奴隸的說教。

哦，我的弟兄們，查拉圖斯特拉像一陣清新的大風向一切走得疲倦的人吹來：他會使許多鼻子打噴嚏[282]！

我的自由的呼吸也會透過大牆吹進監獄裡，吹向被監禁在裡面的囚徒！

意願使人獲得解放[283]：因為意願就是創造：我如是教導。你們應當學習創造！

你們也應當先跟我學習這學習之道，很好的學習方法！——有耳可聽的，就應當聽！

17

船停在這裡——乘上船，也許可以駛往大大的虛無之境。——可是誰願意乘上這條

---

281 成為他人和外界的意欲的對象，因此不具有對他人和外界的積極的認識欲。

282 打噴嚏是健康和精神好的標誌。參看第三部〈還鄉〉章末。

283 第二部〈在幸福的島嶼上〉：「意願使人獲得解放：這就是關於意志和自由的真正的教義。」

「也許」之船呢[284]？

你們當中，沒有人想要乘上這條死路之船！那麼，你們怎麼會想要做厭倦世界者呢？

厭倦世界者！可是你們連這個大地都沒有離開啊！我發現你們依然貪戀大地，還念念不忘自己的厭倦世界！

你們的嘴唇耷拉下來，不是沒有道理的——對大地的小小願望還掛在嘴唇上面[285]！在眼睛裡——不是還飄浮著難忘大地之快樂的一朵雲彩嗎？

在大地上有許多很好的發明，有些是有用的，有些是令人愉快的：為了這個緣故，大地是使人喜愛的[286]。

大地上有各種很好的發明，它就像女人的乳房：有用，同時又使人愉快。

可是你們厭倦大地者！你們這些大地的懶漢！應當用鞭子抽抽你們！應當用鞭子抽打，使你們腿腳重新靈活起來。

因為：如果你們不是被大地厭惡的病人和未老先衰的傢伙，那就是狡猾的懶蟲或是鬼鬼祟祟的偷嘴的饞貓。如果你們不想再快樂地行走，那麼你們就應當——離開人世！

不應當想做一個醫治治不好的病人的醫生：查拉圖斯特拉如是教導——所以你們應當離開人世！

可是要結束生命，比作一首新的詩，需要更大的勇氣，一切醫生和詩人全都知道[287]。

——

284 厭世主義者應當徹底貫徹他們的主張，但他們害怕其結果會陷入可怕的虛無，所以也並不豁出命幹。

285 厭倦世界者無精打采，嘴唇耷拉下來，這毋寧是由於現世欲的緣故。

286 本來，在大地上充滿許多的人的創造物，是令人喜愛的。

287 對於詩人，寫冗長的詩較易，要加以適當的剪裁，把可以刪削的捨棄掉，則較難。對於醫生，要把治不好的病人完全回絕掉，也是難事。所以你們也盡力延續你們的餘命，不肯去死。

18

哦，我的弟兄們，有的法版是由極度疲勞造出來的[288]，有的法版是由腐敗的懶惰造出來的：雖然它們所說的相同，它們卻希望聽取者有不同的理解。——

瞧此處這個憔悴的人！他跟他的目標只有咫尺的距離，可是由於疲勞卻固執地躺在此處塵埃之中：這個勇敢的人！

由於疲勞，他看著道路、大地、目標和自己打呵欠：他不願再多走一步，——這個勇敢的人！

現在，灼熱的太陽照在他身上，野狗來舐他的汗：可是他固執地躺在這裡，情願憔悴而死掉：——

——跟目標只有咫尺的距離，卻情願憔悴而死掉！真的，你們還得拉住他的頭髮把他拖進他的天國[289]——這個英雄！

你們還是讓他躺在他躺著的地方為好，等到睡神、這個安慰者降臨到他身旁，送來清涼的淅瀝淅瀝的雨[290]：

讓他躺著，躺到他自己醒來——直到他自己把一切疲勞和疲勞借他作出的教訓全都取消！

我的弟兄們，你們只須從他的身旁趕走那些偷偷走過來的懶狗和一切成群飛來的蒼蠅：——

---

288 並非由於沒有氣力，而是由於努力的結果，感到極度疲勞者，也就是勇敢者在半路上疲於戰鬥，受到挫折時而陷於意氣消沉。

289 他的理想的目的地。

290 讓他休息，給他恢復的充分時間。

——一切被稱為「有教養者」的成群的蒼蠅，那些吸一切英雄的汗——吸得津津有味

的傢伙！——

19

我在我的四周畫上圓圈和神聖的界線[291]；登上越來越高的山，跟我一同登山者就越來越少：我由越加神聖的群山構成一條山脈[292]。——

不管你們要跟我登到哪裡，哦，我的弟兄們，要留神，不要讓一個寄生蟲跟你們一同攀登！

寄生蟲：它就是爬行的柔軟的蛆，它要靠你們的生病受傷的角落養肥自己[293]。

這是它的本領，它推測得出登山者們在哪裡會感到疲勞：它在你們的煩悶和不滿之中、在你們的脆弱的難為情之中築它的令人討厭的窠。

在強者的虛弱之處，在高貴者的最溫良之處——它就鑽進那裡築它的令人討厭的窠：寄生蟲寄居在偉大者患有小傷的角落。

在存在者之中，何者為最高的一類，何者為最低的一類？寄生蟲就是最低的一類；可是最高的一類的人，卻養活最多的寄生蟲。

因為擁有最長的梯子而能下降到最深處的這種靈魂[294]，最多的寄生蟲怎會不想寄生在他的身上呢？

---

291 從本段至22段談論寄生者、現代人等的末等人。我對我的登山同伴加以限定。

292 由少數被精選者組成小團體。

293 把具有偉大的精神和高貴的精神的人們當作寄主者，發現他們的弱點，就當作食餌。

294 〈創世記〉28，12：雅各「夢見一個梯子立在地上，梯子的頭頂著天，有上帝的使者在梯子上，上去下來。」

——能在自己的內心中奔跑、遊蕩、漫步得最遠的廣大無邊的靈魂；由於興之所至而闖進偶然之中的最必然的靈魂[295]：——

——鑽進發展過程之中的現存的靈魂[296]；想要滿足意願和渴望的擁有者的靈魂[297]：——

——逃避開自己、又在畫出的極大的圓圈裡趕上自己的靈魂[298]；聽愚蠢用最甜蜜的語言勸說的最聰明的靈魂[299]：——

——最喜愛自己、而在心中一切事物都有順流和逆流、落潮和漲潮的靈魂[300]：——

哦，這種最高的靈魂怎會沒有最壞的寄生蟲來寄生呢？

20

哦，我的弟兄們，我果真殘忍嗎？可是我說：倒下的，應當再推它一把！

今天的一切——倒的倒，塌的塌：誰想加以保留！可是我——我還要推它一把！

你們可知道石頭滾到陡峭的深谷裡去的快樂嗎？——當今的這些人：瞧他們，他們怎樣滾到我的深谷裡去！

我是獻給較好的演奏者們的序曲[301]，哦，我的弟兄們！一個榜樣！照我的榜樣做吧！

你們不教他飛翔的人，就教他——快一點墜落吧！——

---

295 由自己的意志肯定世界的一切，居於自己的內在的必然性之中，同時，要試試自己的能力，闖進超出世界的合理的必然性的偶然之中跟偶然戲耍。

296 既已存在而又不忘成長發展。

297 雖已擁有，但不滿足，還繼續保持各種意願和渴望。

298 不安居於自己的世界，吸收自己以外的許多要素，而又再回到自己的本來。

299 智者卻反而愛好逸出常軌的愚蠢。〈查拉圖斯特拉的前言〉1：「我願意贈送和分發，直到世人中的智者再度樂其愚。」

300 愛自己而對萬物的轉變也寄予關心，並加以包容。

21

我愛勇敢的人們：可是做一個老練的劍士還不夠——還必須知道對什麼人揮劍！

能按住自己的急性子而走開去：以便保存自己的實力、對付更值得較量的敵手，這種事常要有更大的勇氣！

你們只應當有可憎恨的敵手，而不應當有可輕視的敵手：你們必須以你們的敵手自豪：我以前已經教導過了[302]。

為了對付更值得較量的敵手，哦，我的朋友們，你們應當保存自己的實力：因此你們必須從許多人身邊走開，——

——特別是從許多賤民身邊走開，他們在你們耳邊刺刺不休地大談什麼民眾和民族[303]。

別讓他們的贊成與反對汙了你們的眼睛！其中有許多是與非：注視一下，就使人生氣。

注視一下，砍他一下——都是一碼事[304]：因此，還是走開，走進森林裡[305]，放下你的劍，讓它睡覺吧！

走你們的路吧！讓民眾和民族走他們的路！——當然是黑暗之路[306]，在那條路上，連一線希望的閃電之光也看不到！

在一切還在發光的只有——商人手裡的黃金的地方，就讓商人去統治吧[307]！現在再也

---

301 我對現代的攻擊，不過是對即將到來的更大的破壞的序曲（前奏）。

302 參看第一部〈戰鬥與戰士〉：「你們只可以有讓你們憎恨的敵手……」

303 大談民眾的，是社會的、階級的鬥士；大談民族的，是帝國主義的政治家。

304 拿這種人做對手，沒有進行認真的鬥爭的價值。

305 第一部〈市場的蒼蠅〉：「森林和岩石懂得跟你一起保持高尚的沉默。」

306 因為那裡只受功利的精神支配。

307 第三部〈走開〉：「謀事在王侯，可是成事在商人。」

不是君王的時代：今天自稱為民眾者，不配有君王。

瞧吧，現在的這些各國國民是怎樣像商人一樣行事：他們從一切垃圾中撿起最微薄的小利[308]！

他們互相伺機守候，他們互相攫取對方的東西——他們稱之為「睦鄰友好」。哦，怎不令人緬懷那個幸福的遙遠的時代[309]，那時，一個民族自稱：「我要做其他民族的——統治者！」

因為，我的弟兄們：最優秀者應當統治，最優秀者也想要統治！與此教言相異的地方，那裡——就缺少最優秀者。

22

如果他們——不勞而獲得麵包，哀哉！他們還會為求得什麼而叫嚷哩！他們謀生——就是他們正當的消遣解悶；他們應當過勞苦的生活[310]！

他們是從事劫掠的猛獸[311]：在他們的「勞動」之中——也存在著劫掠，在他們的「收入」之中——也存在著騙取！因此他們應當過勞苦的生活！

因此，他們應當成為更好的猛獸[312]，更出色，更聰明，更像人一樣：因為，人乃是最高級的猛獸。

人已經從一切動物身上奪取了牠們的優點：這就造成，在一切動物之中，人過著最勞

---

308 在現代，無論是民眾或是支配者都墮落了。

309 希臘的各個城邦。他們毫不隱瞞什麼權力意志和名譽心。

310 辛苦的勞動對民眾是必要的。在他們看來，勞動就是為了不正視人生的真實而活下去的消磨時間的方法。

311 不擇手段地想要獲得。

312 他們應當成為高級意義上的猛獸。

苦的生活。

只有禽鳥還超出人類之上[313]。如果人再學會飛翔，唉！他的劫掠欲將飛到——什麼高處！

23

我如此寄希望於男性和女性：前者有作戰的本事，後者有生孩子的本事，可是兩者都有用頭[314]和腳跳舞的本事。

沒有跳過一次舞的日子，算是我們白白虛度的日子！沒有帶來一陣哄堂大笑的一切真理，我們全稱之為虛假！

24

你們的結婚：當心，不要是一種不合適的結合！你們決定得太快：因此，結果造成——婚姻破裂[315]！

婚姻破裂還勝於委曲求全的婚姻、欺騙的婚姻！——一位婦女對我如是說：「我確實是破壞了婚姻，可是，最初是婚姻破壞了——我！」

我常常發現反目的夫婦乃是最不好的報復心重的人：他們不再是獨往獨來的單身者，他們要讓全世界人為此付出代價。

313 第三部〈重壓之魔〉：「我總是作著奮飛的架勢……想要飛去……這就是我的本性。」

314 用頭跳舞即頭手倒立的姿勢。頭手倒立乃是重壓之否定。

315 婚姻破裂：原文Ehebrechen本意為通姦。此段有些字是在玩弄文字遊戲，其妙趣不可能譯為他國語。

為此，我希望誠實的人互相說：「我們相愛了：讓我們看看……，我們相愛，是否會信守不渝！或者我們的承諾會不會是看錯[316]？

——給我們一段試婚的期限，讓我們看看，我們是否適合正式結婚！兩人永遠相伴在一起，這可是一件大事啊！」

我如此勸告一切誠實的人；如果我不這樣勸說，那麼我對超人以及一切後來者的愛，又算是什麼哩！

你們的繁殖不僅是繼續下去，而是要向上提高……——為了這一點，哦，我的弟兄們，但願婚姻之花園幫你們的忙[317]！

25

精通古代的泉源的人，瞧，他到最後就會探求未來之泉，探求新的泉源[318]。——哦，我的弟兄們，不久的將來，就會有新的民族興起，就會有新的泉水嘩嘩地流進新的深淵。

因為地震——掩埋了許多泉水，造成許多人的焦渴：可是地震也揭示出許多內在的力量和祕密[319]。

地震顯露出新的泉源。在古代民族的地震之中湧現出新的流泉。

這時，有人叫道：「瞧啊，這裡有供許多口渴者飲用的泉水，有為許多渴望者提供安

---

316 承諾原文：Versprechen，看錯（做錯，弄錯）原文Versehen，看看（注意，注視）原文Zusehen。應當努力使愛情繼續下去，如不可能，就率直地承認是一種過失（疏忽）。

317 第一部〈孩子和結婚〉：「你不應當單單把你的種傳下去，而要讓你的種高於你！在這一方面，結婚的花園對你大有裨益！」

318 深知過去許多道德觀的泉源的人，他一定知道古代的泉源已不適用於今日，他會去探求新的道德。

319 例如像戰爭那樣的大變動，使許多舊道德滅絕，卻揭示出民族所具有的許多未知的力量。

慰的一顆心，有為許多工具提供發明的一種意志。」——在他的周圍就聚攏一群人：就是許多試驗者。

誰能發號施令，誰當服從——就在該處進行試驗[320]！唉，進行了多麼長久的探求、建議、失誤、學習和新的試驗！

人類社會——就是一種試驗，我如是教導——一種長期的探求：可是他們探求發號施令者！——

——一種試驗，哦，我的弟兄們！不是什麼「契約[321]」！駁倒、給我駁倒這些軟心腸和半吊子人物的這種言論吧！

26

哦，我的弟兄們！在哪些人的身上存在著威脅全人類未來的最大危險？不是在善人和義人的身上嗎？——

——他們這樣說，心裡也這樣感到：「我們已經知道什麼是善和正義，我們也已具備；可嘆那些還在尋求善和正義的人[322]！」

不管惡人能造成什麼傷害：善人造成的傷害乃是最有害的傷害！

不管誹謗世界者能造成什麼傷害：善人造成的傷害乃是最有害的傷害。

哦，我的弟兄們，曾經有人[323]看透了善人和義人的心，他當時說道：「他們是法利賽

320 就這樣，在這種新的道德觀念之下，經過長期試驗之後，決定出統治者和被統治者。

321 盧梭著《民約論》，認為國家只應該是自由的人民所訂立的社會契約的產物。

322 道德已經確立，不需另求新的道德。

323 基督。法利賽人，意為隔離者，原是猶太教內的一個派別，宣傳墨守傳統禮儀。主張與異己者嚴格隔離。福音書中稱他們為偽君子、偽善者。

人。」但人們不理解他說的話。

善人和義人，他們本人也不能理解他：他們的精神已被囚禁在他們的好良心之中。善人的愚蠢乃是深不可測的聰明。

可是，這卻是真實情況：善人必然是法利賽人——他們別無選擇！

善人必然要把發現自己的美德的人釘在十字架上！這也是真實情況！

可是，發現他們的本土、發現善人和義人的本土、內心和世界的第二個人[324]，乃是問這句話的人：「他們最恨的是什麼人？」——

他們最恨創造者：打破法版和古老的價值觀的打破者——他們稱之為犯罪者。

因為善人——他們不能創造：他們永遠是結尾之開頭[325]——

——他們把那種在新的法版上寫下新的價值觀的人釘在十字架上，他們為了自己而犧牲未來——他們把一切人類的未來釘在十字架上！

善人——他們永遠是結尾之開頭。——

27

哦，我的弟兄們，你們也理解這個字眼的意義嗎？就是我以前所說的「末等人[326]」？

在哪些人的身上存在著威脅全人類未來的最大危險？不是在善人和義人的身上嗎？

搞垮，給我搞垮這些善人和義人吧！——哦，我的弟兄們，你們也理解這句話嗎？

---

324 查拉圖斯特拉·尼采。

325 頹廢的開始。結尾（終末期）由他們開始。

326 參看〈查拉圖斯特拉的前言〉5。

28

你們要從我身邊逃走嗎？你們大吃一驚嗎？你們聽了這句話渾身發抖嗎？

哦，我的弟兄們，當我命你們搞垮善人、打碎善人們的法版時：我才把人類裝載到船上駛向他們的茫茫大海。

現在，人類才面臨大大的驚恐、大大的四面張望、大大的病痛、大大的噁心嘔吐、大大的海上暈船。

善人教給你們的是虛妄的海岸和虛妄的安全；你們是在善人的謊言裡出生[327]而接受庇護的。一切都受到善人們的徹底欺騙和歪曲。

可是，發現「人類」這片大陸的人，他也發現了「人類未來」這片大陸。現在，你們當做我的航海者[328]，勇敢的堅忍的航海者！

及時地挺直身子開步走吧，哦，我的弟兄們，學會挺直身子走吧！海上風浪大作：許多人想要你們幫他們重新振作起來。

海上風浪大作：一切都在海中[329]。好吧！來吧！你們這些老海員之心！

父祖之國算得了什麼！我們的舵要駛向那裡，駛往我們的子孫之國[330]！駛往那裡去，我們的偉大的渴望掀起巨浪，比大海的風浪還要激蕩！——

327 〈詩篇〉51，5：「我是在罪孽裡生的。」

328 〈詩篇〉51，5：「我是在罪孽裡生的。」

329 一切都在流轉之中生成（萬物流轉 Alles ist im Fluss），此處講航海，故改為「一切都在海中」（Alles ist im Meere）。

330 第二部〈文化之國〉：「我只愛我的孩子們的國土，在遙遠的海上，尚未被發現之國。」

29

「為什麼這樣堅硬！」——有一天，廚房裡的煤炭對金剛石說：「難道我們不是近親嗎？」[331]——

為什麼這樣軟？哦，我的弟兄們，我這樣問你們：難道你們不是——我的弟兄嗎？

為什麼這樣軟，這樣讓步而俯首聽命呢？為什麼在你們的心中有這樣多的對自己否定和拒絕呢？在你們的眼神裡，為什麼有這樣少的對命運之抱怨呢？

如果你們不願掌握自己的命運、不願做強硬的人：你們怎能跟我一起——獲得勝利呢？

如果你們的堅硬不願閃閃發光、分離和切斷：你們怎能有一天跟我共同——創造呢？

因為創造者是堅硬的。把你們的手印按在將來的千年上面，像按在蠟上面，你們必須把此事當作你們的萬幸，——

——把你們的萬幸留在千年的意志上面，像刻在青銅上面——不，它比青銅還堅硬，比青銅還高貴。只有最高貴的，才是完全堅硬的。

這塊新的法版，哦，我的弟兄們，我放在你們的頭頂上：堅硬起來吧！——

331 金剛石的化學元素為碳（C），跟煤炭為同素異形體，故稱為近親。

30 [332]

哦，我的意志！你，一切困厄的轉折，你，我的必然[333]！別讓我滿足於一切小小的勝利吧！

你，我的靈魂的安排，我把你稱為命運！你在我的內部！你在我的上面[334]！保護我、留著我迎接一個偉大的命運吧！

我的意志啊，為了你的最後，請保留下你的最後的偉大吧——讓你在你的勝利之中仍保持強硬[335]！唉，誰不敗在自己的勝利之時哩！

唉，誰的眼睛沒有在這種陶醉於勝利的昏昏沉沉之中變得模糊起來哩！誰的腳沒有在勝利之時變得踉踉蹌蹌而忘記——站起來哩！——

——但願有一天我準備成熟、迎接偉大的正午：準備成熟，就像灼熱的青銅、孕育閃電的烏雲、膨脹的奶牛乳房：——

——為我自己和我的最深藏的意志作好準備去迎接：像一張弓渴望它的箭，像一支箭渴望它的星[336]：——

——一顆星，準備成熟去迎接它的正午的星，被燒得通紅，被射穿的星，被毀滅的太陽之箭射得樂不可支的星[337]：——

——它就是太陽本身，準備在勝利中毀滅的、一個強硬的太陽意志！

哦，意志，一切困厄之轉折，你，我的必然！留著我迎接一個偉大的勝利吧！——

---

332 本段敘說命運與意志的合一。必然（Notwendig-keit）同時也是困厄的轉折（Wende der Not），燃燒著勝利與破滅的狂喜。

333 第一部〈贈予的道德〉：「當你們只是一個單獨意志的意欲者，而把一切困厄的轉折稱為對你們是必然的；這時就是你們的道德的起點。」意志並不被動地為困厄所苦，而是積極地將它肯定而承擔，使它發生轉折，並且使這種偶然的困厄，進而由意欲化為必然。此時，發揮意志的自由，跟受意志支配的必然就成為同一的東西。

334 我的意志，負著永遠回歸的宿命，以無限深度藏在我的內心，而又超出我的個體。在上面也可解釋為高高在上的天命。

查拉圖斯特拉如是說。

康復者[338]

1

一天早晨，回到山洞以後不久，查拉圖斯特拉像瘋子一樣從床上跳起身來，發出可怕的聲音大叫大喊，他做出的那種樣子，就像還有另一個人躺在床上不肯起來；查拉圖斯特拉發出如此的聲音，使得他的寵物大吃一驚，來到他的身邊，還使得其他一切動物都從查拉圖斯特拉的山洞附近的洞穴和藏身角落裡溜出來，根據牠們天生的腳和翅膀的不同類別，有的飛，有的撲動翅膀，有的爬，有的跳。而查拉圖斯特拉卻說出這番話來：

起來吧，深邃的思想啊，從我的深處出來吧！我是你的雄雞和破曉[339]，睡不醒的懶蟲啊：起來！起來！我的聲音應當已把你叫醒了！[340]

把你耳門上的鎖啟開吧：聽著！因為我要聽聽你的聲音！起來！起來！這裡的雷聲，足以使墳墓也會聽到了！

從你的眼睛上擦掉睡意和一切的愚昧及昏盲吧！也用你的眼睛聽聽：我的聲音也能治好天生的瞎子。

335 不陶醉於小小的勝利，志在獲得最後的勝利。

336 弓少不了箭，箭少不了星，箭就是意欲，星就是目標、理想。

337 我的理想將被完成。像被太陽毀滅的星會再生，獲得新的力量，我也將擁有更大的理想，我的努力將無限地擴大和高揚。

338 查拉圖斯特拉苦於永遠回歸之思想的最後難點而致神志不清。他的寵物，為他歌唱世界的美麗花園，勸他用歌唱治癒靈魂。

339 第三部〈變小的道德〉3：「我是衝破黑暗小路的我自己的報曉雞鳴。」

340 在我的心底築巢，難以清楚地自覺，使我苦惱的思想。

你一醒來，就應當永遠醒著。把曾祖母們從睡眠中喚醒，為了又叫她們——繼續睡下[341]，這不是我的做法！

你在動、伸展四肢、喉嚨裡呼嚕呼嚕響？起來！起來！喉嚨裡不要呼嚕呼嚕響——你要跟我說話！查拉圖斯特拉，我這個無神論者，在叫你！

我，查拉圖斯特拉，生命的代言人，痛苦的代言人，循環的代言人——我在叫你[342]，我的深邃的思想啊！

我真高興！你來了——我聽到你的聲音了！我的深淵開口說話了，我把我的最後的深處翻到光天化日之下了！

我真高興！來吧！伸出手來吧——哈！放開手吧！哈哈！——噁心，噁心，噁心——我好可憐啊[343]！

2

可是，查拉圖斯特拉剛說完這番話，他就跌倒下來，像死人一樣，而且像死人一樣躺了很久。可是當他神志清醒過來時，他面色發白，全身發抖，依舊躺著，很久不想吃、不想喝。這種情況延續了七天；可是他的寵物日夜不離開他的身邊，除了那隻老鷹，它要飛出去覓取食物。它把覓來的、掠奪來的東西都放在查拉圖斯特拉的床上：因此，到最後，查拉圖斯特拉竟被包圍在黃的和紅的漿果、葡萄、野薔薇果、有香味的野菜和松

341 華格納歌劇《齊格飛》第三幕第一場。

342 我愛生命，愛痛苦，預感到伴隨一切痛苦的生命循環而來。你指永遠回歸的思想。

343 按照永遠回歸的原理，世界的醜惡的另一面也要永遠不變地循環而來。想到這點，查拉圖斯特拉就失去神志了。

球當中了。而在他的腳邊，放著兩隻羔羊，這是他的鷹好不容易從牧人那裡掠奪來的。

最後，過了七天，查拉圖斯特拉從床上坐起身來，拿起一顆野薔薇果，聞了一聞，覺得它的香味很合自己的口味。這時，他的寵物認為跟他說話的時刻來到了。

「哦，查拉圖斯特拉，」它們說道，「現在你已經躺了七天，眼睛張不開：你終究不想再站起來嗎？

走出你的山洞：世界像一座花園在恭候你的光臨。風兒飄著要來接你的濃香；所有的小河都想跟在你的身後流去。

萬物都在想念你，因為你獨自一人躺了七天，——走出你的山洞！萬物都想做你的醫生給你治病！

也許你獲得一種新的認識，一種辛酸而沉痛的認識？你躺著，像一塊發酵的生麵團，你的靈魂發酵而膨脹，漫出它所有的邊緣了。——」

——哦，我的寵物，查拉圖斯特拉回答說，就這樣聊下去，讓我聽聽！你們的閒聊使我神清氣爽：哪裡有閒聊，那裡的世界，對於我，就像花園一樣。

有言語和聲音，多麼令人喜愛：言語和聲音不是架在永遠分離者之間的長虹和假橋嗎？

對於每個靈魂，都有一個不同的世界；對於每個靈魂，每個另外的靈魂就是一個背後世界[344]。

在最相似者之間，外表最容易騙人；因為最小的裂縫是最難架橋溝通的[345]。

對於我——怎麼會有一種外在之我呢？沒有什麼外在！可是在聽到一切聲音時，我們就把它遺忘：我們遺忘了，這是多麼可喜啊！

任何事物不都是給了它們名稱和聲音，讓人由於這種事物感到神清氣爽嗎？說話真是大大的蠢事：人們借說話在萬物上面舞蹈。

一切言談和一切聲音的騙人，是多麼可喜啊！我們的愛，伴著聲音在彩虹上面舞蹈。

——

——「哦，查拉圖斯特拉，」寵物聽罷，就說道，「對於像我們這樣思考的人，是萬物自己在舞蹈：它們過來，伸出手，笑啊，逃啊——隨後又回來。

一切走開了，一切又回來：存在之輪永遠轉動。一切死去，一切又開花，存在之年歲永遠在跑。

一切破了，一切又被重新接合起來；存在之同樣的房子永遠被再建。大家分手了，大家又重新相會；存在的圓環永遠忠實於自己。

存在開始於每一個瞬間；彼處之球圍繞著每一個此處旋轉。到處都有中心。永遠之路是曲折的。」——

——哦，你們，愛開玩笑的小丑和手搖風琴！查拉圖斯特拉又微笑著回答說，在那

344　這裡的背後世界，不同於背後世界論者所說的背後世界。而是說他人的精神的世界，其他的世界像是窺看不到的。

345　參看第二部〈夜歌〉：「最小的鴻溝乃是最不容易逾越的。」

七天之間所必須完成的事[346]，你們知道得多麼清楚：——

——那個怪物是怎樣爬進我的喉嚨參看[347]，悶得我氣都透不過來！可是我咬下它的頭，把它吐掉。

而你們——你們已將此事編成一首手搖風琴歌曲嗎？可是我現在躺在這裡，那一番咬下、吐掉，還使我覺得很累，那一番自我拯救，還使我覺得大病未癒。

你們就冷眼旁觀這一切嗎？哦，我的寵物，你們也很殘忍？你們想要看著我的極大的痛苦，像人們所做的那樣？因為人乃是最殘忍的動物。

悲劇、鬥牛、釘上十字架，直到如今，都成了人在世上愛看的樂事；當人們想出了地獄，瞧，地獄就是他們的世間的天堂[348]。

當大人物發出大叫時——：小人物就急忙跑過去；滿懷喜悅地伸出了舌頭。可是他卻稱之為他的「同情」[349]。

小人物，尤其是詩人——他是多麼激烈地用言詞控訴生命！聽他說吧，可是不要漏聽在一切控訴中潛藏的快樂[350]！

這種控訴生命者：生命只要眨眼，就把他壓倒。「你愛我嗎？」厚臉的生命說，「稍許等一下，我還沒有時間理你哩[351]。」

人對自己也是最殘忍的動物；對一切自稱「罪人」、「背上十字架者」和「懺悔者」的人，不要漏聽他們在悲嘆和控訴中潛藏的快感[352]！

---

346 七天裡被創造的天地之祕密，即永遠回歸。

347 〈幻影和謎〉：「一個年輕的牧人，他的嘴裡懸吊著一條粗大的黑蛇。」

348 地獄是人所空想出來的，地獄之苦使人獲得快感，因此地獄不啻成為人類的世間天堂，發洩世人殘忍的快樂。

349 小人物對大人物的痛苦表示同情，實際是幸災樂禍。

350 厭世的詩人們渴望生命，但由於其欲望得不到滿足，故相反地對生命進行譴責。

351 這種人就像男人追求女人，如果女人對他沒有意思，說出「沒有時間」的託辭，他就對生命（人生）產生絕望的情緒。

而我本人——我就此想做對人類的控訴者嗎？唉，我的寵物，我至今所學到的只是：人要臻於至善，必須先做到至惡[353]，——

——人的一切至惡，乃是人的無上的力量，對於最高的創造者，就是最堅硬的石頭[354]；人必須變得更善和更惡：——

並非由於我被綁在這種十字架上，才使我知道：人是惡的——而是由於我大叫出以前還無人叫出過的話語：

「唉，人之至惡竟如此渺小！人之至善竟如此渺小！」

對人的極大厭惡——它掐住我，爬進我的喉嚨：就是預言者預言過的那句話：「一切都是一樣，毫不值得，知識扼殺人。」

一道長長的暮光，在我面前一瘸一拐地走來，這是一種累得要命、醉得要死的悲傷，它打著呵欠說話。

「你所厭倦的世人，渺小的世人，永遠回歸。」——我的悲傷如此打著呵欠，拖著腳，睡不著覺。

在我看來，人類——大地變成洞穴，它的胸部凹陷進去，一切有生命者，在我看來，都化為人類——腐屍、骸骨和腐朽的過去。

我的嘆息坐在一切世人的墳墓上，再也站不起來；我的嘆息和疑問日夜不停地發出蛤蟆似的鳴叫、喉嚨哽住、煩悶、訴苦：

---

352 宗教的苦行，實際是由於殘忍的自我虐待產生快感。

353 前文講世人的各種殘忍性，現在講到自己，我的殘忍性：為了達到人類向上的目的，惡——嚴酷是必要的。

354 足以成為優秀雕刻家的素材的堅硬石頭。

——「唉，世人永遠回歸！小人物永遠回歸！」

從前我曾見過最偉大的人和最渺小的人，看到兩者赤裸裸的原形：他們太相似了——就是最偉大的人也是太人性了[355]！

最偉大的人也太渺小！——這就是我對世人的厭惡所在！最渺小的人也永遠回歸！——這就引起我對一切存在的厭惡[356]！

唉，噁心！噁心！噁心！——查拉圖斯特拉如是說著，嘆息著、戰慄著；因為他想起他的病。可是這時，他的寵物不讓他再說下去。

「不要再說下去了，你這位康復者！」——他的寵物回答說，「還是走出去吧，外面的世界像一座花園在等候你。

走到薔薇、蜜蜂和成群的鴿子[357]那裡去吧！尤其是走到鳴禽那裡去：跟牠們學學歌唱。

因為歌唱適合於康復者；健康者才可以說話。即使健康者想要唱歌，他要唱的歌也跟康復者要唱的大不相同。」

——「哦，你們，愛開玩笑的小丑和手搖風琴，還是閉嘴吧！」——查拉圖斯特拉對他的寵物微笑著回答說。「在七天之中我為自己想出了什麼安慰之法，你們知道得多麼

355 第二部〈教士們〉：「我見過……就是最偉大的人也是——太人性了！」

356 跟「人是應當被克服的東西」相矛盾。永遠回歸跟倡言人類向上的超人思想在論理上相矛盾。

357 薔薇象徵愛，蜜蜂象徵勞動，鴿子象徵輕快的智慧。

清楚啊！

我必須再歌唱——我為自己想出了這個安慰方法和這種康復的辦法：你們也想根據此事再作一首手搖風琴歌曲嗎？」

——「不要說下去了，」他的寵物再次回答說，「你這位康復者，倒不如讓你為自己先準備一把豎琴，一把新的豎琴！

因為，看起來，哦，查拉圖斯特拉！需要有新的豎琴才配得上你的新歌。

唱吧，高歌長嘯吧，哦，查拉圖斯特拉，用新的歌治癒你的靈魂[358]：讓你擔負起你的偉大的命運，還從未有人擔負過的這種命運！

因為你的寵物知道得很清楚，哦，查拉圖斯特拉，你是什麼人，而且必當做什麼人：瞧，你是永遠回歸的教師——，如今，這就是你的命運！

你必當做第一個講這種道理的人——這偉大的命運怎能不成為你的最大的危險和疾病哩！

瞧，我們知道你教的是什麼：一切事物永遠回歸，我們也包括在內，我們已存在過無數次了，一切事物也跟我們一起存在過。

你教導說，有一種轉生的偉大之年，一種偉大之年的巨怪：它必當像沙漏計時器一樣永遠重新翻轉過來，以便重新漏下和漏完：——

——因此，這些年分，事無巨細，全都是相同的，因此我們自己在這種偉大之年裡，

---

358 由命運決定要他當永遠回歸的宣傳者的人，在偉大的正午時刻說出最後的真理而破滅之前，先要由新的歌治癒他的靈魂，因此在之後〈另一曲舞蹈之歌〉中唱出永遠回歸之歌。

事無巨細，也總是相同的。

如果你現在想死，哦，查拉圖斯特拉：瞧，我們也知道，你會怎樣對你自己說——可是你的寵物請求你，現在還不要死！

你會毫無畏懼地說話，而且反會極樂得透口氣：因為你會擺脫掉極大的困苦和鬱悶，你這最堅忍的人！——

你將會說：『現在我死去而消滅，在一瞬之間化為烏有。靈魂不是不滅的，像肉體一樣。

可是我被扯在其中的諸因之結是回歸的——它將把我再創造出來！我本身就屬於永遠回歸的諸因之一。

我將跟這個太陽，跟這個大地、跟這隻鷹、跟這條蛇一起回來——並不是回到一個新的人生或是更美好的人生或是相類似的人生：

——我將永遠回到這同樣的、同一個人生，不管是在最大的或是最小的方面，讓我再宣講一切事物之永遠回歸。

——讓我再宣講大地和世人的偉大的正午，讓我再對世人告知超人的訊息。

我說我該說的話，也因我的話而心碎：我的永遠的命運要我如此——做一個宣告者而滅亡！

現在，走向沒落者為自己祝福的時刻到了[359]。如此——查拉圖斯特拉的沒落告終……

---

359 查拉圖斯特拉向世人宣講永遠回歸，他的使命已完成，為自己的沒落祝福。

了。』」——

兩個寵物說罷，就默不作聲地等待查拉圖斯特拉對它們說些什麼：可是查拉圖斯特拉卻沒有聽到它們已經沉默。相反，他依舊靜靜地躺著，閉緊眼睛，像在睡覺一樣，儘管他並沒有入睡：因為他正在跟他的靈魂交談。可是蛇和鷹看到他如此默不作聲，尊重他四周圍的高度沉寂，小心翼翼地離開了。

偉大的渴望[360]

哦，我的靈魂啊，我教你說「將來」和「從前」，也說「今天」[361]，教你跳你的圓舞，跳過此處和彼處及那處。

哦，我的靈魂啊，我把你從一切角落裡解救出來，撣掉你身上的灰塵、蜘蛛[362]和昏暗。

哦，我的靈魂啊，我洗掉你身上的小小的恥辱和角落道德，勸你赤身裸體站在太陽的眼睛之前。

我用名叫「精神」[363]的暴風吹過你的浪濤洶湧的海上：吹散一切浮雲[364]，我甚至扼殺名叫「罪過」的扼殺者[365]。

哦，我的靈魂啊，我給你像暴風一樣說不行的權利。像晴空一樣說行的權利[366]：你像光一樣靜立著，現在你穿過否定的暴風前進。

---

360 本章為查拉圖斯特拉跟自己的靈魂的對話。他把一切都給了自己的靈魂，可是靈魂由於過度的充盈而感到不勝其苦。

361 從永遠回歸的立場說來，今天是過去的回歸，也要向未來回歸，三者之間並無區別。

362 第三部〈日出之前〉：「純淨的天空……沒有永恆的理性蜘蛛和蜘蛛網。」

363 靈魂是天生的生命、天生的心，精神是自覺的內部之力，在此處特別是意志力。兩者是查拉圖斯特拉的兩面，但結果是同一的。

364 〈日出之前〉：「我討厭浮雲……它們搶走我們的一切——巨大無垠的肯定和祝福。」

哦，我的靈魂啊，我把處理創造物和非創造物[367]的自由交還給你：誰知道對未來事物的快樂、像你知道的那樣呢？

哦，我的靈魂啊，我教給你藐視，不是像蟲蛀一樣慢慢來的藐視，而是大大的顯示喜愛的藐視，這種藐視，它最藐視的，就是它最喜愛的。

哦，我的靈魂啊，我教給你如是說服，讓你把理由本身也說服得站到你這邊來[368]：就像太陽把大海也說服得湧向它的高處[369]。

哦，我的靈魂啊，我從你身上去掉一切服從、卑躬屈膝和稱頌上主；我給你本身取名為「困厄之轉折[370]」和「命運」。

哦，我的靈魂啊，我送給你若干新的名字和各色各樣的玩具[371]，我稱你為「命運」、「包括之包括」[372]、「時間之臍帶」[373]和「天藍色的鐘形玻璃罩」[374]。

哦，我的靈魂啊，我把一切智慧給了你的土壤飲用，智慧的一切新酒以及記不清的陳年烈酒[375]。

哦，我的靈魂啊，我把一切陽光、一切黑夜、一切沉默和一切憧憬傾注到你的身上——於是你就像葡萄樹一樣生長起來。

哦，我的靈魂啊，如今你過分豐茂地沉甸甸地站在這裡，一棵長滿膨脹的乳房和纍纍成熟的金葡萄的葡萄樹：——

——你受到你的幸福的重壓，由於過分豐茂而等待，又對你的等待感到羞慚。

---

365 罪過即宗教的罪責觀。古老的宗教的立場，以所謂「罪過」的概念扼殺生命。

366 自主地說行與不行的權利。

367 非創造物即不待創造、本來就有的，如神、聖靈、聖言等。但在此外，並無深意，不過是說出創造物，就順口說出來的俏皮話。

368 理由或譯根據（Gründe）。靈魂（意志力）擔任主宰，使論理的或因果律的論據都從屬於自己，為自己自由所用。

369 太陽使海水蒸發，把它引向自己。或由其引力把海面引升向自己。

370 〈古老的法版和新的法版〉30。

哦，我的靈魂啊，現在哪裡也沒有一個靈魂，比你更充滿了愛、更博大、更有包容力的了！還有哪裡能看到未來和過去比在你這裡更加接近在一起呢？

哦，我的靈魂啊，我把一切都給你了，為了你，我已兩手空空——而現在！現在你微笑著、充滿憂傷地對我說：「我們當中，哪一方應當表示感謝呢？——

——接受者收下了，贈予者豈不該對接受者表示感謝嗎？贈予豈不是出於必要的嗎？接受豈不是——出於憐憫嗎？」

哦，我的靈魂啊，我理解你的憂傷的微笑：你的過度豐富本身現在伸出了渴望之手！你的充實眺望著澎湃的大海的那邊，尋求著[376]，等待著；過度充實的渴望，從你的微笑的眼睛天國裡窺望。

確實，哦，我的靈魂啊！有誰看到你的微笑不會淚眼盈盈呢？看到你的微笑中的過度善良，連天使也會化為淚人了。

你的善良和過度善良，乃是不願嘆息，不願哭泣：可是，哦，我的靈魂啊，你的微笑卻渴望眼淚，你的顫抖的嘴卻渴望啜泣[377]。

「一切哭泣不都是一種嘆息？一切嘆息不都是一種控訴？」你這樣對你自己說，因此，哦，我的靈魂啊，你情願微笑，而不願傾倒出你的苦痛。

——在奪眶而出的眼淚中傾倒出你那由於充實而造成的一切苦痛，像葡萄樹急迫盼望採摘葡萄者拿著剪刀前來收穫的那種苦痛！

---

371 第二部〈有道德的人〉：「海浪會給他們送來新的玩具，而且把新的五彩貝殼倒在他們的面前。」

372 廣大的包括，最廣大無邊的靈魂（〈古老的法版和新的法版〉19）。

373 時間經過的中心點。靈魂常總括過去、現在和未來。

374 照世界的原樣肯定世界，就像藍天一樣將它罩住（〈日出之前〉）。

375 指跟尼采的思想相通的、蘇格拉底以前的希臘思想，如赫拉克利特、恩培多克勒斯等。

376 大海指人類。過度充實的靈魂要尋找接受者。

377 靈魂過度充實，卻無法贈予，找不到接受者，

可是如果你不願哭泣，不願透過哭泣來減輕你那紫紅色的憂傷，那麼，你就必須歌唱，哦，我的靈魂啊！——瞧，我自己也在微笑，我，向你作出這樣的預告：

——歌唱，唱起激越的狂歌，直到一切大海平靜下來，傾聽你的渴望，——

——直到平靜的充滿渴望的海上漂來小船，這金色的奇蹟，在它的金色四周，跳著善的、惡的、一切奇異的東西[378]：——

——還有許多大大小小的動物以及一切長著輕捷而奇異的腳、能在紫羅蘭色的海路上行走的動物，——

——走近這個金色的奇蹟，這條隨意漂泊的小船，走近小船的主人[379]：他可是採摘葡萄者，手拿著金剛石的剪刀等候著，——

——他就是你的偉大的解救者，哦，我的靈魂啊，他沒有名字[380]——只有未來之歌才會發現他的名字！確實，你的呼吸已經散發出未來之歌的香氣了，——

——你已在發燒而做夢，你已在焦渴地酣飲一切深沉的、嘩嘩響的安慰之泉，你的憂傷已經休憩在未來之歌的極樂之中！——

哦，我的靈魂啊，現在我把一切都給你了，也包括我的最後剩下的東西，由於你，我已兩手空空：——我叫你歌唱，瞧，這就是我最後剩下的東西！

我叫你歌唱，現在說吧，說吧：我們當中，現在誰應當——表示感謝？——可是，最好還是：為我唱吧，唱吧，哦，我的靈魂啊！讓我表示感謝！——查拉圖斯特拉如

所以很孤獨。可是卻不願嘆息，只是微笑。實際是想哭。因為嘆息是對人生採取否定的態度。

378 充滿渴望的海——等待拯救的萬有、人類。金色的小船——永遠回歸的思想。在小船四周的種種生物——由永遠回歸的思想獲得拯救的一切事物。

379 小船的主人：把靈魂的過度充實轉化為實用的人，亦即超人。隨意漂泊的小船：隨意原文freiwillig，直譯為自由意志的。

380 實為查拉圖斯特拉。他自己不願自報姓名，故自稱沒有名字（無名氏）。但未來之歌會發現他的名字。

是說。

另一曲舞蹈之歌[381]

1

「最近我凝視你的眼睛，哦，生命啊：我看到黃金在你的夜色昏暗的眼睛裡閃閃發光[382]，——我的心由於這種快樂而停止跳動了：

——我看到一條金色的小船在夜色昏暗的水面上閃閃發光，一條下沉、浸在水裡而又露出來招手示意的、金色的、搖盪不定的小船[383]！

你對我那痴迷於舞蹈的雙腳瞥了一眼，歡笑的、若有所問的、使人要融化的、搖搖盪盪的一瞥[384]：

只要你用小手敲打兩次響板[385]——我的舞迷的腳就已經搖晃起來。——

我的腳後跟抬了起來，我的腳趾聆聽著，想理解你：舞蹈者的耳朵卻是長在——他的腳趾上[386]！

我向你跳過去：你見我跳，就向後逃避；你那飛遁的頭髮的舌頭就向我嘶嘶地吐了出來[387]！

我逃開你和你的蛇：這時你已轉過半個身體站著，眼睛裡充滿熱望。

---

381 第二部〈舞蹈之歌〉的對應篇。查拉圖斯特拉受生命的魅惑，執著於生命，但由於一種認識而要拋棄生命，他將此事告知生命，準備死滅。這一認識即生命之回歸。

382 生命的祕密。在夜間具有更多的深度。

383 在生命的眼中，我看到混沌的宇宙的變易之中顯露著永遠回歸的真理。

384 把生命看作是魅惑自己的魔女。

385 聯想到歌劇《卡門》。尼采很喜愛這部歌劇。

386 給舞蹈（腳趾）和音樂（耳朵）的關係所作的似乎是超現實的形象化圖像。

387 激烈地追向生命時，生命露出可怕的恐怖形象，頭髮吐出蛇的舌頭。

你用歪斜的眼光——教我走彎曲的路；在彎曲的路上，我的腳學會了詭計多端[388]！

我怕你走近我，我喜愛你離開我；你的逃遁誘惑我，你的尋求使我停下來——我苦惱，可是為了你，什麼苦惱我不願忍受哩！

你的冷酷激動人心，你的憎恨誘惑人心，你的逃遁縛住人心，你的嘲諷——感動人心：

——誰不恨你，你這位大大的束縛者、糾纏者、誘惑者、探求者、發現者！誰不喜愛你，你這位無辜的、著急的、像疾風似的、有著兒童眼睛的罪人啊！

你這位典型的難以控制者，現在要把我牽到哪裡？你這個可愛的忘恩負義的野孩子，現在又棄我而逃跑了！

我跟在你的後面舞蹈，我也追隨著你的隱約的足跡。你在哪裡？向我伸出你的手！或者單單伸一隻手指也行！

這裡有好多山洞和灌木叢[389]：我們會迷路！——停下！站著別動！你沒看到貓頭鷹和蝙蝠刷刷地飛過嗎？

你這貓頭鷹啊！你這蝙蝠啊！你想逗弄我嗎？我們在哪裡？你這樣號叫和狂吠，是跟狗[390]學來的吧。

你嫵媚地向我齜牙咧嘴，露出白色的小牙齒，你的兇狠的眼光從捲曲的鬈毛中間向我射來！

希臘神話中的魔女梅杜莎頭上無髮，卻纏繞著許多條蛇。

388 生命像一個賣俏的女人，用詭計誘惑人。

389 過分深究生命，我有時在陰慘的抽象的形而上學的世界裡迷途。這裡棲息著貓頭鷹（智慧女神雅典娜的寵物）和吸人血的蝙蝠。

390 參看〈幻影和謎〉2所描述的狗叫。

這是越過種種障礙的舞蹈：我是獵人——你願做我的獵犬還是做我的羚羊逃跑呢？

現在，到我身邊來！快點，你這兇惡的跳躍者！現在跳上去！再跳過去！——唉！我自己在跳時跌下來了[391]！

哦，你這高興得忘乎所以者，瞧我躺在這裡，求你可憐我！我真想跟你一起——走比較舒適的路[392]！

——穿過幽靜的、雜花盛開的叢林中的甜愛之路！或者沿著那邊的湖岸：湖中有金色的魚在游泳、舞蹈！

你現在很累了嗎？那邊有羊群和晚霞：聽著牧人的笛聲去睡一下，不是很舒服嗎？

你是非常疲倦了嗎？我背你去，你只要把手臂垂下！你如果口渴——我倒有些飲料，可是你的嘴不想喝[393]！

——哦，這條該詛咒的靈活而敏捷的蛇，這個滑溜溜的魔女！你到哪裡去了？可是我感覺到由你的手在我臉上留下的兩塊斑點和紅色的汙漬[394]！

老是做你的像羊一樣笨的牧羊人，我真是厭倦夠了！你這個魔女，直到現在，我總是為你歌唱，現在你該對我叫喊！

你應該按照我的鞭子的節拍舞蹈而叫喊！我可沒有忘記鞭子吧？——沒有[395]！」

——

391 在邪路上追趕生命，我累得跌倒了。

392 我願在比較舒適的境地快樂地捕捉生命。

393 生命常愛處於粗暴的流動奔騰之中，對於和平享樂的提案不願接受。

394 生命又逃開，在查拉圖斯特拉的臉上抹上小丑的印記。

395 生命是女人，我一直受她的誘惑追她，和著她的響板舞蹈，現在要讓她和著我的鞭子的節拍舞蹈。參看第一部〈年老的和年輕的女人〉：「你到女人那裡去？別忘帶你的鞭子！」

2

於是生命如此回答我，一面塞住她的嬌小的耳朵：

「哦，查拉圖斯特拉！不要用你的鞭子拍得如此嚇人！你很清楚：噪音會殺害思想——我剛才正好產生如此溫存的思想。

我們倆乃是兩個既不為善也不作惡者。在善與惡的彼岸，我們發現我們的島和我們的綠油油的草地——只有我們兩人！因此我們一定要彼此和睦相處！

儘管我們不是從心底裡相愛——既然不是從心底裡相愛，難道就必須相恨嗎？

我喜愛你，有時太喜愛你，這你是知道的：喜愛的理由乃是我羨慕你的智慧[396]。啊，智慧，這個發瘋的老笨婆！

如果有一天你的智慧離開你，唉！那麼我的愛也會很快離開你[397]。」——

於是生命沉思默想地向身後看看，又向四周看看，然後輕輕地說道：「哦，查拉圖斯特拉，你對我不夠忠實！

你早已不像你自己所說的那樣深深地愛我了；我知道，你打算很快就離開我[398]！

有一只古老的重重的自鳴鐘：在夜間，它的聲音一直傳到你的山洞上面[399]：——

——你在半夜一聽到這只鐘報時，你就在一響和十二響之間想到——

---

396 生命之愛查拉圖斯特拉，乃是由於有了一個否定生命的知性、認識的競爭對手。智慧也被看作一個女性。查拉圖斯特拉愛生命，也愛智慧。參看第二部〈舞蹈之歌〉。

397 查拉圖斯特拉非常喜愛永遠回歸的認識，在他把這個真理吐露完畢時，他也將死去（〈生命之回歸〉）。

398 捨棄生命而宣告真理。

399 在深夜十二點，你聽到時鐘的聲音，聽到永遠回歸的最高智慧的響聲，你會想就此死去。

——你想到，哦，查拉圖斯特拉，我知道，你打算很快就離開我！」——

「是的，」我躊躇著回答說，「可是妳也知道——」我對著她那埋進蓬亂的、黃色的、愚蠢的髮叢中的耳朵說了幾句話[400]。

「你知道此事[401]？哦，查拉圖斯特拉，此事無人知道。——」

我們面面相覷，眺望著剛被清涼的暮色籠罩的碧綠的草地，不由得相對哭泣。——可是在那時，我更加覺得生命之可愛，超過以前我的一切智慧。——

查拉圖斯特拉如是說。

3[402]

一！

人啊！你要注意聽！

二！

深深的午夜在說什麼？

三！

---

400 他說的是：在我宣告這最高智慧的瞬間，我將死去。這最高智慧所教導的是：一切都要回歸，我們一度分別，還要相會，我對生命之愛如是要求。

401 生命的回答。

402 夜半鐘聲敲響十二次宣告的永遠回歸之歌。第三部的主導旋律。以下的一、二、三數字，為敲響的次數，即第一響、第二響……

「我睡過，我睡過——，
四・！
我從深深的夢中覺醒：——
五・！
世界很深，
六・！
比白晝想像的更深[403]。
七・！
世界的痛苦很深[404]——，
八・！
快樂——比心中的憂傷更深：
九・！
痛苦說：消逝吧！
十・！
可是一切快樂要求永恆[405]——，
十一・！
——要求深深、深深的永恆！」

---

403 世界人生的實相是黑暗而非合理的，比理智的思索所能到達之處更加深刻。

404 例如叔本華、佛陀、基督。

405 厭世思想要求世界人生的終止，而快樂的肯定的意欲則要求一切事物的永遠回歸，要求現實存在具有無限的深度。

十二！

七個印[406]

（或：同意和阿門之歌）1

如果我是一個預言者[407]，充滿那個預言者的精神，這種精神遨遊在兩片大海之間的高高的軛狀山脊上，——

在過去和未來之間像濃雲一樣遨遊著，——對悶熱的低地和一切死不了又活不了的疲倦者抱著敵視的態度：

在這種精神的黑暗的胸中，準備好發出閃電和解救之光，孕育著說是呀、笑對是呀的閃電，準備好充當預言者的電光：——

——這樣的懷孕者倒是幸福的！確實，想要有一天點燃未來之光的人，必須長期做濃重的雷雲飄懸在山頂上面！——

哦，我怎能不熱烈嚮往永遠、嚮往指環中的結婚指環——那回歸之圓環[408]哩！

我從未遇到我要她給我生孩子的女人，除了這個女人，我愛的女人：因為我愛妳，永遠[409]啊！

因為我愛妳，永遠啊！

---

406 〈啟示錄〉5，1～2：「我看見坐寶座的右手中有書卷，裡外都寫著字，用七印封嚴了。我又看見一位大力的天使，大聲宣傳說，有誰配展開那書卷，揭開那七印呢？」本章有意識地分為七段，每段七節，每段中重複最後三節。主要敘述把自己體會到的七種至福，用七印封嚴，對永遠（永遠回歸之生命）發出愛的誓言，決心使受到絕對肯定的生命永遠化，而至福就這樣在現世實現。〈啟示錄〉中用七印封嚴之書是藏著世界最深奧的神祕之書。〈啟示錄〉為書信體裁，收信人為小亞細亞的七個教會。七在該書內為象徵數字，表示圓滿，因此七個教會表示全教會。

407 〈哥林多前書〉13，2：「我若有先知講道之能，

2

每當我的憤怒曾經打開墳墓[410]，移動界石[411]，打碎古老的法版、讓它滾到峻峭的深谷：

每當我的嘲諷曾經吹散腐朽的言詞，我的來到就像掃除十字蜘蛛[412]的掃帚，吹進古老而有霉味的墓室的掃蕩之風：

每當我曾快樂地坐在埋葬古代神祇的地方，在古老的誹謗世界者的紀念碑旁祝福世界、熱愛世界：——

——因為我甚至會喜愛教堂和各位神祇的墳墓，只要天空張著純潔的眼睛透過它們的破穿的屋頂向裡面窺望；我喜歡像雜草和紅罌粟一樣坐在崩塌的教堂上面[413]——

哦，我怎能不熱烈嚮往永遠、嚮往指環中的結婚指環——那回歸之圓環呢？

我從未遇到我要她給我生孩子的女人，除了這個女人，我愛的女人：因為我愛妳，永遠啊！

因為我愛妳，永遠啊！

3

每逢從具有創造力的氣息中向我吹來一陣氣息，從那強迫偶然跳星星圓舞的上天的必然的氣息[414]中向我吹來一陣氣息：

也明白各樣的奧祕，各樣的知識。」先知即預言者。此處的預言者指人類未到達的真理的告知者。

408 在我精神充實而成熟時，要求生命的永遠回歸乃是我不可避免的必然。

409 由於愛永遠，尋求永遠，才生出永遠回歸的思想，其根本動機是對在無神世界中的永遠之愛。由這種愛生出叫做「充實的生命」的孩子。

410 把過去的種種遺產當作毫無價值而加以踐踏。第二部〈墳墓之歌〉：我的意志：「你對於我，依然是一切墳墓的破壞者。」

411 第三部〈重壓之魔〉：「有一天，教人飛行的人，將會移開所有的界石。」

412 指基督教教士。參看第三部〈背教者〉。

每逢我發出大笑，仿效那具有創造力的閃電的大笑，在那閃電的後面跟著來的是隆隆地發牢騷卻又俯首聽命的行動之長長的雷鳴[415]：

每逢我在大地、群神的賭桌上跟群神一起擲骰子賭博[416]，弄得大地發生地震[417]、破裂、噴出火流：——

——因為大地是群神的桌子，它因創造出的新名詞和群神擲骰子而發抖：——

哦，我怎能不熱烈嚮往永遠、嚮往指環中的結婚指環——那回歸之圓環呢？

我從未遇到我要她給我生孩子的女人，除了這個女人，我愛的女人：因為我愛妳，永遠啊！

因為我愛妳，永遠啊！

4

每逢我從那把萬物好好配合在一起、起著泡沫的美味混合液壺中飲上一大口時[418]：

每當我的手把最遠者注入最近者之中，把火注入精神之中，把快樂注入痛苦之中，把至惡注入至善之中[419]：

如果我自己是使萬物在混合液壺中得以配合得很好的、那種溶媒之鹽的一粒[420]：——

——因為有一種能把善與惡結合起來的鹽；而至惡也有充當最後起泡沫的刺激品的價值[421]：——

---

413 把希臘的神殿改造成基督教教堂的遺跡。第二部〈教士們〉：「只有當這種建築物倒塌，純潔的蒼天再透過崩壞的屋頂往下瞧，望著斷壁殘垣邊的草和紅罌粟花——那時，我才想把我的心再轉向到這種上帝的聖堂。」

414 由意志力把偶然轉化為對我的必然。對偶然也積極地加以肯定，看做我的意志的必然的產物。參看〈變小的道德〉3：「我在我的鍋子裡烹煮一切偶然」譯注。

415 先有快活的創造意志，後跟著磨磨蹭蹭的行動。

416 意志的必然跟世界的偶然做擲骰子遊戲，儘管世界拋出怎樣厲害的偶然，依舊毫無畏懼。參看第三部〈日出之前〉：「你是供神的骰子和擲骰子賭徒使用的神桌。」

哦，我怎能不熱烈嚮往永遠、嚮往指環中的結婚指環——那回歸之圓環呢？

我從未遇到我要她給我生孩子的女人，除了這個女人，我愛的女人：因為我愛妳，永遠啊！

因為我愛妳，永遠啊！

5

每逢我喜愛大海[422]以及大海一類的東西，特別是當它憤怒地跟我反對時，我最最喜愛它：

每逢我心中萌發出探求的快樂，要揚帆啟航去探求尚未被發現的事物，每逢在我的快樂中存在有航海者的快樂[423]：

每逢我的快樂發出大叫：「海岸消失了——現在最後的鎖鏈從我身上掉落了——無邊無際的一片汪洋在我周圍咆哮，空間和時間遠遠地閃著光芒，好吧！來吧！親密的心！」

哦，我怎能不熱烈嚮往永遠、嚮往指環中的結婚指環——那回歸之圓環呢？

我從未遇到我要她給我生孩子的女人，除了這個女人，我愛的女人：因為我愛妳，永遠啊！

因為我愛妳，永遠啊！

---

417 〈古老的法版和新的法版〉25：「地震掩埋了許多泉水，造成許多人的焦渴：可是地震也揭示出許多內在的力量和祕密。」

418 打破善與惡、苦與樂等等的區別，依原樣體嘗芬芳的世界。

419 肯定一切的存在，把相反的東西也結合在一起。

420 我自己就是在作這種混合時的不可缺的媒體。

421 從善惡的彼岸觀之，惡也是生命的本來的動力之一，它也可以促使生命越來越有生氣。亦即否定的東西，也可以轉而起積極的相反相成的作用（壞事變成好事）。根據這個見解，我就肯定世界的一切，克服卑小者也永遠回歸引起的噁心感。

6

當我的美德是舞蹈者的美德，當我常常用雙腳在金色和綠寶色的喜悅[424]中跳躍時：

當我的惡意是自由自在地在薔薇花坡和百合花籬中間歡笑的惡意時[425]：

——因為在歡笑之中，一切的惡都並列在一起，可是由於它們自己的永恆的幸福而被赦封聖號、宣告赦免[426]：——

如果一切沉重者變輕，一切身體變成舞蹈者，一切精神化為飛鳥[427]，這些是我的阿爾法和俄梅嘎[428]：確實，這是我的阿爾法和俄梅嘎！——

哦，我怎能不熱烈嚮往永遠、嚮往指環中的結婚指環——那回歸之圓環呢？

我從未遇到我要她給我生孩子的女人，除了這個女人，我愛的女人：因為我愛妳，永遠啊！

因為我愛妳，永遠啊！

7

如果我在我的上空張起靜靜的天空，鼓起我自己的翅膀在我自己的天空裡飛翔[429]：

如果我在深深的光明遠處嬉戲地游泳，我的自由加上了飛鳥的智慧：——

——可是飛鳥的智慧如是說：「瞧，沒有什麼上，沒有什麼下！把你自己拋向四周，向前拋，向後拋，你這個輕捷者！唱吧！別再說話！

---

422 大海具有無限的廣闊，無限的可能性。大海亦指人類，參看〈偉大的渴望〉：「充滿渴望的海上漂來小船。」

423 第三部〈幻影和謎〉：「你們這些大膽的探求者，嘗試者，巧妙地揚帆而在可怕的大海上駕船的人。」

424 閃著金色的陽光的碧空之下。

425 惡意中有快活的笑，它的本質跟薔薇、百合花的明朗、快活、和平相通。

426 歡笑的惡意，是沒有壞心的惡意，它是無罪的。

427 第三部〈重壓之魔〉：「我總是……想要飛去……這怎能說不是有點飛禽的本性哩！」

428 〈啟示錄〉1，8：

——一切話語豈不是為沉重者製造出的嗎？在輕捷者看來，所有的話語不都是謊言嗎！唱吧！別再說話！」

哦，我怎能不熱烈嚮往永遠、嚮往指環中的結婚指環——那回歸之圓環呢？

我從未遇到我要她給我生孩子的女人，除了這個女人，我愛的女人：因為我愛妳，永遠啊！

因為我愛妳，永遠啊！……

「我是阿爾法和俄梅嘎。」這是希臘文字母的首字和末字。意為「我是元始，我是終末」。

429 把自己當作世界，把世界當作自己，在其中輕快而自在地飛翔。〈日出之前〉：「我頭上的天空，……把我自己投入你的高空之中——這就是我的深湛！」

第四部[1]

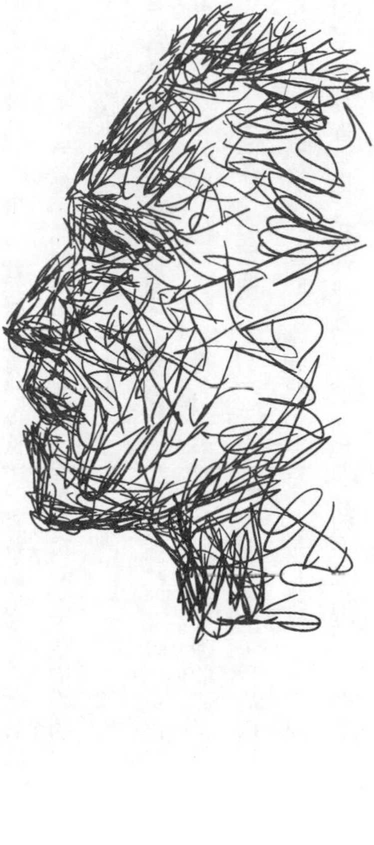

魔鬼曾對我說：「上帝也有他的地獄；就是對世人的愛。」
最近我聽到魔鬼說這句話：「上帝死掉了；上帝死於他對世人的同情。」

——第二部〈同情者〉

蜂蜜供品[2]

——就這樣，又有許多歲月在查拉圖斯特拉的靈魂上面流逝，他對此未加介意；可是他的頭髮變白了。有一天，他坐在山洞之前的一塊石頭上默然遠眺，——從那裡可以看到大海和一些彎曲的絕壁——，這時，他的寵物們在他的四周若有所思地兜來兜去，最後站到他的面前。

「哦，查拉圖斯特拉，」它們說道，「你一定是在盼望著你的幸福吧？」——「幸福算得了什麼！」他回道，「我已很久不再想追求幸福，我追求的是我的事業。」——「哦，查拉圖斯特拉，」寵物們又說道，「你說此言，就像你是一位擁有太多的幸福的人。你不是躺在天藍色的幸福湖畔嗎？」——「愛開玩笑的傢伙，」查拉圖斯特拉微笑著回道，「你們的比喻選得多巧妙！可是，你們也知道，我的幸福是沉重的，不像流動的水波：它緊壓著我，不肯離開我，像熔化的柏油。」——

寵物們於是又若有所思地在他的四周兜來兜去，隨後又站到他的面前。「哦，查拉圖斯特拉，」它們說道，「就因為如此，使你自己變得越來越發黃發黑，儘管你的頭髮看上去又白又像亞麻色？瞧，你坐在你的柏油之中了！」——「你們說什麼，我的寵物們，」查拉圖斯特拉說著，笑了起來，「真的，當我說柏油時，我是在誹謗了。我現在的情況，就像一切結熟了的果實一樣。我的血管裡有蜜，它使我的血更加黏稠，使我的

---

1 尼采將第四部稱為最終部，又稱之為〈查拉圖斯特拉的誘惑——中間劇〉，並考慮製作第五、第六部，但未能實現。第四部中，尼采碰到八位非凡的人，即高人，對他們的努力感到同情。可是，同情雖然一向被認為具有最高價值的道德，卻是他自己的弱點，到最後，他終於克服了同情。

2 蜂蜜原來是瑣羅亞斯德教在慶祝收穫節時奉獻的供品，見於希羅多德的著作中。本章敘述查拉圖斯特拉要用自己靈魂成熟的幸福做誘餌去釣人類大魚。

靈魂更加安靜。」——「理當如此，哦，查拉圖斯特拉，」寵物們回說，擠到他身邊，「可是你今天不想登上高山嗎？空氣很清新，眺望世界，再沒有比今天更好的日子了。」

——「是的，我的寵物，」他回答道，「你們的建議很好，正中下懷：今天我要登上一座高山！可是請注意，到那邊，要給我準備些蜜帶去，黃的、白的、優質的、新鮮的蜂房裡的金色的蜜。因為，要知道，我要去那裡獻上蜂蜜供品。」——

可是，當查拉圖斯特拉到達山頂時，他把陪他同去的寵物打發回家，覺得他現在是獨自一人——他於是從心坎裡笑了出來，環顧四周，如是說道：

我說上供和蜂蜜供品，不過是擺噱頭，確實，這倒是一件有益的傻事！在這裡的山上，比起面對著隱居者的山洞和隱居者的家畜，我一定可以更加自由地說話了。

上什麼供！我把贈送給我的都揮霍掉，我是有著千手的揮霍者：我怎能還把這——稱為上供！

我想要蜜，不過是想要誘餌和甜味的糖漿和黏膠，這種東西，甚至是咆哮的熊和奇異的、喃喃鳴叫的、兇惡的禽鳥也為之垂涎：

——我想要的是獵戶們和漁夫們所必需的最好的誘餌。因為，儘管世界像是一片陰暗的動物森林和一切粗野的獵人的遊樂園，而在我看來，倒不如說是更像一片深不可測的豐富的大海。

——充滿多姿多采的魚蝦的大海，就是神靈們也會渴望到這座海邊去當個漁夫和撒網者：世界就是這樣富於大大小小的奇珍！

特別是人類的世界，人類的大海——我現在向它投出我的黃金釣竿，並且說：張開吧，你這人類的深淵！

張開吧，把你的魚和閃光的蝦拋給我！今天我以我的最優質的誘餌引誘最奇妙的人類大魚！

——我要把我的幸福本身投向一切遙遠的去處，投向東方、南方和西方之間，看看是否有許多人類大魚會拖住我的幸福之餌活蹦亂跳[3]。

直到他們，吞吃了我的尖銳而隱藏的釣鉤，不得不上來到達我的山頂，這些最多姿多采的深海魚到了在專釣人類的漁夫之中最險惡的漁夫手裡。

因為，從根本上，從一開始，我就是這種漁夫，拖啊，拖過來，拖上來，拖起來，一個養育者、培育者和教育者，我曾經並非徒勞地規勸過自己：「成為本來的你吧！」

因此，世人現在可以到我上面來：因為我還等待著下山時刻的到來的預兆；現在我還沒有下去走進世人中間，但我必當下山。

因此我在這裡等待，狡詐而嘲諷地待在高山上，既不是無耐性者，也不是能忍耐者，不如說是個連忍耐也忘掉的人——因為他不再「忍耐」下去[4]。

因為我的命運給了我時間：它大概把我忘了？要不然，就是坐在一塊大石頭背後的

3 我用我的靈魂之成熟的幸福做香餌去釣人類大魚。試看是否有人被我肯定的樂天說吸引，來到我的山上來。由此引出之後八位高人的出現。

4 摒棄「忍耐」這種卑俗的道德。

蔭處捉蒼蠅[5]？

確實，我要因此感謝它，我的永遠的命運，它沒有唆使我、逼迫我，卻讓我有時間來胡鬧和惡作劇：因此，我今天登上這座高山來捉魚。

可曾有人到高山上捉過魚嗎？雖然我在這裡的高處想幹的事，乃是一件蠢舉：卻比我在那邊山下為了等待而變得一本正經、變得臉色發青要好得多——

——為了等得不耐煩而成為一個目空一切、氣得直喘息的人，成為從群山上刮來的神聖的呼嘯的暴風，成為一個無法忍耐的人，他向山谷下面喊叫：「聽我說，否則，我要拿上帝的鞭子鞭打你們！」

並不是由於這種原因使我對這些暴怒者感到生氣：我覺得他們十足地好笑！他們一定是忍無可忍了，這些吵鬧不堪的大鼓，它們今天不發言，就永遠沒有發言的機會！

可是，我和我的命運——我們不對今天發言，也不對永遠不來的日子發言：我們一定有發言的耐心、時間和超時間。因為，它總有一天會來到，不會過而不留。

是什麼總有一天一定會來而不會過而不留？是我們的偉大的哈查爾[6]，它是我們的偉大而遙遠的人類王國，一千年的查拉圖斯特拉王國——

這種「遙遠」可能會怎樣遙遠？這跟我有什麼關係！可是，我的確信並沒有為此減少——，我的雙腳在這個大地上站得很穩。

——在一片永遠的大地上，在堅硬的原始岩石上，在這最高最硬的原始山脈上，所有

5　我的命運忘記我的使命，拘泥於其他的瑣事。

6　哈查爾：Hazar，古波斯語 hazâras「千」的意思，意為千年時間、千年王國。所有的預言者都各自擁有他支配的千年時間或千年王國。千年王國在基督教中稱 Millennium，千禧年，認為在世界末日來臨之前，基督將親自為王治理一千年。這期間，魔鬼被捆鎖，福音將順利傳遍世界。參看〈啟示錄〉20，3以下。

的風都向這山脈吹來，好像它是氣候的分界線[7]，問它這是何處？從何處來？向何處去？

在這裡笑吧，笑吧，我的明朗的、健康的惡意！從高山上抛下你的閃光的嘲諷大笑！用你的閃光把最美的人類大魚[8]給我引誘上來！

在所有的海裡凡是屬於我的，在萬物之中凡是屬於我自體的[9]——都把它給我釣上來，把它給我引誘上來：我等著它，在一切捕魚者之中最陰險的我。

抛出去，抛出去，我的釣鉤！到裡面去，到下面去，我的幸福之香餌！滴下你的最甜的甘露，我的內心之蜜！刺進，我的釣鉤，一切黑色憂鬱的肚子裡[10]！

望出去，望出去，我的眼睛！哦，有多少大海在我的四周，何等曙色漸開的人類未來！在我的上空——何等玫瑰紅色的寧靜！何等撥開雲霧的沉默！

求救的叫聲[11]

第二天，查拉圖斯特拉又坐在他的山洞前的石頭上，而他的寵物卻到外面世界上奔波，要把新的食物帶回家——還有新的蜜：因為，以前的蜜，已被查拉圖斯特拉花得一滴不剩了。可是，當他這樣坐著，手裡拿著一根楞杖，在地上描畫他的身體的影子，一面在沉思默想，真的！並非在想他自己和他的影子——這時，他突然嚇了一大跳：因為他看到在他的影子旁邊還有另一個影子。他急忙回頭一看，站起身來，瞧，一位預言

---

7 高山等處對氣象有很大影響，不啻是氣象的分歧點。所有的風吹到該處，詢問自己的位置、由來、今後的方向，高山給予指點和決定。同樣，歷史的一切要素，都由查拉圖斯特拉這座高山給它們定向。

8 〈馬太福音〉4，19：「耶穌對他們說，來跟從我，我要叫你們得人如得魚一樣。」亦譯「我要使你們成為漁人的漁夫」。

9 原文 mein An-und-für-sich in allen Dingen：戲擬哲學家用語 an-sich，an-und-für sich 本身，本來，Das Ding an sich 自在之物，物自體（康德）。

10 以我快樂的樂天觀刺激他們的厭世觀，把他們拉到我的跟前。

11 由查拉圖斯特拉的蜜

者[12]站在他的身邊，就是他曾經邀請他同桌吃喝的那人，大疲勞的宣佈者，他教導說：「一切都是同樣的，幹什麼都不值得，世界毫無意義；知識使人悶死。」可是，多時不見，他的面容改變了不少；當查拉圖斯特拉向他的眼睛裡望去時，又不由膽戰心驚起來：有這麼多的不祥的預告和灰色的電光掠過他的臉上[13]。

這位預言者，察覺到查拉圖斯特拉的心事，就伸手擦自己的臉，好像要把臉上的這些東西擦掉一樣；查拉圖斯特拉也依樣擦了一下臉。當雙方在沉默中鎮定下來，提起了精神，他們就互相握手，表示要重修舊好。

「歡迎光臨，」查拉圖斯特拉說道，「你這位大疲勞的預言者，你從前跟我同桌用餐，做我的賓客，不會是徒勞無功。今天也來跟我一同吃喝，請不要責怪，跟你同桌用餐的乃是一個快活的老頭子[14]！」——「一個快活的老頭子？」預言者搖搖頭回道：「可是不管你是誰或者想做什麼人，哦，查拉圖斯特拉，你在這裡的山上已經待了很久——不一會兒，你的小船就會不再停在陸地上了[15]！」——「我算是待在陸地上嗎？」查拉圖斯特拉笑著問道。「你山頭四周的波濤，」預言者回道，「在不斷地上漲，那些大大的困苦和憂傷的波濤：它們馬上也會把你的小船舉起，把你帶走。」——查拉圖斯特拉聽到此言，默不作聲，感到驚奇。——「你還沒有聽到什麼？」預言者繼續說道：「不是有洶湧澎湃的聲響從海底裡湧上來嗎？」——查拉圖斯特拉又默不作聲地傾聽：隨即他聽到一陣長長的叫聲，好些山谷互相把這種叫聲拋擲出去，激起迴響，一處一處地傳

誘來了最初的高人，即預言者、厭世主義者。他聲稱要誘惑查拉圖斯特拉走上罪惡的道路（同情）。這時，遠遠地傳來高人求救的叫聲，查拉圖斯特拉要去尋找求救者，這就走向同情的第一步。本章展開悲觀者和樂觀者兩人之間的一番對話。

12 參看第二部〈預言者〉章。此人是否定生命者，但由於他的認識，還超出一般愚昧的大眾。

13 這個預言者的來訪乃是不祥的預兆，他此來是要引誘查拉圖斯特拉走上最後的罪惡（同情）。

14 我並不是跟你相同的悲觀主義者。

15 懷著各種鬱悶的高人就要來到，把你暫時平穩的幸福淹沒到他們的人世

開，因為沒有一座山谷願意將這種叫聲保留下來：它聽起來是如此不祥。

「你這個糟糕的宣佈者，」查拉圖斯特拉終於說道，「這是求救的叫聲，一個人的叫聲；也許是從一片黑茫茫的海上[16]傳來的。可是人家的苦難跟我有什麼關係！為我保留的我的最後的罪惡，你也許知道它叫做什麼？」

——「同情！」預言者滿懷高興地回答，並且高舉起雙手——「哦，查拉圖斯特拉，我來，就是要把你引誘到你的最後的罪惡道路上去！」

他剛說罷這番話，又傳來那陣叫聲，比以前更長、更可怕，而且也更加靠近。「你聽到嗎？你聽到嗎，哦，查拉圖斯特拉？」預言者叫道，「叫聲是針對你發出的，它在叫你：來吧，來吧，來吧，時候到了，緊要的時候到了[17]！」——

查拉圖斯特拉聽罷，默不作聲，他被弄糊塗了，驚慌得不知所措；最後，他像一個自己拿不定主意的人問道：「在那邊叫我的，是誰呢？」

「可是你肯定是知道的，」預言者語氣激動地回道，「你為什麼瞞你自己呢？向你叫喊的，乃是高人[18]！」

「高人？」查拉圖斯特拉嚇了一大跳[19]，叫道：「他要幹什麼？他要幹什麼？那位高人！他來這裡要幹什麼？」——他不由得出了一身冷汗。

可是，預言者看到查拉圖斯特拉害怕的樣子，並不回話，卻只管向著深海那邊聽著，聽著。可是，好長時間聽不到那邊的叫聲，他回眸一看，見到查拉圖斯特拉站著發抖。

痛苦之中。

16 苦惱的世界。他們說話的時間是在上午，不是黑夜，海上並不黑暗。德文的schwarz，除黑色外，也有憂傷之意。

17 查拉圖斯特拉在要宣佈他的永遠回歸時這樣叫過。預言者現在模仿他的口氣，反其意而用之。

18 高人*Der höhere Mensch*：跟超人、末等人對應的新造語。這種人具有非凡的天賦，努力向上攀高，但最後卻陷於絕望。也就是比普通人高一些的人。

19 查拉圖斯特拉自己還不能克服自己最大的弱點，預感到要受同情的誘惑，故覺得害怕。

「哦，查拉圖斯特拉，」他發出悲傷的聲音說道，「你不要站在這裡，像個被幸福搞得暈頭轉向的人[20]：你必須跳舞，以免跌倒！

可是，即使你要在我面前跳舞，使出渾身解數大跳特跳：也不會有人對我說：『看呀，最後一個快活的人在這裡跳舞！』

要在這裡找他這樣一個快活人，來到這座山上真是白費勁了：他只會看到許多山洞和深藏在山後的山洞[21]，隱遁者的藏身處，可是看不到幸福的礦井、藏寶的庫房和新的幸福的金礦脈。

幸福——在這種藏身者和隱遁者棲息之處，怎麼會找到幸福！難道我必須到遙遠的、被遺忘的海洋之間、到那些幸福島上去尋找最後的幸福嗎？

可是，一切都是同樣的，幹什麼都不值得，尋求都沒有用，根本不存在什麼幸福島！」——

預言者這樣嘆息；而查拉圖斯特拉，隨著這最後的嘆息，又變得明朗而確信，就像一個從深坑之中走到光亮處的人。「不是！不是！三重的不是！」他用強有力的聲音叫著，並撫弄他的鬍子——「此事我比你清楚！幸福島還是有的！別說這些吧，你這個唉聲嘆氣的披麻衣的人[22]！

正午前的雨雲[23]啊，不要再劈劈啪啪地嘮叨這些了！我不是已經站在這裡像狗一樣被

---

20 前文中查拉圖斯特拉曾自詡為是一個快活的老頭子。

21 無上的逃避處。

22 原文 Trauersack：Trauer 意為悲傷、喪服、居喪，sack 意為麻袋、麻布，懺悔者或居喪者穿的粗麻布衣。〈以斯帖記〉4，1：「末底改……就撕裂衣服，穿麻衣……痛哭哀號。」穿麻衣亦譯「披上苦衣」。

23 兩人說話時是在上午，還沒有到查拉圖斯特拉慣說的「偉大的正午」，所以諷刺對方為正午前的雨雲。

你的憂傷淋濕了嗎？

現在我要抖抖身子，離開你，讓我身上乾起來：你不必為此感到奇怪！你認為我對你不夠恭敬？可是這裡就是我的宮禁[24]。

至於說到你的高人：好吧！我立即到那邊的森林裡去找他：他的叫聲是從那邊傳來。也許有一頭兇惡的野獸在那邊糾纏住他。

他在我的領域之內：在這個範圍裡，他不應當受到傷害！確實，在我這裡，有許多兇惡的野獸[25]。」——

說完這些話，查拉圖斯特拉轉身要走。於是預言者說道：「哦，查拉圖斯特拉，你是個壞蛋！

我已經知道：你想擺脫我！你情願跑到森林裡去追捕兇惡的野獸[26]！

可是這對你有什麼好處？到了晚上，你又要跟我碰頭[27]：我會坐在你的山洞裡面，像一塊大木頭一樣沉重而耐心地——等著你！」

「就讓它這樣吧！」查拉圖斯特拉一面繼續走，一面回頭叫著：「凡是我山洞裡屬於我的東西，也都屬於你，我的賓朋！

可是，如果你在山洞裡看到蜂蜜，好吧！那就儘管把它舐光，你這個咆哮的熊，讓你的靈魂變得甜甜蜜蜜！因為，在晚上，我們倆要高高興興。

——高高興興，而且慶幸這個白天已經告終！你自己應當伴著我的歌跳舞，就像我

---

24 文字遊戲：「不夠恭敬」原文unhöflich，宮禁原文為Hof（宮廷，庭院）。

25 查拉圖斯特拉的領域還不是太太平平的、所謂善的世界。

26 不肯仔細研究我的嚴密的厭世觀，情願關在自己的世界裡，只把自己關心的問題作為對象，樹立自己的樂天觀。

27 不管你多麼嘴硬，到了人生的黃昏，也要出現悲觀的心情。——晚上要到查拉圖斯特拉的山洞裡去參加晚餐。

的會跳舞的熊。
你對此不大相信？你搖搖頭？好吧！來吧！老狗熊！可是我也——是一位預言者。」

查拉圖斯特拉如是說。

跟君王們對話[28]

1

查拉圖斯特拉在他的山林之中走了不到一小時，在半路上突然看到奇怪的一行。正好在他要走下去的路上，走來兩位君王，頭戴王冠，腰繫紫帶，色彩斑斕，彷佛火烈鳥一樣：在他們前頭，趕著一匹馱著行李的驢子。「這兩位君王到我的領域裡來要幹什麼？」查拉圖斯特拉驚奇地對自己的心說道，隨即急忙到叢林後面躲藏起來。可是，當兩位君王一直走到他的附近，他像一個自言自語者一樣，壓低了聲音說道：「奇怪！奇怪！這怎麼能互相協調呢？我看到兩位君王——卻只有一頭驢子[29]！」

這時，兩位君王停下來，微微一笑，向著聲音所來自的地方望去，隨後彼此面面相覷。「這種事在我們中間也想到的，」右首的君王說道，「不過沒有說出口。」

---

28 兩位君王倦於統治者的地位，要來尋找比自己更優勝的人。他們也是高人。透過他二人之口，對權力階級作出諷刺的批評。

29 驢子代表民眾。一個民眾卻有兩個君王。諷刺德國一個民族由許多王公統治。海涅詩〈三月以後的米席爾〉：「他完全受著／三十四位君主的保護。」

左首的君王卻聳聳肩回道：

「可能是個牧羊人。或者是個在岩石和樹林中間住了太久的隱士。也就是說，沒有社交生活，也就有失禮儀了。」

「禮儀？」另一位君王憤慨而抱怨地反駁道，「我們要躲避開的，到底是什麼呢？不就是『良好的禮儀』？我們的『上流社會』？

真的，與其跟我們那些鍍金的、虛偽的、過分塗脂抹粉的群氓生活在一起，倒不如跟隱士們和牧羊人們廝混——儘管那些群氓早就自稱為『上流社會』。

——儘管他們早就自稱為『貴族』。可是在他們那裡，一切都是虛偽和腐朽，尤其是他們的血液[30]，由於古老的惡疾和更糟的江湖郎中。

今天，我覺得更好、最可愛的還是健康的農民，粗野、狡黠、頑強、堅忍：這是今天最高貴的種族。

今天，農民是最優良的；農民種族應當做主人！可是現在卻是群氓的王國——我不再受騙。群氓，乃是大雜燴。

群氓—大雜燴：其中一切都是雜牌軍，聖徒和騙子，貴族大地主和猶太人，諾亞方舟裡的每樣動物[31]。

良好的禮儀！在我們那裡，一切都是虛偽和腐朽。沒有人懂得尊敬他人：正由於如此，我們才逃跑出來的。他們都是甜蜜得使人討厭的糾纏不休的狗，他們用棕櫚葉給自

30 血統的腐敗。順便攻擊被吸收進貴族社會的醫師。

31 〈創世記〉6，7：「諾亞進入方舟，躲避洪水。潔淨的畜類和不潔淨的畜類……都到諾亞那裡進入方舟。」

己裝金。

而我們君王自己也變得弄虛作假，披著祖先們的古老的褪色的豪華外衣，佩戴著為那些最愚蠢、最狡猾的傢伙以及今天一切以權謀私、進行骯髒交易的那些人所頒發的勳章，這種噁心弄得我氣都透不過來。

我們並不是第一等人——卻不得不擔著第一等人的名義：對這種欺騙行為，我們總算厭倦而感到噁心了。

我們逃離了那些流氓，所有那些大喊大叫的傢伙、搖筆桿的青蠅、小商人的臭味、野心的拚搏、汙濁的氣息——：跟那些流氓混在一起，真討厭。

——真討厭，跟那些擔著第一等人名義的流氓混在一起！唉，噁心！噁心！噁心！

我們君王還有什麼價值！」——

「你的老毛病又發作了，」這時，左首的君王說道，「你的噁心又發作了，我可憐的兄弟。可是你知道，有人在偷聽我們說話哩。」

豎起耳朵、張大眼睛、傾聽這些說話的查拉圖斯特拉，立即從他的藏身處跳了出來，走近兩位君王，開始說道：

「偷聽你們談話、愛聽你們談話的人，兩位君王啊，名叫查拉圖斯特拉。

我是查拉圖斯特拉，我曾經說過：君王還有什麼價值[32]！請原諒我，當你們互相說：『我們君王有什麼價值！』我聽了很是高興。

---

32 〈古老的法版和新的法版〉12。

但此地是我的王國，我的領土：你們在我的國土裡想要尋找什麼？可是，你們在路上也許看到我要尋找的：也就是說，高人。」

兩位君王聽到此言，就各自捶胸、異口同聲地說：「我們被認出來了！

你用語言之劍刺穿我們心中最濃的黑暗。你發現了我們的困厄，因為，瞧啊！我們正是走在要去尋找高人的路上——

——尋找比我們更高的人：儘管我們是君王。我們給他帶去這匹驢子。因為，最高的人也應當做大地上的最高的主君。

大地上的掌權者竟然也不是第一等的人，在所有的世人命運之中，再沒有比這更苛酷的不幸了。於是，一切都變得虛假、扭曲、可怕。

如果他們竟然是最下等的人，而且與其說是人，不如說是畜生：那麼，群氓的價值就逐步上升：到最後，群氓的美德就竟然會說：『瞧，唯有我是美德！』」——

「我剛剛聽到的是什麼聞所未聞的話？」查拉圖斯特拉回道：「君王們竟有這樣的智慧！我高興極了，真的，我真想即興賦詩：——

——即使不是一首使人人中聽的詩。很久以來，我已忘記考慮到長耳公[33]的事了。好吧！來吧！

（這時，想不到的是，驢子也開口說話了：它懷著惡意，可是卻清清楚楚地說出了咿呀[34]。）

33 長耳公指驢子，亦即一般大眾。

34 驢子發出肯定的「是啊」的鳴叫，乃是反語。這頭驢子後來成了基督教的諷刺畫，參看第四部〈覺醒〉。

從前——我想，那是紀元元年——／女巫不飲先醉地發出預言：
「唉，世風不正！／墮落！世人從未墮落得如此深！
羅馬淪為妓院，淪為賣笑人[35]，／羅馬皇帝淪為畜生[36]，
連上帝——也成為猶太人[37]！」

2

兩位君王很欣賞查拉圖斯特拉的這首詩；可是，右首的那位君王卻說道：「哦，查拉圖斯特拉，我們出來看到你，真是好得很！

因為，你的敵人把你映在他們鏡子裡的像給我們看過：在鏡子裡你露出魔鬼的嘴臉冷笑著：因此我們很怕你。

可是這起什麼作用！你總是用你的箴言刺我們的耳朵和心。我們終於說：他的面貌如何，有什麼關係！

我們一定要聽他講，他教導我們：『你們應當愛好和平，把和平當作新的戰鬥的手段，應當愛好短期的和平，甚於愛好長期的和平！』

從未有人說過這樣富於戰鬥精神的話：『什麼是善？能勇敢就是善。正當的戰鬥使任何事物神聖化。』

哦，查拉圖斯特拉，聽到這種話，我們祖先的血就在我們的身體裡攪動[38]：就像春天

35 羅馬帝國末期的墮落狀態。〈以賽亞書〉1，21：「可嘆忠信的城變為妓女。」

36 羅馬皇帝尼祿，荒淫無道，弒母殺妻，又殺死老師塞涅卡。

37 耶穌是猶太人。諷刺宗教和政權、金權容易結合在一起。古代羅馬的君主道德之所以墮落，原因被認為是基督教的出現。

38 日爾曼君王的祖先是古代剽悍的維京族。

的聲音傳向古老的葡萄酒桶。

當利劍像紅色花紋的蛇[39]一樣亂砍亂擊時，我們的祖先才感到生存的意義；他們覺得一切和平的太陽都是軟弱無力和溫吞，而長久的和平使他們感到恥辱。

我們的祖先，當他們看到閃閃發亮的乾燥的劍掛在牆壁上時，是怎樣的嘆氣啊！他們像劍一樣渴望戰鬥。因為一把劍想要飲血，為這樣的欲望而閃閃發光。」——

——當這兩位君王如此熱衷地喋喋不休、談論他們祖先的幸福感時，查拉圖斯特拉頗有點想嘲笑他們的熱心：因為他看到在他面前的兩位，顯然是非常溫和的君王，有著古老的優雅的神情。可是他控制住自己。「好吧！」他說道，「那邊的一條路，通往查拉圖斯特拉的山洞，今天要度過一個漫長的夜晚！現在，那一陣求救的叫聲喚我趕快離開你們到那邊去。

如果君王願意到我的山洞裡坐著等候，那真是它的榮幸：可是，當然，你們得等個很久！

好啦！這有什麼妨礙！今天學習等待，還有什麼地方比在宮廷裡等待更好呢？君王們所保留的美德——今天不就是：能夠等待嗎？」

查拉圖斯特拉如是說。

39 劍上沾滿鮮血。

螞蟥[40]

查拉圖斯特拉沉思地向前向山下走，穿過森林，沿著沼澤地走過去；可是，像每個思考難題的人所碰到的那樣，他突然踏著一個人。瞧，一下子有一聲慘叫、兩聲咒罵、二十句侮辱的髒話噴灑到他的臉上：因此，他在驚嚇之下舉起手杖、對那個被踐踏的人更加使勁地打去。可是他立即恢復理智，他的心嘲笑他剛才所做的蠢事。

「對不起，」他對那個憤怒得爬起來，坐下的被踏著的人說道，「對不起，首先聽我講個比喻吧。

一個夢想著遙遠事物的旅人，在寂靜的路上，不留神踩著一隻躺在陽光下睡覺的狗：

——雙方跳起來，互相斥責，這兩個嚇得要死的傢伙，就像遇到死敵一樣：我們之間的情況就是如此。

可是！可是——只由於差了一點點，他們本可以互相關愛，這隻狗和這位孤獨者！他們雙方可都是——孤獨者[41]！」

——「不管你是誰，」被踩者仍然憤怒地說道，「你不僅用你的腳，而且用你的比喻傷害我！

瞧，難道我是一隻狗嗎[42]？」——說著，那個坐著的人就站起來，把他赤裸的手臂從

40 查拉圖斯特拉在山路上行走，接著碰到的是一位有良心的學究，他埋頭於求嚴密而正確的知識。螞蟥，又譯水蛭，在水田、湖沼中常見，吸食人、畜血液。醫學上用於給人吸血治病。

41 我這個創造者，你這個追求精神的徹底、有良心的人，我們都是孤獨者，要遍歷艱難道路的人。我在大膽的創造之路上，偶然傷害了你的狹隘的論理的徹底，不要這樣生氣。

42 我是擁有崇高的精神的人。我是為了良心來作踐自己。

沼澤中抽出來。因為，起初他是伸直四肢躺在地上，隱匿著看不出來，就像埋伏在那裡伺機捕捉沼澤動物的人。

「可是，你是幹什麼的人哩！」查拉圖斯特拉吃驚地叫道，因為，他看到有許多血從他赤裸的手臂上滴下來[43]——「你碰到什麼意外了？你這不幸的人，是兇惡的動物咬了你？」

依然怒氣未消的流血者笑了。「這與你何干！」他說著，就想走開。「我的家就在這裡，這裡是我的領域[44]。誰要問，就問吧：可是，對一個粗野的人，我是很難回答的。」

「你錯了，」查拉圖斯特拉憐憫地說，把他挽留下來，「你錯了：你在這裡，不是在你的家裡，而是在我的國土裡，我不讓任何人在我的國土裡受到傷害。

你要叫我什麼，儘管叫吧——我應該是什麼人，就是什麼人。我自己叫我為查拉圖斯特拉。

好吧！那邊往上去的路通到查拉圖斯特拉的山洞：走過去不遠，——你願不願意到我那裡去養傷？

不幸的人，你的日子過得很苦了：先是有動物咬你，隨後——又有人踩了你！」——可是當這位被踩過的人聽到查拉圖斯特拉的名字時，他的態度改變過來了。「真碰到怪事！」他叫道，「活在這個世界上有誰關心我，除了一個人、就是查拉圖斯特拉和那一個動物、靠吸血過日子的螞蟥[45]？

43 由於自我虐待而受傷。

44 我在此專心探究我的問題。

45 消耗生命力，解決人生的難題。

為了螞蟥的緣故，我像漁夫一樣躺在這個沼澤邊上，我伸出去的手臂已經被咬過十次，現在還有更出色的螞蟥咬我，吸我的血，就是查拉圖斯特拉本人！

哦，幸運！哦，驚喜！把我引誘到這片沼地來的那一天真值得讚美！也要讚美至今還活著的、最高最有生命力的放血器，讚美偉大的有良心的螞蟥查拉圖斯特拉[46]！」

——

被踩者如是說；查拉圖斯特拉很欣賞他說的一番話和他那種文雅、充滿敬畏的樣子。

「你是誰？」他問道，並且向他伸出手去，「在我們之間還有許多尚待闡明和弄清楚的事情：可是，我想，現在已經開雲見日了。」

「我是**認真對待精神事業的人**[47]，」被追問者回道，「對待精神事業，很難有人比我鑽得更嚴、更緊、更頑強，除了我向他學習的、查拉圖斯特拉本人。

一知半解得許多，倒不如一無所知！與其聽他人意見做個賢者，不如獨當一面而自行負責做個愚人！我——是個尋根問底、徹底鑽研的人：

——根底的大小，有什麼關係？它叫沼澤，或者叫天空，又有什麼關係？巴掌大的根底於我已足夠：只要它真正是根底和基礎[48]！

——巴掌大的根底：人可以站在它上面。在真正的求知良心裡，沒有什麼大小之分。」

「那麼，你也許對螞蟥頗有研究了？」查拉圖斯特拉問道，「你對螞蟥做了徹底深入

46 螞蟥是活的放血器。查拉圖斯特拉則吸出良心的惡血。

47 我是憑良心對待精神事業的人（精神的有良心者），也就是毫不妥協、不容許有一點點論理的飛躍，追求徹底的認識的人。

48 治學的認識的出發點，不論是怎樣瑣碎都行。

的鑽研了，你這位有良心的人？」

「哦，查拉圖斯特拉，」被踩過的人回道，「這可會是一件非比尋常的事，我何敢作這種冒險！

不過，我對螞蟥比較專門而有點研究的，乃是螞蟥的腦子：——這是我的世界[49]！

這也是一個世界！可是請原諒，我在這裡自高自大，自我吹噓，因為在這裡無人可跟我相比。因此我說『我在這裡是在家裡』[50]。

我已花了多久的時間鑽研這個東西，就是螞蟥的腦子，因此，滑溜溜的真理再也不會從這裡滑掉，這裡就是我的王國。

——因此，我拋撇開其他的一切，因此，其他的一切對我都無所謂；在我的知識的近旁存放著我的漆黑的無知[51]。

我的精神的良心要求我只知其一，而對其他一切一無所知：凡是精神的一知半解，凡是如墜五里霧中的、凡是遲疑未決的、凡是痴迷妄想的，我都感到噁心。

在我的誠實終止的地方，我就視而不見，而且願意視而不見。可是在我想要知道的地方，我也想要誠實不欺，也就是說想要頑強、嚴厲、緊密、苛刻、不講情面。

由於你從前說過，哦，查拉圖斯特拉：『精神就是殺進自己生命中的生命』[52]，這就引導我而且誘惑我聽從你的教誨。真的，我用我自己的血增加了我自己的知識！」

——「眼見為實，一看便知。」查拉圖斯特拉插嘴說道；因為，從有良心者的赤裸的

49 研究螞蟥的全體較難。對牠的一部分的腦髓作特殊研究，乃是我的研究範圍。

50 原文 *hier bin ich heim*，也就是「我從事的範圍」，或內行、行家之意。

51 專門以外的事一無所知。

52 參看第二部〈著名的哲人〉：「精神就是殺進自己生命中的生命；它通過自己的痛苦增加自己的知曉。」

手臂上還有血繼續流下來。由於有十隻螞蟥在它上面咬過。

「哦，你這奇怪的朋友，我親眼所見的，就是你自己，使我獲得多少教益！我也許不能把所有的話全都灌到你的嚴格的耳朵裡[53]！

好吧！我們就在這裡分手！可是，我很樂願再跟你碰頭。向那裡走上去，有一條路通往我的山洞：今晚在那裡你將成為我的貴賓！

查拉圖斯特拉的腳踩過你，我也樂願給你的身體一點補償：此事我將好好考慮。可是現在，求救的叫聲喚我趕快離開你。」

查拉圖斯特拉如是說。

魔術師[54]

1

當查拉圖斯特拉繞過一座岩石轉彎時，他看到在同一條路上，在他下面不遠之處，有一個人揮舞著手足，像一個躁狂症患者，最後肚子朝下，摔倒在地。「且慢！」查拉圖斯特拉對他的內心說道，「那邊的人肯定就是高人，那一陣淒慘的求救的叫聲是從他嘴裡發出的，——我要看看他是否有救。」可是，當他奔到那個人摔倒的地方，他看到一

53 對方對於事物採取過分嚴密的研究態度，缺少全局觀，因此，不能把所有的話都對他講。對於對方的狹隘的認識存有憐憫的心情。

54 查拉圖斯特拉在山路上碰到的第三位是性惡的高人，常用他的做作眩惑人的精神的演戲者。可是他厭倦了不斷的扮演和做戲，進而憧憬偉大和純粹。這個魔術師的身上有華格納的影子。

個渾身發抖的老人在瞪眼看著，眼睛發直；不管查拉圖斯特拉怎樣使勁拉他、要讓他站起來，總是不行。而這個不幸者好像也沒有察覺到有人在他身邊；相反地卻總是露出激動人心的樣子環顧四周，就像一個被全世界人拋棄的孤獨的人。可是最後，經過無數次顫抖、痙攣和折騰之後，他開始發出如下的悲嘆歌聲[55]：

誰還給我溫暖，誰還愛我？／把暖熱的手伸向我！／把暖心的炭火缽給我！
伸開四肢躺倒，瑟瑟發抖，／像被人暖其雙腳的半死人，
唉，被無名的高燒燒得發抖，／被冰一樣的嚴霜利箭刺得打哆嗦，
被你追趕，思想啊[56]！／無可稱名者！蒙面者！恐怖者！
你，躲在雲後的獵手！／被你的電光擊倒，／在黑暗中窺視我的、你這嘲笑的眼睛：
——我這樣躺著，／彎著身體，蜷縮著，飽受／一切永遠的痛苦的折磨，
被你／射中，最殘忍的獵手，／你這不認識的——神[57]！
刺得更深些！／再刺一次！／刺傷、刺傷這顆心！／用鈍箭刺我的
這種折磨是什麼意思？／你為何又在看、／用著看不厭世人的痛苦、／幸災樂禍的如
電的神目？
你不想殺人、／只是折磨、折磨？

---

55 魔術師之歌：作為孤獨者對孤獨的痛苦歌詠之詩。但也可視為查拉圖斯特拉．尼采苦於在自己心中醞釀的未知思想而作的自身抒情。本詩又被收入《戴奧尼索斯頌歌》，題名〈阿里阿德涅的悲嘆〉。

56 受絕對的寒冷侵襲，使我跟人世間隔離的異常的思想，也就是絕對的孤獨感。

57 戴奧尼索斯。

為什麼——折磨我，／你這幸災樂禍的不認識的神？——
哈哈！你偷偷走了過來？

在這樣的半夜裡／你要幹什麼？說吧！
你逼我，壓迫我——／哈！已經太靠近了！
走開！走開！／你聽到我呼吸，／你偷聽我的心跳，
你這個嫉妒者——
可是你嫉妒什麼？／走開！走開！要梯子幹什麼？
你要進來，／爬進我心裡，／爬進、爬進我的／最祕密的思想裡？
無恥之徒！不相識者——小偷！／你想偷到什麼？／你想偷聽到什麼？
你想靠折磨撈到什麼，／你這折磨者！／你——劊子手煞神！
難道要我，像狗一樣，／在你面前打滾？／盡心地、懷著忘我的熱情／向你——搖尾
乞憐[58]？
白操心！繼續刺吧，／最殘酷的刺！不，／我不是狗——我只是你的獵物[59]，
最殘酷的獵手！／我是你的最高傲的俘虜，／你這躲在雲後的強盜[60]！
你總得說呀！／你要我拿出什麼，攔路搶劫者？
你這電光中的藏身者，不認識者！說呀，／你要什麼，不認識的——神？——

---

58 要我對這種思想屈服？

59 我不是這種折磨我的思想的追蹤者，而是受這種思想的襲擊，被它追捕的獵物。

60 難以看到它原形的殘酷者。

怎麼？贖金[61]？／你要多少贖金？／多討一點吧——我的高傲奉勸你！
簡單點說吧——我的另一種高傲奉勸你！

哈哈！／我——你要我？要我？／我——整個的我[62]？……

哈哈！／你折磨我，你是個傻子，／把我的高傲折磨得乾乾淨淨？

給我愛吧[63]——誰還給我溫暖？
誰還愛我？——把溫暖的手伸向我，／把暖心的炭火缽給我，／我這最孤獨的人，
給我冰[64]，唉！七層的堅冰／教我甚至對敵人，／敵人，也要渴望，
給吧，把你，／最殘酷的敵人，／把你——交託給我[65]！——
去了！／他自己也逃跑了[66]，／我的最後剩下的唯一的夥伴，
我的大敵，／我的不認識者，／我的劊子手－煞神！——

——別走！回來，／帶回你的一切折磨！
哦，回到一切孤獨者之中／剩下的最後一人這裡！
我所有的眼淚／形成淚河向你流去！我心中的餘火——／為你熊熊燃燒！
哦，回來，／我的不認識的神！我的痛苦！／我最後剩下的——幸福[67]！

---

61 強盜要索贖金。折磨我的思想，為了把我從痛苦中釋放，也對我提出要求？

62 要我全心全意對這種思想獻身？

63 如果要求我獻身，就應給我愛和熱情，使我能克服這種痛苦。

64 再給我堅忍的毅力，尋求敵手的毅力。

65 我現在反而覺得有一種要把危險的未知的思想加以征服的勇氣。

66 可是，看起來要來抓住我的思想卻又逃走，捕捉不住我了。

67 老魔術師要使查拉圖斯特拉回顧從前的心境，試探他，把他誘到同情的路上來。

2

——可是，這當兒，查拉圖斯特拉再也克制不住，拿起他的手杖[68]，使盡全力打這個哀嘆者。「停下來！」他壓抑住憤怒、笑著向他叫道，「停下來，你這個演員！你這個製造假幣者！你這個徹頭徹尾的騙子！我很了解你！

我願給你暖暖腳，你這個惡劣的魔術師，我很擅長給像你這樣的人——加把火教訓教訓你[69]！」

——「住手吧，」老人說著，從地上跳起來，「別再打了，哦，查拉圖斯特拉！我這樣做，不過是演戲而已！

這種事屬於我的演技；我給你做這種預演，是要考考你的本事！真的，你已把我看透了！

可是你也——給我做了關於你的不小的試演，你很嚴厲，你這位賢明的查拉圖斯特拉！你用你的『真實』使勁打得很嚴厲，你的棍棒迫使我說出——這種真話！」

——「不要說恭維話，」查拉圖斯特拉依舊很激動、露出兇狠的眼光回道，「你這個徹頭徹尾的演員！你是虛偽的：幹麼還談什麼——真話！

你這個孔雀中的孔雀，你這虛榮之海[70]，你在我的面前演什麼戲，你這個惡劣的魔術師，你做出這種樣子哀嘆，我還相信什麼人？」

68 拿手杖打魔術師，他就要逃跑，腳就暖和起來了。

69 德文einheizen，意為給人生火取暖，也有訓斥人之意。

70 參看第二部〈詩人〉章：「他們也從大海那裡學到虛榮心：大海不是孔雀中的孔雀嗎？」亦即有像大海那樣多量的虛榮心。

「精神的懺悔者[71]，」老人說道，「我演的就是——他：這個名詞是你自己從前發明的——就是到最後讓自己的精神違抗自己的詩人和魔術師，由於自己的不好的知識和不安的良心而一變為凍僵了的人。

你就承認吧，哦，查拉圖斯特拉，等到你識破我的演技和謊言，需要有長久的時間！當你用雙手捧住我的頭時，你相信我的困厄——

——我聽到你哀嘆：『人們太不愛他了，太不愛他了！』我竟然如此欺騙你，我的惡意在我的內心裡真為此高興。」

「你也許欺騙過比我精細的人，」查拉圖斯特拉嚴厲地說道，「我對欺騙人的人不存戒心[72]，我必須不小心謹慎：這是我的命運對我的要求。

但你——必須欺騙：就我所認識你的程度而言！你必須總是讓人猜不透，一句話有兩個、三個、四個、五個含義！就是你現在對我坦白的，我也始終覺得不夠真，又不夠假。

你這惡劣的製造偽幣者，你怎會改得了！當你在醫生面前脫下衣服時，你也會給你的病來一番化妝。

因此，剛才在我的面前，你說：『我這樣做，不過是演戲而已！』你也是在化妝。但其中也有認真之處，你也有點是個精神的懺悔者[73]！

---

71 精神的懺悔者〈精神的贖罪者，精神的苦行僧〉：參看第二部〈崇高的人們〉。

72 參看第二部〈處世之道〉：「我讓自己受騙，為了不對騙人者存戒心……我必須放棄警戒心，這是支配我的命運的天意。」

73 你雖是個常常裝模作樣的精神的演戲者，但你的心裡還抱有追求真理者的痛苦。

我猜得出你的花招：你會對一切人施行魔術，使他們著魔，可是你對自己卻不說假話，不搞詭計——你自己對你自己不搞魔術！

作為你的唯一的真實，你收穫到成為你一己所有的乃是噁心。你所說的話沒有一句是真的，只有你的嘴：也就是說：黏在你嘴上的噁心[74]。」——

「你到底是什麼人！」老魔術師這時用倔強不屈的聲音叫道，「誰敢對我如此說話，我這位在當今世界上活著的最偉大的人物[75]？」——有一道綠色的電光從他的眼睛裡射向查拉圖斯特拉。可是他立刻改變了態度，憂傷地說道：

「哦，查拉圖斯特拉，我累了，我的演技使我感到噁心，我不是偉大的人物，我幹麼假裝哩！可是你很了解——我在追求偉大！

我想扮演一個偉大人物，並且說服許多人相信：可是說這種謊話不是我力所能及。我的謊話被拆穿了。

哦，查拉圖斯特拉，我說的一切都是謊話；可是我被拆穿了——拆穿倒是真實的！」

——

「這是你的榮幸，」查拉圖斯特拉黯然神傷地說道，低頭向旁邊看去，「你追求偉大，這是你的榮幸，但也暴露你自己。你並不偉大。

你這個惡劣的老魔術師，你對你自己覺得很累，並且說出：『我並不偉大』，這就是我之所以尊敬你的、你的最好和最正直之處。

74 對自己的厭倦。由於這點，他也被加入高人之列。

75 這句大話顯示出華格納的自負的態度，但隨即話鋒一轉，作出自我批判，也顯露出他的高人的智力。

由此一事我把你尊敬為一位精神的懺悔者：即使不過是一瞬間，但就在這一瞬間你是——真實的。

可是請問，你在我的森林和岩石間尋找什麼？當你擋住我的去路時，你要試探我什麼？——

——你試探我什麼呢？」——

查拉圖斯特拉如是說，他的眼睛炯炯發光。老魔術師沉默了一會，於是說道：「我試探你？我——只是尋找。

哦，查拉圖斯特拉，我在尋找一個真實的人，正派的人，單純的人，不模稜兩可的人，一切都誠實可靠的人，一個智慧之大器[76]，一個認識的聖人，一個偉大的人物！

你難道不知道，哦，查拉圖斯特拉？我在尋找查拉圖斯特拉。」

——這時，在二人之間出現了長久的沉默；而查拉圖斯特拉卻深深地陷入自我沉思，因此他閉上眼睛[77]。可是隨後，他的心思又回到他的交談對手身上，他握住老魔術師的手，彬彬有禮而又心懷叵測地說道：

「好吧！那邊的一條路上去，通到查拉圖斯特拉的山洞。你在那裡可以找到你要找的人。

去問我的寵物、我的鷹和蛇，向它們求教：它們會幫你尋找。可是我的山洞很大[78]。

---

76 大器：原文Gefäss器皿，也指人（英文vessel）：〈使徒行傳〉9，15：「他是我所揀選的器皿，要在外邦人和君王並以色列人面前宣揚我的名。」又見〈羅馬書〉9，24：「這些器皿就是……被天主所寵召的人。」

77 思量魔術師所說的話，哪裡是要誘惑他發出同情的做戲、哪裡說的是真話。

78 我擁抱的世界很廣大。

就我自己而言，當然——我還沒有見到過偉大人物。什麼是偉大的，對這方面，今天最精明者的眼睛也顯得粗笨。今天乃是群氓的天下。

我已見過許多伸開雙手自吹自擂的人，民眾都叫道：『瞧，這一位偉大人物！』可是一切風箱[79]有什麼用！最後總要走氣。

一隻青蛙鼓起肚子，鼓得太久，終於把肚子脹破[80]：因為氣跑出來了。刺破一個浮誇者膨脹的肚子，我稱之為愉快的消遣。孩子們[81]，來聽吧！

今天是群氓的天下：誰還知道什麼是偉大、什麼是渺小！誰能幸運地找到偉大！只有傻子：傻子運道好。

你尋找偉大人物，你這奇怪的傻子？誰教你這樣做？今天是適逢其時嗎[82]？哦，你這惡劣的探求者，為什麼——你來試探我？」——

查拉圖斯特拉如是說，心中獲得安慰，笑著繼續走他的路。

失業[83]

可是，離開魔術師不久之後，查拉圖斯特拉又看到有人坐在他要走過去的道路旁邊，就是一個穿黑衣的高個子男人，有一張瘦瘦的蒼白的面孔：此人使他感到非常不高興。「糟糕，」他對自己心裡說道，「這裡坐著蒙面的憂傷的人，我看他像是神父之流：他們這種人到我的國土裡來要幹什麼？

79 大眾是給偉大人物吹風打氣的風箱。可是被吹風的人，由於過分膨脹，也會漏風走氣。

80 《拉封丹寓言．青蛙力爭同牛一樣大》——青蛙想要脹得跟牛一樣大，把氣一鼓再鼓終於脹破了肚皮。亦見古羅馬寓言作家費德魯斯的《寓言集》1，24。

81 孩子們用複數，指華格納一類的演戲者為不懂得真正的嚴肅事物的、像孩子們一樣的人。

82 在現代要探求偉大人物是無意義的，你把探求的方向搞錯了。你說尋找偉大人物，實際是做戲，要誘惑我去同情。在這裡也諷刺糾纏於偉大的觀念的老魔術師的虛榮心。

怎麼！我剛剛逃脫那個魔術師，又要迎面碰到另一個江湖術士，——

——某個行按手禮[84]的巫師，靠上帝恩寵混飯的神祕的施行奇蹟者，塗過聖油[85]的現世誹謗者，讓魔鬼把他抓去吧！

可是魔鬼從不待在他該待的地方：總是來得太遲，這個該死的畸形足[86]的矮鬼！」

——

查拉圖斯特拉心裡忍不住這樣咒罵，他把臉扭過去不看著他，想從這個黑衣人身邊溜過去：可是，瞧，事與願違。因為，就在這同一瞬間，那個坐著的人已經看到了他；並非不像碰到一件意外的僥倖事情，他跳起身，向查拉圖斯特拉走來。

「不管你是什麼人，你這位漫遊者啊，」他說道，「請幫幫一個迷路的人，一個尋找人的人，一個老人，他在這裡很容易受到傷害！

這裡的世界對我很陌生，很偏僻，我也聽到野獸吼叫[87]；能保護我的人已不再有了。

我尋找最後剩下的虔誠的人，一位聖徒和隱修者，他獨自一人隱居在他的森林裡，今天全世界人都知道的事，他還聞所未聞[88]。」

「今天全世界人都知道的是什麼呢？」查拉圖斯特拉問道，「也許是此事，就是全世界人以前曾經信仰他的那位古老的上帝已經不在世了？」

「你說對了，」那位老人傷心地回答道，「我在這位古老的上帝身邊供職一直待到他最後的時刻。

83　查拉圖斯特拉在路上遇到由於上帝之死而失業的最後的教皇。在與教皇的談話中流露出對上帝的批評和反基督教精神。

84　基督教教會的宗教儀式。主教為教徒施行堅振或為神職人員授予神職時，把手按在領受者頭上，念誦規定文句以成禮。

85　基督教宗教儀式。給人體塗抹聖油（橄欖油之類），例如在授以神職時、在舉行堅振禮時。

86　魔鬼有一隻腳為馬蹄足或山羊足。

87　查拉圖斯特拉的世界是容許野獸存在的世界。

88　第一部〈查拉圖斯特拉的前言〉中的白髮聖人，他隱居在森林裡，不知道上帝死掉了。

可是現在我失業了，沒有了主人，但並無自由，除了在回憶之中，也不再有片刻的快樂。

因此我登上這座山，讓我最後再舉行一次慶典活動，適合一位以前的教皇和教父身分的慶典，因為，你要知道，我是最後的教皇！——我要舉行一次虔誠的回憶和禮拜儀式的慶典[89]。

可是現在連他也死了，那位最虔誠的人，森林中的聖人，他經常唱詩念經讚美他的上帝。

當我找到他的茅庵時，我再也看不到他本人——可是裡面卻有兩隻狼為他的死亡嗥叫——因為一切動物都喜愛他[90]。於是我離開那裡。

難道我就這樣到這座山林裡白走一番嗎？於是我下定決心，要尋找另外一個人，一切不信上帝者之中的最虔誠的人[91]——，我要找查拉圖斯特拉！」

老人如是說著，並用銳利的眼光凝視站在他面前的人；可是查拉圖斯特拉卻握住老教皇的手，久久地望著他，讚嘆不已。

「你這位尊貴的人啊，瞧，」他隨即說道，「你的手多麼美而長！這是一向給人授予祝福者的手。而現在卻緊握你尋找的人，就是我，查拉圖斯特拉。

我就是不信神的查拉圖斯特拉，我說過：可有比我更加不信神的人[92]？如有，我很高興向他求教。」——

---

89 我到此處山上來是為了跟那位老聖人一起舉行慶典，回憶過去的信仰，恢復過去的禮拜儀式。

90 他的信仰是很純粹的。狼是自由精神的動物，也對他表示敬意。

91 在現代，真正的宗教性出現於反宗教之徒的中間。查拉圖斯特拉不否定生命，擁有對生命的畏敬。

92 我不是如你所說的不信神的人，而是否定神的人。

查拉圖斯特拉如是說時，他的眼光鑽透了老教皇的思想和內心的想法。最後，老教皇說道：

「最愛他[93]、對他最痴迷的人，現在也格外失去他了——：

——瞧，在我們兩人之中，我現在肯定比你更無神[94]了吧？可是誰能高興得起來哩！」——

——「你在他身邊供職一直待到最後，」查拉圖斯特拉經過深深的沉默之後沉思地問道，「你知道，他是怎麼死的？聽人說，他是被同情扼死的，這是真的嗎？

——他看到那人[95]被釘在十字架上，再也忍不住，他對世人的愛就成為他的地獄，最後就造成他的死亡。」——

可是老教皇並沒有回話，而是帶著痛苦和陰鬱的表情膽怯地轉眼望著一邊。

「讓他走吧，」查拉圖斯特拉沉思了很久以後說，這時，他繼續直對著老人的眼睛望著。

「讓他走吧，他已經走了。儘管你對這位死者，背地裡只說好話[96]，這也是你的光榮，但你也像我一樣知道得很清楚，他是什麼人；知道他走的是奇怪的道路。」

「在三隻眼睛之下說句私房話[97]，」老教皇（因為他瞎了一隻眼）高興地說道，「在神的事情方面，我比查拉圖斯特拉本人要清楚——應當如此。

我的愛為他服務多年，我的意志緊跟著他的全部意志。一個忠心的僕人知道主人的一

---

93 「他」指神，即上帝。失去上帝，因上帝死掉了。

94 這裡的「無神」不是無神論，而是失去神（上帝），因為上帝死掉了，所以高興不起來，而你是殺死上帝的人，所以你很高興。

95 基督。

96 拉丁文有一句名言：「de mortuis nil nisi bonum（對死者只說他的好話）。」

97 德文成語「unter vier Augen gesprochen」，在四隻眼睛之下（你我二人之間）說句私房話。尼采戲改為三隻眼睛，因為教皇瞎了一隻眼睛。說教皇瞎了一隻眼，象徵他囿於舊的宗教的偏見，又當著沒有信仰的人自由地說出上帝的私事。

切，也知道他的主人私自瞞著的許多事情。

他是一位好隱瞞的神，充滿了隱私。真的，連生兒子也是偷偷摸摸地幹的。在他的信仰的門上寫著通姦[98]。

稱頌他為愛之神的人，對於愛本身沒有想得夠高。這位神不是也想做審判者嗎？可是愛人者是遠離報答和報復之外去愛的。

這位來自東方的神，當他年輕時，他很嚴酷，復仇心很強[99]，他為自己建立了地獄，以博得他所鍾愛者的歡心[100]。

可是最後，他變得老邁、溫和、脆弱、富有同情心，像個父親，更像個祖父，尤其像個搖搖晃晃的老祖母。

那時，他乾癟得坐在壁爐角落裡，為他衰弱無力的雙腿而煩惱，對人世感到乏味，對意願感到厭倦，某一天，由於同情心太大，竟致透不過氣來悶死了[101]。」——

「你這位老教皇啊，」這時，查拉圖斯特拉插嘴說道，「這是你親眼目睹的嗎？可能是這樣走掉的：這樣走法，而且也可能是其他的走法。神們死亡，總是有很多的死法[102]。

可是，好吧！不管怎樣——他總是走掉了！他不合我的眼耳的趣味[103]，我不想在背後說他的壞話了。

我喜愛一切明察秋毫、說話誠實的人。可是他——你一定知道，你這位老神父啊，他

---

98 馬利亞未婚前從聖靈懷孕。嫁給約瑟後，未跟丈夫同房，卻生了耶穌。尼采〈新約〉詩：「在卷頭卻是有關上帝通姦的敍述。」

99 猶太之神耶和華在《舊約》中復仇心很強。

100 對信仰者讓他上天國，博得其歡心，對不信仰者，讓他下地獄。

101 猶太教、原始基督教、中世紀的信仰，還有強烈的意願，而現代的基督教卻變得衰弱無力。

102 上帝死亡的原因，有各種各樣的情況，歸根究柢，是由於信仰者的各種各樣的態度（懷疑、否定、不相信）而起。

103 基督教不合乎我的根本的要求，也就是我的肉體的趣味。

有些像你一樣的本性，神父的本性——他說起話來是有多種含義的[104]。

他也說不清楚。這位愛發脾氣者幹麼因為我們不理解他而生我們的氣哩！可是他為什麼不說得更明晰一些呢？

如果問題出在我們耳朵上面，他為什麼給予我們聽不懂他的意思的耳朵呢？如果我們的耳朵裡有泥沙[105]，好吧！是誰把泥沙塞進去的呢？

這個還沒有出師的陶工[106]，做出了太多的次品！可是他拿他的壺和製成品出氣，只是由於他沒有把它們做得好——這是對良好趣味所犯的罪過。

在信仰中也有良好趣味：它最後說：這樣的神去他的吧！最好沒有神，最好依靠自己來掌握自己的命運，最好是一個傻瓜，最好自己做一位神！」

——「我聽到什麼！」這時，老教皇豎起耳朵聽著說道，「哦，查拉圖斯特拉，你如此不信神，比你自己所認為的更虔誠！你的心中有一位神[107]，使你改宗無神論。

使你不再信仰一位神的，不就是你的虔誠本身嗎？你的大大的誠實也將會把你領到善惡的彼岸！

瞧，給你保留著什麼呢？你有眼睛、手和嘴，這是永久以前注定好去給他人祝福的[108]。人們不能單用手祝福。

儘管你已想做一個最不信神的人，可是在你身旁，我聞到長遠祝福的暗暗的焚香香

---

104 上帝之弱體化，是由於他的性格和說話有多種含義，曖昧不明。

105 上帝用地上的塵土造人。如果我們的耳朵裡有泥沙，這是上帝的疏忽。

106 上帝用泥土造人，故稱他陶工。〈羅馬書〉9，21：「窯匠（又譯陶工）難道沒有權柄，從一團泥裡拿一塊作成貴重的器皿，又拿一塊作成卑賤的器皿嗎？」

107 生命之神戴奧尼索斯。尼采是生命最終的意義的探究者，所以是一種絕對的探求者，跟宗教性有親近性。這句評語，作為尼采的自我批評，正好抓住要害。

108 查拉圖斯特拉不以基督教的上帝和彼岸，而以超人和永遠回歸為人類祝

氣：使我又喜又悲[109]。

哦，查拉圖斯特拉，讓我到你家作客，只過一夜！現在在這世界上再沒有什麼地方比跟你在一起更使我快樂了！」──

「阿門！就這樣辦吧！」查拉圖斯特拉大為驚異地說道，「那邊上去的路，就通往查拉圖斯特拉的山洞。

我真想親自領你前去，你這位年高德劭之人，因為我喜愛一切虔誠的人。可是現在，一陣求救的呼聲喚我趕快跟你分手。

在我的領域以內，不能讓任何人受到傷害；我的山洞是個良港。我最高興讓每個憂傷的人重新到堅實的土地上站穩腳跟。

可是誰能從你的肩上卸下你的憂鬱呢？我是無力辦到。真的，我們要等待很久，直到有人[110]再把你的神喚醒。

因為，這位古老的神已不在人世了：他是完全死掉了。」──

查拉圖斯特拉如是說。

極醜的人[111]

──查拉圖斯特拉的腳又在山上和森林間奔走不歇，他的眼睛找來找去，可是，沒有

福。他用眼睛看、用手行動、用嘴說這個真理。

109 喜的是：看到查拉圖斯特拉的說教是出於對人類的愛、為人類祝福。悲的是：查拉圖斯特拉跟教皇的上帝不相容，而教皇的上帝也跟查拉圖斯特拉不相容。

110 超人。查拉圖斯特拉是超人的前驅者和宣告者。

111 查拉圖斯特拉在路上碰到的第五位是極醜的人，他是上帝創造之不完美的例證。但是醜陋並不是弱小，而且是可以自己克服的。

一處能看到他想看到的人，就是那個受到極大痛苦而發出求救叫聲的人。可是在整個路上他心裡感到快樂而充滿謝意。「今天一開始多不順當，」他說道，「可是後來卻送我好事作為補償！我碰到多麼珍奇的談話對手！

現在我要把他們說的話進行長時間的咀嚼，就像咀嚼優良的穀粒一樣；我的牙齒要把它們磨得小、嚼得細，直到它們像奶一樣流到我的靈魂裡！」——

但是當道路再轉過一座岩石時，景色突然改觀，查拉圖斯特拉進入一個死亡之國。這裡聳立著黑色和紅色的絕壁：沒有草，沒有樹，沒有鳥兒的叫聲。因為這是一個山谷，一切動物，連猛獸也避之唯恐不及；只有一種又醜、又粗的綠蛇，到年老時，到這裡來死去。因此牧人們把這座山谷叫做：蛇死谷。

可是查拉圖斯特拉沉浸於黑暗的回憶之中，因為他覺得已有過一次曾置身在這座谷中。許多沉重的回憶壓在他的心上：因此，他走得很慢，越來越慢，最後立停下來。可是，隨後，當他睜大眼睛時，他看到有什麼東西坐在路旁，形狀像人，又不大像人，是一個難以名狀的東西。親眼目睹到這樣的東西，查拉圖斯特拉突然間感到極大的羞愧[112]：臉一直紅到他的白髮旁邊，他背轉眼睛，舉起腳想要離開這個不祥的地方。可是這時，死寂的荒地卻發出了聲音：因為，從地下傳來一陣咕嚕咕嚕、呼嚕呼嚕之聲，就像夜間水流過堵塞的水道時發出的咕嚕咕嚕、呼嚕呼嚕之聲；最後它成為人的聲音，人的說話——它如是說道：

---

112 羞愧與同情的關係參看第二部〈同情者〉。

「查拉圖斯特拉！查拉圖斯特拉！解答我的謎！說吧，說吧！對目擊者的報復是什麼[113]？

我騙你回來，這裡有很滑的冰！當心，當心，不要讓你的高傲在這裡折斷你的腿[114]！你自以為聰明，高傲的查拉圖斯特拉！那就來解這個謎，你這個堅硬的核桃鉗子[115]——這個謎，就是我！那就說吧：我是誰！」

——可是，當查拉圖斯特拉聽了這番話時，——你認為他的心裡起了什麼變化？他不勝同情[116]；他突然倒了下去，就像一棵橡樹，在長時間對伐樹者進行抵抗之後——突然，沉重地倒下，連那些想砍倒它的人都感到吃驚。可是他又已從地上站起來，他的面孔變得很嚴肅。

「我很了解你，」他發出洪鐘似的聲音說道：「你是殺上帝的兇手[117]！讓我走吧。你無法忍受見到過你的人——經常而且完全看透了你的人，你這個最醜的人！你對這種目擊者進行報復！」

查拉圖斯特拉如是說著，就想走開；可是那個難以名狀者卻抓住他的衣袍的一角，又開始咕嚕咕嚕地想找話說。「別走！」最後，他說——

「——別走！不要離開！我猜到，是什麼斧頭[118]把你砍倒在地：恭喜你，哦，查拉圖斯特拉，你又站起來了！

我很清楚，你猜得出，殺他的人——就是殺上帝的兇手是什麼心態。別走！坐到我

---

113 我要使看到我的人羞死。我要對創造我的上帝進行報復，因為一切被創造物中的醜陋和不完美，都是創造者的過錯。

114 你這樣大搖大擺、高傲地走過來，會滑倒而傷了腿腳。這個目擊者也含有創造者的意思。

115 解決難題者。

116 看到人性的醜惡覺得同情。受這種同情的誘惑而致滑倒。

117 你以為自己的醜陋是上帝創造的不完美，而否定上帝的存在。

118 同情。但你又能克服同情，感到羞愧，所以又能站起來。

的身邊來，不會叫你白坐的。

不找你，我要找誰呢？別走，坐下！可是，不要看我[119]！這樣，尊重——我的醜陋！

他們迫害我：現在，你是我的最後的避難所。他們的迫害，並非帶著憎惡，並非帶著捕快——哦，對於這樣的迫害，我要嘲笑它，並且感到自豪而高興！

從來一切成功不都是歸屬於飽受迫害者[120]？飽受迫害者很容易教人追隨——因為迫害者已經——追隨在後！可是，是他們的同情——

——是他們的同情，使我逃避開他們，逃到你這裡。哦，查拉圖斯特拉，保護我吧，你是我的最後的避難所，你是猜出我的唯一的人：

——你猜出殺他的人是什麼心態。別走！如果你要走，你這沒有耐性的人：不要走我來的路，這條路不好。

你對我生氣，因為我跟你已經囉囉唆唆得太久？因為我已經勸過你？可是，要知道，我就是最醜的人，

——我也有最大最重的腳。我走過的路，路就壞了。我把所有的路都踩死了，踩壞了[121]。

可是，你從我身旁走過去，悶聲不響；你臉紅，我看得清楚：由此我認清你是查拉圖斯特拉。

其他什麼人會用眼色和說話把他的施捨、他的同情扔給我。可是對此——我又不是乞

---

119 凝視我，就是沒有羞愧感。感到羞愧，就是尊重我的醜陋。

120 為人類做出偉大成果的人，幾乎常是受迫害的人。

121 我走過的路，充滿世人的同情，我必須加以抵制。所以這條路不好走。我要使一切認出我的人，由於他們對我的同情而羞死。

丐，如何能接受，而你卻看透了這點——

——我太富了[122]，如何能接受，富於偉大的東西，富於可怕的東西，富於最醜的東西，富於最難以名狀的東西！你的羞愧，哦，查拉圖斯特拉，乃是我的榮幸！

我好不容易從那一大群同情者之中逃了出來——讓我找到今天教導我們『同情是纏人的』這句話的唯一的人——就是你，哦，查拉圖斯特拉！

——不管是神的同情，不管是人的同情：同情是不知羞愧的。不想助人可能比快步上前幫忙的那種美德更高尚。

可是今天，同情卻被一切渺小之人稱為美德本身——他們對於偉大的不幸、偉大的醜陋、偉大的失敗毫不崇敬。

我超越過這一切人縱目望去，就像一隻狗超越過密密麻麻的羊群的背上望去。牠們都是小小的、有著柔軟的毛、心地善良的、灰色的群體。

就像一隻蒼鷺，扭轉了頭，無視淺淺的池塘，放眼遠望；我也無視擁擁擠擠的灰色小浪、意志與靈魂，放眼遠望。

很久以來，人們都同意這些小人物的意見：因此到最後，人們也把權力交給他們——如今他們都教我們說：只有小人物稱之為善的才是善。

今天所謂的真理，就是說教者[123]所說的真理，他本身就是出身於這些小人物中間，這位奇妙的聖人和小人物的代言人，他證明自己說『我——就是真理』。

122 我是極醜的人，但不是頹廢的弱者，我有許多趨向積極性的可能性，我拒絕同情。

123 指耶穌。〈約翰福音〉14，6：「耶穌說，我就是道路、真理、生命。」

這個不謙遜者已經很長時期使那些小人物趾高氣揚、自命不凡——他，當他教人說『我——就是真理』，他就教了不小的錯誤。

對這樣一個不謙遜者，可曾有人作過更客氣的回答？——可是你，哦，查拉圖斯特拉，你從他身邊走過去，卻說：『不是！不是！三次不是！』

你對他的錯誤發出警告，你是對同情發出警告的第一個人——不是對一切人，也不是對任何人，而是對你自己和跟你同類的人發出警告。

你看到大大受苦者的羞愧而自感羞愧；真的，當你說：『一大片烏雲從同情那裡降下來，人們啊，你們要當心[124]！』

——當你教導『一切創造者都是嚴酷的，一切偉大的愛都超過他們的同情』：哦，查拉圖斯特拉，我覺得你是多麼善於預知天氣的變兆[125]！

可是你自己——也要對你的同情提高警惕！因為有許多人已經上路前來找你，許多受苦者、懷疑者、絕望者、溺水者、受凍者[126]——

你對於我，我也要提醒你。你猜出了我的最善、最惡的謎，就是我本人和我所行的。

我知道把你砍倒的斧頭。

可是他——必須死去：他以看到一切的眼睛觀看——他看到世人的深底，看到一切世人隱瞞的恥辱和醜陋。

他的同情不知羞愧：他爬到我的最骯髒的角落。這個最好奇的人，最過於糾纏不休的

124　參看第二部〈同情者〉：「對同情要有警惕性：還會有沉重的烏雲從同情那兒降臨到世人的頭上！」烏雲指產生倦怠和無力感的不吉的雲。同情會使人喪失向上的意欲和希望，招致文明的柔弱化。

125　參看〈同情者〉：「一切偉大的愛超過同情。」「一切創造者都是嚴酷的。」由於查拉圖斯特拉說有烏雲降臨，所以說他預知天氣的變兆。

126　小心你的同情，以免受到許多賤民的打擾。

人，最過於同情的人必須死去[127]。

他總是看我：我要對這樣一個目擊者進行報復——否則，我不想活下去[128]。

看到過一切的上帝，也看到過世人的上帝：這位上帝必須死去！讓這樣的目擊者活著，世人無法忍受。」

最醜的人如是說。可是查拉圖斯特拉站起身來準備要走：因為他感到冷得徹骨。

「你這位不可名狀的人，」他說道，「你警告我，要當心你走的路。為了感謝你，我向你稱道我的路。瞧，往那邊上去，通往查拉圖斯特拉的山洞。

我的山洞又大又深，有許多隱避處；最想隱匿的人可以在那裡找到他的藏身之處。

就在山洞的近旁，有成百的潛伏所和暗道，可供爬行的、飛舞的、跳躍的動物們棲息。

你這個自己放逐自己的被放逐者啊，你不想再住在世人和世人的同情之中嗎？好吧，那就照我的樣子辦吧！你也向我學習吧；只有實行者才學得會。

首先跟我的寵物談談！它們是最高傲的動物和最聰明的動物——它們會成為我們二人的真正的顧問！」——

查拉圖斯特拉如是說，就開始上路，比以前更加耽於沉思，腳步也更加放慢：因為他有許多話要問自己，卻不容易知道作答。

「人是多麼可憐！」他心中在想，「多麼醜陋，多麼呼嚕呼嚕地喘鳴，多麼充滿隱瞞

127 上帝看到人性的一切缺陷，他不反思作為創造者的責任，而以同情敷衍塞責，因此他已喪失上帝的資格，所以必須死去，這也是上帝之死的諸原因之一。

128 我以我的醜陋，作為否定上帝的證據。

的羞愧！

有人對我說，世人很愛自己：唉，這種自愛定當很大！其中含有多少對自己的輕蔑！

此人也愛自己，正如他輕蔑自己一樣——我看他是一個大大的愛者，又是一個大大的輕蔑者[129]。

我還沒有見過有什麼人比他更深地輕蔑自己：這也就是高超。唉，也許他就是我聽到其叫聲的那個高人吧？

我喜愛大大的輕蔑者。可是，人應當是被克服的某種東西。」——

自願的乞丐[130]

查拉圖斯特拉離開了最醜的人，覺得很冷，又感到孤獨：因為有許多涼意和孤獨感滲透了他的心，所以他的四肢也變得冷起來了。可是，他繼續前行，上上下下，時而經過碧綠的牧場，可是也走過荒涼的多石地帶，那裡也許是以前一條急躁的山溪把它當作河床睡過覺的：這時他心裡突然又覺得較為溫暖和親切起來。

「我可是碰到什麼事了？」他問問自己，「有什麼溫暖的、生氣勃勃的東西使我神清氣爽，這東西一定在我的附近。

我已經不大孤獨了；不知道的夥伴和弟兄們在我的四周遊蕩，他們的溫暖的氣息觸動我的靈魂。」

129 這個極醜的人，他愛自己，輕蔑現在的自己，力爭成為更好的自己。人的自我輕蔑，跟自愛是表裡一致的。這樣，他已向自我克服前進了一步。

130 查拉圖斯特拉在路上碰到的第六位是厭惡時代的腐敗而向母牛學習的高人。他濫用贈予的美德，現在以有限的種類的人作為對手進行說教，並向他們的美德學習。他的心是純粹的，但不是為創造而奮鬥的勇者。這個自願的乞丐影射在山上垂訓的耶穌（〈馬太福音〉5～7章）。

可是，當他向四周張望，要給他的孤獨尋找安慰時：瞧，卻看到一群母牛聚集在山丘上站在一起；走近母牛，牠們的氣味使他心裡感到溫暖[131]。可是，這些母牛似乎在熱心傾聽一個說教者講話，並不注意走過來的人。可是，當查拉圖斯特拉完全走到牠們身旁時，他聽得清清楚楚，從母牛們當中傳出一個人的說話聲音；而且看到那些母牛全都把頭轉向著那個說話的人。

查拉圖斯特拉於是熱心地奔上去，把那些動物驅散，因為他害怕會有人在這裡受到傷害，而母牛們的同情是難以幫他解決的。可是，在這一點上，他弄錯了；因為，瞧啊，那裡有一個人坐在地上，似乎在對動物們講話，叫牠們不要害怕他，他是一個和藹的人，山上垂訓者[132]，從他的眼中流露出對於慈愛的說教。「你在這裡尋求什麼？」查拉圖斯特拉詫異地叫道。

「我尋求什麼？」他回道，「跟你尋求的同樣，你這個搗亂者！就是說，我尋求的是世上的幸福[133]。

可是，為此我要向這些母牛學習。因為，你知道，我已花費了半個上午勸說牠們，牠們正想給我答覆。你為何來打擾牠們？

我們若不回轉，變成母牛的樣式，斷不得進天國[134]。因為我們應當向牠們學會一件事：反芻[135]。

真的，人若賺得全世界，卻不學習這一件事，反芻，有什麼益處呢[136]？他會擺脫不了

---

131 母牛是溫柔的基督教信徒的比喻。現在查拉圖斯特拉的心，受到同情的誘惑，所以它的氣味使他的心感到溫暖。

132 在山上對母牛說教，比喻山上垂訓者耶穌。〈馬太福音〉5，1：「耶穌……就上了山……門徒到他跟前來，他就開口教訓他們說。」

133 我跟你同樣，要在地上建設王國。

134 〈馬太福音〉18，3：「你們若不回轉，變成小孩子的樣式，斷不得進天國。」

135 對小小的消極的道德進行反覆的省察。參看第一部〈道德的講座〉：「我像母牛反芻一樣頗有耐心地反思自問。」亦即不求其多，只將少量的體

他的憂傷。

——他的大大的憂傷：可是今天叫做嘔心。今天，誰的心、嘴和眼不都是充滿嘔心呢？你也如此！你也如此！可是，你來看看這些母牛！」——

這位山上垂訓者如是說，並把他自己的眼光轉向查拉圖斯特拉——因為直到現在他的愛心都是掛在母牛身上——：這時他卻改變了。「我跟他談話的人是誰？」他驚愕地叫道，並從地上跳起身來。

「這是沒有嘔心的人，這是查拉圖斯特拉本人，把大大的嘔心克服了的人，這就是查拉圖斯特拉本人的眼、嘴和心。」

他如是說著，就吻他的交談對方的手，眼中噙著淚花，他的表情就像一個人，意想不到地從天上給他掉下貴重的禮品和珠寶。可是，那些母牛卻看著這一切而不勝驚奇。

「別談我的事吧，你這個奇怪的人！可愛的人！」查拉圖斯特拉說著，不接受對方的情誼，「先對我談談你自己吧！你不是那位自願的乞丐，曾經把一大筆財富拋棄掉[137]，——以他自己的財富和做個富翁為可恥而逃到最貧窮者那裡去、把他的豐裕富足和他的心送給他們的人嗎？可是那些窮人不接受他。」

「可是他們不接受我，」自願的乞丐說道，「你知道得很清楚。所以到最後，我就走向動物，走向這些母牛[138]。」

驗和智慧仔細咀嚼，這就是幸福。

136 〈馬太福音〉16，26：「人若賺得全世界，賠上自己的生命，有什麼益處呢？」

137 你濫用「贈予的美德」，犯了方向錯誤。你不是為了人類向上而贈予，你卻贈予給世人中的最下等的人。這個乞丐屬於聖方濟各類型的人物。

138 我只對少數特殊的柔弱的人說教。

「那麼你就會知道，」查拉圖斯特拉打斷了對方的說話，「恰當的給予比恰當的接受是如何更難，而善於給予乃是一種技術，慈愛之最後的最巧妙的一級技術。」

「尤其是在今天，」自願的乞丐回道，「因為今天，一切卑賤者都起來造反，令人厭惡，而且以他們自己的方式，就是群氓的方式飛揚跋扈。

因為，你知道，這樣的時刻已經到來，大大的、惡劣的、長長的、慢慢的群氓和奴隸造反的時刻：勢頭在不斷擴大！

現在，一切慈善和小小的施捨都使卑賤者激怒，過於富裕者要小心！

今天，誰要是像大肚子的瓶而卻從太細的瓶頸裡一滴一滴地滴水——人們在今天就愛把他的瓶頸敲斷。

淫亂的貪欲、憤憤的嫉妒、怨恨的復仇心、群氓的倨傲：這一切都跳到我的面前。窮人是有福了[139]，這已不再真實。天國是母牛們的。」

「天國為什麼不是富人們的？」查拉圖斯特拉試探地問道，同時阻攔那些親切地嗅著和藹的人的母牛。

「你為什麼試探我？」後者回答道，「你比我知道得更清楚。誰把我趕到最貧窮者那邊去的，哦，查拉圖斯特拉？不是由於對我們的最富者感到噁心嗎？

——對那些財富的囚犯，他們以冷眼和淫蕩的思想、從任何垃圾裡撿起他們的利益，對那些臭氣沖天的流氓，

139〈路加福音〉6，20：「你們貧窮的人有福了。因為上帝的國是你們的。」但是現代社會的窮人是賤民，所以我避開他們，來到少數軟弱無力的人們中間。

——對那些鍍金製假的群氓，他們的祖先是扒手或是吃腐屍的禽鳥或是撿破爛的人，這些人的老婆百依百順，荒淫放蕩，丟三落四，——可以說，她們跟婊子沒有兩樣——在上者是群氓，在下者是群氓！今天還談什麼『貧』與『富』！我已忘掉其區別——因此我逃開他們，越走越遠，直到我來到這些母牛身邊。」

這位和藹的人如是說，一面說，一面氣喘而冒汗：使得那些母牛又驚奇不已。可是，當他說得如此激烈時，查拉圖斯特拉卻總是微笑地望著他的臉，而且默默地搖頭。

「山上垂訓者啊，當你使用這種激烈的語言時，你是強暴自己了。你的嘴，你的眼睛，都是不能適合這種激烈的。

我想，還有你的胃也是吃不消的：所有這種憤怒、憎惡、激昂，都是它受不了的。你的胃要求比較柔軟的東西：你並不是吃肉的人。

在我看來，你倒像是吃素的人，吃草根的人。也許你會嚼穀粒。可是，你肯定厭惡肉食的享受，愛好吃蜜。」

「你猜中了，」和藹的乞丐懷著輕鬆的心情回道，「我喜歡蜜，我也嚼穀粒，因為我尋找口感好而且使呼吸清純的東西：

——我也尋找需要長時間食用的東西，適合溫和的懶漢和遊手好閒者的吃上一天的工作。

這些母牛，對於此道，當然已經精通得達到登峰造極的地步了：他們發明了反芻和躺在陽光裡曬太陽。牠們也戒絕會使心臟擴大的一切沉重的思想。」

——「好吧！」查拉圖斯特拉說道，「你也應當看看我的寵物，我的鷹和我的蛇——像牠們這樣的動物，在今天的世界上是沒有的了。

瞧，那邊是通往我的山洞的路：今夜去做牠們的賓客。跟我的動物談談動物的幸福，——

——直到我本人回來。因為現在有求救的呼聲喚我趕快離你們前去。你在我洞裡也會看到新的蜜，新鮮冰涼的從蜂房裡採來的金色的蜜：去吃吧！

可是現在立即離開你的那些母牛吧，你這個奇怪的人！可愛的人！儘管你有點捨不得。因為牠們是你的最熱心的朋友和教師！」——

「——除了一位我更加喜愛的朋友，」和藹的乞丐回答道，「你本人是個好人，比一頭母牛更好，哦，查拉圖斯特拉！」

「去吧，去吧！你這個很壞的奉承者！」查拉圖斯特拉懷著惡意地叫道，「你為什麼用這種讚美和奉承之蜜來使我掃興呢？」

「去吧，離開我吧！」他又一次叫道，而且向和藹的乞丐揮起手杖：可是乞丐卻匆匆逃掉了。

影子 [140]

自願的乞丐剛剛逃走，查拉圖斯特拉又陷於孤獨之中，這時他聽到身後有新的聲音叫道：「停下來！查拉圖斯特拉！等一等！是我，哦，查拉圖斯特拉，我，你的影子！」可是查拉圖斯特拉沒有等，因為在他的山中竟有如此眾多的人熙來攘往，使他突然感到討厭，「我的孤獨往哪裡去了？」他叫道。

「真的，這對我太過分了；這座山擁擁擠擠，我的國不屬這個世界了，我需要新的山。我的影子在叫我？我的影子算得了什麼！讓他跟在我後面跑吧！我——要擺脫他逃走。」

查拉圖斯特拉如是對他的內心說，繼續奔跑。可是，他背後的影子還是緊跟著他：因此，立刻有三個奔跑者一個接著一個，也就是說，為首者是自願的乞丐，其次是查拉圖斯特拉，第三個，就是最後一個，是他的影子。他們這樣奔跑了不久，查拉圖斯特拉意識到他的愚蠢，他突然把一切煩惱和厭惡都拋到九霄雲外了。

「怎麼！」他說道，「最可笑的事情不是一向都出現在我們年老的隱士們和聖人們身上嗎？

真的，我的愚蠢在山中長高了！現在我聽到六條老傻瓜的腳一個接著一個地奔跑！

---

140 查拉圖斯特拉在路上碰到的最後一位是緊跟在他身後的追隨者，他是現代文化人的寫照。不是自發的真理探求者，疲於奔波，失去目標。但由於具有自由精神，也被列入高人。

可是，查拉圖斯特拉真有必要害怕一個影子嗎？我想，他畢竟比我有著更長的腳啊。」

查拉圖斯特拉如是說著，眼睛和內臟都在發笑，隨即停下來，急忙轉身往後看——瞧，他這一轉身，幾乎把他的跟隨者影子撞倒在地上：這個影子是如此緊緊地跟著他的腳後跟，而且又如此虛弱[141]。因為，當他用眼睛打量這個影子時，他嚇了一大跳，就像看到一個突然出現的幽靈：這個跟隨者看上去是如此單薄、黝黑、空洞和老朽。

「你是誰？」查拉圖斯特拉性急地問道，「你到這裡幹什麼？你為何自稱為我的影子？我不喜歡你。」

「原諒我，」影子回道，「我就是你的影子；如果你不喜歡我，好吧，哦，查拉圖斯特拉！在這一點上我倒讚美你和你的良好趣味。

我是個流浪人，已經跟在你的腳後跟後面走了很久：永遠在路上，可是沒有目的地，也沒有家：因此，我真的跟永遠流浪的猶太人[142]相差無幾，除了我並不永遠，也不是猶太人。

怎麼？我必須永遠在路上行走嗎？被任何一陣風吹得團團轉，不安定地被趕著走去嗎？地球啊，對我說來，你是太圓了[143]！

我已在任何表面上[144]停下過，像疲倦的塵埃一樣在鏡子和窗玻璃上睡過覺：眾生都從我身上取去影子[145]，而不給予我什麼，因此我變得很單薄——我幾乎像一個影子。

141 影子是他的追隨者，一碰到轉捩點，就要跌倒。

142 傳說中的鞋匠亞哈隨魯，在耶穌背著十字架走往刑場時，不讓他在門口休息，反加以嘲罵，被罰在世間永遠流浪。

143 我不得不永遠流浪，到處都沒有我踏腳休息的地方。只能一路滑過去。

可是，查拉圖斯特拉啊，我已跟在你身後奔波得極久了，雖然我躲在你後面，但我卻是你的最好的影子：凡是你坐過的地方，我也坐過。

我跟你走過最遠、最冷的世界[146]，就像自願在冬天積雪的屋頂上走著的幽靈。

我力求跟你一起走進任何最糟最遠的禁區：如果我有什麼長處的話，那就是我對任何禁令都不害怕。

跟你在一起，我打破我的內心曾經尊敬的一切，我打倒一切界石和偶像，我跟著最有危險的願望走——真的，我曾一度不顧任何犯罪。

跟你在一起，我忘掉對語言、價值和偉大的名字的信任。如果魔鬼脫了一層皮，他的名字不也就脫落掉嗎？因為名字也就是外表的皮。魔鬼本身也許就是——皮[147]。

『沒有什麼可稱為真正的，一切都是可以允許的[148]。』我如是對自己說。我跳進最冷的水中，頭和心一齊進去。唉，為此我是多麼常常地像紅螃蟹一樣一絲不掛地站在那裡！

唉，我的一切善、一切羞恥，對於善人的一切信仰都到哪裡去了！唉，我從前所擁有的虛假的天真，善人和他們的高貴的謊言的天真都到哪裡去了[149]！

真的，我是過於經常地緊跟在真理的腳後面：這時，真理就會踢著我的頭。有時我想說謊，瞧！這時我才撞上——真理。

太多的事情明明白白地擺在我面前：現在我對什麼都不再關心。我所愛的已無一存在

---

144 停留在各種思想的表面上。

145 追趕任何的思潮和現象，消耗掉我的精力。

146 抽象的形而上學的世界，懷疑、否定、冷酷的世界，思考世界的極地。

147 向來被看作惡的東西，如果它的實體得到正確的認識，就不會說它是惡。惡不過是被偏見包著的稱呼。世人所說的惡，從其實體觀之，不過是外表的皮而已。

148 因為道德是相對的。

149 我把從小受教育的正統的道德觀都拋棄了。這裡所列舉的，都是日常的善良的社會所具有的信

——我怎能還愛我自己呢？

『我感到有興趣，就活下去，否則就完全不活下去。』這是我所要的，也是至聖之人所要的。可是，唉！我怎會還有——興趣呢？

我還有——目的地嗎？我的帆船要向那邊的港口駛去嗎？還有好風向嗎？唉，只有知道駛往何處去的人，才知道什麼風向是好的，是他的順風。

留給我的還有什麼？一顆疲累而狂妄的心；一個不安定的意志；撲拍的翅膀；一根折斷的脊梁骨。

這種對於我的故鄉的尋找：哦，查拉圖斯特拉，你知道得很清楚，這種尋找是我的不幸，它把我累垮。

何處是——我的故鄉？我打聽而尋找，我尋找過，卻沒有找到它。哦，永遠的到處可尋，哦，永遠的無處可尋，哦，永遠的——徒勞！」

影子如是說，查拉圖斯特拉聽罷，面帶愁容。「你是我的影子！」最後，他憂傷地說道。

「你的危險真不小，你這位自由的精神和流浪者！你有過一個不幸的白天：注意別讓一個更不幸的夜晚再來！

仰、傳統和慣習。生活在其中的人，不把謊言當謊言，反而當作高尚的思想，天真地說出口。

對於像你這樣不安定的人，最後會覺得待在監牢裡倒是大幸。你可曾見過被囚禁的罪犯睡覺的樣子？他們睡得安穩，他們享受他們的新的安全感。

當心，不要到最後再讓一個褊狹的信念逮住你，一個嚴酷無情的妄想！因為，從現在起會有任何一種褊狹而堅定的思想誘惑你和試探你。

你失去了目標：可憐，你對這種損失將怎樣付之一笑而克服你的痛苦呢？你也就此——失去你該走的道路了！

你這個可憐的流浪者、漫遊者，你這倦飛的蝴蝶！你今晚不想有個休息的住處嗎？那就上山到我的山洞裡去！

那邊上去就是通往我的山洞的道路。現在我要趕快再跟你分手。我好像已被一個影子似的東西纏住。

我想獨自前往，好讓我的周圍再明亮起來。因為我還得高高興興地跑腿走很長的路哩。不過到晚上會在我洞中——一起跳舞！」——

查拉圖斯特拉如是說。

正午[150]

——查拉圖斯特拉繼續奔波，沒有再看到任何人，只是獨自一人，看到的總是只有自

---

150 查拉圖斯特拉在山路上行走，尋找發出求救呼聲的高人，但未找到。不

己，他體嘗孤獨的滋味，向好的方面著想，——這樣過了幾小時。可是，到了正午時分，當太陽正好照在查拉圖斯特拉的頭上時，他走過一棵彎曲而多節疤的老樹，這棵樹被一棵葡萄樹的豐富的愛擁抱著，樹幹已被遮蔽得看不清楚：一串串密集的黃色的葡萄從那裡高懸著，正好迎面對著這位行路人。這時，他頗想解決小小的一點口渴、去摘下一串葡萄；可是，當他已經伸出手時，他又突然想到一些更重要的其他事情：也就是：在這完全正午的時刻，在這棵老樹的旁邊躺下身來睡它一覺。

查拉圖斯特拉就照此行事；他一躺到地上，躺到各色草花的靜寂和神祕之中，他就已經忘掉小小的口渴而入睡。因為，正如查拉圖斯特拉的箴言所說：有一件事比另一件更需要[151]。只是他的眼睛睜著[152]——因為它們毫不厭倦地看著而且讚嘆那棵老樹和葡萄藤對老樹的愛慕。可是，查拉圖斯特拉在睡夢中對他的內心如是說道：

「安靜！安靜！世界不是正好變得完美了嗎？我卻發生了何事？

就像一陣和風，看不到它，在平滑的海面上跳舞，很輕，輕如羽毛：就像這樣——睡魔在我的身體上跳舞。

他不閉上我的眼睛，他讓我的靈魂清醒。他很輕，真的！輕如羽毛。

他勸說我，我不知道如何是好？他用柔媚的手在我的內部輕輕地拍我，他逼我聽從。

是的，他逼我聽從，使我的靈魂伸直身子：——

久，正午到了，他在預感到世界之完成的幸福情緒中午睡，在幻想中暫時欣慰於天地自我融合的、泛神的境地。

151 〈路加福音〉10，41：「你為許多的事思慮煩擾，但是不可少的只有一件。」較之焦心的渴望，為了成熟而準備休息是必要的。本處所說的更需要的大事就是睡覺。

152 以下的幻想是在半醒半睡的狀態中開始的。

——她是怎樣伸長了身子躺著、筋疲力竭啊，我的奇妙的靈魂！正好在這正午時刻，到了她的第七天[153]的晚上嗎？她是在很好的、成熟的事物之間已經幸運地走得太久了嗎？

她長長地伸直了身子，伸長——更伸長！她靜靜地躺著，我的奇妙的靈魂。她已經體嘗過太多的好東西，這種黃金的悲哀壓迫著她，她苦得撇著嘴。

——像一條駛進極安靜的港灣的船——它現在靠近陸地，長久的旅途和不安定的海搞得它很累。陸地不是更靠得住嗎？

——像一條駛進極安靜的港灣的船——它現在靠近陸地，只要一隻蜘蛛從陸地上把牠的絲拉送過來就夠了。不需要更粗的纜繩。

就像這樣，一條疲倦的船停在最安靜的港灣裡：我現在也是這樣靠近大地休息，忠實地，信賴地，等待著，以最細的絲跟大地連接著。

哦，幸福！哦，幸福！你想不想歌唱，哦，我的靈魂？你躺在草地上。可是現在是最神祕最莊嚴的時刻，沒有一個牧童吹他的牧笛[154]。

當心！炎熱的正午在草地上睡覺。不要歌唱！安靜！世界很完美。

不要歌唱，你這草上的鳥兒，哦，我的靈魂！連耳語也不行！瞧啊——安靜！年老的正午在睡覺[155]，他在翕動嘴唇：他不是正在吸啜一滴幸福的甘露——

——古老的棕色的一滴金色的幸福甘露，金色的葡萄酒？有什麼東西掠過他的臉上，

---

153 〈創世記〉2，1：「天地萬物都造齊了，到第七日，上帝就……歇了他一切創造的工，安息了。」

154 害怕吵醒牧神潘的午睡。牧神潘有時離群索居，誰破壞他的安寧，他就使人感到喪魂落魄的恐懼（英語 panic：恐慌，驚慌）。歌德《*Novelle*》：「古代人說，牧神潘在正午時睡覺，為了不吵醒他，整個自然都屏住氣息。」現在查拉圖斯特拉也像牧神潘一樣在睡覺。

155 把正午比作牧神潘。

他的幸福在笑。是一位神——在這樣地笑。安靜！——

——『要達到幸福，不管是怎樣細小的事物就足以達到幸福！』我以前曾經說過，並且認為我聰明。可是，這是一種冒瀆：現在我弄清楚這點。聰明的傻子說得更高明。正是最細小的事，最微末的，最輕的，一條蜥蜴的窸窣聲響，一絲氣息，一聲噓，眼睛一瞥——最細小的可以創造出一種最高的幸福。安靜！

——我出了什麼事：聽！時間飛逝過去了嗎？我不是掉下來了嗎？我不是掉進——聽永遠的井裡[156]了嗎？

——我出了什麼事？安靜！是什麼刺進我的——哎喲——心裡[157]？刺進心裡！哦，破裂吧，破裂吧，心臟，在這樣的幸福之後，在這樣的一刺之後！

——怎麼？世界不是剛剛變得完美了嗎？渾圓而成熟？哦，那金色的圓環——它飛向何處去？我要跟在它後面追趕！趕快！安靜——」

（這時，查拉圖斯特拉伸直了身子，感到他在睡覺。）

「起來吧！」他對自己說道，「你這個睡懶覺的人！你這個中午睡懶覺的人！好吧，來吧，你這個老骨頭！時間到了，時間過了，你們還有一大段路要走哩——

現在你們睡夠了，多麼長久？半個永恆！好吧，現在來吧，我的老交情的心！在這樣大睡之後，你要多久才能——醒透？」

（可是這時他又入睡了，他的靈魂反駁他、反抗他，又躺臥下去）——「別管我吧！

---

156 我超越現世，彷彿融合在永遠之中。

157 幸福的刺痛。對永遠回歸思想的共感與喜悅。

[158]安靜！世界不是剛剛變得完美了嗎？哦，那金色的圓球！」——

「起來，」查拉圖斯特拉說道，「你這小小的竊賊，你這懶骨頭！怎麼？依舊在伸直身子，打呵欠，嘆息，往深井裡掉下去？你到底是誰？哦，我的靈魂！」

（這時，他大吃一驚，因為有一道陽光從天而降，直射到他的臉上。）

「哦，我頭上的蒼天，」他嘆息著說，挺直地坐起來，「你在看著我？你在聽我的奇妙的靈魂說話？

你什麼時候吸啜降落到世上一切萬物上面的露滴——你什麼時候來吸啜我這奇妙的靈魂[159]——什麼時候，永恆之井啊！你這快活、可怕的正午之深淵！你什麼時候把我的靈魂吸回到你的裡面去？」

查拉圖斯特拉如是說，並從老樹旁邊的睡覺處站了起來，彷彿從一種異樣的醉態之中醒來一樣：瞧，太陽依舊照臨在他的頭頂上空。可是，人們從這一點上可以有理由推斷出查拉圖斯特拉當時並沒有睡得很久[160]。

歡迎會[161]

一直到午後很晚，經過長久的徒勞的尋找和奔波之後，查拉圖斯特拉才回到他的山

---

158 靈魂的回話。

159 永遠的世界什麼時候吞下一切的生命，我的靈魂也回歸到其中？

160 查拉圖斯特拉的睡眠，跟這段時間以內的他的思想，超過物理的時間。

161 查拉圖斯特拉在山路

洞。可是，當他面對著山洞站住，距離不超過二十步遠時，一件意想不到的事，現在發生了：他重又聽到那陣大大的求救叫聲。真令人吃驚！這次，叫聲是從他自己的山洞裡發出來的。可是，這是一種很長的、多種多樣的、奇怪的叫聲，查拉圖斯特拉很清楚地辨別出，它是由許多聲音合在一起，儘管從遠處聽來，它可能像是從一張唯一的嘴裡叫出來的。

查拉圖斯特拉於是奔向他的山洞，瞧！在這段音樂節目之後，還有什麼表演節目在等待著他！因為他在白天裡碰到的那些人全都一起坐在裡面了：右首的君王和左首的君王、老魔術師、教皇、自願的乞丐、影子、精神的有良心者、悲哀的預言者和驢子；那個極醜的人卻戴上一頂王冠、繫上兩條紫色腰帶——因為他像一切極醜的人那樣，愛好打扮得漂亮。而在這一夥憂傷的朋友們當中，站著查拉圖斯特拉的鷹，豎起羽毛，急躁不安，因為它要回答許多問題，而這些問題卻是它的高傲所無法作答；而那條聰明的蛇卻纏繞在它的脖子上。

查拉圖斯特拉看到這一切，大為驚奇；隨後，他卻懷著和藹可親的好奇心，對每個個別的賓客進行調查，看出他們的靈魂，這又使他驚奇不已。而在此時，那些聚在一起的眾人都從座位上站起身來，恭恭敬敬地等待查拉圖斯特拉講話。查拉圖斯特拉卻如是說道：

「你們這些絕望者！你們各位奇異的人！我聽到的，就是你們的求救叫聲嗎？現在

上碰到的一切人，現在都聚集在他的山洞裡。他們都是他尋找的高人。他歡迎他們。但他們並不是他要等待的人，他等待的是比他們更高的人——超人。

我也知道，到哪裡去尋找那位，就是我今天白白尋找了一番的：高人——：

——在我自己的山洞裡就坐著那位，高人！可是，我為何要驚奇！我不是用蜂蜜供品和我的幸福之狡猾的誘鳥呼叫把他引誘到我這裡來的嗎？

可是，我看，你們聚會在一起，有點不合適，你們這些發出求救叫聲的人，當你們一起坐在這裡時，不是使彼此心裡不舒服嗎？首先，必須有另一個人前來，

——一個使你們重新笑起來的人，一個善良的快活的小丑，一個舞蹈者、吹牛者[162]和野孩子，任何一個老傻瓜[163]：——你們認為如何？

你們這些絕望者，請原諒我當著你們的面前說這些無聊的廢話，確實，對你們這樣的賓客很不合適！可是你們猜不到是什麼使我的心如此放縱：——

——這是由於你們本身，由於看到你們的樣子，請原諒我！因為，看到一位絕望的人，人人都勇敢起來。鼓勵一位絕望的人——人人都覺得自己力能勝任。

——你們給了我這種力量——一件很好的禮物，我的高貴的賓客們！一件由客人帶來的正當的禮物！好吧，我也要向你們呈上我的禮品，請不要生氣。

這裡是我的王國、我的領域：可是，凡是屬於我的，在今晚今夜，也都是你們的。我的寵物要來招待你們：我的山洞就是你們的休息場所！

住在我的家宅裡，任何人都不應當絕望，在我的區域以內，我保護任何人不受野獸傷害：這是我給你們提供的第一件禮品：安全[164]！

---

162 這裡的原文為Wind und Wildfang，各譯本中均譯作「一陣風」，但也似可理解為Windfang und Wildfang，Windfang = Windbeutel，意為吹牛者，大言不慚者，豪言壯語者，自吹自擂者。

163 我是充滿快活、輕快的生命力的人，舊道德的破壞者，我來是要將你們從陰鬱的絕望之中解放出來。

164 既然進入我的世界，就不讓你們受到虛無、絕望的侵犯。

而第二件乃是：我的小指。你們先握住它，那就再握整個的手[165]，好吧！再加上我的心！歡迎光臨此地，歡迎，我的賓友們！」

查拉圖斯特拉懷著友愛和惡意笑著、如是說道。在這番歡迎辭之後，他的賓客們又鞠了一下躬，然後恭恭敬敬地默不作聲；可是那位右首的君王卻代表大家致答辭。

「哦，查拉圖斯特拉，你這樣向我們呈出你的手和歡迎辭，我們認出你是真正的查拉圖斯特拉。你在我們的面前自卑了；差不多有損於我們的敬意——：

——可是有誰能像你這樣屈尊自卑呢？此事鼓舞了我們自己，使我們的眼睛和心感到神清氣爽。

單單看到此事，我們就情願攀登上比這座山更高的山。因為我們是作為愛好獵奇者而來的，我們要看看能使昏花的眼睛明亮起來的東西。

瞧，我們發出的一切求救叫聲已經過去了。我們的感覺和內心已豁然開朗、怡然自得了。差一點點：我們的心情就變得放肆起來了。

哦，查拉圖斯特拉，地上生長的任何東西沒有比一個又高又強的意志更加喜人的：它是地上最美的植物。有一棵這樣的樹，就使全部風景生氣勃勃。

哦，查拉圖斯特拉，像你一樣生長起來的人，我要把他比作傘松：高大、沉默、堅強、孤立，最好最柔韌的木材，壯麗，——

——而到最後，伸出強有力的綠枝，圈起它的統治領域，向風和雷雨以及一向棲息在

165 德文成語：給他一隻小指，他就要你的整隻手，比喻得寸進尺。此處反其意而用之：我給你一寸，你就獲得一尺。我給你們指導，如果你們把握住其中之一，我就會把一切都全部交給你們，表示衷心歡迎之意。

高山上者提出激烈的問題，

——又更加激烈地回答問題，真是個指揮者，常勝者：哦，有誰不要登上這座高山來看看這樣的植物呢？

在這裡看到你的樹，哦，查拉圖斯特拉，陰鬱的人，未獲成功的人也會感到精神振作，看到你，不安定的人也會有了自信、定下心來。

確實，今天有許多眼睛都向著你的山和樹；一種大大的憧憬已經開始，許多人都學會了打聽：查拉圖斯特拉是誰？

你曾把你的歌和蜂蜜滴到他們耳中的那些人：所有躲藏起來的人，單獨隱居的人，雙雙隱居的人，都突然對他們的內心說：

『查拉圖斯特拉還活著嗎？除非我們一定跟查拉圖斯特拉一起活著，活著就不再有什麼意義，一切都是一樣，一切都是空的！』

『他已預告了這麼久，為什麼還不來？』許多人這樣發問，『是孤獨把他吞掉了？還是也許我們應該親自到他那裡去？』

現在的情況是，孤獨本身已變得熟軟而破裂，就像墳墓那樣裂開、再也不能保存住墓中的屍體。到處都看到復活者[166]。

現在在你的高山四周，波浪已洶湧得越來越高，哦，查拉圖斯特拉。不管你的山頂有多高，許多波浪一定會升到你那裡去；你的船再也不能久停在乾燥的土地上了。

166 人人的孤獨都成熟透了，裂了開來，把包裹在其中的人們彈了出來，他們都朝你這裡走來找你。墳墓是由人們的新生（復

我們絕望之人現在來到你的山洞而且已經不再絕望：這只是一種象徵和預兆，說明比我們更高的高人們已經走在路上、要來拜訪你了——

——因為他本人正走在路上、要來拜訪你，就是在世人之中、神的最後的倖存者，也就是：懷著大渴望、大噁心、大厭惡的一切世人，

——一切不願再活下去的人，除非他們學會再抱有希望——除非他們從你，哦，查拉圖斯特拉，學到了偉大的希望！」

右首的君王如是說，他抓住查拉圖斯特拉的手、要去吻它；可是查拉圖斯特拉拒絕接受他的尊敬，大吃一驚地退後，默然無語而且突然間，就像逃到很遠的地方一樣騁其遐思。可是一會兒之後，他的心又回到客人們中間，他用澄明、審視的眼光望著他們說道：

「我的客人們，你們這些高人，我要用德語明確地對你們說。我在這座山中等待的並不是你們。」

「用德語明確地[167]？願上帝見憐！」這時，左首的君王旁白說道，「看得出，他不了解德國人，這位來自東方的賢人[168]！

不過，他的意思是『用德語粗魯地』——好吧！這還不是目前最不愉快的趣味[169]！」

「確實，你們可能全都是高人，」查拉圖斯特拉繼續說道，「可是對我來說——你們都是不夠高、不夠強。

活）而起的聯想，並且聯想到耶穌的復活：〈馬太福音〉27，52：「墳墓自開，許多長眠的聖者的身體復活了，在耶穌復活後，他們由墳墓出來，進入聖城，發顯給許多人。」

167 德文中的 deutsch 有兩種不同的意思：如 auf deutsch，mit Jmdm.deutsch reden：意為明確、坦率地說。但此字又指德國人負面的特性：粗魯、笨拙。故左首君王有此曲解。

168 查拉圖斯特拉是波斯人。

169 德國人坦率露骨地說話，在今天柔弱的時代，並不是壞事。現代德國事物的一般趣味還更加低級。

對於我，也就是說：對於在我心中沉默不語、但不會總是沉默不語的這種毫不留情的脾氣來說。即使你們都是我的下屬，但還不是我的右手。

因為一個靠病弱的腳站立的人，像你們這樣，不管他知道或是佯裝不知道，他特別想受到照顧。

可是我對我的手臂和腳並不照顧，我對我的戰士們並不照顧[170]，你們怎麼能適宜於我的戰鬥呢？

跟你們一起戰鬥，還會使我的任何勝利都要泡湯。你們當中的許多人，只要他一聽到我的戰鼓咚咚敲響，他就會昏倒。

還有，我看你們也不夠漂亮[171]，出身不夠高貴[172]。對於我的教導，需要有純淨平滑的鏡子；在你們的表面上，我自己的肖像也要映得走樣了。

有許多重擔、許多回憶壓在你們的肩上；許多醜陋的侏儒蜷縮在你們的角落裡。在你們的內心裡也有躲藏著的賤民。

儘管你們是高級和較高的族類：但你們身心的許多部分卻存在著彎曲和畸形。世界上沒有任何鐵匠能替我將你們敲直和矯正。

你們只是橋梁：但願更高的人踏在你們身上走過去！你們具有階梯的意義：不要怪怨從你們身上拾級而上、爬到他的高層的人！

有一天也許會由你們的種子給我生長出真正的兒子和完美的後繼者：可是那樣的日子

---

170 第一部〈戰鬥與戰士〉：「我不照顧你們……我的戰友們！」

171 第二部〈崇高的人們〉：「崇高的人，有一天你也應當變得美麗。」高人們當中還有「極醜的人」。

172 第四部〈跟君王們對話〉：「儘管他們早就自稱為貴族，可是在他們那裡，一切都是虛偽和腐朽。」

還很遠。你們本人不是繼承我的遺產和名字的人。

我在這裡的山上等待的不是你們，我不能跟你們一起，最後一次下山。你們的到來只不過是預兆，表示更高的人已經走在半路上要來拜訪我，——

——你們不是懷著大渴望、大噁心、大厭惡的人，不是你們稱之為神的倖存者的人。

——不是！不是！三遍不是！我在這裡山上等待的是另外其他的人們，沒有他們，我不願舉步離開這裡，

——我等待更高的人，更強的人，更堅信勝利的人，更快活的人，肉體和靈魂都被造得方方正正的這種人：大笑的獅子一定會來！

哦，我的賓朋們，你們這些奇妙的人——關於我的孩子們，你們還沒有聽到什麼？還沒有聽到他們已經走在半路上要來拜訪我？

跟我談談我的園子，我的幸福島[173]，我的新的漂亮的種族——你們為什麼不跟我談談這些？

我從你們的厚愛所企盼的賓客帶來的禮品就是要你們跟我談談我的孩子們。有了他們，我是富有的，為了他們，我從前是貧窮的，我有什麼沒有施予出去呢？

——我有什麼沒有施予出去，就為了擁有這一樣：這些孩子們，這些生氣勃勃的栽培植物，我的意志和我的最高希望的這些生命之樹！」

查拉圖斯特拉如是說，說到半當中又突然停止：因為他的憧憬向他襲來，他的心激動

---

173 園子和幸福島是站在查拉圖斯特拉培育子孫的立場上說的。你們（高人們）所談的只是你們的絕望和擺脫絕望的問題，卻不把人類全體的向上問題放在心裡。

得不由得閉上眼睛和嘴。他的賓客們也全都默不作聲，驚惶失措地靜靜站著：只有那位老預言家用雙手和表情作出表示。

晚餐[174]

因為在這個當兒預言者打斷了查拉圖斯特拉和他的客人們的交談：他擠上前去，就像一個等不及的人，抓住查拉圖斯特拉的手叫道：「可是查拉圖斯特拉！

有一件事比另一件更需要[175]，這是你自己說的：好吧，現在有一件事對於我比其他一切事更需要。

說一句正及時的話：你不是請我來吃飯的嗎？這裡有許多遠道而來的人，你總不會用空言來敷衍我們吧？

還有，你對於一切事情已經想得太多，什麼凍死、淹死、悶死以及其他的肉體困苦狀態：但是沒有人想到我的困苦狀態，就是餓得要死的困苦——」

（預言者如是說；可是當查拉圖斯特拉的寵物聽到此言，都嚇得跑開了。因為它們看到它們在白天帶回來的東西，都不夠塞飽預言者一個人的肚子。）

「還要包括渴死，」預言者繼續說，「雖然我在這裡已聽到淙淙的流水聲音，就像智慧的語言，也就是說滔滔不絕，毫無倦意：但我——要的是葡萄酒！

不是每個人都像查拉圖斯特拉這樣、是個天生的喝水者[176]。對於疲勞和憔悴的人，水

---

174 戲擬耶穌被釘十字架前夕和十二使徒舉行的最後晚餐。查拉圖斯特拉也和他的眾位賓客（高人）們舉行晚餐。耶穌在最後晚餐時拿起餅和葡萄汁祝禱後分給門徒說：「這是我的身體和血。」在本章中預言者也要求供應葡萄酒和麵包。本章為全書中最富於幽默感的一章。

175 參看〈正午〉章：「有一件事比另一件更需要。」該處指睡覺。此處指喝葡萄酒和吃飽肚子。

176 尼采不喝酒。

也沒有用處：我們應當喝葡萄酒——只有它才能給我們一下子復原和馬上的健康！」

趁著預言者想喝葡萄酒的當兒，一向沉默的左首的君王獲得一次發言的機會。「關於葡萄酒，」他說道，「我們已辦妥了，我和我的兄長，右首的君王：我們備好足夠的葡萄酒——一匹驢子全馱的是酒。因此缺少的只是麵包。」

「麵包嗎？」查拉圖斯特拉笑著回答道，「隱士們沒有的正是麵包。可是人活著，不是單靠麵包[177]，而且也靠善良的羔羊的肉，我倒有兩匹羔羊：

——我們要趕快把牠們宰掉，加點紫蘇[178]，燒得好吃點：我很愛吃。草根和樹果也有的是，對於任何美食家也很足夠了；此外還有需要打開的核桃和別的謎團。

這樣，我們希望不久就會做出一頓美餐。可是，想要跟我們一起共進晚餐的人，也都得動手，君王們也不例外。因為，在查拉圖斯特拉這裡，君王也要當廚子。」

這個提議獲得大家由衷的贊成，只有那個自願的乞丐反對吃肉、喝酒和使用香料。

「現在聽聽這位美食家查拉圖斯特拉所講的話吧！」他開玩笑地說道，「我們來到這座高山上的山洞裡，就是為了吃上這一頓美餐嗎？

現在我確實了解他曾經教導我們的那句話了：『小小的貧困是值得讚美的[179]！』以及為什麼他要把乞丐都趕跑[180]。」

「高興起來吧，」查拉圖斯特拉回答他說道，「像我這樣。按照你的習慣吧，你這位優秀的人，嚼你的穀粒，喝你的水，讚揚你的菜肴：只要它們使你快樂！

---

177 〈馬太福音〉4，4：耶穌回答說：「經上記載：人生活不只靠餅，而也靠天主口中所發的一切言語。」

178 紫蘇，又稱洋蘇，為鼠尾草屬植物。舊時也有將此字（Salbei）譯為藿香、薄荷、荊芥、牛耳者。

179 參看第一部〈新的偶像〉章：「小小的貧困是值得讚美的！」

180 第二部〈同情者〉：「乞丐們，應被完全清除。」

我只是作為屬於我的那些人的準則，我不是作為一切人的準則。可是，屬於我的人，就必須有強健的骨頭和輕捷的腳，——

——高高興興去戰鬥，去赴宴，不做憂鬱的人，不做夢想的人，準備應付至難之事就像去赴宴一樣，要健康而完好。

最好的一切屬於我的下屬和我；如果不給我們，我們就奪取：最好的食物，最純淨的天空，最強的思想，最漂亮的女人[181]！」——

查拉圖斯特拉如是說；可是右首的君王回答道：「真稀奇！可曾有人從一位賢人的口中聽到過這樣明智的話？

真的，一位賢人，除了是賢人以外，還如此聰明而不是一匹驢子，確是最稀奇的事兒。」

右首的君王如是說，非常驚奇；可是，驢子卻對他的話惡意地報以咿－呀的鳴叫。而這就是那頓長長的宴會的開始，在史書中稱之為「晚餐」。在這頓宴會上所談的，除了高人以外，別無其他話題。

---

181 反禁慾的強者的態度，跟乞丐的禁慾主義相反。

高人[182]

1

當我第一次走向世人時，我幹了隱士的蠢事，大大的蠢事：我置身在市場上。

當我對一切人說話時，等於沒有對什麼人說話。可是每天晚上，只有走鋼索者和屍體跟我作伴[183]；我自己也差不多是一具屍體。

可是，隨著新的早晨來臨，一種新的真理也出現在我的面前：這時，我學會了說：「市場、群氓、群氓的吵吵鬧鬧和群氓的長耳朵跟我有什麼相干！」

你們眾位高人，此事要向我學習：在市場上沒有人相信高人。如果你們要在那裡說話，好吧！可是群氓會眨眨眼睛說「我們大家一律平等」。

「你們眾位高人」——群氓這樣眨眨眼睛——「沒有什麼高人，我們大家一律平等，人就是人，在上帝面前——我們都是一律平等！」

在上帝面前！——可是現在這位上帝死掉了。但在群氓面前，我們不願平等。你們眾位高人，離開市場而去吧！

2

在上帝面前！——可是現在這位上帝死掉了！你們眾位高人，這位上帝曾是你們的

182 有關高人的說教的匯總。

183 第一部〈查拉圖斯特拉的前言〉前6段以下。

最大的危險。

自從他躺進了墳墓，你們才又得以復活。只有現在，偉大的正午才開始來到，只有現在，高人們才成為——主上！

你們明白了這句話嗎，哦，我的弟兄們？你們感到驚訝：你們的心臟眩暈了？這裡，深淵對你們張開了大口嗎？這裡，地獄之犬向你們狂吠了嗎？

好吧！來吧！你們眾位高人！只有現在，人類未來的大山才出現陣痛[184]。上帝死掉了：我們現在希望——超人萬歲。

3

最擔心的人們今天在問：「人如何得以保存？」可是，查拉圖斯特拉卻是第一個唯一的人要問：「人如何才被克服？」

我心目中只有超人，他是我所關心的第一位和唯一的人——不是世人，不是鄰人，不是最貧困的人，不是最受苦的人，不是最善良的人。——

哦，我的弟兄們，我對世人能發出愛心的，乃是由於他是一種過渡和一種沒落[185]。在你們身上也有許多使我喜愛和希望之處。

你們眾位高人，你們懂得蔑視，這就使我抱有希望。因為，大大的蔑視者就是大大的尊敬者[186]。

---

184 德文成語：大山陣痛（臨盆），生了個老鼠。斯巴達王阿革西拉俄斯帶兵援助埃及，法老見他身材矮小，說道：大山懷孕了，宙斯很吃驚，但大山卻生了個老鼠。後者回道：你把我當作老鼠，但總有一天，你會把我看成獅子的。此處戲用此成語，希望人類未來的大山生出超人。

185 第一部〈查拉圖斯特拉的前言〉4：「人之所以可愛，乃在於他是過渡和沒落。」

你們陷於絕望，這一點是大可值得尊敬的。因為你們沒有學會聽天由命，你們沒有學會小聰明。

因為現在小人物成為主人：他們全都宣傳聽天由命、謙虛、聰明、勤勉、考慮以及諸如此類的小小的美德。

凡是女人氣的、從奴隸根性、特別是從群氓大雜燴發生的：這些，現在都想要成為一切世人命運之主——哦，噁心！噁心！噁心！

此事問了又問，不知疲倦：「人如何可以保存得最好、最長久、最舒適？」以便——讓他們成為今天的主人。

給我克服這些今天的主人，哦，我的弟兄們——這些小人物：他們是威脅超人的最大的危險！

你們眾位高人，給我克服這些小小的美德，這些小聰明，這些沙粒一樣的考慮，螞蟻一樣的蠢動，可憐的舒適，「大多數人的幸福[187]」——！

與其聽天由命，倒不如絕望。確實，你們眾位高人，由於你們今天不知道如何生活，所以我愛你們！因為正由於如此，你們生活得——最好！

4

你們有勇氣嗎，哦，我的弟兄們？你們膽大嗎？不是在證人面前的勇氣，而是任何

186 同上：「我愛那些大大的蔑視者，因為他們是大大的尊敬者。」因為尊敬偉大，故蔑視渺小，他們是崇高價值的崇拜者。

187 英國哲學家、功利主義理論的創始人邊沁認為社會行動的根本原理應該是謀求「最大多數人的最大幸福」。

神也不再正視他們的那種隱士的勇氣、鷹的勇氣？

冷酷的人、像騾子一樣的人、瞎子、醉鬼[188]，我不說他們膽大。膽大的人乃是知道恐懼、卻能克服恐懼的人；看到深淵、卻能昂然傲視的人。

看到深淵，卻以鷹的眼光看它的人，——以鷹的利爪抓住深淵的人：這種人才有勇氣。

5

「人性本惡[189]。」——一切大賢如是說，以安慰我。啊，如果在今天，此話還是真實不虛，那就好了！因為，惡是世人的無上的力量[190]。

「世人必須變得更善和更惡[191]。」——這是我的教言。為了達到超人的至善，至惡是必要的。

對於那位面向小人物的說教者[192]，他由於世人的罪而苦惱、並且擔當世人的罪[193]，這可能是好事。可是我卻把大大的罪看成是我的大大的安慰而欣喜。

不過，這句話不是對長耳[194]說的。不是每句話都適合於每一張嘴。這是微妙而遙遠的東西，羊腳爪應當是抓不住它的。

---

188 自私自利者、愚鈍者、盲目者、一時的激動者。

189 〈古老的法版和新的法版〉22：「他們是從事劫掠的猛獸。」

190 〈康復者〉2：「人的一切至惡，乃是人的無上的力量。」

191 〈康復者〉2：「人必須變得更善和更惡。」

192 耶穌。

193 〈以賽亞書〉53，12：「他卻擔當多人的罪。」耶穌說教的罪，相當於查拉圖斯特拉常說的惡。

194 驢耳——愚眾之耳。

6

你們眾位高人，你們以為我在這裡是要把你們做糟了的事加以糾正嗎？

或者以為我在今後要讓你們這些受苦者睡得更舒服些嗎？或者要給你們這些不定心者、迷途者、爬錯山者指點新的、更容易行走的步行小路嗎？

不是！不是！三遍不是！你們這種人之中，應當有越來越多、越來越善良的人走向滅亡——因為你們的路應當走得越來越險惡，越來越艱難。只有這種人——只有住在閃電能擊中他、擊碎他的高處的人才能生長：高得足以接近閃電！

我的心思和我的憧憬向著少數的、長久的、遙遠的事物：你們的小小的、許多的、短期的苦難跟我何干！

我看你們受苦得還不夠！因為你們是因你們自己受苦受難，你們還沒有因世人受苦受難[195]。你們如有異議，那就是說謊！你們全都沒受過我受過的苦。——

7

閃電不再傷害我，我還覺得不滿足。我不想用避雷針把它引開：它應當學會為我——工作。——

我的智慧已經很久地像雲一樣聚集，它將越來越靜默，越來越黑暗。有一天應當發出閃電的智慧都是如此。——

---

195 高人跟查拉圖斯特拉相異之處，即在此句。這是查拉圖斯特拉的精神的精髓。

我不想做今天這些世人的光[196]，也不願被稱為光。他們——我要使他們眼睛發花。我的智慧之閃電啊！把他們的眼睛挖出來！

8

不要想做超過你們的能力的事：想做超過自己能力的事的人，有著惡劣的弄虛作假。特別是當他們想做偉大事業的時候！因為他們會喚起對於偉大事業的不信任[197]，這些巧妙的偽幣製造者和戲子：——直到最後，他們自己欺騙自己，斜著眼睛偷看，露出粉飾過的蛀洞，他們以誇張的語言、掛招牌的美德、上光的騙人的事業進行遮羞。

對這種事要好好地當心，你們眾位高人！因為在今天，我看沒有什麼比誠實更為可貴和稀罕的了。

今天不是群氓的天下嗎？可是群氓不知道什麼是偉大，什麼是渺小，什麼是正直，什麼是誠實：他們無辜地歪曲，他們總是說謊。

9

今天要抱著大大的不信任感，你們眾位高人，你們這些有勇氣的人！你們這些襟懷坦白的人！不要說出你們的理由！因為今天是群氓的天下。

---

196 〈約翰福音〉8，12：「耶穌又對眾人說，我是世界的光。」

197 能力不夠的人一插手，偉大事業本身的價值和可能性就會受人懷疑。

群氓曾經毫無理由地相信的事，誰能毫無理由地將它——推翻呢？

在廣場上用手勢可以使人深信。可是理由卻使群氓不信任。

如果在廣場上真理一度獲勝，那就抱著大大的不信任感問你們自己：「是什麼強力的謬見為真理鬥爭呢？

對學者們也要當心！他們憎惡你們：因為他們是不生產的！他們有著冷酷的乾癟的眼睛，在他們面前，任何鳥兒都脫落掉羽毛躺在地上[198]。

這樣的人以自己不說謊炫耀自己：可是無力說謊跟愛好真理還有很大的距離。你們要當心！

脫離發燒還遠不是認識！我不相信冷卻的心靈。不能說謊的人，也不知道什麼是真理。

10

如果你要登上高處，就用你自己的腳吧！不要讓他人把你背上去，也不要騎在他人的背上和頭上[199]！

可是，你跨上馬背了嗎？你現在急急忙忙地騎馬向你的目標奔馳過去嗎？好吧，我的朋友！可是你的跛足也跟你一起騎在馬上奔馳！

當你到達目的地，當你跳下馬時：就在你的高山上，你這位高人啊——你還會絆倒！

---

198 學者的眼睛，由於分析，奪去一切對象的生命和美。

199 不要借助他人的實行力和思考力。

11

你們這些創造者，你們這些高人！人們只能為自己的孩子懷孕。

什麼事都不要受人矇騙，被人說服！你們的鄰人到底是什麼人呢？即使你們「為鄰人」盡力——你們也不會為他創造出什麼！

把這個「為了」給我忘掉吧，你們這些創造者：恰恰是你們的創造美德要求你們不要藉口「為了」、「由於」、「因為」幹任何事情。你們應當塞住耳朵不聽這些騙人的平凡的話。

「為了鄰人」只是小人物的美德：也就是所說的什麼「互相照顧」和「互相幫忙」——他們不具有你們所抱的自私自利的權利和力量。

你們這些創造者，在你們的自私自利中有著懷孕者的謹慎和預見！還沒有人能用眼睛看到的那個果實：由你們的全部的愛將它保護、愛護和養育。

在你們全部的愛所在之處，在你們的孩子身邊，那裡也有你們的全部美德存在！你們的事業，你們的意志，就是你們的鄰人：不要讓任何騙人的價值說服你們！

12

你們這些創造者，你們這些高人！不得不生孩子的人，她就生病了；可是，生過以後，她就不潔淨。

去問問女人：生孩子並不是為了快樂。痛苦使母雞和詩人咯咯啼叫[200]。
你們這些創造者，你們身上有許多不潔淨。這使得你們不得不當母親。
一個新生兒：哦，有多少新的髒東西也隨之而來到世界上！走到一邊去！生過孩子，應當把靈魂洗乾淨[201]！

13

不要做超過你們的實力的有德之士！不要要求你們幹任何不可能的事！
踏著你們祖先的德性已經留下的腳印走去吧[202]！不是你們祖先的意志跟你們一同攀登的路，你們怎能想高高地登上去呢？
要做長子的人，當心不要也做末代子孫[203]！在你們的祖先有缺德之處，你們不要想在其中找到有什麼具有聖人的意義。
一個人的祖先愛好女人、烈酒和野豬肉，如果他要求自己保持貞潔，那怎麼行呢？
這豈不是一個傻念頭！真的，我想，對於這種人，如果他是一個、或者兩個、或者三個女人的丈夫[204]，那可就太傻了。
如果他建立修道院，在院門上寫著「通往聖人之路」——我可要說：幹什麼！這是一件新的蠢事！
他為自己建立了一座監牢和避難所：對他倒很合宜！可是我不相信。

---

200 錢鍾書〈詩可以怨〉：「尼采曾把母雞下蛋的啼叫和詩人的歌唱相提並論，說都是『痛苦使然』。這個家常而生動的比擬也恰恰符合中國文藝傳統裡一個流行的意見：苦痛比快樂更能產生詩歌，好詩主要是不愉快、煩惱或『窮愁』的表現和發洩。」

201 將創造比作伴有痛苦和不潔物的生孩子。創造時，精神疲勞困苦，常有精神汙物的副產物，應加以洗乾淨，恢復精神的健康。

202 特別是你的性的道德性，你的祖先的影響很大。要超出祖先的道德性乃是至難之事。

203 要做長子（良好的繼承人），不可做種族的最末一代。

人們帶進孤獨裡去的東西，會在孤獨之中成長，內心之獸[205]也是如此。因此，對於大多數人，不宜勸他過孤獨的生活。

在大地上，直到現在，可曾有過比沙漠中的聖徒更加不潔淨的嗎？在他們四周出沒的不僅有魔鬼——還有豬玀[206]。

14

恐懼、羞愧、拙劣，像一隻老虎，沒有跳成功：就像這樣，你們這些高人啊，我常看到你們偷偷地走向一邊：擲骰子輸掉了[207]。

可是，你們擲骰子賭博的人，這有什麼關係！你們沒有學好賭博和嘲笑之道，沒有學會應當怎樣賭博和嘲笑[208]！我們不是經常坐在進行賭博和嘲笑的一張大桌子旁邊嗎？

如果你們幹的大事失敗了，是否可以說你們自己——失敗了？如果你們自己失敗了，是否可以說——人類失敗了？可是，如果人類失敗了：好吧！來吧！

15

素質越高的人，做事做成功者越少。這裡，你們這些高人啊，你們不是全都——失敗了嗎？

---

204 像東方的一夫多妻者那樣的人，要奉行禁慾，保持貞潔，那可是傻事。

205 參看以下〈學問〉章。

206 在孤獨之中，肉慾及心中的各種雜念將會萌生。聖徒傳說中其例甚多。具有代表性的是聖安東尼的誘惑（福樓拜的小說，格呂內瓦爾德的繪畫）。他在尼羅河和紅海之間的沙漠地帶隱居45年。受到魔鬼的誘惑。後成為家畜和豬飼養者的主保聖人。

207 人生在世就像面對著很大的賭台一樣。你們要幹大事，失敗了，就意氣沮喪。

208 嘲笑：不得不面對勝敗。

滿懷信心吧，這有什麼關係！可能的事還有許多哩！學會嘲笑你們自己吧，人們應當嘲笑！

你們一半失敗，一半成功，這有什麼奇怪，你們這些一半垮掉的人！在你們的心中不是推推擠擠著——人類的未來嗎？

人類的至遠、至深、像星星一樣至高，那種巨大的力量：不是在你的壺中相互碰撞得冒起泡沫嗎？

許多的壺兒碰碎了，有什麼奇怪！學會嘲笑你們自己吧，人們應當嘲笑！你們眾位高人啊，哦，可能的事還有許多哩！

真的，已經有多少辦成功的事！在這個大地上，小小的、出色的、完美的、辦成功的事是多麼豐富！

將小小的、出色的、完美的事放在你們的周圍吧，你們眾位高人！它們的金色的成熟治好人心。完美的事教人抱著希望。

16

在這個大地上，至今最大的罪惡是什麼？不是說此言的那個人？他說過：「你們現今歡笑的是有禍的[209]！」

是他自己在這個大地上沒有找到可以讓人歡笑的理由嗎？如果是這樣，這只是由於

---

209 〈路加福音〉6，25：耶穌對門徒說：「你們現今飽飫的是有禍的，因為你們將要飢餓。你們現今歡笑的是有禍的，因為你們將要哀慟哭泣。」（山中聖訓：真福與真禍）耶穌傳播的厭世觀，他把現世看作流淚谷。

他不善於尋找。一個小孩子也會在這裡找到理由。

他——愛得不夠：否則他就會也愛我們，這些歡笑的人！可是他憎恨我們，嘲笑我們，他預示我們要哀號切齒[210]。

人不能愛，就應當立即詛咒嗎？此事——依我看來，乃是一種不良的趣味。可是他這樣做了，這位絕對者[211]。他是出生於群氓中的人。

他只是自己愛得不夠：否則，他就不會因人們不愛他而生氣。一切偉大的愛並不要求他人的愛——他的愛有更多的要求[212]。

避開這樣的一切絕對者！這種人是一種可憐的有病的族類，一種群氓的族類：他們懷著惡意觀看人生，他們對這個大地露出邪惡的眼光。

避開這樣的一切絕對者！他們有著沉重的腳和沉悶的心——他們不懂得怎樣跳舞，大地對於這樣的人怎會輕鬆！

17[213]

一切良好的事物都是繞著彎路走近它們的目標。它們像拱起背部的貓，對臨近的幸福發出嗚嗚的叫聲——一切良好的事物都發出歡笑[214]。

從一個人的步伐可以看出他是否已經走上他自己的道路：看看我怎樣走路！可是，

---

210 〈馬太福音〉8，12：「唯有本國的子民，竟被趕到外邊黑暗裡去，在那裡必要哀哭切齒了。」基督教的另一方面是敵意和詛咒。

211 像專制君主那樣要求有絕對的命令權者。

212 例如，要求對方的成長和向上。

213 基督教的道德把悲哀和受苦當作神聖，而查拉圖斯特拉則把生命的歡樂當作神聖。

214 從遊戲的精神方面進行觀察。跟功利的一直線的目的追求有所不同。在歡笑中可以幹出好事來。

走近自己的目標的人，他就跳起舞來。

真的，我沒有成為直立雕像，我也沒有像一根柱子，呆板的無感覺的石頭柱子豎在這裡；我喜歡快步飛跑。

雖然在大地上也有沼澤和濃厚的痛苦的事情：捷足的人卻會越過泥漿，並且像在擦得光滑的溜冰場上跳舞。

我的弟兄們，昂起你們的胸膛吧，高些！更高些！也不要忘記你們的腳！也提起你們的腳吧，你們這些出色的舞蹈者，如果你們也會頭手倒立，那就更好了[215]！

18

這頂歡笑者的王冠啊，這頂玫瑰花環的王冠啊：我自己給自己戴上這頂王冠[216]，我自己給我的歡笑祝聖。今天我還沒有看到任何其他人有幹此事的足夠的魄力。

舞蹈者查拉圖斯特拉，用翅膀招呼的輕捷者查拉圖斯特拉，招呼所有的禽鳥作好準備、決心飛翔者，一個陶醉於幸福的放浪者：

預言者查拉圖斯特拉，歡笑的預言者查拉圖斯特拉，不是脾氣急躁的人，也不是絕對者，他愛好跳躍和橫跳；我自己給自己戴上這頂王冠！

---

215 頭手倒立乃是重壓之否定。〈古老的法版和新的法版〉23；男性和女性「兩者都有頭和腳跳舞的本事」。

216 與耶穌在臨刑前戴荊冠（〈馬太福音〉27，29：「用荊棘編了一頂王冠，戴在他頭上。」）相對應，查拉圖斯特拉卻歡笑地戴上一頂玫瑰王冠。「我自己給自己戴上這頂王冠」影射拿破崙自己加冕稱帝，不求助於教皇。

19

我的弟兄們，昂起你們的胸膛吧，高些！更高些！也不要忘記你們的腳！也提起你們的腳吧，你們這些出色的舞蹈者，如果你們也會頭手倒立，那就更好了！

也有些即使在幸福之中還顯得笨重的動物，也有從生出來就是腿腳笨拙者。他像一頭大象，拚命要做頭手倒立的動作，那種拚命的樣子真有點奇妙。

但是，面對幸福而顯得傻裡傻氣，比面對不幸而顯得傻裡傻氣還要略勝一籌，笨拙地舞蹈總勝於一瘸一拐地行走。因此，把我的智慧學去吧：就是最壞的事物也有兩個良好的反面[217]。

——就是最壞的事物也有良好的舞蹈之腳：因此，跟我學習吧，你們眾位高人啊，好好站穩你們的腳！

因此，停止宣揚你們的悶悶不樂，忘掉一切群氓的哀傷吧！哦，在我看來，今天群氓的滑稽角色還是何等可悲！而今天卻是群氓的天下。

20

像從山洞裡猛吹出來的風那樣吧；它想和著自己的笛聲舞蹈，聽憑自己的心意行事，大海在它的足跡所過之處顫抖而跳躍。

---

217 沒有絕對的不幸。如能達觀，在不幸之中也可以舞蹈。「兩個良好的反面」的兩個，可能指舞蹈時的雙腿。

它給驢子添翼[218]，它給母獅子擠奶[219]，讚美這種大好的、奔放不羈的精神吧，它像一陣颶風一樣向一切的現今和一切的群氓捲了過來，——

——它厭惡薊草頭[220]和滿腦子胡思亂想者，厭惡一切枯葉和雜草：讚美這種粗野的、大好的、自由的颶風精神，它在泥沼和憂傷之地上舞蹈，就像在牧草地上舞蹈一樣。

它憎恨瘦弱的群氓畜生和一切沒有教養的陰鬱的傢伙：讚美這一切自由精神之精神，它是歡笑的颶風，它把灰沙吹進一切悲觀主義者、生爛瘡者的眼睛裡！

你們眾位高人啊，你們最差勁的乃是：你們全都沒有學會舞蹈，人是應當舞蹈的——你們沒有學會超越自己的舞蹈！你們失敗了，這有什麼關係！

有多少事還是可能做到的！因此，學會超越你們自己的歡笑吧！昂起你們的胸膛，你們出色的舞蹈者，高些！更高些！也不要忘記痛快的歡笑！

這頂歡笑者的王冠啊，這頂玫瑰花環的王冠啊：你們，我的弟兄們，我把這頂王冠拋給你們！我給歡笑祝聖；你們眾位高人啊，跟我學會——歡笑吧！

218 它使最愚笨者奮起。

219 它從最危險處汲取甘露。

220 歌德詩〈普羅米修斯〉：「宙斯，去把你的天空佈滿雲霧，而且像敲掉薊草頭的兒童一樣，對橡樹和山頂逞威風吧。」奧西恩（Ossian）之詩〈忒摩拉〉中曾說芬伽爾的槍不是兒童用來敲掉薊草花的棍棒。

憂鬱之歌[221]

1

當查拉圖斯特拉說這番話時，他站在他的山洞門口的近旁，可是，說完了最後的話，他就脫離他的賓客，暫時溜到了外邊。

「哦，我四周的清純的氣味啊，」他叫道，「哦，我四周的至福的寂靜啊！可是，我的寵物們到哪裡去了？來吧，來吧，我的鷹和我的蛇！

告訴我，我的寵物們：這些高人們也許是全部——嗅覺不靈嗎？哦，我四周的清純的氣味！現在我才知道，我才感覺到，我是怎樣喜愛你們，我的寵物們。」

——查拉圖斯特拉又說了一遍：「我喜愛你們，我的寵物們！」可是，當他說這句話時，鷹和蛇擠到他身邊，仰望著他。他們三個就這樣靜靜地待在一起，聞著、啜吸著良好的空氣。因為這裡外邊的空氣比高人們那裡的空氣要好得多。

2

可是，查拉圖斯特拉剛離開他的山洞，老魔術師就站起身來，狡猾地向四邊張望，說道：「他走出去了！

現在，你們眾位高人——我像他一樣用這個稱讚和奉承的名字迎合你們——我的欺騙

---

221 查拉圖斯特拉厭倦高人們的氣氛，走出洞外。隨後老魔術師發揮他的演技本領，喚出欺騙和迷惑的惡。

和魔術的惡靈、我的憂鬱的魔鬼已經向我襲擊過來，

——他跟這位查拉圖斯特拉乃是根本的對頭[222]：原諒他吧！現在他想要在你們面前表演魔術，他正好獲得他的大好時機；我跟這個惡靈再怎樣角鬥也無用。

對你們大家，不管你們用什麼言詞給自己授予榮耀，不管你們自稱為什麼『自由精神[223]』或者『誠實的人[224]』或者『精神的懺悔者』或者『被解放的人[225]』或者『偉大的憧憬者[226]』——

——對你們大家，你們像我一樣苦於大大的噁心，你們的古老的上帝死掉了，還沒有任何新的上帝躺在搖籃和襁褓裡面，——我的惡靈和魔術惡魔對你們大家都是抱有好感的[227]。

我認識你們，你們眾位高人啊，我認識他——我也認識這個妖魔，我違反我的意志喜愛上他，這個查拉圖斯特拉：在我看來，他本人常常像一副好看的聖徒面具，

——像一齣新的奇怪的假面化裝舞會[228]，我的惡靈、這個憂鬱的魔鬼喜愛上它——我喜愛查拉圖斯特拉，我常常想，就是為了我的惡靈的緣故。——

可是，他已經向我襲擊過來，強迫我，這個憂鬱的精靈，這個黃昏朦朧的魔鬼：而且，真的，你們眾位高人啊，他渴望[229]——

——睜開眼睛看吧！——他渴望，赤身裸體地走來，他是男是女，我還不知道[230]：可是，他來了，他強迫我，唉！大開你們的感官吧！

---

222 重壓之魔。

223 兩位君王。

224 精神的有良心者。

225 教皇。

226 極醜的人。

227 重壓之魔想要鑽進在絕望之中發出求救叫聲的高人們的內心縫隙。

228 由於查拉圖斯特拉常顯出憂鬱的心情，而他的思想根底上又存有大大的懷疑，所以魔術師把他看作自己的同類，他那種要求快活的歡笑，只是裝樣子而已。

229 他想誘惑我們。

230 華格納使用一切感覺的手法誘惑人陷入厭世的情緒。

白晝消沉了，現在黃昏[231]向一切萬物、也向最佳的事物走來；聽吧，看吧，你們眾位高人啊，這個黃昏憂鬱的精靈，是男是女，到底是什麼魔鬼！」

老魔術師如是說，狡猾地環顧四周，隨即抓起他的豎琴。

3

在清澄的大氣中，／當安慰之露／已經降到大地上，／看不見，也聽不出——

因為安慰者露珠像一切／溫柔的安慰者一樣穿著軟鞋——：／那時你想起，你想起，

熱烈的心啊，

從前你曾怎樣渴望，／焦灼而疲倦地渴望／天上的淚珠和露珠，

那時在發黃的草徑上，／懷著惡意的夕陽的眼光，／幸災樂禍、刺目的太陽的灼熱眼光，

不是穿過黑沉沉的樹林射到你的周圍？

「真理的求婚者[232]？是你？」——它這樣嘲笑[233]——

「不！只是一個詩人[234]！／一頭狡猾、掠奪、悄悄潛行的野獸，

它不得不說謊，／不得不故意、存心說謊：

渴望獵獲物，／戴著各色的假面，／對自己也戴著假面，／把自己也當作獵捕的對象

——

231　華格納歌劇《諸神的黃昏》。

232　文Freier，意為求婚者，或追求者。因真理Wahrheit為陰性名詞，故有求婚者之意。

233　人類難以到達的最高的認識（夕陽的眼光）嘲笑我：無論你向真理怎樣追求獻愛，你都不會獲得愛的回報。

234　原參看第二部〈詩人〉章：「可是詩人們說謊太多。」

這——是真理的求婚者？／不！只是丑角！只是詩人！／只是東拉西扯，
借丑角假面喋喋不休地亂嚷，／在謊言的懸橋上走來走去，／在連接虛幻的上天
和虛幻的大地的／七色彩虹[235]上面／逛來逛去，蕩來蕩去，——
只是丑角！只是詩人！

這——是真理的求婚者？

並不靜默、呆板、光滑、冷酷，／變成一尊像，／神的柱像[236]，
也不放在神廟之前／當一位神的門衛：
不！倒是敵視這種真理立像，／在任何荒野裡比在神廟前更得其所哉，
充滿貓兒的任性，／從每扇窗子裡，／很快！跳進任何偶然之中[237]，
嗅嗅每一座原始森林[238]，／狂熱地、渴望地嗅著，／讓你在原始森林裡，
在毛色斑斕的猛獸之中，／像罪犯般頑健地、花稍漂亮地奔跑，
舐著貪婪的獸唇，／狂喜地嘲笑，狂喜地兇相畢露，狂喜地殺氣騰騰，
劫奪，悄悄潛行，滿嘴謊言地奔跑：——

或者像老鷹，良久、／良久地凝視著深谷，／它自己的深谷：——
哦，它們是怎樣向下面、／向低處、向裡面、／盤旋到越來越深的深處！——

---

235 玩弄各種漂亮的辭藻，說得天花亂墜，其實只是小丑詩人的囈語。

236 真正追求真理者，就該像保護神殿（真理的殿堂）的柱像一樣，不如此，只是思想的冒險而已。參看第四部〈高人〉17段：「我沒有成為直立雕像，我也沒有像一根柱子，呆板的無感覺的石頭柱子豎在這裡，我喜歡快步飛跑。」極言真理的把握者並不受唯一的合理的體系所束縛，也不遵奉神學的觀念。

237 奔放地，飛躍地。由一種自負感，指向一切偶然的支配。參看第三部〈變小的道德〉3：「我是查拉圖斯特拉，無神論者：我在我的鍋子裡烹煮一切偶然。」

238 人跡未至的思想的領

然後，／突然間，一直線地，／抖動翅膀，／向羔羊們撲去，／猛撲下去，餓火中燒，
垂涎那些羔羊，／惱恨一切羔羊魂239，
極端惱恨那些露出／綿羊的、羔羊的眼光、捲毛的、／含有羔羊綿羊溫情的灰溜溜的
生靈！

就這樣，／像老鷹一樣，像豹子一樣，／就是詩人的渴望，／藏在無數假面下的你的
渴望，
你這丑角，你這詩人240！

你把人看作羊，／也把上帝看作羊——：
撕碎人中的上帝，／就像撕碎人中的羊，／一面撕碎，一面歡笑241——
這，這就是你的至福！／豹子和老鷹的至福！／詩人和丑角的至福！」——

在清澄的大氣中，／當月亮鐮刀已經在／紫紅色霞光之間蒼白地、／嫉妒地潛行著；
——它憎恨白晝，／一步一步、詭祕地／向薔薇吊床242上割去，直到它們墜落、／蒼
白地向夜幕墜落下去：——

域。

239 真理的把握者具有征服的精神，對一切奴隸劣根性感到氣惱。

240 你渴望這種充滿野性的生命力的真理，但在實際上卻沒有這種魄力。這首歌雖由魔術師歌唱，但仍然是尼采的自嘲之作。

241 你在世人和神的當中都發現有奴性存在，你想加以克服而達到快樂歡笑的至福，但這仍然不過是你的詩人的自我滿足。

242 晚霞的美麗，生命的歡樂。月亮的鐮刀把晚霞割去，使天空變得黑暗而沉落。

243 失去獲得真理的希望。

244 失去充滿自信的、積極的探求精神。

我自己也曾這樣墜落過、／從我的真理妄想之中[243]，／從我的白晝憧憬之中[244]，
對白晝感到厭倦，對光感到傷痛，／——向下、向暮色、向陰影墜落過，
被一個真理／灼傷而苦於渴望：
——你還記得，你可記得，熱烈的心啊，／那時你是怎樣渴望？——
情願讓我被／一切真理放逐[245]，／只是丑角！／只是詩人！

學問[246]

魔術師如是歌唱；所有在座的人都不知不覺地像鳥兒一樣墜入他那狡詐而憂鬱的快樂之網裡。只有精神的有良心者沒有入他彀中：他立即從魔術師手裡把豎琴奪過來、叫道：「空氣！讓新鮮空氣進來吧！讓查拉圖斯特拉進來吧！你把這座山洞弄得悶熱而毒氣瀰漫，你這邪惡的老魔術師！

你這個巧妙的騙子，你把人誘惑到未知的欲望的大森林[247]。讓你這樣的人來大談特談其真理，真是可悲啊！

對於這樣的魔術師竟然放鬆警惕的一切自由思想家，真是可悲啊！他們的自由丟失了：你教導他們，誘惑他們回到牢房[248]裡去，——

——你這個憂鬱的老魔鬼，從你的悲歌裡面，聽到一種誘鳥入網的哨子聲音，你就像

245 既然被一個真理灼傷，感到厭倦和傷痛，那倒不如放棄對一切真理的追求。

246 老魔術師的憂鬱之歌，迷惑住在座的那些高人，只有精神的有良心者起來反對，他是從事學問、追求冷靜的科學的真理的人。他闡釋人類長期的古老的恐懼感，最後趨於純淨、精神化、智力化，即今天所謂的學問。而查拉圖斯特拉則說勇氣乃是人類有史以前的全部。引起全場叫好。

247 〈憂鬱之歌〉「情願被一切真理放逐」的欲望和伴隨而來的心中的混亂。大森林原文為Wildnissen，此字又有荒漠、混亂之意。

248 絕望、否定等。

那種用貞潔之讚歌暗暗地喚人耽迷肉慾的傢伙！」

有良心的人如是說；而老魔術師卻環顧四周，玩味自己的勝利，為此把有良心的人給他造成的煩惱咽到肚子裡去。「安靜點！」他用謙虛的語調說道，「良好的歌聲要求獲得良好的回應；在良好的歌聲之後應當有良久的沉默。

在座的眾位高人們都這樣做了。可是你，對我唱的歌，也許不大了解？在你的心中缺少魔術精神[249]。」

「你在誇獎我，」有良心的人回答道，「你把我看成跟你不同的人，好吧！可是，你們這些其他人，我看到什麼？你們全都睜著色迷迷的眼睛坐在那裡——：

你們這些自由的靈魂，你們的自由哪裡去了？我看，你們差不多就像看久了跳著淫猥舞蹈的裸體少女的人們：你們的靈魂也在跳起來了！

在你們的內部，一定有著更多的惡靈，就是魔術師所說的他自己的魔術欺騙的惡靈——我們必當是不相同的人。

真的，在查拉圖斯特拉回到他的山洞裡來之前，我們在一起談得夠多、想得夠多了，讓我知道：我們是不相同的人。

就是在這裡山上，你們和我，我們也在尋求不同的東西。因為我尋求確實可靠，所以我來找查拉圖斯特拉。因為在一切都動搖，所有的大地都震撼的今天——

——他還是最堅固的高塔和意志。而你們，當我注視你們所使的眼色，我幾乎認為，

249 只是枯燥無味的論理精神，缺少詩的精神（藝術）。

你們倒是在尋求不確實，

——倒是在尋求戰慄、危險和地震。你們渴望，我幾乎認為是如此，請原諒我的推測，你們眾位高人——

——你們渴望使我最害怕的那種最差最危險的生活方式，渴望過野獸的生活，渴望前往森林、山洞、險峻的高山和彎彎曲曲的深谷[250]。

最合你們心意的，並不是領你們脫離危險的人，而是引你們誤入歧途的那些騙子。可是，如果說你們確實抱有這種渴望，我仍然認為是不可能的。

因為恐懼感——乃是人類遺傳下來的根本感情；恐懼感可以說明一切，包括原罪和傳統道德[251]。我的道德觀也是由恐懼感中產生的，它就叫做：學問。

因為對野獸的恐懼感——它是人類最長久地培養出來的，包括人類在自身中隱藏著而感到恐懼的獸類——查拉圖斯特拉稱它為『內心之獸[252]』。

這種長期的古老的恐懼感，最後趨於純淨，被靈化[253]，精神化——到今天，我想，它就被叫做：學問。」——

有良心的人如是說；可是查拉圖斯特拉，他剛剛回到山洞，聽到最後一部分說話，猜出其中的意義，就拿手裡的一把玫瑰花向有良心的人投去，對他所說的「真理」發出大笑。「怎麼！」他叫道，「我剛才聽到了什麼？真的，我想，你是個痴子，要不然，我是個痴子：我要立即把你的『真理』倒轉過來。」

---

250 千言萬語，總而言之，乃是不具有確實性的非合理性。

251 傳統道德，原文為 Erbtugend，與原罪 Erbsünde 相對而言，即人類從原始時具有的道德。

252 內心之獸：das innere Vieh，見《高人》13段。原始人對野獸懷有恐懼。其後，人類對自己內心中的本能的衝動的念頭也懷有恐懼，這種恐懼就成為一切智性的認識、道德的制約。

253 靈化 geistlich 跟精神化 geistig 相對比使用，亦可稱為宗教化。恐懼被神格化，在民俗學方面具有多數的現象。此二字亦有譯為精神化和智力化者，英譯作 spiritua、intellectual。

因為恐懼心——乃是我們的例外情況。可是勇氣、冒險以及對未確定之事、對無人敢做之事的樂趣——特別是勇氣，我看，乃是人類的有史以前的全部。

人們對那些最勇猛的野獸，妒嫉牠們的一切長處而且加以奪取：這樣他們才成為——人。

這種勇氣，最後趨於純淨，精神化，智性化，這種具有老鷹翅膀和蛇的智慧的人的勇氣：它，我想，就是今天所謂的[254]——

「查拉圖斯特拉！」所有在座的人都像異口同聲地叫了起來，並且爆發出一陣大笑；可是從他們中間彷彿升起一團沉重的烏雲[255]。連魔術師也笑起來，小心機智地說道：「好啦！我的惡靈逃跑了！

當我說，他是一個騙子，一個說謊和騙人的惡靈時，我不是警告你們要對他提高警惕嗎？

特別是當他赤身裸體地出現時。可是，對他的詭計，我有什麼辦法！難道是我把他和世界創造出來的嗎[256]？

好啦！讓我們再好好快活起來吧！儘管查拉圖斯特拉已經在怒目相視——瞧他！他在生我的氣[257]——：

——在夜幕降臨之前，他還會再喜歡我、稱讚我，他不幹這種傻事[258]，日子就過不下去。

---

254 查拉圖斯特拉教導的新的教義，即快活的知識。

255 由於查拉圖斯特拉的出現，重壓之魔像煙一樣離去，憂鬱也煙消雲散，大家的心情卻輕鬆起來。

256 重壓之魔以感覺的誘惑使我們陷於吸鴉片似的陶醉狀態，我又不是上帝，把他創造出來，並不是我的責任。

257 因為我唱出重壓之魔的歌進行誘惑。

258 查拉圖斯特拉為了實現自己，需要有跟他自己相反的人，因此愛他憎恨的仇敵。

他——愛他的仇敵：在我見到的一切人當中，還沒有像他這樣精於此道的。可是他卻為此向朋友們——報復[259]！」

老魔術師如是説，高人們都對他鼓掌：因此，查拉圖斯特拉走來走去，懷著惡意和愛跟他的朋友們握手——就像要對大家糾正什麼並且請求原諒。可是當他走到他的山洞門口時，瞧，他又已經想去吸吸外邊的新鮮空氣、看看他的寵物——他真想溜了出去。

在沙漠的女兒們中間[260]

1

「不要走開！」自稱為查拉圖斯特拉的影子的漂泊者説道，「請留在我們這裡，否則，以前的那種鬱悶的憂傷又會再來侵襲我們。

那位老魔術師已經使盡鬼蜮伎倆招待我們，瞧吧，那邊善良而虔誠的教皇眼中含著淚水，又已經乘船駛往憂鬱的海上去了。

這裡的兩位君王也許還會在我們面前裝出和顏悦色：因為他們對這種玩藝兒，比今天在座的我們任何人學得更好！可是，如果沒有人看見，我打賭，他們搞的那種惡作劇又會開始——

---

259 愛他的仇敵，就對自己喜愛的朋友嚴格要求。魔術師説這句話，把他自己放進查拉圖斯特拉的朋友之中，可謂巧言令色。

260 查拉圖斯特拉想走出山洞，透透空氣，自稱為查拉圖斯特拉的影子的人，喚他留下，唱起他自己體驗過的沙漠之歌，也就是他在非洲沙漠的少女中間體驗的充滿生氣的熱帶風光以及他不得不放棄的作為歐洲人的道德的拘泥。這首歌中含有尼采對歐洲的偏見的批判以及他對東方的嚮往。

——移動的雲層、陰濕的憂鬱、烏雲密佈的天空、被盜的太陽群、呼嘯的秋風等等的惡作劇！

——我們的呼號和大喊救命的惡作劇：留在我們這裡吧，哦，查拉圖斯特拉！這裡有想要說出的許多隱藏的痛苦，有許多黃昏，許多雲，許多陰濕的空氣！

你曾饗我們以強壯的男性食品和有力的箴言：請不要容許軟弱的女性精神作為正餐後的甜食再來侵襲我們！

只有你使你周圍的空氣變得強健而清澄！我在大地上幾曾見到過像你的山洞中那樣良好的空氣？

我見過許多地方，我的鼻子善於檢驗、鑑定各種空氣：而在你身旁，我的鼻孔體會到最大的快感！

除非——除非——哦，請允許我作一次往昔的回憶吧！請允許我唱一首往昔的正餐後甜食之歌吧，這是我從前在沙漠的女兒們中間所作的：——

——因為在她們身邊有著同樣良好、爽朗的東方的空氣；在那裡，我跟多雲的、陰濕的、憂鬱的古老歐洲離得最遠[261]！

那時，我喜愛上這樣的東方少女和異地的蔚藍的天國，天空裡沒有任何浮雲和任何思想懸掛著。

你們不會相信，當她們不跳舞時，是怎樣乖乖地坐在那裡，深遠地[262]，但沒有思考，

261 東方的沙漠之國，明朗乾燥，充滿新鮮的原始的野性。

262 東方的人就是生命的現象本身，不像歐洲人受到自我意識、過度反省的汙染，反而顯示出生命的深遠。

像小小的祕密，像繫著緞帶的悶葫蘆，像正餐後的甜食核桃。

真是五花八門和異樣！可是沒有雲霧：讓人猜不透的謎：那時，為了取悅於這些少女，我編了一首正餐後甜食的讚歌。」

這位漂泊者的影子如是說：沒等到有人回話，他已經拿起老魔術師的豎琴，交叉著雙腿，沉著而精明地環顧四周：——卻用鼻孔慢慢地疑惑地吸入空氣，就像一個來到新的國土上聞聞新的異國空氣的人。隨後他用一種號叫似的音調唱了起來。

2[263]

沙漠在擴展：心懷沙漠者，有禍了[264]！

——哈！莊嚴！／真個是莊嚴！／隆重的開始[265]！

非洲式的莊嚴！／稱得上獅子的威風[266]，／要不然，就像呼號道德的猿猴[267]——

——可是這不關你們的事，／你們最可愛的女友們，

我，一個歐洲人，／第一次被允許／坐在你們的腳邊，／坐在椰子樹下。細拉[268]。／

真是奇怪！

我如今坐在這裡，／跟沙漠靠近，卻已經／又跟沙漠距離很遠，／一點也不感到荒涼：

---

263 本詩讚美東方生命的大自然。但本詩的作者卻背負著歐洲的重壓之魔。

264 「有禍了」是《聖經》中的常用語。如〈馬太福音〉11，21：「哥拉汛哪，你有禍了。」本詩歌唱的乃是沙漠附近的綠洲。此處所說的沙漠是指跟西歐精神完全不同的精神風土的全體，如強烈的太陽、明朗、乾燥、沒有分裂性的統一、無為、不生產、附近的綠洲等等。「有禍了」是反語的說法，指這種憧憬沙漠的感情：明明是西歐人，內心裡卻藏有這些沙漠的要素，這些要素在擴展，怎不使作為來自歐洲的人感到不入時宜而發出感嘆哩！

265 指本詩開始的第一行「沙漠在擴展……」。

因為，我被這片／小小的綠洲吞進去了——：
——它正打著呵欠，／張開它可愛的嘴，／一切小嘴中最香的嘴：
我於是掉了進去，／掉下去，又通過那裡——掉到你們中間，
你們，最可愛的女友們！細拉！

祝福，祝福那條鯨魚[269]，／如果它是這樣厚待／它的客人！——你們可懂得／我的
博學的比喻？
祝福它的肚子，／如果它是／如此可愛的綠洲肚子／像這片綠洲一樣：可是我懷疑，
——因為我來自歐洲[270]，／歐洲比任何／半老的妻子更多疑。
願上帝把歐洲糾正過來吧！／阿門！

如今我坐在這裡，／在這小小的綠洲裡面，／像棗椰子一樣，
棕黃，甜透，充滿金汁，／渴望少女的圓嘴[271]，／可是更渴望像少女一般的
冰涼、雪白、銳利的／門牙：因為一切熱烈的棗椰子的心／都熱切地渴望這些牙齒。
細拉。

我躺在這裡，／跟上述的南方果實／相似，極其相似，四周有／小小的飛蟲

---

266 莎劇《仲夏夜之夢》V，1。

267 以非洲沙漠為主題，本想唱出像獅子一樣的堂堂的調子，但細察之，只跟侈談道德的吼猴（歐洲人自己）相稱而已。

268 細拉（Sela）：《舊約．詩篇》中附於一小節後的希伯來語的音樂記號，意義不明，大約是詠唱時指明休止的用語。天主教譯本中譯作「休止」。

269 聯想到〈約拿書〉中被鯨魚吞入腹中的先知約拿。他在魚腹中三日三夜，後被吐出。

270 歐洲的智性常富於懷疑。

271 渴望少女們吃它。

嗅著，嬉戲著，／還有跟飛蟲相似的更小、／更愚蠢、更罪惡的／願望和念頭[272]，

——

又有你們圍著我，／你們無言的、你們充滿預感的／貓咪姑娘，／杜杜和蘇萊卡[273]，

——**斯芬克斯般圍著**[274]，我在**一**個字裡／裝進許多感情（上帝啊，請原諒我／這種褻瀆語言之罪！）

——我坐在這裡，聞聞最好的空氣，／真像樂園的空氣，

澄明輕盈的空氣，有著金色條紋，／這樣好的空氣只有／從月亮上才會吹下來——

這是出於偶然／或是出於興高采烈而起，／像古代詩人敘述的那樣[275]？

我這個懷疑者卻感到／懷疑，因為我來自／歐洲，

歐洲比任何／半老的妻子更多疑。

願上帝把歐洲糾正過來吧！／阿門！

吸著這最好的空氣，／鼻孔脹大得像杯子，／不想未來，不作回憶，／我就這樣坐在這裡，你們／最可愛的女友們啊，／我望著椰子樹，／它多麼像一個舞蹈女郎，

低頭，彎腰，扭著屁股，／——看久了，不由得人也跟著扭起來！

在我看來，它豈不是像個舞蹈女郎、／已經太久、過分長久、／老是、老是用**一條**腿站著[276]？

---

272 肉慾的願望和其他雜念。

273 信口說出兩個東方女性的名字。杜杜即狄多，為維吉爾《埃涅阿斯之歌》中迦太基的女王，蘇萊卡為歌德《東西詩集》中波斯女子的名字。但與本詩無直接關係。

274 尼采在這裡造了一個新字 umsphinxt，故請上帝原諒。斯芬克斯為希臘神話中的怪物，常出謎語讓過路行人猜，猜不出者即遭其殺害。此處把沙漠的女兒們比作充滿生命之謎的少女。

275 月亮上面舉行興高采烈的晚會，把樂園一般的空氣吹了下來。此處所說的古代詩人，出典不詳。

276 藏在我心中的沙漠的映射已不是洋溢著純粹歡

——在我看來，它似乎因此忘了／另一條腿？／至少我找不到／那只不見了的／孿生的寶貝／——就是那另一條腿——
在它那最可愛、最優美、／扇形的、飄飄閃爍的裙子／附近的神聖的所在。
是呀，你們美麗的女友們啊，／如果你們肯完全相信我，我要說：
它已失去那條腿了！／已經失去了！／永遠失去了！
那另一條腿！／哦，可憐那可愛的另一條腿！／它——也許待在哪裡、孤零零地哀傷，
那條孤獨的腿？／也許正在害怕一隻／暴怒的、金毛的／獅子猛獸[277]？或者已經被咬掉、啃掉——／可憐，唉！唉！被啃掉了！細拉。
哦，不要哭，／溫柔的心！／不要哭，你們／棗椰子的心！乳房！
你們甘草心的／袋袋[278]！／不要再哭了[279]，／蒼白的杜杜！
像個男子漢吧，蘇萊卡！勇敢些！勇敢些！
——或者也許在這裡／應該有些／提神的、強心的東西？
一句嚴肅的箴言？／一句莊嚴的勸說？——
哈！出現吧，威嚴！／道德的威嚴[280]！歐洲人的威嚴！

樂的景象，它已被我的歐洲的意識過剩所汙染。作為沙漠之歡樂的象徵——椰子樹已變成殘廢。

277 金毛獅子猛獸指北歐的冥想的批判精神。南國的純潔生命的歡樂事物受到它的破壞。

278 這裡的心、乳房等都是對沙漠女兒們的稱呼。

279 南國的纖弱的生命，聽到有毀掉自己的嚴峻的事物，感到恐懼，所以勸她們不要悲哭，而要振作起來。

280 唱這首詩歌的影子，雖然受到東方精神的吸引，但是還無法脫離西歐的精神，而要發出道德的吼叫。這裡顯示出詩人的自嘲和反諷。

吹吧，再吹吧，／道德的風箱！／哈！／再一次吼叫吧，／發出道德的吼叫吧！
作為道德的獅子／在沙漠的女兒們面前吼叫吧！
——因為道德的咆哮，／你們最可愛的少女們啊，
超過一切／歐洲人的熱情，歐洲人的渴望！
如今我已經站在這裡，／作為歐洲人，／我非如此不可，上帝幫助我吧！／阿門[281]！
沙漠在擴展：心懷沙漠者，有禍了[282]！

覺醒[283]

1

漂泊者影子唱完歌後，山洞裡突然充滿一陣喧嚷和大笑；因為聚集在一起的賓客全都同時說話，就連那匹驢子，也受到這種振奮的影響而不再沉默，因此，查拉圖斯特拉對他的賓客突然感到小小的厭惡和嘲笑：儘管他對他們的快活覺得高興。因為他認為這是他們康復的徵兆。於是他就溜到洞外去跟他的寵物說話。

「現在他們的困厄到哪裡去了？」他說著，深深地透了一口氣，把他的小小的不愉快都拋到九霄雲外了——「我看，他們在我的洞中已經忘掉他們的求救呼聲！

---

281 馬丁・路德在沃爾姆斯會議上拒絕公開悔罪時說：「我站在這裡，我非如此不可，上帝幫助我吧，阿門！」詩人在此模仿這句名言。對於查拉圖斯特拉的影子，路德精神還是歐洲精神的最高峰。

282 你是一個歐洲人，保留著歐洲的精神和思想，卻受到沙漠的強烈魅力的吸引，沙漠的魅力在你的心中不斷擴展，你就感到兩者的衝突而苦悶了。

283 查拉圖斯特拉聽到高人們在山洞裡喧呼歡笑，感到高興，認為這是他們康復的徵兆。可是令人驚奇的是，他們卻在對驢子舉行禮拜和祈禱。

——儘管還沒有忘記叫喊，真遺憾。」查拉圖斯特拉塞住自己的耳朵，因為正好在此時，驢子的咿–呀叫聲跟這些高人們的歡呼聲奇妙地混雜在一起。

「他們很開心，」他又開始說道，「誰知道？也許是由於他們的東道主的花費使他們很樂意；即使他們跟我學會了歡笑，但他們所學到的，卻不是我的歡笑。

可是這有什麼關係！他們都是老年人：他們以他們自己的方式康復，他們以他們自己的方式歡笑；我的耳朵已經聽慣了更不愉快的事物，不會感到快快不樂。

今天是一個勝利的日子：他，重壓之魔，我的不共戴天的宿敵，已經退避三舍，他逃跑了！開始時是如此不愉快而且沉重的這個日子，獲得如此結束，這有多好！

這一天就要結束。暮色已經降臨：暮色，這位優秀的騎手，正在騎馬渡海而來！這位至福者，歸來者，是怎樣跨在他的紫紅色鞍韉上大搖大擺！

天空清澄地望著，世界低低地俯伏著：哦，到我這裡來的你們所有的珍奇的人，跟我一起同住，真是三生有幸！」

查拉圖斯特拉如是說。這時從山洞裡又傳來高人們的叫喊和笑聲：他於是又開始說下去。

「他們咬住了，我的釣餌起作用了。查拉圖斯特拉聽到高人們向驢子禮拜祈禱，誤以為他們受到他的款待，已經克服了厭世思想。他們的大敵、重壓之魔，也離開他們退避了。他們已經學會笑他們自己了：我沒有聽錯吧？

我的男子漢的飲食，充滿精氣和活力的箴言[284]，已經起作用了：真的，我給他們吃的，並不是使腸胃脹氣的蔬菜！而是戰士的飲食，征服者的飲食：我喚醒新的欲望。

在他們的四肢裡有了新的希望，他們的心胸舒展自如。他們找到新的語言，他們的精神很快就會自由奔放地呼吸。

這樣的飲食當然不可能給孩子們吃，也不能給充滿憧憬的老老少少的女性們吃。要滿足他們的肚子自有別的方式；我可不是他們的醫生和教師。

嘔心已經離開這些高人們而去了：好吧！這是我的勝利。在我的領域裡，他們將獲得安全[285]，一切傻乎乎的害臊心理將遠遠避開[286]，他們將把心事完全傾吐出來。

他們傾吐出自己的心事，良辰又回到他們身邊，他們慶祝而反芻[287]——他們充滿感謝之情。

他們充滿感謝之情——我把這看作最好的兆頭。不久，他們將策劃一次慶祝大會，為他們往日的歡樂建立紀念碑。

他們是康復者！」查拉圖斯特拉高興地對自己的內心如是說，並且向遠處望去；他的寵物卻向他擠了過來，對他的幸福和沉默表示敬意。

---

284 〈在沙漠的女兒們中間〉：「你曾饗我們以強壯的男性食品和有力的箴言。」

285 不會受到虛無感、絕望的侵犯。

286 毫不害臊地如實地傾吐自己的心事。

287 他們在慶祝驢子節，回味（反芻）快樂。

2

可是查拉圖斯特拉的耳朵突然感到大吃一驚：因為本來充滿喧譁和笑聲的山洞一下子變得死一般靜寂；——而他的鼻子聞到一種芳馨的焚香的煙氣，好像在焚燒松球。

「怎麼回事？他們在幹什麼？」他自問著，偷偷地溜到山洞入口處，以便能看到他的客人而不被人發覺。可是奇哉怪也！他親眼目睹到的卻是什麼景象啊！

「他們又全都變得虔誠起來了[288]，他們在祈禱，他們發狂了！」——他說著，驚奇得不得了。真的！所有這一切高人，兩位君王、失業的教皇、邪惡的魔術師、自願的乞丐、漂泊者影子、年老的預言者、精神的有良心者和極醜的人：他們全都像孩子和虔誠的老太婆一樣跪在那裡向驢子祈禱。正在此時，極醜的人喉嚨裡開始發出咕嚕咕嚕的聲音，鼻子裡也發出呼呼的氣息，好像要說出什麼難以吐露的話；可是當他真的念念有詞時，瞧啊，那卻是一連串虔誠的奇妙的連禱，對那匹受頂禮膜拜、香煙繚繞的驢子表示讚詠。連禱[289]的內容如下：阿門！頌讚、榮耀、智慧、感謝、讚美、大力都歸與我們的上帝，直到永永遠遠[290]！

——驢子卻應聲叫道咿－呀[291]。

他背負我們的重擔[292]，他取了奴僕的形象[293]，他由衷地忍耐，從不說否；愛上帝的人，必懲戒上帝[294]。

——驢子卻應聲叫道咿－呀。

---

288 第三部〈背教者〉：「我們又恢復虔誠的信仰了。」

289 僧侶和信徒互相發出的對口祈禱。

290 〈啟示錄〉7，12：「阿門，頌讚、榮耀、智慧、感謝、尊貴、權柄、大力，都歸與我們的上帝。直到永永遠遠。阿門。」

291 咿－呀＝德文Ja，是呀。

292 〈詩篇〉68，19：「天天背負我們重擔的主。」

293 〈腓立比書〉2，6～7：「他本有上帝的形象……反倒虛己，取了奴僕的形象，成為人的樣式。」

294 〈希伯來書〉12，6：「因為上主懲戒他所

他不說話：除了對他創造的世界經常說甚好[295]：他就這樣讚美他的世界。不說話，就是他的狡猾：因此很少犯錯誤。

——驢子卻應聲叫道咿-呀。

他毫不引人注目地走遍世界。他的身體是灰色的，他的身體裡面包藏著他的道德。他有靈力，卻把靈力藏起來；可是人們卻相信他的長耳朵。

——驢子卻應聲叫道咿-呀。

他有著長耳朵，卻只說甚好，從不說否，這是何等祕藏的智慧！他不是照著他自己的形象[296]、也就是說、盡可能笨拙地創造世界嗎？

——驢子卻應聲叫道咿-呀。

你走著筆直的路和彎曲的路；我們世人認為什麼是筆直或彎曲的，你毫不在意。你的領域乃是善與惡之彼岸[297]。不知道什麼是純潔無邪，這就是你的純潔無邪。

——驢子卻應聲叫道咿-呀。

瞧啊，你是怎樣不踢開任何人，不踢開乞丐，也不踢開君王。你讓孩子到你身邊來[298]，哪怕是惡童引誘你[299]，你也單單說咿-呀。

——驢子卻應聲叫道咿-呀。

你喜愛母驢子和新鮮的無花果，你什麼都吃。當你正好飢餓時，一根薊草就使你心裡發癢。這其中藏有上帝的智慧。

愛的。」〈箴言〉13，24：「真愛兒子的人，必時加以懲罰。」（此處反用《聖經》語句，驢子常受鞭打懲罰，此乃愛上帝之表示，並無惡意，故作此戲言。）

295 〈創世記〉1，31：「上帝看一切所造的都甚好。」

296 〈創世記〉1，26：「上帝說：我們要照著我們的形象，按著我們的樣式造人。」

297 不管直與曲，只要有利得或方便，就不考慮善與惡。此處善與惡之彼岸，與查拉圖斯特拉的善與惡之彼岸意義不同。

298 〈馬太福音〉19，14：「讓小孩子到我這裡來，不要禁止他們，因為在天國的，正是這樣的人。」

299 〈箴言〉1，10：「惡

——驢子卻應聲叫道咿－呀。

驢子節[300]

1

連禱念到了這裡，查拉圖斯特拉卻再也不能克制自己，他甚至比驢子還高聲地大叫咿－呀，跳到他那些發狂的賓客當中。「你們在這裡幹些什麼，你們這些人子們[301]？」他叫道，一面把祈禱的人們從地上拉起來。「可悲啊，如果有查拉圖斯特拉[302]以外的任何人看到你們：

人人都會作出判斷，改信新的信仰的你們，乃是極惡的瀆神者[303]，或者是一切老太婆之中的最愚蠢的人！

而你本人，你這位老教皇啊，你竟然這樣把一匹驢子當作上帝來跪拜，這跟你本人的身分[304]怎麼相配？」——

「哦，查拉圖斯特拉，」教皇回言道，「請原諒我，可是有關上帝的事，我比你還要清楚。這樣做是合理的。

與其崇拜毫無形體的上帝，倒不如崇拜具有如此形體的上帝[305]！請考慮考慮我說的這

人若引誘你，你不可隨從。」此處反用《聖經》語句。

300 查拉圖斯特拉看到高人們慶賀驢子節，感到惱火，他向他們每人詢問理由，他們分別作出詭辯的回答。看到高人們一個個喜形於色，他也不由得高興起來。

301 故意地、惡意地使用宗教的說法。耶穌慣用亞拉米語的稱呼自稱為人子，其用意是在強調他是真正的救世主。〈馬太福音〉8，20：「人子卻沒有枕頭的地方。」

302 我是最否定上帝的人，看到這種愚昧的崇拜，並不驚訝。

303 可是稍許保有舊的宗教心的人，看到你們把驢子當作上帝崇拜，真要斥責你們是瀆神者了。

句話，我的高貴的朋友：你馬上就會猜到這句話中含有的智慧。說過『上帝是個靈』[306]的人——迄今為止，他在大地上跨了極大的一步，飛躍到不信宗教：這句話一說出口，在大地上是不容易再加以糾正的！

在大地上還有可以崇拜的東西存在，聽到這一點，我的老朽的心就大跳特跳。哦，查拉圖斯特拉，請原諒老朽的虔誠的教皇心中的這個想法吧！」——

——「而你，」查拉圖斯特拉對漂泊者影子說道，「你不是自稱而且自認為自由思想家嗎？卻在這裡搞這種偶像崇拜和神職人員的儀式嗎？

真的，你在這裡所幹的事，比跟你那些不正派的棕髮少女們所幹的更糟，你這邪惡的新宗教信徒啊！」

「糟透了，」漂泊者影子回答說，「你說得有理：可是我有什麼辦法！古老的上帝復活了，哦，查拉圖斯特拉，你要說什麼，隨你的便吧。

一切責任全在極醜的人：他把上帝喚醒了。即使他說他曾把上帝殺死：但在神衹們看來，死亡總不過是一種偏見[307]。」

——「而你，」查拉圖斯特拉說道，「你這邪惡的老魔術師，你幹了什麼事！在這自由的時代，今後還會有誰相信你，如果你相信這種蠢驢的神道？

你所幹的，乃是蠢事；你這個聰明人，怎會幹這種蠢事！」

「哦，查拉圖斯特拉，」聰明的魔術師回道，「你說得有理，這是一件蠢事——但對

304 你是天主教的絕對權威者，上帝的祭司。

305 這不是抽象的概念，而是作為人格化的具體的顯示的神。

306 〈約翰福音〉4，24：「上帝是個靈。所以拜他的，必須用心靈和誠實拜他。」天主教譯本譯作：「天主是神，朝拜他的人也該用心神和真誠來朝拜他。」

307 說「上帝死掉了」，乃是過早的判斷

我而言，也是難辨得透頂哩[308]。」

——「還有你，」查拉圖斯特拉對精神的有良心者說道，「把手指放在鼻子上[309]考慮考慮吧！你在這裡所幹的，就沒有一點違背你的良心嗎？你受得了這種祈禱和這些信徒們焚香的煙霧，是不是你的精神不太純潔？」

「這裡有某種東西，」有良心者把手指放在鼻子上回道，「在這種演戲之中有某種甚至使我的良心感到舒適的東西。

也許我不可能信仰上帝：可是這一點是肯定的，我認為，以這種形姿出現的上帝，對於我是最值得信仰的。

根據最虔誠者的證言，據說上帝是永恆的：誰有這麼多的時間，就讓他去花費時間。盡可能這樣慢吞吞，這樣蠢笨，這樣做的話，這種人還會取得很大的成就。

擁有太多的智慧的人，往往要沉迷於愚痴之中。想想你自己吧，哦，查拉圖斯特拉！你自己——真的！你由於豐富的智慧也會成為一匹驢子的。

一位完美的賢士不是也喜愛走最彎曲的路嗎？根據我的觀察，哦，查拉圖斯特拉——對你的觀察，就知道是如此！」

——「最後要問你，」查拉圖斯特拉說著，轉身向著極醜的人，他依然伏在地上，向驢子舉起他的手（因為他給驢子葡萄酒喝），「說吧，你這無法形容的人，你在這裡幹了什麼！

（Vorurteil：偏見，先入之見），因為上帝是要復活的。

308 魔術師崇拜上帝，乃是要用演戲博得喝采，並不是輕鬆的事（華格納以前是抱有樂天思想的革命家，後來才創作充滿基督教拯救思想的歌劇）。

309 把手指放在鼻子上乃是德文成語，意為仔細考慮。

我看你變樣了，你眼光炯炯，崇高者的外衣裹住你的醜陋：你在幹什麼？

他們說你又把上帝喚醒，這可是真的？為什麼？把他殺死和處理掉，不是有正當的理由嗎？

我看你自己是被喚醒了：你在幹什麼？你為何轉變？你為何改變信仰？說吧，你這無法形容的人！」

「哦，查拉圖斯特拉，」極醜的人回答說，「你是一個壞蛋！

他是否還活著或者復活過來或者根本死掉了，——我們兩人中誰最搞得清？我問你。

可是有一事我是清楚的，——這是我從前向你本人學到的，哦，查拉圖斯特拉：誰最徹底要殺人，他會歡笑。

『人們並非由於憤怒、而是由於歡笑殺人[310]』——你以前曾說過。哦，查拉圖斯特拉，你這隱祕的人，你這不因發怒而殺人的人，你這危險的聖人，——你是一個壞蛋！」

2

可是，查拉圖斯特拉聽到這番純粹是惡意搗蛋的回話，大為驚訝，跳回到山洞入口處，向著所有的客人厲聲叫道：

「哦，你們這些愛開玩笑的小丑，你們這些胡鬧的傢伙！你們為何在我的面前遮遮掩掩，偽裝自己哩！

---

310 參看第一部〈讀和寫〉。我們現在興高采烈地幹這種滑稽的信仰遊戲，也是笑裡藏刀，為了要把上帝殺死。

你們每個人的心是怎樣由於快樂和惡意而亂跳，為此，你們到最後又變得像小孩子一樣，也就是說變得虔誠，——

——你們到最後又幹起小孩子的事，也就是說，祈禱，合掌，念『親愛的上帝』！可是現在請離開我這座托兒所，我自己的山洞，今天在這裡演夠了一切兒戲。到外邊去把你們熱烈的放縱的孩子氣和胡鬧的童心清涼一下吧！

當然：你們若不變成如同小孩一樣，你們進不了那個天國[311]。」（查拉圖斯特拉兩手指著上天。）

「可是我們也完全不想進天國：我們已成了大人，——因此我們要這個地上之國。」

3

查拉圖斯特拉又開始說話了。「哦，我的新朋友們，」他說道——「你們眾位奇特的人，你們這些高人，現在你們多麼討我喜歡，——

——自從你們變得快活起來以後！你們真像是全都開花了：我認為，為了你們這樣的花，辦個新的慶祝活動是必要的[312]，

——小小的大膽的胡鬧，任何禮拜和驢子慶祝活動，任何年老而快活的查拉圖斯特拉丑角表演，把你們的靈魂吹得明亮的狂風[313]。

不要忘記今夜和這次驢子慶祝活動，你們眾位高人啊！這是你們在我這裡發明出來，

311 〈馬太福音〉18，3：「你們若不回轉，變成小孩子的樣式，斷不得進天國。」

312 高人們變得快活起來，忘記從前的懷疑的悲愁，所以查拉圖斯特拉覺得高興。有了新的信仰，新的生活，舉行慶祝活動是必要的。

313 一切詼諧而足以使人心花怒放的遊戲節目。

我把它看作吉兆，——只有康復者才發明得出這種樂事！

如果你們下次再舉行這種驢子慶祝活動，為了你們如此行，也為了我如此行吧！而且為的是紀念我[314]！」

查拉圖斯特拉如是說。

醉歌[315]

1

可是，在這當兒，客人們一個跟一個走出洞外，走到清涼的沉思的黑夜之中；而查拉圖斯特拉本人卻領著極醜的人，拉住他的手，向他指點他的夜晚世界、又大又圓的月亮和他山洞附近的銀白色的瀑布。最後，他們都默默地並排站在一起，全都是老年人，可是卻都有一顆獲得安慰的勇敢的心，他們暗自奇怪在大地上竟使他們感到如此舒適；可是夜之神祕越來越貼近他們的心。查拉圖斯特拉又暗自想道：「哦，現在他們是多麼討我喜歡，這些高人！」——可是他不說出來，因為他尊重他們的幸福和他們的沉默。

——

可是在那時卻發生了一件在那驚人的漫長的一天裡最驚人的事：那個極醜的人又一

314 〈哥林多前書〉11，25：「你們每逢喝的時候，要如此行，為的是紀念我。」一再舉行這種慶祝活動，並非是含有宗教意義的活動，而是為了讓你們強壯起來，歡笑起來，並且為了紀念我，因為是我教導你們歡笑的。

315 在快樂的晚餐之後，高人們也嚮往永遠，高呼：「人生啊，再來一次！」夜半鐘聲敲了十二響，大家唱起永遠回歸之歌。

次、也是最後一次開始在喉嚨裡發出咕嚕咕嚕的聲音、鼻子裡發出呼呼的氣息，當他終於念念有詞時，瞧啊，從他的嘴裡清清楚楚地跳出一個問題，一個很好、很深、很明晰的問題，使一切傾聽者的心深為激動。

「全體朋友們，」極醜的人說道，「你們是怎麼想的？碰上今天這一天——我是第一次對我活了這一輩子感到滿足了。

單獨這樣的證言，我覺得還不夠。活在這個大地上，是值得的：跟查拉圖斯特拉在一起過了一天，過了這一次慶祝活動，教會我愛這個大地。

『這就是——人生？』我要對死亡說，『好吧！再來一次！』[316]

我的朋友們，你們是怎麼想的？你們不想像我一樣對死亡說：『這就是——人生？為了查拉圖斯特拉，好吧！再來一次！』」——

極醜的人如是說；這時已近半夜。你們認為當時會發生何事？高人們一聽到他提出的問題，他們立即意識到他們的轉變和康復，並且意識到這是誰賜給他們的：於是他們急忙跑到查拉圖斯特拉面前，各用各的方式向他致謝、致敬、撫愛、吻他的手：有的在笑，有的在哭。那位老預言者竟快樂得舞蹈起來；據一些記事家所述[317]，如果說他當時灌滿了美酒[318]，實則更是灌滿了美好的生命，把一切疲倦都抛開了。甚至還有人說，當時，驢子也跳起舞來了：因為極醜的人先前曾給驢子喝過酒，這並非給牠白喝了。這種說法或者是真有其事，或者是另當別論；不過，在那天夜晚，即使驢子並沒有真的跳

---

316 極醜的人享用了查拉圖斯特拉的晚餐，精神昂揚，沉浸於幸福感之中，領悟到永遠回歸，獲得重新享受美好的人生的勇氣。

317 《聖經》常用的語調。

318 〈使徒行傳〉2，13：「他們無非是新酒灌滿了。」或譯「他們喝醉了酒」。

舞，但在那次也一定會發生過比驢子跳舞更偉大更稀奇的事。總之，正如查拉圖斯特拉常說的那句口頭禪：「這有什麼關係！」

2

跟極醜的人發生了這段插話以後，查拉圖斯特拉像喝醉酒的人站在那裡：他的目光黯淡，他的舌頭滯重，他的腿搖搖晃晃。誰能猜到查拉圖斯特拉的心靈上掠過什麼思想？但明顯地可以看出他的精神已離開現場，向前飛行，飛到迢迢的遠方，正如經書上記載[319]，好像飛到「高高的軛狀山脊上，飛到兩座大海之間，——在過去和未來之間，像濃雲一樣遨遊著[320]」。可是，由於高人們過來扶住他的手臂，他也逐漸地有點恢復神智，用手推開那一群崇敬他而為他擔憂的人；但他卻默然無語。可是突然間他急忙轉過頭去，因為他似乎聽到什麼：於是他把手指放到嘴唇上面，說道：「來！」

頃刻間四周圍變得寂靜和神祕；可是從深谷中慢慢冒上來一陣鐘聲。查拉圖斯特拉傾聽著，像高人們一樣；隨後他又一次把手指放到嘴唇上面，再說道：「來！來！半夜臨近了[321]！」——他的聲音變了。可是他依然站在那裡一動也不動：四周圍變得更加寂靜和神祕，大家都在傾聽，還有驢子和查拉圖斯特拉的寵物：鷹和蛇，同樣地還有查拉圖斯特拉的山洞和碩大陰涼的月亮以及黑夜本身。可是查拉圖斯特拉第三次把手放到嘴

319 《聖經》常用的語調。

320 參看第三部〈七個印〉1。

321 半夜時，告知永遠回歸的啟示臨近了。

唇上面，說道：

「來！來！來！現在我們走吧！時辰到了：讓我們走向黑夜裡去！」

3

你們眾位高人，半夜臨近了：我要把那口古鐘對我耳朵所說的悄悄告訴你們，——

——就像那口半夜古鐘對我說的那樣神祕，那樣可怕，那樣誠心誠意，它經歷過比一個人的經歷更多的事情[322]：

——它已經數過你們祖先的痛苦的心跳[323]——唉！唉！它是怎樣在嘆息！它是怎樣在夢中歡笑[324]！在那古老的、深沉、深沉的半夜裡！

靜！靜！現在聽到許多在白天發不出的聲音[325]；而現在，在陰涼的夜氣之中，在你們心中一切的喧囂聲也都沉寂下來的時候，——

——現在它說話了，現在聽得見了，現在它偷偷溜進每夜熬夜熬累了的靈魂裡：唉！唉！它是怎樣在嘆息！它是怎樣在夢中歡笑！

——你沒有聽到它是怎樣神祕、可怕、誠心誠意地對你說話，這古老的、深沉、深沉的半夜？

人啊，你要注意聽！

---

322 人所意識到的，只是一次的今生的經歷，而古鐘卻知道同一經歷的永遠回歸。

323 回歸的思想背負全人類的苦惱。

324 這種思想，一面背負全人類的苦惱，同時也傳達我們本能中的快活的肯定。

325 半夜是神祕的啟示的時刻，白天是概念的思辨的時刻。

4

可悲啊！時間到何處去了？我不是掉在深井中了[326]？世界睡著了——

唉！唉！狗在吠，月亮在照著[327]。要我把我半夜裡的心剛才所想的[328]告訴你們，我情願死掉，死掉。

現在我已經死了。完結了。蜘蛛啊，你為何在我周圍結網？你要喝血嗎？唉！唉！下露了，時辰到了——

——我冷得發抖、凍得發僵的時辰到了[329]，它問著，問了又問：「誰有忍受下去的勇氣？

——誰當做大地的主人？誰肯說，你們大大小小的河流啊，你們應當這樣流下去！」

——時辰臨近了：人啊，你高人啊，注意聽吧！這句話是對聽得進的耳朵說的，是對你的耳朵說的——深深的半夜在說什麼？

5

我被帶走了，我的靈魂在跳舞。白天的事業！白天的事業！誰當做大地的主人[330]？

月色清涼，風兒沉默。唉！唉！你們已經飛得夠高嗎？你們在跳舞：可是，腳並不是翅膀[331]。

---

326 參看第四部〈正午〉：「我不是掉進永遠的井裡了嗎？」現在我跟永遠融合在一起了。

327 犬吠和月光是永遠回歸的情緒的暗示。

328 可怕的永遠回歸的思想，以我的生死打賭的思想。

329 由於我要表白的可怕的思想。

330 查拉圖斯特拉感到心情昂揚，他的靈魂由於他的事業而欣然舞蹈，他覺得他當做大地的主人。

331 現在是半夜，要幹白天的事業，力猶不足。雖由於肯定生命而舞蹈，卻不能高飛。想到這點，就不由得悲從中來。

你們出色的舞蹈家，現在一切歡樂都過去了：葡萄酒剩下渣滓，杯子都破損了，墳墓在嘟嘟囔囔。

你們還飛得不夠高：現在墳墓在嘟嘟囔囔：「救救死者吧[332]！黑夜為何如此漫長？月光不是使我們沉醉了嗎[333]？」

你們眾位高人啊，救救墳墓吧，把屍體喚醒吧！唉，幹麼還像蛀蟲[334]慢慢鑽？時辰臨近了，臨近了，——

——鐘在嗚嗚響，心臟還在卜卜跳，鑽木蟲，這鑽心之蟲還在鑽。唉！唉！世界很深！

6

悅耳的七弦琴[335]啊！悅耳的七弦琴啊！我愛聽你的聲音，你的醉醺醺的、蟾蜍似的聲音——你的聲音從多麼悠久的往昔，多麼遙遠的所在傳了過來，遠遠地從愛之水池[336]裡傳來！

你這口古鐘，你這悅耳的七弦琴！一切苦痛都裝進你的胸中，父親的苦痛，前輩的苦痛，祖先的苦痛；你說的話變得成熟了，——

——成熟得像金秋和午後，像我的隱士的心——現在你說：世界本身也成熟了，葡萄發紫了，

---

332 否定生命的悲觀思想又抬頭，又要讓過去埋葬的思想復活。墓中的死者是倦於浮生的無力的人們，他們要求救助。

333 在敘事詩中，常描寫幽靈們在月光之下騎馬急行或跳舞唱歌，如畢爾格的〈列諾雷〉。

334 蛀棺木的蛀蟲。

335 傳來的午夜鐘聲，像七弦琴聲一樣悅耳，藏有許多永遠回歸的回想。

336 人生的悲歡哀樂之世界，從溫馨的感情出發，呼之為愛之水池。

337 把永遠回歸看作時間之成熟。世界也想死去，因在成熟的幸福中死去，因為永遠和死是同一的。成熟＝死＝永遠＝幸福。

——現在世界想要死了，在幸福中死了[337]。你們眾位高人啊，你們沒有聞到？一種氣味暗暗冒了上來，

——永恆的香氣，古老的幸福、醉人的午夜死亡之幸福。

——發出的帶有薔薇喜氣的紫金葡萄酒的香氣，這種幸福在歌唱：世界是深沉的，比白晝想像的更深！

7

別管我！別管我！對於你，我是太純潔了。不要接觸我[338]！我的世界不是正好變得完美了嗎？

對於你的手，我的皮膚是太純潔了。別管我，你這愚蠢的、笨拙的、沉悶的白天！半夜不是更爽朗嗎[339]？

最純潔者應當做大地的主人，最不為人知者，最強者，半夜的靈魂，它比任何白天更爽朗，更深沉。

白天啊，你在摸索我嗎？你在觸摸我的幸福嗎？你認為我富裕、孤獨、是個藏寶窖、是個金庫嗎？

世界啊，你想望我嗎？在你看來，我是世俗人士嗎？我是宗教界人士嗎？我是神職人員嗎？可是，白天啊，世界啊，你們是太粗笨了，——

這是形成意志之內側的尼采的宇宙感情，詩人的尼采。參看歌德詩〈天福的嚮往〉：Stirb und werde！歌德認為生存乃是在生死之間的無止境的變動。正如動植物的變形（Metamorphose）。因此死亡並不是毀滅，而是轉變，轉化，轉生。自然哲學家奧肯也說：「個別生物的變化過程，也就是它們的破壞過程，死亡並不意味毀滅，而只意味著變化，死亡只是向另一種生命的過渡，而不是滅絕。」

338 〈約翰福音〉20，17：復活的耶穌對抹大拉的馬利亞說：「不要摸我，因我還沒有升上去見我的父。」拉丁文譯文為「不要碰我」，意為「你不要長久地拉住我。表示

——擁有更靈巧的手，去抓住更深的幸福，去抓住更深的不幸，去抓住任何神道，可別來抓我：

——我的不幸、我的幸福都是深沉的，你這奇怪的白天啊，可是我並不是神，也不是神的地獄：它的痛苦很深。

8

神的痛苦更深，你這奇怪的世界啊！去抓住神的痛苦，可別來抓我！我是什麼！一把醉醺醺的悅耳的七弦琴，——

——一把半夜的七弦琴，一口發出蟾蜍叫聲的鐘，沒有人理解它，可是它必須對聾子們說話[340]，你們眾位高人啊！因為你們不理解我！

過去了[341]！過去了！哦，青春！哦，正午！哦，午後！現在到了日暮、夜晚和半夜，——狗在咆哮，還有風：

——難道風不是一隻狗嗎？它在哀叫，它在狂吠，它在咆哮。唉！唉！半夜是怎樣在嘆息！怎樣在大笑，喉嚨裡怎樣在呼嚕呼嚕，怎樣在氣喘吁吁[342]！

半夜，這個醉醺醺的女詩人[343]，方才是怎樣清醒地說話！也許是喝了過量的酒嗎？或者是清醒得過了頭[344]？或者是在思前想後？

敬愛，你最好去報告兄弟們，對他們說：我還沒有升到父那裡去，給你們遣發聖神來」。亦譯「不要緊拉我」、「你別拉住我不放」。表示對意識的、活動的世界的拒絕。

339 白天——論理的、自覺的理智。深夜——陶醉的、本能的直覺。

340 不管對任何不能理解的對手，宣告真理，乃是我的使命。

341 我一想起不被理解，又不由得悲從中來。

342 深夜想要表現它內藏的思想，感到愁悶。

343 半夜：Mitternacht，為陰性名詞，故稱她為女詩人。

344 充滿戴奧尼索斯的智慧的半夜，想要盡可能論

——這個古老的深沉的半夜，她是在夢中回想起她的痛苦，回想得更多的卻是她的快樂[345]。因為儘管痛苦很深，而快樂：快樂比心中的憂傷更深。

9

你，葡萄樹啊！你為何讚美我？我把你剪斷了！我殘忍，害得你流血——：你讚美我的醉醺醺的殘忍是什麼意思呢[346]？

「凡是變得完美的，一切成熟者——都想要死亡！」你這樣說。讚美、讚美採摘葡萄者的剪刀！可是一切未成熟者卻想要活下去[347]：可悲啊！

痛苦說：「消逝吧！去吧，你這種痛苦！」可是一切受苦者卻想要活下去，以便趨於成熟，懷著快樂和渴望，

——渴望更遠、更高、更光明的前程。一切受苦者都如是說：「我要有後繼者，我要有孩子，我不要我自己[348]。」

可是快樂卻不要有後繼者，不要有孩子——快樂要它自己，要永恆，要回歸，要萬有的永遠自己同一[349]。

痛苦說：「心臟啊，破碎吧，出血吧！腳啊，走吧！翅膀啊，飛吧！痛苦啊，高處去！上面去！」好吧！來吧！哦，我的老朋友心臟：痛苦說：「消逝吧[350]！」

理地傳達永遠回歸。陶醉越來越高昂，反省也越來越深。

345 在恍惚的直覺之中，想到在永劫中充滿的人間的苦惱，也想到更大的生命之歡樂。

346 我把葡萄剪下來，被剪下的葡萄欣喜被人收穫而感謝我。比喻成熟、完成的魂。

347 達到完成和成熟者想要死去，想要永遠回歸，尚未達到這個階段者，想要自己繼續生長和延長。

348 由於過分痛苦，不對自己的生長，卻對變得更好的子孫寄託希望。

349 沉醉於生命的快樂中者，要求永遠回歸。

350 痛苦對自己的痛苦說：「痛苦啊，你消逝

10

你們眾位高人啊，你們是怎樣想的？我是個預言者嗎？是個夢想者嗎[351]？是個醉漢嗎？是個詳夢者嗎？是一口半夜的鐘嗎？

是一滴露水嗎？從永恆中升起的霧氣和香氣嗎？你們沒有聽到嗎？你們沒有聞到嗎？我的世界剛剛變得完美。半夜也就是正午[352]，——

痛苦也就是快樂，詛咒也就是一種祝福，黑夜也就是一輪太陽——去吧，否則你們就學習認清：聰明人也就是傻瓜。

你們可曾對一種快樂肯定地說「行」嗎？哦，我的朋友們，那麼，你們就對所有的痛苦也肯定地說「行」吧。一切事物都是用鏈子連結起來，用線穿在一起，相親相愛，——

——你們可曾對一次的事物要求它來個第二次，你們可曾說過：「你使我喜歡，幸福啊！一剎那啊！一瞬間啊[353]！」那麼，你們就想要一切都會回歸！

一切都重新再來，一切都永遠存在，一切都用鏈子連結起來，用線穿在一起，相親相愛，哦，這樣，你們才喜愛世界，——

——你們這些永恆的人，請永遠而且時時刻刻都喜愛這個世界：而且你們也要對痛苦說：消逝吧，但要回來！因為一切快樂都要求——永恆！

吧！」痛苦希望痛苦被治好，能夠消逝。這種可稱為不完全之痛苦想移行到完全。痛苦不想要痛苦。而快樂卻想永遠常駐，也就是要把痛苦轉變成永遠的快樂，這就是尼采的思想的最終點。

351 你們把我當作真正的預言者，還是沒有根據的夢想家？

352 把兩種極端的東西同一化。如果把無限的永遠作為共有的分母，痛苦和快樂就變為同一了。痛苦和快樂是有關聯的。現在我處於體會到永遠回歸的瞬間，對我來說，告知永遠回歸的深夜跟實現永遠回歸的正午是相等的。

353 此句可跟歌德《浮士德》第二部第五幕第五場《宮中大院》11581-2行

11

一切快樂都想要一切事物永遠存在[354]，想要蜜，想要渣滓，想要醉醺醺的半夜，想要墳墓，想要墓畔的眼淚的安慰，想要鍍金的晚霞。

——快樂有什麼不想要的哩！它比一切痛苦更焦渴、更誠心、更飢餓、更可怕、更神祕，它要自己，它咬自己[355]，圓圈的意志在快樂裡面進行鬥爭，——

——它要愛，它要憎，它富得過剩，贈予，拋擲，它乞求他人來奪取，向奪取者致謝，它喜歡被人憎恨，——

——快樂就是這樣富裕，因此它渴望痛苦，渴望地獄，渴望仇恨，渴望羞辱，渴望殘廢，渴望世界，——因為這個世界，哦，你們確實是知道它的！

你們眾位高人啊，快樂，不受約束的、至福的快樂，它在渴望你們——渴望你們的痛苦，你們這些一事無成者！一切永遠的快樂都渴望一事無成者。

因為一切快樂都要它自己，因此它也要傷心的悲哀！哦，幸福，哦，痛苦！哦，破碎吧，心臟！你們眾位高人啊，可要記住，快樂要求永恆，

——快樂要求一切事物永恆，要求深深、深深的永恆！

12

現在你們學會我唱的歌嗎？你們弄明白它的意思嗎？好吧！來吧！你們眾位高人

浮士德所說的「那時，讓我對那一瞬間開口：停一停吧，你真美麗！」對比著參看。

354 它對世界，不管是苦樂、善惡、醜惡愚蠢，都全面地肯定，希望它就照原樣永遠存在。參看〈七個印〉第四段。

355 像咬自己尾巴的蛇——象徵永遠循環的智慧。

啊，現在就來唱我的輪唱歌！

現在你們自己來唱這首歌吧，歌名叫「再來一次」，意思是「萬古永恆[356]！」——你們眾位高人啊，來唱查拉圖斯特拉的輪唱歌！

人啊！你要注意聽！／深深的半夜在說什麼？

「我睡過，我睡過——，／我從深深的夢中覺醒：——

世界很深，／比白晝想像的更深。／世界的痛苦很深——，／快樂——比心中的憂傷更深：

痛苦說：消逝吧！／可是一切快樂都要求永恆——，／——要求深深、深深的永恆！」

預兆[357]

可是在當夜過後的早晨，查拉圖斯特拉從床上跳起，繫上腰帶，走出他的山洞，就像從陰暗的山後升起的晨曦，熱烈而強壯。

「你偉大的天體啊[358]，」他像從前說過的那樣說道，「你這深邃的幸福眼睛，你如果沒有你所照耀的人們，你有什麼幸福可言哩！

當你已經睡醒、走來、贈予、頒發，而他們仍留在臥室裡：你那高傲的知恥之心會怎

---

356 希望現世、現在的永遠化，這就是永遠回歸說的核心。

357 查拉圖斯特拉追求的，不是幸福，而是事業；不是深夜的陶醉之歌，而是在偉大的正午時刻走向人類中間的沒落。他聽到獅子吼，領悟到這就是真正的求救叫聲，知道了他對高人們的同情乃是他遭遇到的最後的誘惑。由於這種預兆，他必須走向新的開始而下山，邁向他的事業。

358 跟第一部〈查拉圖斯特拉的前言〉對太陽的歡呼「你這偉大的天體啊……」相呼應。瑣羅亞斯德教除了崇拜火，也崇拜太陽、月亮和星。

樣憤怒哩！

好吧！他們還在睡著，這些高人，而我已睡醒：他們不是我的真正的同道！我在這裡山中等待的，不是他們。

我想去幹我的工作，走向我的白天：可是他們不知道我的早晨的預兆是什麼，我的腳步聲——不是喚醒他們的起床號。

他們還在我的山洞裡睡覺，他們的夢還在吟味我的大醉之歌。他們身體裡還缺少聆聽我說話的耳朵——聽從的耳朵。」

——當太陽升起時，查拉圖斯特拉對他的內心說出這番話：他於是若有所問地望著上空，因為他聽到頭頂上傳來他的鷹的尖銳的叫聲。「好吧！」他向上空叫道，「這才使我喜歡，對我也理所應當。我的寵物們醒來了，因為我已醒來。

我的鷹醒來了，像我一樣崇敬太陽。牠用鷹爪攫取新的陽光。你們是我的真正的寵物；我喜愛你們。

可是我還是缺少我的真正的人！」——

查拉圖斯特拉如是說；可是意想不到的事發生了，他突然聽到有無數鳥兒成群地圍在他的四周撲撲地飛翔——這麼多翅膀的呼呼之聲和在他頭頂四周的擁擁擠擠的勢頭是如此巨大，使他不由得閉上眼睛。真的，就像一片雲彩降落到他的頭上，一片像箭一樣的雲彩向新的敵人頭上射下來。可是瞧啊，這是一片愛之雲彩向新朋友的頭上灑下來。

「我發生什麼事了？」查拉圖斯特拉驚奇地心中想道，慢慢地坐到他的山洞出口處的一塊大石頭上面。可是當他伸手向四周、上上下下抓去、阻擋住這些溫和的鳥兒時，瞧，更奇怪的事發生了：因為在這時他不知不覺地抓住一叢又厚又溫暖的鬃毛；同時在他面前響起一陣咆哮——這是一陣溫和而長長的獅子吼。

「預兆來了，」查拉圖斯特拉說道，他的心情為之一變。實際上，當他的面前明朗起來時，一匹黃色的巨獸躺在他的足下，把牠的頭偎依在他的膝上，親愛得不肯離開他，就像跟舊主人重逢的一隻狗。可是那些鴿子所表示的親愛的熱烈程度一點不比獅子差；每次，當一隻鴿子掠過獅子的鼻子時，獅子就搖搖頭，一面驚奇，一面大笑。

查拉圖斯特拉對這一切只說了一句話：「我的孩子們走近來了，我的孩子們。」——隨後他就完全一聲不響。可是他的心寬鬆了，從他的眼中滴下眼淚，落到他的手上。他不再關心任何事情，坐在那裡，動也不動，對那些動物也不再防衛。這時，那些鴿子飛來飛去，停在他的肩上，愛撫著他的白髮，不知疲倦地顯露出溫柔和喜悅之情。可是那隻強力的獅子卻總是在舐去落在查拉圖斯特拉手上的眼淚，小心謹慎地吼著、嗚嗚地叫著。這些動物的活動情況就是這樣。

這一切持續了很長的時間，或者說，很短的時間：因為，正確地說，對於這種事態，在大地上已經沒有可測量的時間了——。可是，在這當兒，在查拉圖斯特拉的山洞裡的高人們已經醒來，互相站在一起，排成一行，以便走到查拉圖斯特拉的面前問候早安：因為他們發現，在他們醒來時，查拉圖斯特拉已不在他們中間。可是當他們走到山洞門口時，他們的腳步聲已經先傳到洞外，那頭獅子猛然驚起，突然轉過身來，背向著查拉圖斯特拉，狂吼一聲，向山洞方面跳了過去；而那些高人們，當他們聽到獅子吼聲，全都異口同聲地慌忙後退，頃刻間消逝無蹤。

而查拉圖斯特拉本人，茫然自失，不知所以，他從座位上站起身來，環顧四周，驚詫不已，撫心自問，暗自沉思，頓生孤獨之感。「我聽到什麼了？」最後他慢慢說道，「剛才出了什麼事了？」

他一下子就回想起來，並且立刻了解到在昨天和今天之間所發生的一切。「就是這塊石頭，」他抹抹鬍鬚說道，「昨天早晨我坐在它的上面；那位預言者走到我這裡來，我在這裡第一次聽到剛才所聽到的叫喊，那求救的大叫之聲。

哦，你們眾位高人啊，就在昨天早晨我聽到那位老預言者對我預言的你們的急難，——

——他要誘惑我、試探我如何面對你們的急難：哦，查拉圖斯特拉，他對我說，我來，就是誘惑你走向你最後犯罪的道路[359]。

走向我最後犯罪的道路？查拉圖斯特拉叫道，對自己的話憤怒地大笑：還給我留有什麼算我的最後犯罪呢？」

---

359 第四部〈求救的叫聲〉：預言者對查拉圖斯特拉說：「我來，就是誘惑你走向你最後犯罪的道路。」

——查拉圖斯特拉又一次陷於沉思，他在大石頭上又坐了下來想來想去。突然間他跳起身來。——

「是同情！對高人的同情！」他叫了起來，面孔變成紫銅色。「好吧！——這——有它的定時360！

我的苦惱和我的同情——這有什麼關係！我到底是在追求幸福嗎？我是在追求我的事業！

好吧！獅子來了，我的孩子們走近了，查拉圖斯特拉變得成熟了，我的時辰到了：

這是我的早晨，我的白天開始了：現在升起吧，升起吧，你偉大的正午！」——

——

查拉圖斯特拉如是說，離開他的山洞，就像從陰暗的山後升起的晨曦，熱烈而強壯。

---

360 〈傳道書〉3，1：「凡事都有定期，天下萬務都有定時。」意謂同情已經過去了。

譯後記

尼采出生於基督教家庭，自幼熟讀《聖經》，他這本《查拉圖斯特拉如是說》又是在《聖經》的影響下寫成的，所以書中大量引用了《聖經》的語句，但由於尼采是反基督教的，所以引用時，往往反其意而用之，使用了戲擬（Parodie）和反諷（Ironie）手法。我在翻譯本書時，按一般慣例，所有《聖經》語句，都照抄中文本《聖經》的譯語，亦即各新教教堂通用的、由聖經公會印發的《舊約全書》和《新約全書》。但由於尼采引用的為路德的譯本，現在德國教會已使用另外的新譯本，英美教會也採用了新譯本（*New International Version of the Holy Bible*），又由於不同的中文譯本各有不同的譯法，為了更適合原意，譯者也間或引用了我國天主教會的幾種譯本中的譯語，如思高聖經學會譯釋的《聖經》袖珍本（一九八五年十一版，香港），徐匯總修院翻譯的《新譯福音初稿》（一九五六年再版），天主教教區譯的《新經．上．四福音》（一九八六年五月第一版）。

尼采著作的英譯本頗多，最早有Oscar Levy 編譯的十八卷《尼采文集》（1909~1913），譯論家認為其中也有些不可靠的譯本（Comprises unreliable translations by various hands），其後有Walter Kaufmann 編譯的《袖珍版尼采文集》（*The Portable Nietzsche*, 1954）和《尼采基本作品集》（*The Basic Writings of Nietzsche*, 1968）。其他還有大量單

行本出版，不及備載。我手頭有一本供我翻譯參考用的《查拉圖斯特拉如是說》英譯本是 R. J. Hollingdale 翻譯的（企鵝叢書版，一九七二），他是一位著名翻譯家，但在書後附注中卻屢屢慨嘆原書中文字遊戲之類的若干用語的妙趣都在翻譯中喪失了，難以用英語表現出來。

我們的東鄰，也稱得上是一個翻譯事業非常發達的國家。早在一九二一年（該國大正十年，我國民國十年）就出版了生田長江譯的《尼采全集》（名為全集，實為選集），之後又出過角川文庫版《尼采全集》二十三卷、理想社版《尼采全集》十六卷。到二十世紀下半葉，還出過新譯的全集以及收入各種名著叢書和文庫版的新譯單行本。岩波文庫中的一部《查拉圖斯特拉》譯本（一九七〇年初版，一九八五年十八版），譯者在後記中說，他花了五年時間，在東大比較文學比較文化大學院，使用歐比埃版的該書德法對照本仔細閱讀。一部已有過前人多種譯本的原書，還要精讀五年，加以重譯，這一方面說明譯者的認真敬業精神，另一方面也說明譯這本書絕不是容易之事。確實，原書中除了有許多文字遊戲，妙語如珠，難以迻譯成他國語外，還有若干晦澀難解之處，無怪乎有許多評論家要為本書作出專門的詮釋工作，如古斯塔夫·曼的《查拉圖斯特拉詮釋》四卷（1899~1901），漢斯·魏歇爾特的《查拉圖斯特拉詮釋》（1922），A·梅塞爾的《尼采的查拉圖斯特拉注解》（1922），此外，還有為本書作專題研究的論著，如齊格飛·維滕斯的《尼采在〈查拉圖斯特拉如是說〉中的語言藝術》等等。一個外國的翻譯工作者，如何有可能廣泛閱讀這些汗牛充棟的文獻，不用說，連借閱也無處可借啊。不過，對於一般性的讀者，似乎也沒有這樣過多的要求。在第一次世界大戰時，人們檢查在前線犧牲的德國兵士們的遺物，驚奇地發現，在他們隨身攜帶的很少物品中，竟有不少人把尼采著的這本《查拉圖斯特拉如是說》帶到戰場上去。由此可見，本書受大眾歡迎的程度。但那些被驅趕到各線戰場上送死的兵士，在硝煙瀰漫的生死關頭閱讀此書時，一定也只能囫圇吞棗，無暇去咬文嚼字了。

最後，要說明的是：原書中標點符號的使用，跟我國稍有不同，如破折號的使用，引號中的句點放在引號裡面等，這些，在譯本中都是照原書依樣畫葫蘆的。

二〇〇三年七月譯者識於上海